KB053291

현직 기자의 광장 기록

촛불
민중혁명사

현직 기자의 광장 기록

촛불
민중혁명사

원희복 지음

도서출판 말

기자 정신과 소명의식

인간의 모든 체험과 기록은 빙산 일각입니다. 우리는 바닷속에 잠겨 있는 빙산의 실체와 드러나지 않은 인간의 내면 체험을 확인하며 늘 진실에 다가가기 위해 더욱 노력하고 있습니다. 역사 과정에서 익명의 희생자들을 기리고 기억해야 할 이유가 바로 여기에 있습니다. 우람한 나무를 지탱하고 있는 그 크기만큼의 큰 뿌리가 땅속 깊이 뻗어있다는 사실을 때때로 우리는 잊고 있습니다. 따라서 우리는 역사 현실에서 망각이 사실 무서운 죄가 될 수 있음을 알아야 합니다.

원희복 기자는 '기레기'라는 시대적 고발 앞에서 새삼 기자의 초심과 소명, 그리고 신원의식을 깊이 되새기며 고백하고 있습니다. 사실 그는 역사의 수면 아래 있는 빙산의 실체를 찾아가기 위해, 기록을 재검토하고 새로 기록하고 있습니다.

2012년 12월 16일 저녁, 대선 전 마지막 TV토론회에서 새누리당 대통령후보 박근혜는 국정원 심리정보국 김하영의 댓글 사건에 대해 "2박 3일 동안 밥도 물도 못 먹게 감금하고 부모도 못 만나게 하는 것은 인권침해입니다"라고 말했습니다. 토론이 끝난 밤 11시 19분, TV 화면에는 '국정원 직원 컴퓨터에서 댓글 흔적 발견 못 해'라는 자막이 크게 떴습니다. 박근혜 후보가 대통령이 된 후, 한국 사회는 거의 모든 국가기관이 불법과 비리를 저지르고 방조하는 참혹한 4년을 지냈습니다. 그리고 최순실 국정농단으로 국회는 박근혜를 탄핵하고, 2017월 3월 10일 헌법재판소는 대통령 박근혜를 파면했습니다.

원 기자는 박근혜 후보의 불법, 부정선거 이후 촛불 시민혁명으로 그가 파면되기까지 4년간의 시민들의 항쟁 과정과 주요 사건을 새롭게 종합 기술하고 있습니다. 시민들이 불법 부정선거를 규탄하고 대선 무효, 박근혜 퇴진을 주장하고 소송을 제기했을 때 책임이 있는 정당의 대표와 지도자들, 지식인들은 대선 불복 역풍에 대한 막연한 두려움과 조작된 여론에 스스로 저항을 포기했고 국민들의 기본권 수호를 방치했습니다.

이석기 의원의 구속 동의안이 국회에서 일사천리로 처리된 일은 당시 여야 국회의원 모두에게 매우 부끄러운 일이며, 더구나 2014년 12월 19일 헌법재판소의 통합진보당 해산 결정은 한국사회 민주주의를 파괴한 결정적 사건이었습니다. 많은 정치인이 이 사건에 대해 침묵하고 외면했습니다.

또한 세월호 참사와 백남기 농민 살해 사건, 한상균 위원장의 구속 사건과 노동조합에 대한 전면적 탄압에 무기력했거나 최소한 방조한 책임도 있습니다. 이명박·박근혜 정권의 비인간적인 수준 이하의 횡포에 많은 국민들은 "우리를 대신해 앞장서 매 맞고, 저항하고, 항변해 달라"는 유·무언의 요청을 했으나, 이런 부름에 당당히 나선 정치인은 거의 없었습니다. 이와 같이 박근혜 시절 4년은 우리 사회의 실상을 보여주고 민주주의를 실천한다고 주장하는 정치인들의 속살을 확인하는 기간이기도 했습니다.

이 글을 쓰는 중에 언론을 통해 북미 정상회담 결과를 확인했습니다. 냉전체제의 산물인 남북의 갈등이 이제는 해소되어야 합니다. 무엇보다 정치 탄압의 근원이었고 친일독재 잔당들이 악용해온 '국가보안법'을 폐지해야 합니다. 남북 일치와 화해를 위해 지당한 일입니다.

원희복 기자는 무엇보다도 기자들에게는 "왜 기자이며 무엇을 어떻게 보도해야 하는지", 그리고 정치인들에게는 "왜 정치를 하고 어떤 정치인이어야 하는지" 준엄하게 질책하며 답변을 요청하고 있습니다." 시민의 힘으로 바꾼 정권과 정치인들에게 진심으로 나라와 공동체 구성원들을 위해 봉사와 희생과 헌신을 삶의 덕목으로 삼아야 한다고 주장하고 있습니다.

"적폐 청산". 대통령과 정부가 나서 구호처럼 외치고 국민을 설득하는 용어입니다. 공공부문, 정치, 언론, 재벌, 지식인, 학계 등 우리 사회 공동체 안에 얼마나 많은 불법과 부정과 비리, 잘못된 관행이 남아 있는지 우리 모두 성찰하고 다시 살펴보아야 합니다. 대통령 한 사람의 힘으로 세상을 변혁하는 것은 몹시 어려운 일입니다. 공동체 구성원 모두가 함께 힘과 지혜를 모을 때 세상은 바뀌고 아름다워집니다.

미래를 향한 새로운 다짐과 변혁을 소망하는 모든 이들에게 일독을 권합니다. 참으로 우리가 모두 바로 지금, 왜, 그리고 무엇을 할 것인지 고민해야 합니다. 독자 여러분의 건투와 건승을 기원합니다. 감사합니다.

2018년 6월
함세웅 아우구스티노 신부

차례

추천의 말 ─────────────────────────────── **05**

기자 정신과 소명의식

01. 프롤로그·공포의 전염 ──────────────── **11**

정통성 위기 안고 출범한 박근혜 정권 / 박근혜 반전카드, 김기춘의 등장 /

연대는 증발하고 공포는 전염됐다

02. 숨죽인 산하, 민중만 깨어 있었다 ────────── **31**

대선무효 '민중소송'을 제기하다 / 첫 연대 … 국정원시국회의 탄생 /

스스로에게 물은 '안녕들 하십니까'

03. 역사는 역사전쟁에서 시작된다 ─────────── **53**

역사를 안보차원에서 다루라 / 민주화운동기념사업회에 본때를 보여라

04. 케케묵은 칼로 민주주의를 베다 ─────────── **71**

공안몰이 컨트롤타워 김기춘 / "헌정이 아닌 왕정으로 돌아가자" /

민중단체가 진보당과 함께하다 / 민중단체 지지 외연을 넓히다 /

청와대와 밀통한 헌재와 대법원

05. 민중이 자각하기 시작하다 ────────────── **105**

안녕하십니까 … '기레기'의 오명 / 세월호의 분노가 조직화되다 /

백송 모임 … 함세웅 신부, 민주회복 구심점이 되다

06. 반(反)박근혜 세력이 일어서다 ─────────── **127**

전교조는 왜 탄압대상이 됐을까 / 민주노총 직선제로 한상균 위원장 선출 /

민주노총에서 저항의 희망이 움트다 / 세월호 1주기와 총파업이 만나다 /

한상균, 박근혜 대척점에 서다

07. 민중이 공감하고 힘을 모으다 ——————— 149

"이게 나라인가"… 연대를 외치다 / 민중총궐기투쟁본부의 탄생 /

청와대-"강력하게 총력 대응하라"

08. 13만 민중총궐기 주역 56개 단체 ——————— 167

연대의 상징 김승교 변호사의 죽음 / 1989년, 민중연대의 출범 /

1960년대 민자통에서 2013년 알바노조까지

09. 2015년 1차 민중총궐기, 백남기 농민 쓰러지다 ——————— 185

세월호, 선생님 가슴에 칼을 꽂다 / 청와대, "폭력 시위를 적극 부각하라"

10. 한상균을 제거하라 … 조계사의 굴욕 ——————— 201

박근혜, 국민을 이슬람 테러집단(IS)에 비유 /

한상균, 노동법 개악 멈추면 기꺼이 감옥 가겠다 /

그날 조계사에 부처님은 없었다

11. 전봉준의 후예, 촛불을 이어받다 ——————— 219

국면 반전에 성공한 제2차 민중총궐기 / 드디어 민중이 광화문광장을 열다 /

전 세계 동포사회로 번지는 촛불시위

12. 민중이 선거투쟁에서 승리하다 ——————— 237

박근혜 오만의 극치, 2016년 판 긴급조치 / 명줄 끊어라 vs 선거투쟁으로 맞서다 /

세월호 유족이 낙선운동 나서다

13. 백남기 투쟁과 서울대 의사의 민낯 ───── 255

야당의 배신 … 백남기 청문회 포기 / 여성농민 단식 … 백남기 청문회 쟁취하다 /
백남기가 병사라니 … 사인 조작을 막아라 / "선배님들에게 의사의 길을 묻습니다" /
"내가 백남기다. 나를 체포하라!" / 쐐기 박은 전농의 한남대교 투쟁

14. 화이트칼라의 가세, 이대·퇴진행동 ───── 291

이화여대 투쟁은 촛불항쟁이었나? / 뒤늦은 시민사회단체의 가담 /
백남기 장례식 … 20만 촛불이 추모하다 / 논쟁의 연속이던 두 세력의 연대

15. 촛불민심에 역행하는 야당 정치권 ───── 313

촛불 과실만 따려 하는 야당 정치권 / 촛불시위 막바지까지 흔들린 민주당

16. 최후의 일격-100만 촛불과 전봉준투쟁단 ───── 327

사상 최대 100만 민중이 모이다 / '전봉준'이 서울에 입성하다

17. 무너지는 박근혜 체제 ───── 347

끝까지 반전을 모색한 박근혜 / "대통령 박근혜를 파면한다" / 결국 민중이 승리하다

18. 에필로그·저자의 말 ───── 357

촛불혁명은 누가 주도했나?

자료집 ───── 363

참고문헌 ───── 433

01

프롤로그 · 공포의 전염

#장면 01-1

2013년 7월 11일 서울 강남에 있는 영동세브란스 병원 영안실 앞에서 조촐한 발인식이 열렸다. 검은 상복을 입은 여인은 두 어린아이를 껴안고 그냥 흐느껴 울 뿐이었다. 옆에서 누군가 우산을 받쳐줬지만 계속 쏟아진 비는 이미 옷옷까지 적셨다. 큰딸은 이제 채 10살이 됐을까 …. 딸은 울고 있었지만, 상주인 이제 7~8세쯤 된 아들은 이 자리가 뭔지 실감되지 않는 눈치였다.

사회자가 "참 좋은 아버지였고, 늙은 아버지의 건강을 챙기는 효자였으며, 아내를 사랑하는 분이었습니다"라는 말에 여인은 어깨를 들썩이며 더욱 흐느꼈다. 유기홍 민주당 의원의 추도사를 듣는 이창복 선생의 표정이 비감했다. 그들은 "이명박을 구속, 처벌하라!", "부정선거 집행책임 원세훈·김용판을 즉각 구속하라!"라는 구호를 외쳤다. 마지막으로 그들은 주먹을 움켜쥐고 〈임을 위한 행진곡〉을 불렀다.

망자는 홍만희 한국민주청년단체협의회(한청협) 전국동지회 회장이다. 한청협은 1992년 2월 전국 90여 개 단체가 만든 연합체로 청년문화 활동, 지역대중 운동, 민주통일 운동을 해왔다. 올해 50살인 홍 회장은 어린 자식을 남기고 7월 9일 목을 매 자살했다. 그는 가족들에게 '미안하다'는 짧은 유서만 남겼다. 그는 왜 자살했을까?

이즈음 TV조선은 "(5·18 당시) 600명 규모의 북한군 1개 대대가 침투했고, 전남도청을 점령한 것은 북한에서 내려온 게릴라"라고 보도했다.[1] 채널 A도 "광주에 남파됐던 북한 특수군 출신"이라고 주장하는 탈북자를 인터뷰해 방송했다.[2] 광주민주화운동을 공공연히 '능멸'하는 세상이 된 것이다. 홍 회장은 자신의 페이스북에 "광주민주항쟁의 역사를 왜곡하는 정신병자들이 판치는 나라! 살인마가 국민의 세비로 경호 받는 나라! 오월 영령들의 피눈물이 비가 되어 내린다~/ 살아있는 우리에게/ 역사를 바로잡으라고/ 다시 한번 일어서서/ 정의를 바로 세우라고"(7월 9일)라는 글을 남겼다. 이 글은 그의 유서가 됐고, 그는 김근태가 잠들어 있는 마석 모란공원에 묻혔다.

---

1 TV조선, 2015. 5. 13.
2 채널 A, 2015. 5. 15.

정통성 위기 안고 출범한 박근혜 정권

2013년 2월 25일 박근혜 정권이 공식 출범했다. 하지만 박근혜 정권은 태생부터 심각한 정통성의 문제를 가지고 있었다. 국가 최고정보기관인 국가정보원이 대통령 선거에 조직적으로 개입한 것이다. 나중에 밝혀진 것이지만 국정원은 2차장 산하인 심리정보국을 동원해 야당후보와 언론을 비난하는 여론조작을 저질렀다.

국정원의 대선개입은 이명박 정권부터 치밀하게 계획됐다. 국정원은 2011년 10·26 재보궐 선거 직후 '사회관계망서비스(SNS)의 선거 영향력'을 분석하고, '내년(2012년) 총선·대선(19대 국회의원 선거 및 18대 대통령 선거)을 철저히 대비하기 위해 온·오프라인 역량을 총동원해 트위터와 페이스북을 장악해야 한다'는 요지의 보고서를 이명박 대통령에게 보고했다.[3]

이뿐만 아니었다. 이명박 정권의 원세훈 국정원은 국가기밀로 분류된 2007년 남북 정상회담 대화록 중 노무현 전 대통령의 NLL(북방한계선)발언록을 유출해 선거전에 왜곡 활용하도록 했다. 물론 박근혜 정권에서 남재준의 국정원도 2013년 6월 24일 이 비밀문서를 일반문서로 무단 재분류한 뒤 전격 공개하는 등 노골적으로 정치공작에 가담했다.

국가정보기관의 정치개입은 과거 간간이 논란이 됐지만 이렇게 노골적으로 선거에 개입한 것은 군사정권 이후 처음이었다. 국정원의 선거개입 현장은 이미 대선 8일 전인 2012년 12월 11일 저녁 7시 5분, 서초구 서초동 성우오피스텔 607호에서 폭로됐다. 국정원 심리정보국 김하영을 비롯한 직원들이 조직적으로 SNS에 대한민국 유권자를 상대로 심리전을 벌이던 현장이 발각된 것이다.

그러나 박근혜 후보의 새누리당은 조직적으로 이를 은폐하고 오히려 역선전 도구로 활용했다. 실행자 국정원은 철저히 이를 부인했고, 서울지

---

3 〈세계일보〉, 2017. 7. 10.

방경찰청은 일선 서초경찰서 수사를 노골적으로 방해했다. 대통령 후보 박근혜는 '의도적'으로 피의자와 피해자를 뒤바꿨다. 청와대와 국정원, 경찰 등 국가 최고 권력기관이 대통령 선거 부정에 가담하고, 현장이 드러나자 조직적으로 은폐하고, 수사를 방해한 것이다. 이런 불법을 통해 정통성이 없는 파렴치한 정권이 태어났다. 그러나 부당한 정권은 "선거결과에 승복하지 않나, 민주주의를 포기할 것인가"라며 오히려 야당을 겁박했다. 야당은 이에 변변한 이의를 제기하지 못했다.

아주 작은 곳에서 민중들이 들고 일어섰다. 이들은 유력정당이나 기성 시민사회단체도 아니었다. 이들은 인터넷과 SNS를 통해 서로 의견을 나눠 '18대 대선무효 소송인단'을 만들어 민중소송을 제기했다. 통합진보당(진보당)과 민주사회를 위한 변호사모임(민변)이 원세훈 전 국정원장과 김용판 전 서울경찰청장을 고발했다. 박근혜 정권을 우려하는 학생·교수·종교인·법조인들의 전국적인 항의시위가 일어났다.

결국 2013년 4월 18일 수서경찰서는 서울경찰청의 수사방해 등을 무릅쓰고 국정원 직원 김하영을 국가정보원법 위반 기소의견으로 검찰에 송치했다. 검찰은 이날 윤석열 여주지청장을 팀장으로 특별수사팀을 구성했다. 4월 22일부터 특별수사팀의 수사가 시작되자마자 국정원 불법선거개입 사실은 마치 고구마 줄기 캐듯 드러났다. 국정원 직원들이 조직적으로, 다양한 포털 등에 게시글과 댓글로 민심을 조작한 것이 속속 드러났다. 국정원 댓글 팀은 '오늘의 유머', '일간 베스트 저장소(일베)', '뽐뿌', '보배드림' 등 다양한 커뮤니티에 저급한 댓글을 올린 후 이를 다른 사이트에 퍼나르는 방식을 사용했다. 악성 댓글은 네이버, 다음 등 포털로 확산되고 기성 언론이 받는 방법으로 민심을 조작했다.

특히 이 여론조작은 전라도 비하, 민주화 비하, 종북몰이, 욕설, 저주, 속어, 여성 비하 등이 주류를 이뤘다. 광주민주화운동을 비하하고, 김대중·

노무현 전 대통령을 희화화 했으며, 세월호 유족을 비하했다. 국가기관이 혐오와 사회적 갈등을 부추겨, 반대여론을 잠재우는 매우 비열한 정치공작을 벌인 것이다. 나치의 전형적인 정치공작 수법 그대로였다.

정권적 차원의 집요한 수사방해에도 윤석열 특별수사팀은 '대담하게' 수사를 진행했다. 국정원 심리정보국장을 소환조사하더니 4월 27일 이종명 국정원 3차장, 29일에는 국정원장을 소환조사했다. 핵심을 향해 조여 오는 특검 수사에 국정원은 '공작'으로 대응했다. 남재준 국정원장은 "원세훈 국정원장에 대해 유죄가 선고될 경우 정권의 명운과 국정원의 존폐가 걸려 있으니 적극 대응하라"고 지시했다. 이 지시에 따라 국정원에 현안 TF가 비밀리에 만들어졌다. 여기에는 서천호 국정원 2차장 지휘로 고일현 국정원 종합분석 국장, 문정욱 국정원 대정부전복 국장, 김진홍 심리전단단장이 참여했다. 검사 신분으로 파견된 장호중 감찰실장과 이제영 법률보좌관실 연구관, 그리고 변창훈 검사, 정치호 변호사도 동조했다.

파견된 현직 검사까지 가세한 국정원 현안 TF는 조직적인 불법 정치관여 사이버활동을 '정당한 대북 심리전 활동 중에 발생한 일부 직원의 개인적 일탈행위'로 은폐하기로 합의했다. 그리고 이에 맞춰 모든 증거를 파기하고 조작했다. 직원에게는 허위진술을 지시하고, 주요 관련자는 증인으로 출석하지 못하도록 해외출장까지 보냈다. 심지어 압수수색에 대비해 '위장사무실'까지 만들고 사전 리허설까지 하는 치밀함을 보였다. 여기에 파견된 검사와 변호사는 검찰 수사과정에서 예상문답, 허위진술, 법정에서 위증, 증인신문 사항 등 130여 건의 문건을 작성하면서 협조했다. 이 국정원 현안 TF는 이후 2년간 존속하면서 원세훈 전 국정원장의 사선변호인에게 문건을 전달하는 역할을 계속했다. 이 현안 TF에 관여한 국정원 간부

들과 파견 검사들은 이후 승진 혹은 영전했다.[4]

4월 30일 14시간 동안 벌어진 윤석렬 특검의 국정원에 대한 압수수색은 '대담한 수사'라는 평가를 받았지만, 사전에 위조된 세트장에서 조작된 서류를 압수하는데 그쳤다. 뒤늦게 밝혀진 것이지만 이 같은 국정원의 사법방해는 '국가 사법자원 측면에서 인적 물적으로 엄청난 손해를 초래한 중대한 사안'이었다. 2017년 새 정부의 재수사를 통해 남재준 국정원장을 비롯해 관계자 모두는 위계에 의한 공무집행방해, 국정원법 위반, 위증교사혐의, 증인도피혐의, 허위 공문서 작성 및 행사 혐의로 사법 처리됐다. 이중 변창훈 검사는 2017년 11월 6일 투신자살했고, 정치호 변호사도 2017년 10월 30일 소양강댐 주차장에서 자살한 채 발견됐다.[5]

한편으로 서울지방경찰청 김용판 청장에 대한 수사도 이뤄졌다. 그는 국정원 댓글현장에 대한 서초경찰서 수사를 방해하고 대선 직전인 12월 16일 거짓 수사결과를 발표한 혐의다. 특검팀은 5월 20일 서울지방경찰청 청장실, 수사부장실 등 수사 책임자 집무실을 압수수색했다. 5월 21일 김용판 서울경찰청장은 검찰에 소환돼 서초서 권은희 수사과장에게 압박 전화를 한 사실이 확인되면서 피의자 신분으로 바뀌었다.

남 국정원장의 국정원 현안 TF의 조직적인 증거 인멸과 조작에도 불구하고 국정원이 부정선거에 조직적으로 개입했다는 증거가 드러나면서 민심은 흥분했다. 참여연대와 한국진보연대 등 보수와 진보를 망라한 200여 개 시민·민중단체가 시국선언에 가담했다. 그리고 6월 27일 284개 시민·민중단체가 참여한 '국정원 정치공작 대선개입 진상 및 축소은폐 의혹 규명을 위한 시민사회 시국회의'(국정원시국회의)가 결성됐다. 다음날인 28일 서울광장에서 대규모 촛불시위가 벌어졌다. 이어 청년·대학·지역·종

---

4 서울중앙지검, '2013년 국정원 사이버 정치관여·대선개입 사건 수사 및 공판 시 국정원의 조직적 사법방해 공작활동 중간 수사결과', 2017. 10. 28.
5 앞의 자료.

교 등 각계의 시국회의가 결성되면서 시국선언과 심지어 종교인들의 단식 농성까지 이어졌다.

설상가상 국정원은 간첩조작 행위가 드러나면서 치명타를 입었다. 대선 직후인 2013년 1월 국정원은 서울시 공무원으로 특채돼 근무하던 재북화교 출신 유우성 씨를 간첩 혐의로 긴급 체포했다. 간첩이 서울시 공무원으로 암약했다는 국정원 발표는 국민에게 충격이었다. 이는 '댓글 조작사건'으로 궁지에 몰린 국정원에게 분위기를 반전시킬 좋은 호재였다. 유우성 씨가 2월 국가보안법 위반으로 구속기소되자 여론은 급속히 국정원에 우호적으로 변했다.

사건의 유력한 증거는 여동생 유가려 씨 자백뿐이었다. 4월 27일 민변은 사건의 유일한 증거인 이 자백이 국정원의 회유와 협박에 의한 것이라 폭로했다. 유가려 씨 폭로는 남매의 정을 교묘히 이용한 간첩조작이라는 점에서 큰 충격을 줬다. 게다가 전문가 분석결과, 증거로 제출된 사진도 조작된 것으로 드러나자 국정원은 더욱 위기에 몰렸다.

결국 남 국정원장은 4월 15일 "일부 직원이 증거 위조로 기소되는 있을 수 없는 일이 벌어진 데 대해 원장으로서 참담한 책임을 통감한다"면서 "이번 일을 계기로 수사 관행을 점검하고 과거의 잘못된 관행을 뿌리 뽑아 다시는 반복되지 않도록 뼈를 깎는 개혁을 하겠다"고 대국민사과를 발표했다. 이날 4분 정도 사과문만 읽고 내려간 남 원장의 사과는 '위장 사과'였다. 남 원장이 사과하는 바로 그 시각, 국정원 현안 TF를 통해 증거를 조작하고, 압수수색에 대비해 가짜 사무실까지 만들고 있었다.

박근혜는 육사와 검사 출신을 주변에 대거 포진시켰지만, 무기력했다. 오히려 법무부는 시작부터 총체적 '난맥'이었다. 김학의 법무차관은 임명되자마자 성접대 파문에 휩싸였다. 법무부 차관의 성접대 동영상이 공공연히 유포됐다. 법무부는 자신의 조직을 추스르기에도 벅찼다. 특히 공안검사 출신의 황교안 법무부 장관은 현장감도 부족하고, 실행 능력도 떨어졌다. 정홍원 국무총리 역시 마찬가지였다. 그 역시 검사 출신이었지만 국정 전반을 장악하지 못했다. 청와대 곽상도 민정수석도 검찰 출신이었지만 역시 검찰 내 리더십이 빈약했다. 이런 검찰 선배는 윤석열 특검팀을 제어할 수 없었다.

국정운영의 컨트롤타워인 청와대도 마찬가지였다. 내무부(안전행정부) 공무원 출신의 허태열 비서실장도 '무기력'했다. 무엇보다 사정기능을 컨트롤 하는 국정원과 법무·검찰을 제어할 기본적 능력이 없었다. 그 역시 박근혜 국정농단 세력의 민원 해결에 매달리고 있었을 뿐이었다.

#장면 01-2

2013년 8월 8일 청와대 본관. 특유의 디자인에 색상만 다른 옷을 즐겨 입던 박근혜는 이날 분홍색 옷을 골라 입었다. 박근혜는 유정복 안전행정부(세월호 참사 이후 국민안전처로 개칭) 장관으로부터 임명장을 받아 김기춘 실장 임명자에게 전달했다. 박근혜는 어색하게 웃었지만 그것은 웃음이 아니라 겁먹은 표정이라는 것이 더 정확했다. 김기춘 비서실장은 굳게 다문 입술로 임명장을 받으며 짧게 고개를 숙였다.

나이 74세. 그는 박정희 정권과 유신 쿠데타, 그리고 현직 대통령이 중앙정보부장의 총에 맞아 죽는 10·26 사건을 가까이에서 지켜본 인물이다. 그리고 1980년대 전두환·노태우 신군부 시절에는 검찰총장과 법무부 장관, 문민정부가 들어서도 국회의원을 지냈다. 본인의 말대로 무려 47년간 공직생활을 한 전무후무한 기록의 인물이다. 청와대 본관에서 임명장을 받고 비서실로 내려온 김기춘 실장은 직원들을 불러놓고 취임식을 가졌다. 특유의 카랑카랑한 목소리로 일장 훈시를 했다.

"당신들은 국가와 민족을 위해 온몸 바쳐 일하기 위해 이곳에 와 있다. 오직 국가와 민족만 생각하라. 헌법가치를 수호하고 선진 국가 건설에 매진하라. 강철 같은 의지로 대통령과 대한민국을 보위하라. 나의 노선은 첫 번째, 야간의 주간화, 두 번째 휴일의 평일화, 세 번째 가정의 초토화다. 하나더 추가하면 '라면의 상식(常食)화'다. 여기는 명예를 먹는 곳이다. 어떠한 엔조이(즐거움)도 없다. 모든

것을 바쳐 헌신하라. 그럴 자신이 없으면 당장 떠나라."[6]

김기춘의 첫 조회는 냉기가 확 흘렀다. 마치 꼬장꼬장한 할아버지 훈시를 듣는 느낌이었다. 조회를 마친 직원들은 긴장된 표정으로 "좋은 시절이 다 갔다"고 수근거렸다.

박근혜 반전카드, 김기춘의 등장

벼랑 끝으로 몰리던 박근혜는 7월 29일 여름휴가를 떠났다. 경남 거제시 장목면에 있는 작은 섬 저도였다. 이곳은 1972년 대통령 별장 청해대(靑海臺)로 지정됐다가 1993년부터 대통령 공식별장에서 해제된 곳이다. 그러나 여전히 해군에서 관리해 일반인은 잘 알지 못 했다. 7월 30일 박근혜는 이곳 휴가지에서 사진을 찍은 뒤 '옛 생각을 더듬으며', '저도의 추억' 등의 제목을 달아 자신의 페이스북에 올렸다. 그는 옛 추억을 더듬으며 부친이 유신을 단행했던 심경을 생각했을 것이다. 박근혜는 이곳에서 정국 반전을 구상하고 결심했다.

휴가를 마치고 돌아온 박근혜는 8월 6일 청와대 비서실장을 비롯해 수석 절반을 교체하는 인사를 단행했다. 청와대의 대대적인 개편은 예고 없이 전격적으로 이뤄져 일부 수석실은 발표를 보고 수석 교체 사실을 알 정도였다. 청와대 내부가 술렁거렸다. 정무수석에는 외교관 출신의 박준우 전 EU대사, 민정수석에는 공안검사 출신의 홍경식 전 서울고검장, 미래전략수석에는 측근 윤창번 전 하나로텔레콤 회장, 고용복지수석에는 최원영 전 보건복지부 차관을 임명했다. 정부 출범 후 불과 5개월여 만에 청와대비서실을 전면 개편한 것은 그만큼 다급했다는 의미다.

이 인사의 핵심은 김기춘 비서실장의 등장이다. 20대 중반 검사, 30대 중반 중앙정보부 대공수사국 부장, 40대 후반 검찰총장, 50대 초반 법무부 장관, 그리고 3선 국회의원, 국회 법사위원장 … 특히 그는 간첩조작에 관

---

6   김영한 전 수석 업무수첩, 업무 첫날 김기춘 실장의 발언으로 평소 그의 지론이다.

한 전문가였다. 중앙정보부 대공수사국장과 공안부장 등 70년대 용공조작이 횡행하던 시절, 그는 그 중심에 있었다. 노회한 김기춘을 끌어들인 것은 그가 한창 때인 유신시절에 맡았던 역할을 재연해 달라는 요구였다. 현 시국을 효율적으로 반전시킬 인물로 그만한 적임자는 없었다.

김기춘은 일본 무사적 기질과 나치 장교를 합해 놓은 것과 비슷한 인물이다. 엄격한 격식을 따지고 자기 관리에 철저해 사교적이지 않다. 무엇보다 임명권자의 의지를 관철하기 위해선 수단과 방법을 가리지 않는 충성심을 가졌다는 점이다. 이런 점이야 개인적 특징으로 나무랄 수 없지만 문제는 진보세력을 좌경세력, 공산주의자로 동일시하고 박멸해야 한다는 극우적 사고를 가졌다. 그는 회고록에서 '좌경세력은 무좀과 같아 약을 바르면 일시적으로 치유된 것 같지만 다시 나타난다'고 주장했다. 김기춘은 이런 극우적 사고에 박정희 정신으로 무장돼 있는 인물이다. 고 김영한 수석 업무수첩에는 김기춘이 피력한 국정철학이 다음과 같이 언급돼 있다.

국정철학을 공유해야 한다. 헌법 가치와 자유민주주의 시장경제에 대한 확고한 신념을 가져야 한다. 5·16에 대한 평가에 대해 공통된 인식을 가져야 한다. 그 당시 우리나라는 세계 최빈국이다. 북한보다 가난했고, 반공의식은 약화됐다. 안보위기 상황에서 초등학생도 시위를 하는 등 사회질서가 문란했다. 이때 애국심을 가진 군인이 구국의 일념으로 일으킨 사건이 5·16이다. 그 결과 경제성장을 했고, 자유와 번영을 구가했다. 국민의 70~80%가 박정희 대통령을 높이 평가한다. 박정희 대통령 시대는 역사적 평가에 맡길 일이긴 하나 현 정부에서 일하는 사람은 이러한 인식을 가져야 한다.
유신헌법도 월남이 패망하기 직전, 7·4 남북공동성명으로 남북이 체제경쟁을 할 때다. 미국 카터 행정부가 주한미군을 철수하려 할 때 이뤄진 것으로 국력 결집과 남북대결 상황에서 불가피한 조치였다. (유신도) 역사적 평가에 맡길 수밖에 없으나 경위와 불가피성에 대한 인식을 해야 한다.

김기춘의 이러한 신념은 박근혜와 정확히 코드가 맞았다. 아니 김기춘의 이런 신념은 오히려 박근혜를 기쁘게 만들었을 것이다. 이날 김기춘의 이런 지시는 이후 임명된 공직자의 인사청문회에서 매우 비슷하게 '모범답안'으로 정착됐다. 김기춘의 이 국정철학 기준이 신규 임명자에게 전파됐기 때문이다. 김기춘은 자신의 비서실장 임명 소식이 알려지자 "대통령의 국정 철학이 차질 없이 구현되도록 미력이나마 성심성의껏 보필할 각오를 갖고 있다"라고 지극히 의례적인 답변만 했다. 하지만 그 답변에는 무서운 계획이 숨어 있었다. 나중에 고 김영한 민정수석과 안종범 정책수석 업무수첩에서 드러났지만, 이후 청와대 수석비서관회의는 김기춘의 '정리된' 지침을 받아 적어 일사불란하게 실행하는 기관으로 전락했다.

시대착오적인 냉전 의식과 공안 확신주의, 그리고 임명권자에 맹목적인 추종을 하는 성향의 김기춘은 문화계 블랙리스트 작성은 물론 불법 종북몰이 컨트롤타워의 적임자였다. 김기춘 청와대 비서실장이 임명되던 날 민주당 전병헌 원내대표는 "섬뜩한 공안정국 조성용 인사"라고 말했다. 민주당의 이런 우려는 곧 현실로 나타났다.

김기춘 취임 후 22일 만인 8월 28일 새벽, 국정원은 통합진보당 전·현직 당직자에 대해 전격 압수수색을 시작했다. 8월 30일 〈한국일보〉는 '이석기 전쟁 준비하라 … 군사적 체계 잘 갖춰라'라는 내용을 1면 탑으로 보도했다. 보도 출처는 국정원이었다. 이른바 이석기 내란음모 사건의 시작이다. 이에 이석기 의원은 '왜곡과 짜깁기'라고 해명했지만 통하지 않았다. 국정원은 아예 수사 초기부터 '내란음모'라고 규정하고 이를 공공연히 공표했다. 언론은 아무런 의심이나 고민 없이 그대로 받아쓰기 바빴다. 33년 만에 적용된 내란음모죄는 정국을 온통 얼어붙게 만들었다. 진보인사까지 가세한 종북몰이에 통합진보당은 설 자리가 없었다. 나중에 재판과정에서 드러났지만 녹취록 중요 대목 500여 곳이 의도적으로 조작된 것으로 드러났다.

　종북몰이 광풍이 시작됐다. 보수단체 자유총연맹은 연일 국회 앞에서 "조선노동당 2중대 통진당 해체하라!", "이석기 구속 수사하고, 김재연·김미희 국회에서 제명하라!"고 외치며 데모를 벌였다. 결국 야당도 당론으로 이석기 의원 체포 동의안에 찬성했다. 그러나 이는 시작에 불과했다. 9월 6일 법무부에 차관 직속으로 '위헌 정당, 단체 관련 TF'를 만들고 이들이 만든 연구와 자료를 바탕으로 11월 5일 '정당해산 심판 청구서 제출안'이 국무회의에서 의결돼 헌법재판소로 이송됐다.

　또 다른 눈엣가시도 하나하나 제거됐다. 이 역시 언론에서 시작했다. 9월 6일 〈조선일보〉는 1면에 '채동욱 검찰총장 혼외자식'을 보도했다. 나중에 드러났지만 이 혼외자식 보도는 청와대와 국정원의 합작품이었다. 황교안 법무부 장관은 채 총장에 대한 감찰을 지시하며 노골적으로 사퇴를 압박했다. 결국 채 총장은 9월 13일 총장직에서 물러났다. 이로써 국정원 심장부를 겨냥했던 특검은 지지 세력을 잃고 급속도로 힘이 빠졌다. 결국 국정원 대선개입 사건을 수사하던 윤석렬 수사팀도 교체됐고, 수사도 흐지부지됐다. 오히려 윤 검사는 12월 18일 검사징계위원회에서 정직이라는 중징계를 받고 지방으로 좌천됐다.

　박근혜 정권은 특히 전국교직원노동조합(전교조) 무력화에 심혈을 기울였다. 사실 전교조 와해 공작은 이명박 정권부터 시작됐다. 2011년 5월 말 원세훈 국정원장은 '전교조 와해 특수공작 계획'을 청와대에 보고했다. 이것은 전교조를 반국가단체, 이적단체임을 폭로하는 양심선언을 유도하는 방법이었다. 이를 위해 6만 명의 전교조 회원에게 편지를 보내는 것을 계획했다.[7]

7　〈한국일보〉, 2017. 10. 13.

22

전교조는 이를 '공안조작 사건'으로 규정하고 원세훈 국정원장을 국내정치개입, 직권남용, 명예훼손, 횡령죄, 업무방해죄로 고소했지만 검찰은 전혀 수사하지 않았다. 오히려 2013년 2월 21일 검찰은 전교조 내 교사모임을 이적단체로 규정하고 교사 4명을 이적단체 구성 등의 혐의로 불구속기소했다. 앞서 전교조 와해 특수공작이 그대로 실행된 것이다. 2013년 10월 24일 고용노동부는 전교조에 '노동조합으로 보지 아니함'이라고 통보, 14년 동안 합법적인 활동을 하던 전교조는 '법외노조'로 전락했다.

사실 전교조 법외노조화는 공무원노조 전례에서 예상됐다. 합법적이던 공무원노조는 이명박 정권이 들어선 2009년 해직자가 노조 전임자로 활동한다는 이유로 법외노조로 전락됐다. 공무원노조는 "조합원 자격은 노조가 자체규약으로 스스로 판단할 문제"라고 주장했지만 정부나 법원 모두 받아들이지 않았다. 같은 공무원 신분 전교조도 같은 방식이었다.

노동계에 대한 탄압도 예외가 없었다. 박근혜 정권은 쉬운 해고와 비정규직 양산을 가능케 하는 5개 법안 개정을 추진했다. 하지만 야당의 반대와 국회선진화법으로 법안 통과가 어려워지자 대통령 본인이 직접 입법촉구 서명에 들어가 관제 서명을 유도했다. 그래도 법안 통과가 여의치 않자 아예 시행령 개정만으로 이를 강행하려 했다.

경찰은 2013년 12월 22일 파업 중인 철도노조 지도부를 검거하겠다며 출입문을 깨부수고 최루액을 뿌려대며 신문사 건물 안으로 난입했다. 경찰은 압수수색 영장도 없이 경향신문사 구석구석을 뒤지며 신문제작을 방해했다. 노조 파업에 대법원 판례에도 없는 업무방해죄를 적용해 노조 지도부를 구속하고, 철도노조에 162억 원의 손해배상을 청구해 노동운동을 억압했다.

이밖에 법조계에 대한 사찰과 탄압도 이어졌다. 김영한 수석 업무수첩에는 대법관 임명에 관여하고 헌법재판소의 통합진보당 해산결정 사전인지, 대한변협 회장을 '건전인사', '합리적 인사'라는 표현으로 선거에 개입한 의혹을 받고 있다. 특히 박근혜 정권을 비판한 민변은 "민변 회원들이 정부 관련 사건을 수임하고 있는지, 회원들을 어떻게 리크루트 하는지, 민변 활동 자금을 기업이나 아름다운가게 등을 통해 조달하는지 등 민변 활동 전반에 대한 사찰이 진행됐다"면서 "2015년 7월 14일 민변 회원들에 대한 기소(4명)와 기소유예(2명) 조치가 이루어졌다"고 밝혔다.[8]

특히 유우성 간첩조작사건을 폭로한 장경욱 변호사는 주요 타깃이었다. 보수언론은 대놓고 그를 '좌익 변호사의 가증스런 요설'이라고 비난하고, 2013년 11월 독일에서 북한 측 대표단이 참석한 한 학술대회에 참석한 것을 빌미로 사법처리 하려 했다. 장 변호사는 유우성 사건이 조작임을 폭로하는 기자회견을 했을 때 민변 내부에서조차 핀잔을 들었다. 민변을 종북 논란에 휘말리게 하는 빌미를 줬다는 것이다. 장 변호사는 "외부의 극단적인 비난에 개의치 않았지만 오히려 아픈 것은 내부의 '튀는 변호사'라는 질시 어린 시선"이라며 "힘들 때 같이 싸워주고 힘이 되어줘야 하는데 … 너무 힘들었다"고 토로했다.

사명감 넘치는 민변 변호사들이 이렇게 위축될 정도라면 법조계 탄압이 매우 치밀하게 이뤄졌음을 알 수 있다. 나중에 드러났지만 박근혜 청와대의 법조계 대응은 가히 충격적이다. 일개 청와대 비서관의 요구에 대법원이 이리저리 휘둘린 것이다. 그것은 '사찰' 단계를 넘어 '농락' 아니 '능멸' 수준이었다.

#장면 01-3

2013년 8월 16일 국가정보원은 〈문화예술계 좌(左)성향 세력활동 실태〉 보고서를 김기춘

---

8 송아람 '법조계와 민변에 대한 공작정치 사례 발표', 2016. 12. 27일 민주사회를 위한 변호사 모임, 청와대 공작정치 사례를 통해 본 국정농단, 어떻게 대응할 것인가? 토론회.

비서실장에게 보고했다. 과거 국정원은 임명권자인 대통령에게만 보고했지만 김기춘이 들어선 이후 그에게 보고해야 했다. 이 보고서는 "좌 성향 문예계 인물들이 2014년 지방선거를 조직 재건의 호기로 보고 세력 확대를 시도하고 있어 면밀한 대처가 필요하다"고 돼 있다. 김기춘은 9월 문체부에 '특정성향 예술 지원 실태 및 대책 마련'을 지시했다. 이에 문체부는 '문화예술정책 점검 TF'를 구성해 문예기금 보조 사업에서 특정 문예인을 배제하는 작업을 추진했다. 바로 문화계 블랙리스트다. 청와대 김기춘은 국정원과 문체부의 컨트롤타워 역할을 했다. 김기춘은 2013년 12월 "문화예술과 미디어 부분에 좌파가 많다"면서 "공직 내부에도 문제 인물이 있으니 잘 살펴봐야 한다"고 독려했다.

국정원은 2014년 1월 27일 '문예기금 운용기관의 보조금 지원기준 보완 필요 의견'이라는 보고서, 2월 20일 '문화진흥기금 지원사업 심사체계 보완 필요' 보고서에서 좌파 성향 인물을 제도적으로 배제할 필요가 있다고 김기춘에게 보고했다. 이 보고서에는 "좌파 단체·인물이 문예진흥기금 지원대상으로 선정돼 문제"라며 "민족미학연(硏) 대표는 노무현 재단·민변 소속 변호사로 각종 시국선언에 참여하였으나 학술지 〈민족미학〉 발간사업이 사업에 계속 포함, 〈작가회의〉 소속으로 밀양 송전탑, 해군기지 반대 등 정부를 비판한 고○○, 박○○, 신○○ 등도 집필활동 지원금을 받을 예정"이라고 보고했다. 노무현 재단이나, 민변, 그리고 밀양 송전탑 반대세력을 모두 '좌파 단체'로 낙인찍은 것이다.

문체부는 2월 22일 문예진흥기금 지원사업에서 이념 편향성 인물에 대한 검증을 국정원에 요청했고, 국정원은 3월 19일 '문화계 내 좌(左)성향 세력현황 및 고려사항' 제목의 보고서를 청와대에 보고했다. 여기에는 문제 단체 15개와 문학 48명, 미술 28명, 연극 22명, 음악 30명, 영화 104명, 방송 7명, 기타 10명 등 모두 249명을 A·B·C 3등급으로 분류했다. 이후 문예지원 대상에서 민주당 및 통합진보당 당원, 정부비판·시국선언 참여자, 국가보안법 위반 전력자 등은 모두 배제됐다.[9]

---

9   국가정보원, '국정원 개혁위, 적폐청산 T/F의 주요사건 조사결과에 대한 자문 심의내용', 2017. 10. 30.

연대는 증발하고 공포는 전염됐다

박근혜를 탄핵한 촛불민중혁명은 '역사전쟁' 성격이 적지 않았다. 친일-분단-반민주세력과 독립-통일-민주세력이 서로의 역사적 입장을 놓고 벌인 전쟁이다. 박근혜가 집요하게 전교조를 와해하려 했던 이유 중에는 교학사 교과서를 비롯해 국정역사교과서 채택을 위한 사전 정지작업 의도도 있었다. 비록 교학사 교과서 채택은 저지됐지만, 은밀하게 진행된 민족문제연구소 등에 대한 탄압은 거의 언론의 주목을 받지 못했다. 당사자는 물론 야당과 시민단체도 저항했지만 소용이 없었다. 언론도 숨을 죽였고 야당은 무기력하게 끌려갈 뿐이었다.

또 다른 '요주의 기관'은 민주화운동기념사업회였다. 민주화운동을 발굴 계승하는 이 기관은 박정희 미화에서 결정적 걸림돌이었다. 사실 박근혜 정권의 정통성을 집요하게 물고 늘어지는 국정원시국회의는 통합진보당, 민주노총과 전교조를 비롯한 노동계, 민주화단체 등이 핵심이었다. 따라서 이들 세력을 분리·제거하는 것이 박근혜 정권에게는 시급한 과제였다. 김기춘은 이 작업을 빠르고 능수능란하게 처리했다. 김기춘은 정권이 위기에 몰릴 때마다 기획성 공안수사로 국면을 전환시키는 데 탁월한 능력을 발휘했다. 김기춘은 비서실장 임명 5개월 만에 박근혜 정권의 태생적 문제를 정리하고 국정난맥을 일사불란하게 평정했다.

김기춘의 문제해결 방식에는 비슷하게 적용된 공식이 있다. 언론을 동원한 종북몰이와 관제데모를 통해 분위기를 잡고, 제거 대상을 분열시킨다. 그리고 내부 문제를 제기해 자체 혐오를 키우는 방식으로 대상을 무력화시킨 다음, 별도 대책반(TF)을 통해 은밀히 근본을 말살하는 방식이다. 물론 이 과정에서 민주적 절차는 찾아볼 수 없다.

이를 관통하는 도구는 바로 '증오의 정치'로 나치가 사용하던 방식 그것이었다. 공포와 혐오를 유발시키는 유용한 수단은 국가보안법을 활용한 '종북몰이'였다. 이 방법은 전가의 보도처럼 진보당 해산과 문화계 블랙리스트, 전교조 와해에도 그대로 사용됐다. 연세대 한성훈 연구교수는 "분단인식이 광범위하게 퍼진 한국사회에서 누군가를 '종북'이라고 표현하는 순간 이성이 합리적으로 발현될 여지는 거의 없다"면서 "이는 정치공동체의 다른 주체를 부정하는 일종의 정치 선동"이라고 분석했다.[10]

그랬다. 그것은 지능적이었지만 공동체를 와해하기 위한 저급한 정치 선동이었다. 여기에 관제데모를 통해 증오를 확산시켰다. 민주화 운동을 조롱하고, 특정지역을 증오하고, 세월호 희생자를 능멸하고 막판에는 서북청년단이라는 백색테러단체까지 부활하겠다고 나섰다. 여기에는 일베와 같은 극단적인 혐오 단체, 전경련 자금으로 매수된 어머니 부대와 태극기 부대 등 관제 극우단체가 동원됐다. 나치시절을 연상시키는 지독한 광풍이었다.

이 관제테러와 종북몰이에 야당을 비롯한 정치·사회의 견제와 자정 기능은 맥없이 무너졌다. 정부 발표를 그대로 믿지 못하면 종북으로 매도됐다. 이른바 '불신 종북'이다. 야당은 '나는 종북 아니다'라는 자기결백에 매달리고 자기검열에 급급했다. 진보정당과 보수야당의 연대는 무너지고 진보정당은 내분까지 일어났다. 시민사회단체도 오해가 두려워 선긋기에 급급했다. 진보를 자처하고 말하기 좋아하는 학자나 비평가 역시 오히려 자기결백의 기회로 삼거나 아예 침묵했다. 블랙리스트로 걸러진 문화계도 발버둥을 쳤지만 힘을 잃었다. 지성의 사회적 성찰과 비판의 샘은 말라갔다. 결국 200여 개 시민·민중단체가 연대해 촛불을 주도하던 국정원시국회의는 추동력을 잃고 무기력하게 전락했다.

이런 분위기를 조성하는데 일등 공신은 언론이었다. 언론은 비판과 진실을 찾기는커녕 종북몰이 광풍에 선도적 역할을 했다. 특히 공중파와 종편 등 방송매체는 종북몰이와 전쟁공포를 자극하는 전위대 역할을 톡톡

---

10 인권운동사랑방, '종북논란의 실체를 밝힌다' 토론문, 2013. 8. 27.

히 했다. 진보언론도 문제의 본질을 보지 못하고 북한인권 문제를 들이밀며 자기결백을 강요했다. 진보언론조차 양심·사상의 자유를 망각했다. 민변은 이 시기 쉴새없이 터지는 국가보안법 적용사례를 나열하고 이렇게 결론 맺고 있다.

'과거'의 국가보안법 사건에 대해서는 '무죄'가 선고되면서 '현재'는 쉴새없이 압수수색, 기소, 유죄가 이어지는 현상이 계속된다. 그러면서 '현재'는 '과거'와 다르니까 자신이 '종북'을 거론하는 것은 매우 합리적인 것으로 자위하는 현상이 팽배하다. 박근혜 정권부터 스스로 진보라고 생각하는 사람들까지. 그러나 '과거'는 언젠가는 '현재'였고, 그때도 '현재'에 부응하게 자신이 매우 합리적이라고 생각하는 사람이 다수였을 것이다. 그래서 우리는 '현재'에 치열해야 한다. 우리가 살고 있는 '바로 지금'이 미래의 사람들에게는 '과거'가 될 수 있기 때문이다. 미래의 사람들이 부조리한 것을 합리화하며 살았던 '현재'의 우리를 '과거'로 기억할 수 있기 때문이다.

사회를 휩쓸고 있는 종북 프레임에 맞서는 사고와 실천이 필요하다. 종북 프레임을 극복하지 않고는 낮은 곳에서의 어떤 목소리도 찻잔 속의 태풍에 그치기 쉽고, 굴절 없이 전달되기 힘들다. 이것이 현실이다. '두려움'을 기반으로 유지되는 국가보안법 체제를 극복하고자 애쓰지 않는다면 우리 역시 자기검열이 끝난 테두리 안에서만 자유로울 수 있다. 국가보안법 체제를 극복하고자 하는 모든 이들의 연대가 절실하다.[11]

시인 최규하는 2013년 10월 7일 자신의 페이스북에 "연대는 증발하고 공포는 전염됐다, 그들이 원하는 대로"라는 시를 썼다. 매우 적절한 표현이다. 이즈음 독일의 목사이자 사회운동가인 마르틴 니묄러(1892~1984)

---

11 '박근혜 정권 1년 실정(失政) 보고서' 앞의 자료.

가 쓴 〈그들이 처음 왔을 때〉라는 시가 많이 회자됐다. 나치 시절의 전형적 수법을 경고하고 반나치 연대를 강조했던 시다.

나치가 공산주의자를 잡아갔을 때/ 나는 아무 말도 하지 않았다/ 나는 공산주의자가 아니었으니까/ 그들이 사민주의자를 가두었을 때/ 나는 침묵했다/ 나는 사민주의자가 아니었으니까/ 그들이 노동조합원을 체포했을 때/ 나는 항의하지 않았다/ 나는 노동조합원이 아니었으니까/ 그들이 유대인을 잡아갔을 때/ 나는 방관했다/ 나는 유대인이 아니었으니까/ 그들이 나를 잡아갔을 때는 항의할 수 있는 그 누구도 남아 있지 않았다.

02

숨죽인 산하,
민중만 깨어 있었다

#장면 02-1

2013년 2월 8일 새벽 용산역. 날씨는 영하 20도가 될 정도로 추웠다. 설 명절로 지방에 내려가는 귀향객이 분주한 가운데 몇몇 사람이 분주히 무언가 작업을 하고 있었다. 이들은 '부정선거진상규명 시민모임'과 '제18대 대선무효 소송인단', '1219진시모' 등의 인터넷 카페 회원들이었다. 이들은 새벽 일찍 나와 회원들의 성금을 모아 제작한 전단지 1만2천 부를 〈경향신문〉과 〈한겨레〉에 끼우는 작업을 했다.

전단지에는 '취임보다 수개표가 먼저다, 과정은 공개될 것입니다! 의혹은 해소될 것입니다! 정치는 깨끗할 것입니다!'라는 제목이 달려있었다. 전단지에는 또 "18대 대선 수개표를 실시하여 불법선거 의혹을 해소하라!", "정부와 선관위는 더 이상 의혹을 음모론으로 몰지마라!"고 요구했다. 이들은 전단지에 투표지 분류기가 아닌 전자개표기 문제와 개표방송에서 오분류 되는 영상 문제, 투표용지 보관기관이 줄어든 점, 국정원의 선거개입 의혹 등을 거론하며 수개표를 요구했다.

이 작업에 참여했던 활동가는 "이명박 정권 때는 언론단체까지 합심해 최대 50만 부까지 배포했던 과거와 달리 박근혜의 부정선거엔 왜 침묵하는 것인지 매우 안타까웠다"고 말했다. 귀성·귀경객으로 혼잡한 철도역사에서 한겨울 추위를 피해 이뤄지는 작업은 더뎠다. 작업은 4시간 동안 계속됐다.

대선무효 '민중소송'을 제기하다

2012년 12월 19일 대통령 선거 개표방송을 지켜본 국민은 참담한 심경으로 다음날 아침을 맞았다. 온 야권 지지자를 모아 줬는데도 패배한 야당은 말할 것도 없었다. 풀뿌리 시민단체의 활동가와 회원들이 참담한 대선결과에 넌더리 치며 조직을 떠났다. 이즈음 상황에 대해 SNS에서 전국 시민활동가 방을 운영하는 이요상 전 언론소비자주권연대 사무총장은 "시민·사회단체가 기자회견을 하려면 최소한 10명은 돼야 플래카드를 펼칠 수 있다"면서 "그런데 참석하는 활동가와 회원이 5~6명밖에 안 돼 플래카드조차 펼칠 수 없을 정도였다"고 말했다.

이렇게 절망의 암울함이 전국을 덮고 있을 때 제일 먼저 이의를 제기한 세력은 '민중'이었다. 대선 이튿날부터 SNS를 통해 부정선거 주장이 돌고, 21일 다음 아고라에 수개표 청원이 시작됐다. 그리고 12월 23일 다음 카페(http://blog.daum.net/paribi/1070)에 '제18대 대선무효 소송인단'이 만들어졌다. 이들은 '1219진시모'라는 이름으로 활동했다. 이들은 12월 24일 선거무효소송을 제기하기 위해 원고 자격 취득을 위한 온라인 서명을 받기 시작했다. 민중소송이다. 민중소송이란 국가 또는 공공기관이 법률에 위반되는 행위를 했을 때 법률상 이익 여부와 상관없이 그 시정을 요구하기 위해 제기하는 소송을 말한다(행정소송법 제3조 3호). 다시 말하면 행정법규의 그릇된 적용을 시정하기 위해 일반국민이 제기하는 소송이다. 공직선거법상의 선거소송, 당선소송, 국민투표법상의 국민투표무효소송, 지방자치법상의 주민소송, 주민투표법상의 주민투표소송 등이다. 물론 이는 국민에게 부여된 지극히 합법적인 권리다.

이들은 선거무효소송, 당선무효소송, 투표지 재검표 소송 등을 검토해 가장 비용이 적은 중앙선거관리위원장을 상대로 선거무효 소송을 제기하기로 결정했다. 소장 접수일은 선거 후 20일 이내였기 때문에 1월 18일까지 마쳐야 했다. 이들은 1월 4일 중앙선거관리위원회를 피고로 제18대 대통령 선거무효소송 소장(2013수18)을 대법원에 접수했다. 1차 소송인단에는 2,011명이 참여했고, 1월 16일 2차로 소송인단 추가 접수해 모두 6,644명이 서명했다. 이 소송은 대법원 특별1부에 배당됐다. 이들이 민중소송을 제기한 이유는 다음과 같다.

첫째, 중앙선관위가 소스코드와 제어프로그램으로 운용되는 전산조직(컴퓨터시스템)인 투표지분류기(전자개표기)를 단순 기계장치라고 부르며 국민을 기망하고, 이번 대선에서 검증을 받지도 않은 프로그램을 사용하여 개표를 하고 당선 발표를 함으로써, 공직선거법을 정면으로 위반한 선거무효 사유가 되었기 때문이다.

둘째, 중앙선관위는 개표사무원들이 투표지분류기를 통해 분류된 표와 미분류표들을 한 장씩 육안으로 확인하면서 2~3회 반복 효력유무를 재확인해야 하는 수개표 작업 생략을 방기함으로써 공직선거법을 위반한 선거무효 사유가 되었기 때문이다.

셋째, 투표지 분류기 기준을 위반하여 무수히 많은 혼표와 오분류표가 쏟아져 나왔기 때문에 일각에서 사전 조작된 프로그램이 운용되었을 가능성이 제기되는 등 중앙선관위 투표지 분류기 운용관련 내부규정을 완전히 위반하였기 때문이다.

넷째, 기타 중앙선관위의 국정원 선거개입 등 관권선거에 대한 부당한 처리, 참관인 수의 제한 및 비상식적인 참관인 활동 방해 등 총체적으로 선거관리를 부실하게 했기 때문이다.[12]

이들은 같은 날인 1월 4일 대법원에 박근혜 대통령 당선인 직무집행 정지신청도 함께 제기했다. 이들은 한영수, 김필원 변호사를 소송 당사자로 위임했다. 이들이 요구한 것은 '제18대 대통령 당선인(박근혜)은 제18대 대통령선거무효소송사건의 확정판결 시까지 그 직무집행을 정지한다'라는 것이다. 그 사유는 앞서 제기한 선거무효소송과 같은 맥락이다. 이 민중소송은 민중에 의한 합법적인 최초의 저항이라는 점에서 큰 의의가 있다.

그러나 이 민중소송에 대해 대법원은 일절 반응하지 않았다. 소송대리인 김필원 변호사는 "심리를 열어달라는 탄원서를 대법원에 수차례 보냈지만 일절 반응이 없었다"면서 "선거무효 소송은 소가 제기된 날로부터 180일 이내에 선고해야 한다는 공직선거법 제225조에 비추어 직무유기"라고 비판했다. 이 민중소송은 박근혜가 탄핵되고 구속된 다음에야 결론이 내려졌다. 2017년 4월 27일 대법원 특별2부(주심 대법관 김창석)는 "박근

---

12 18대 대선무효선거인단 홈페이지

혜 전 대통령이 헌법재판소의 탄핵심판 결정으로 파면됨으로써, 원고들이 더 이상 제18대 대통령선거의 무효를 구할 법률상 이익이 없게 됐다"면서 "이 사건의 소를 각하한다"고 판결했다. 비겁한 판결이었다.

그러나 국정원을 동원한 부정선거 문제는 점차 공식·조직·전국화되면서 더욱 확산됐다. 비슷한 시기인 2013년 1월 3일 박근혜 대통령 당선무효 소송을 제기하기 위해 다음 카페에 '부정선거진상규명시민모임'(http://cafe.daum.net/1219ef)이 만들어졌다. 이들은 결성 5일 만에 700만 원 가까운 후원금을 모으며 세력을 키웠다. 1월 12일 오후 4시 서울 덕수궁 대한문 앞에서 이들의 첫 주말 촛불집회가 열렸다. 이날 집회에서 이들은 "국정원 개입 의혹과 새누리당 불법선거사무실이 운영된 불법선거!"라며 "수개표를 하지 않고 전자개표기로만 확정된 불법적인 대선결과!"라고 주장했다. 이날 촛불은 박근혜 정권을 부정하는 첫 번째 주말 촛불집회로 기록할 만하다.

이 모임은 1월 13일 오후 민주통합당(민주당·2014년 4월 새정치국민연합, 2015년 12월 더불어민주당으로 변경) 당사를 찾아 당선무효 소송을 제기할 것을 요구했다. 하지만 당사에서 현직 의원은커녕, 변변한 당직자도 만나지 못했다. 대선에 패배한 야당은 패배주의가 지배하고 있었다. 이 촛불집회는 1월 26일, 2월 2일, 3월 2일, 16일 등 거의 매주 이어졌다. 이들은 점차 규모를 갖춘 단체를 만들어 본격적인 선거부정 문제를 제기했다. 특히 이들 단체는 '1219 부정선거 민중모임' 등 다른 부정대선 규탄 민중단체와 연대해 2월 8일부터 9일까지 서울역, 용산역, 강남터미널, 동서울터미널 등에서 〈한겨레〉, 〈경향신문〉에 부정선거 규탄 전단지를 넣어 배포했다.

처음엔 이들 민중조직은 국정원의 선거개입보다 선관위의 투개표 부정에 주안점을 뒀다. 특히 '제18대 대선무효 소송인단'은 투개표 부정을 이유로 민중소송을 제기했다. 그러나 투개표 부정 주장은 민주당은 물론 국민들로부터도 큰 공감을 얻지 못했다. 이들이 주장했던 투개표 부정문제는 나중에 영화 〈더 플랜〉으로 만들어졌지만 이 역시 통계적 과학적 검증이 미흡하다는 비판을 받기도 했다.

그러나 '부정선거진상규명시민모임' 등이 제기한 국정원 대선개입 문제는 이미 대선 전 국정원 직원의 불법현장까지 확인한 사안이었다. 이들은 1월 31일 '국정원의 선거개입은 명백한 부정선거이고, 18대 대선은 선거무효다'라는 제목의 성명을 발표했다. 이들은 성명에서 "국정원의 여론조작은 김 씨 한 사람에 국한되었다고 볼 수 없고 국정원이 최정예 요원들을 다수 동원하여 대선에 개입했을 것으로 추정한다"면서 "이제 국정원의 '대선 개입 의혹'은 의혹이란 딱지를 뗀 '국정원의 대선 개입'으로 규정한다"고 선언했다. 이들은 "부실한 수사와 수사 결과 발표 시점을 볼 때 경찰 역시 대선에 깊숙이 개입했다고 볼 수밖에 없다"면서 "18대 대선은 명백한 부정선거이고 18대 대선은 무효이며 아울러 새누리당 박근혜 후보의 당선도 무효임을 선언한다"고 주장했다.(전문 : 자료 1)

부정선거 진상규명 시민모임이 국정원의 대선 개입문제를 제기하며 만든 2013년 2월 23일 촛불시위를 알리는 웹 포스터. ⓒ 부정선거 진상규명 시민모임

'부정선거진상규명시민모임'의 이 지적은 매우 정확한 문제의식이었다. 이 단체는 원세훈 국정원장과 이명박 대통령 탄핵 요구하는 등 국정원의 대선개입 문제를 지속적으로 제기했다. 이들은 원세훈 국정원장과 이명박 대통령 탄핵 요구하는 1인 시위는 물론 여의도 새누리당 당사 앞에서 단식까지 단행했다. 무엇보다 3월부터 전국을 돌며 공청회를 열어 18대 대선 부정선거를 주장하고 별도의 촛불집회도 이어갔다. 이들이 요구했던 구호는 다음과 같다.

국내정치 개입 공작 직접 지시한 원세훈 전 국정원장을 구속하라!, 국정원의 불법적인 국내정치 개입 규탄한다!!, 국정원 개입의 부정선거를 밝히지 못하면 한국은 민주사회가 아니다. 수서경찰서 권은희 수사과장의 수사방해, 은폐, 축소지시, 증거자료 갈취 등의 전반적으로 직권남용, 공직선거법 위반한 경찰청장을 조사하라!![13]

이들의 주장은 지극히 합리적 주장이고 요구였다. 풀뿌리 민중들의 국정원 대선개입 수사 목소리가 높아지면서 2013년 3월 19일 통합진보당(진보당) 이정희 대표가, 3월 21일 민주사회를 위한 변호사모임(민변)이 각각 원세훈 전 국정원장과 김용판 전 서울경찰청장을 서울중앙지검에 고소했다. 대선 패배 당사자인 민주당은 4월 1일에야 두 사람을 고소했다. 특히 진보당은 국정원 직원 김 씨를 검찰에 고발하고 검찰이 무혐의를 내리자, 6월 17일 다시 국정원 간부 3명을 상대로 서울고등법원에 재정신청을 내는 등 집요하게 법적투쟁을 벌였다.

결국 서울중앙지검은 4월 18일 '국정원 정치개입의혹사건 특별수사팀'을 만들었다. 이른바 윤석열 특검팀이다. 윤석열 특검은 어려운 가운데

---

13 위의 자료

서 국정원 대선개입 사실을 속속 밝혀내고 있었다. 이에 발맞춰 5월 14일 다음 아고라에서 '사랑수'에 의해 '박근혜 탄핵' 서명이 시작됐다. 이것은 '박근혜 탄핵' 서명의 첫 번째 시도로 기록할 만하다. 이 서명운동은 시작 1주일 만에 1,400명으로 늘어났다. 박근혜 탄핵은 10만 명 서명을 목표로 진행됐고, 부정선거진상규명시민모임 '이슈청원' 난에 연계되면서 확대됐다. 부정선거진상규명시민모임은 5월 30일 이명박 전 대통령과 김능환 전 중앙선관위원장, 원세훈 전 국정원장, 김기용 전 경찰청장 등 4명을 '국가내란 혐의자'로 지목해 검찰에 고발까지 했다. 이들은 "제18대 대통령 선거는 국정원 선거개입에 의한 불법선거이고 부정선거로 선거부정은 곧 헌법유린이고 국기문란"이라며 "대한민국의 존립기반인 헌법을 유린하고 선거의 공정성을 해쳐 국기를 문란시키는 행위는 곧 국가내란 행위에 해당한다"고 주장했다. 이들은 특히 "18대 대통령 선거와 관련한 공직선거법 공소시효는 6월 19일이지만 국가내란죄는 공소시효가 없어 조직적인 대선개입에 대한 책임을 끝까지 묻기 위해 2013년 6월 말까지 제2차 공동고발인단을 모집하니 민주주의를 사랑하는 시민 여러분들의 많은 참여를 부탁한다"고 밝혔다.

풀뿌리 민중이 이렇게 움직일 때 정치권은 무력했다. 민주당은 국정원국기문란진상조사특위를 만들어 나름 진실에 접근했지만 언론은 정파적 프레임에 가둬 버렸다. 통합진보당 이상규 의원은 국회 국가정보원 국정조사특위에서 "지금 댓글이 삭제되고 있는 판에 잠이 와요?"라고 대화하는 경찰의 영상까지 폭로했다. 그러나 이런 폭로는 확산되지 못했다. 민주당 특위 정청래 위원장도 "당시 경찰청 디지털증거분석실 분석관들이 국정원 댓글을 지우는 CCTV까지 확보해 영상까지 틀었지만 기성 언론 대부분 이를 보도하지 않았다"고 주장했다.

사실 국가기관의 불법선거 개입을 이유로 대선불복종을 선언하는 것은 제도권 정치에서 양면의 날이다. 대선 불복종은 곧 헌정 부정을 의미하기 때문에 의회민주주의를 추구하는 제도권 정당으로선 감행하기 어려운 문제이기도 하다.

#장면 02-2

2013년 7월 25일 오전 10시 30분 서울 프레스센터 20층 국제회의장. 각계 시민·사회·민중·정당 대표 150여 명이 참석한 '국정원공작전국연석회의'(국가정보원 정치공작 대선개입 진상 및 축소은폐의혹 규명을 위한 시민사회시국회의)가 비공개로 열렸다. 이들은 그동안 풀뿌리 차원에서, 각자 제기되는 국정원의 정치공작·선거개입 규탄작업을 보다 일사불란하게 추진하기 위한 협의체를 제안했다. 이미 6월 27일 공동전선을 펴기로 한 각계 대표들은 다음날인 28일 처음으로 진상규명 요구 촛불집회를 열었다. 주최 측 추산 5천 명(경찰 추산 1,800명)이 모인 이 집회를 통해 민심을 확인한 단체들은 이날 공식 출범 기자회견을 열었다.

오종렬 한국진보연대 총회 의장은 "국회는 이전투구 상태고 언론은 모르쇠로 일관한다"라며 "우리의 미래와 나라를 살리기 위해 촛불을 더욱 밝히고 총궐기하자"라고 말문을 열었다. 이석태 참여연대 공동대표는 "지난 6월 검찰발표와 기소로 작년 정보원의 대선개입과 정치공작이 밝혀졌고 국민들의 외침으로 국정조사가 진행 중이지만 절반 이상 그냥 지나갔다"라며 "얼마 남지 않은 국정조사기간 동안 제대로 조사해서 정보원의 정치공작을 밝히고, 현 정보원장의 NLL에 관한 대화록 공개로 더 큰 문제가 야기한 것에 대하여 분명하게 일침을 가해야 한다"고 주장했다. 안병욱 교수는 "정치공작의 DNA를 가지고 있는 국가정보원이 근본적으로 해체되고 새로 조직되지 않는 한 이런 정치공작은 계속될 것"이라고 지적했다. 박석운 한국진보연대 공동대표는 "시국회의 요구사항은 △철저한 진상 규명 △책임자 처벌 △국정원 전면개혁 △대통령 책임 있는 입장 표명 △철저한 국정조사 즉각 시행 △남재준 국정원장 해임 △박근혜 대통령 책임 있는 조치 시행 △언론의 공정방송 실천 등이 결정됐다"고 밝혔다. 이 자리에 참여한 우원식 민주당 최고위원은 "이번 사건은 크게 4가지, 국정원대선개입, 경찰의 은폐를 통한 대선개입, 검찰 기소단계에서 나타난 법무부의 장기대치를 통한 대선개입, NLL 사초를 드러내면서까지 불법을 드러낸 국기문란사건"이라고 규정하고 "민주당은 협상을 하지만 협상의 힘은 국민으로부터 나온다, 시국회의가 국민의 힘을 모아 달라, 철저한 국정조사를 위해 시국회의와 연대하겠다"고 말했다.

통합진보당 이정희 대표는 "진보당은 국정원으로부터 집중공격을 받은 당사자이지만 민주주의를 강탈한 이번 사건의 최대 피해자는 민주주의를 위해 피 흘려온 우리 국민 모두이며, 6·15선언과 10·4선언을 지지했던 우리 민족 전체"라고 주장했다. 이 대표는 또 "이 문제가 해결되지 않는 한 이후 어떤 선거도 수구정권의 정치공작에서 벗어난다고 장담할 수 없다"며 "더욱 단단한 단결을 위해 현재 정당이 시국회의 외각에 머물러 있지 말고, 공식참여가 필요하다"고 말했다.

첫 연대 ··· 국정원시국회의 탄생

풀뿌리 민중의 집요한 노력에 국정원 선거개입과 간첩조작 등이 연이어 폭로되면서 시민·민중연합체가 움직이기 시작했다. 사실 그 전까지 박근혜 정권 탄생의 '원죄'인 국정원 대선개입 문제는 '치기어린 소규모 단체'의 대선불복 정도로만 여겨졌다. 그러나 이들의 노력으로, 특히 윤석렬 특검에 의해 국정원 비리가 하나하나 드러나면서 상황이 달라졌다. 6월 5일 200여 개 시민단체 인사 724명이 '국가정보원의 정치개입, 선거개입은 민주공화국의 정체성을 부정하는 중대사태!'라는 시국선언서가 발표됐다. 서울 정동 프란치스코 교육회관 강당에서 열린 이날 기자회견에서 "국가정보원 사태는 민주공화국을 표방한 대한민국 헌법질서의 근본을 건드리는 문제"라며 "대한민국이 다시 군부독재 따위의 반민주적 시대로의 회귀를 용인할 것인가라는 관점에서 이 문제에 접근해야 한다"고 지적했다. 참석자들은 또 "검찰은 일련의 국가정보원 사태의 진상을 엄정하고도 낱낱이 규명해야 한다"면서 "가담한 책임자는 지위고하를 막론하고 그에 상응하는 처벌도 뒤따라야 한다"고 요구했다.(전문 : 자료 2)

이날 시국선언은 시민·민중단체에서 활동하는 개인 차원의 시국선언으로 시민·사회·민중단체의 본격적인 연대까지는 이뤄지지 않았다. 이 시국선언에 참여한 인사 중 일부만 꼽아보면 다음과 같다. (직책은 당시) 강성남(전국언론노동조합 위원장) 권낙기(통일광장 공동대표) 김경자(민주노총 비대위원) 김경희(한국여성단체연합 공동대표) 김규종(민교협 공동의장·경북대 교수) 김금옥(한국여성단체연합 공동대표) 김나래(21세기한국대학생연합 의장) 김도현(새사회연대 공동대표) 김인숙(한국여성민우회 상임대표) 문규현(천주교정의구현전국사제) 문성근(백만송이국민의명령 상임운영위원) 박경신(공익법센터 소장·고려대 교수) 박근용(참여연대 협동사무처장) 박래군(인권재단사람 상임이사) 박봉·정숙(한국여성민우회 공동대표) 박우정(민언련 이사장) 박주민(민변 변호사) 박호성(참여사회연구소 이사장·서강대 교수) 백기완(통일문제연구소장) 백승헌(전 민변 공동대표) 손명희(한국여성의전화 공동대표) 손미희(전국여성연대 대표) 신태섭(민언련 상임대표) 심재환(민변 변호사) 안병옥(기후변화행동연구소 소장) 양길승(녹색병원장) 오종렬(한국진보연대 총회의장) 원용진(문화연대 집행위원장·서강대 교수) 윤희숙(한국청년연대 대표) 이광철(민변 변호사) 이석태(변호사·참여연대 공동대표) 이수호(전태일재단 이사) 이태호(참여연대 사무처장) 이필두(전국빈민연합 의장) 장경욱(민변 변호사) 장대현(한국진보연대 집행위원장) 장주영(민변 회장) 정현백(시민사회연대회의 공동대표) 조국(서울대 교수) 조순덕(민가협 의장) 최강욱(민변 변호사) 하태훈(고려대 교수) 한상권(역사정의실천연대 상임대표) 한상희(건국대 교수) 한충목(한국진보연대 공동대표) 한홍구(성공회대 교수) 황인성(시민주권 공동대표) 사월혁명회(정동익, 김동식, 김종대, 방국진, 배춘실, 유선근, 이문상, 김시현, 전기호, 황건, 한찬욱) 김승교(민권연대 공동의장) 권오헌(민가협양심수후원회 명예회장) 한상권(민가협양심수후원회 회장) 등이다. 개혁·진보·민중인사와 단체의 활동가들이 대부분이었다.

이어 6월 24일 첫 대학생연합 시위인 21세기 한국대학생연합 촛불시위가 벌어졌다. 경남 산청에 있는 대안학교 간디학교 총학생회도 24일 시국선언문 공표를 결의했다. 이날 학생들은 '부모·형제들에게 총부리를 대지 마라'라는 제목의 선언문에서 "국가정보기관이 선거에 개입하고 대통령이 통계자료를 조작했다"라며 "피 흘려 일구어낸 민주주의가 후퇴하고 있다, 같이 이야기하자, 그리고 같이 행동하자"라고 결의했다.

고교생 간디학교 학생들의 '같이 이야기 하자, 같이 행동하자' 결의는 사실 이즈음 매우 의미 있는 행동이었다. 흩어져 있던 시민·사회·민중단체가 서서히 움직여 '같이 이야기 하고 같이 행동하기' 시작했다. 물론 이는 국정원 정치공작과 선거 개입을 규탄하던 200여 개 단체가 공동의 활동 필요성이 제기됐기 때문이다. 시민사회에서 들불처럼 번지는 진상규명 요구를 수렴하기 위해서였다. 6월 5일 시민·민중단체 724명 시국선언이 씨앗이 됐다. 특히 한국진보연대, 천주교인권위원회, 민권연대, 예수살기, 한국대학생연합, 한국청년연대, 서울통일연대, 이한열실천단, 전국대학민주동문협의회, 참여연대, 민변, 시민사회단체연대회의, 녹색연합, 민주노총, 환경정의, 한국YMCA전국연맹, 한국여성단체연합, 서울지역대학생연합, 민주언론시민연합 등이 연합체 구성이 시급하다고 제안했다.

6월 27일 보수와 진보를 망라한 213개 시민·민중단체가 '국정원 등 국가기관의 총체적 대선개입 및 박근혜 정부의 수사방해 진상 규명을 위한 시민사회 시국회의'(국정원시국회의) 협의체 결성에 합의했다. 그 뒤 참여 단체는 284개 단체로 늘었다. 이날 국정원시국회의에 참여한 단체들은 "국가정보원의 정치개입 및 선거개입의 전모와 경찰의 축소은폐 전모를 규명하는 제대로 된 국정조사를 실시할 것"과 "검찰이 기소하지 않은 국가정보원 정치개입 및 선거개입 공범자, 경찰과 국정원을 비롯한 축소은폐 공법자도 처벌하고 정치개입 근절을 위해 국정원을 전면 개혁할 것"을 요구했다.

국정원시국회의는 7월 25일 전국 연석회의를 열고 공동결의문을 채택했다. 공동결의문은 "우리들은 국정원의 정치공작과 대선개입의 진상을 철저히 규명하고 그 책임자에게 온전히 책임을 묻기 위해 전국 각지에서, 여러 부문과 일터에서, 온라인과 오프라인 공간에서 시국선언과 촛불집회, 그밖에 다양한 풀뿌리 실천에 적극적으로 참여해왔던 시민과 사회단체들"이라면서 8가지 요구를 담은 결의문을 발표했다. 그 요구사항은 1. 철저한 국정조사 2. 대통령의 책임 있는 입장표명 3. 언론의 사실보도 촉구 4. 남재준 국정원장 즉각 해임 및 국정원 개혁 5. 2007년 남북정상회담 회의록 유출 진상규명 6. 경찰의 조작된 중간수사발표 국정조사 7. 국정원 경찰간부 처벌 8. 요구사항이 이뤄지지 않으면 전 국민 투쟁이다.(전문 : 자료 3)

국정원시국회의는 6월 28일 제1차 국민촛불을 시작으로 국민촛불문화제를 전국 동시다발로 열면서 박근혜 정권을 압박했다. 7월 27일에는 2만5천 명(경찰 추산 8천 명)의 촛불시위를 벌였다. 국회 국정조사특위가 활동을 시작했지만 새누리당은 원세훈, 김용판 두 사람의 청문회 증인출석을 거부하면서 국정조사는 난항을 거듭했다. 8월 16일 동행명령장을 발부해 겨우 청문회에 끌고 왔지만 두 사람은 증인선서를 거부하며 완강히 저항했다. 이는 새누리당과 청와대의 시나리오에 의한 것임은 물론이다. 시민·민중단체의 단일화된 대오에 위기감을 느낀 박근혜는 8월 5일 청와대 개편을 단행했다. 바로 김기춘 비서실장의 등장이다.

이런 가운데 언론은 진실을 규명하기보다, 정파적 주장을 중계하기 바빴다. 국정원시국회의 결의문 3번째 항목에는 "국민적 열망을 무시하고 국정원 사태에 대한 시민행동을 전혀 다루지 않고 있는 주요 언론사들의 불공정한 태도에 대해 깊은 유감을 표명한다"면서 "한국의 민주주의를 위해서 그리고 국민적 관심 사안에 대한 사실보도를 위해서 국정원 사건의 올바른 해결을 촉구하는 시민들의 활동을 공정하게 보도할 것"을 촉구했다. 이 당시 대다수 언론은 국정원 댓글 문제를 '억지'라고 평가했다. 진보 언론 내부에서 조차 '국정원 댓글 몇 개가 대선결과를 좌우 했겠냐'는 청와대 홍보수석 논리가 지배하고 있었다. 그나마 국정원 댓글 문제를 집요하게 추적한 언론은 〈뉴스타파〉나 〈팟캐스트〉와 같은 대안언론이었다.

이런 상태에서 트위터나 페이스북 등 SNS로 무장한 민중들은 사이버 혁명을 일으켰다. 처음에는 PC기반의 다음카페에서 결집하던 민중이

2013년 7월 25일 오전 서울 중구 프레스센터 국제회의장에서 열린 '국정원 정치공작 대선개입 진상
및 축소은폐 의혹 규명을 위한 시민사회 시국회의 전국 연석회의' 참석자들이 철저한 국정조사가 선행
되어야 한다고 촉구하고 있다. ⓒ 노동과 세계 변백선

모바일 기반의 페이스북이나 트위터, 카카오톡 등으로 옮아가면서 민중의 의사결집과 의견전파가 훨씬 빠르고 파급력도 커졌다. 모바일에서 검찰의 발표를 비판하고, 대선 불복종 목소리가 들불처럼 번졌다. 특히 페이스북은 사진은 물론 동영상까지 공유할 수 있는 기능으로 사실상 공중파 방송에 필적하는 언론매체 역할을 수행했다. 이제 집회 포스터나 행사 유인물, 동영상 전파는 핸드폰 하나로 모두 해결됐다. 자금이 없는 풀뿌리 단체들도 손쉽게 훌륭한 방송국을 차릴 수 있게 됐다. '미디어 몽구'를 비롯한 1인 미디어 제작자는 기성 공중파 방송에서 볼 수 없는 영상으로 국민의 시선을 사로 잡았다.

이요상 전 언소주 사무총장은 '요요천사(yoyo1004)'라는 이름으로 카카오톡을 이용해 전국 시민사회운동가에게 주요 시민운동 동향을 전파했다. 이 시민·사회단체의 일일 행사동향은 시민·사회단체를 빠르게 연결하는 역할을 했다.

트위터는 뉴스와 의견을 전파하는데 뛰어난 역할을 했다. 탁현민 성공회대 문화콘텐츠학과 겸임교수(현 청와대 행정관)는 SNS에 "검찰은 원세훈을 불구속함으로써 다른 모두를 구속한 것입니다"(@tak0518)라고 비판했다. 스님 시인 임효림의 "원세훈이 결국 불구속됨으로 다시 한 번 정의는 죽었다 아! 불쌍하고 초라한 대한민국 정의"(@hl0824)라는 글이 SNS에서 전파됐다. SNS 민중혁명에서 표창원 전 경찰대 교수(현 민주당 국회의원)가 단연 돋보였다. 그는 공무원 신분으로 국정원의 대선개입을 강도 높게 비판하다 아예 경찰대 교수직까지 사퇴했다. 그는 "김용판 구속을 막은 대통령과 청와대, 정부의 정통성을 부정한다"고 말했다. 평소 보수적 인사로 평가 받은 표 교수의 '저에게 박근혜는 더 이상 대통령이 아니다'라는 발언의 파장은 컸다.

'박근혜 탄핵'이라는 용어가 처음 등장한 것도 이 무렵이다. (@rotehex***)는 "원세훈은 결국 불구속 기소~ 제발 시작합시다. 박근혜 탄핵!!"이라 트윗했고, "3·15 부정선거 때도 누가 구속되고 해서 이승만이 하야한 것이 아니었다. 들풀처럼 들고 일어난 성난 민심 때문이었다. 원세훈, 불구속이 지만 공직선거법 위반이다. 이제는 우리들 차례. 우리가 들풀처럼 들고 일어나야 한다."(@son5***)는 주장이 SNS를 달궜다. 7월 17일 제헌절을 맞아 '제헌절 맞이 국정원에게 빼앗긴 민주주의 되찾기 1일 시민행동'도 의미를 부여할 수 있다. 이날 하루 자신만의 편한 방법으로 1인 시위를 하고 인증샷을 찍어 해시태그를 다는, 이를테면 '#제헌절 1인 시위'를 달아 트위터나 페이스북에 올리는 것이 SNS상에 유행했다.

#장면 02-3

2013년 11월 22일 저녁 7시. 전북 군산시 수송동 성당에서 '불법선거 규탄과 대통령 사퇴 촉구 미사'가 열렸다. 미사는 송년홍 정의구현사제단 전주교구 대표신부를 비롯해 문규현, 조민철, 연규영, 박창신 신부 등 40여 명의 사제들과 500여 명의 신도가 참여했다. 이날 박창신 원로신부는 박근혜 정권에 대해 강력히 비난하는 강론을 했다. 한마디로 '박근혜는 대통령이 아니다'라는 그의 강론 요지는 다음과 같다.

"지금 이 땅에는 법도 없고, 정의도 없고, 폭력적인 불통의 힘만 있습니다. 그리하여 민생은 잃어가고, 억지만 난무하는 어지러운 세상이 됐습니다. … 국정원과 모든 국가기관의 대선 정치 개입으로 생긴 부정선거, 그로 인해 합법적이지 못한 대통령 당선으로 정권 교체의 꿈이 깨지는, 민주주의가 붕괴되고 그 무서운 유신시대로 복귀하고 있는 현실, 남과 북이 갈라져 평화가 위협당하고 있는 이 현실에서 하는 아주 간절한 미사, 기도가 돼야 합니다.

첫째, 시대의 징표 중에 제일 화나는 것은 종북몰이입니다. 노동자, 농민 문제입니다. 여러분, 노동자, 농민, 도시서민 생각 한번 해보십시오. … 산업화하기 위해서 모든 희생을 다 바쳐서, 이렇게 산업화 위해서 온몸을 바친 노동자, 농민들이 있는데, 이들을 잘 살게 해보자, 이들의 권리를 정말 찾아주자, 이들의 권리를 찾기 위해 우리는 정책을 해보자고 하면, 그게 무엇이 되는지 아십니까? 빨갱이요, 빨갱이 아닙니까? 빨갱이 있죠? 노동운동하면 빨갱이예요, 농민운동하면 빨갱이예요. 잘

살자고 하면 빨갱이예요. 좌빨, 빨갱이예요. 이 말을 요즘 고상하게 종북, 종북주의자라고 합니다. 북한이 노동자, 농민을 중심으로 하는 정체이기 때문에 너희들은 북한과 닮았다 해서 종북주의자입니다. 종북주의자가 적입니까? 노동자, 농민이 적입니까? 대답하세요. 그것을 지금 하고 있는 거예요.

그런 정권 교체가 이뤄져야 되는데 국정원이 대선 개입을 한 겁니다. 어제까지 뭐 122만 몇 천 건, 또 오늘인가 어제 신문에는 청와대 누가 그 사이버사령부에 이렇게 사람들을 대쳤다. 캐면 캘수록 엄청난, 국가의 대선에서 중립을 지켜야 할 이들이 개입을 한 겁니다.

저는 오늘 부탁합니다. 재임 시에 국가정보원과 모든 국가기관에서 대선에 개입하도록 해준 이명박 대통령은 구속 수사해야 합니다. 지금 나라가 얼마나 시끄러워요? 그때 그러지 말았어야 합니다. 그걸 이용한 박근혜는 퇴진해야 합니다. … 그래서 전 오늘 부탁합니다. 정말 이명박 대통령, 책임져야 합니다. 박근혜 대통령은 대통령이 아닙니다. 정말로, 책임져야 합니다."[14]

아울러 이날 천주교정의구현사제단 전주교구 사제단은 '시국선언문'을 발표했다. 시국선언은 "18대 대선은 국가 기관이 조직적으로 개입한 불법 부정선거임이 명확해졌다"면서 "진실을 요구하는 수많은 국민들의 요구를 묵살하고 고집불통의 독재 모습을 보이는 대통령은 이미 대한민국 국민이 선택한 대통령이 아님을 스스로 인정하는 것으로 볼 수밖에 없다"고 주장했다. 시국선언을 발표한 사제들과 신도들은 한 손에 촛불을, 한 손에 대통령 사퇴 촉구 손피켓을 들고 군산 수송동 롯데마트 사거리 행진에 나섰고 촛불집회에 참석했다.[15]

정의구현사제단 전주교구의 이날 시국선언 제목은 '불법·부정선거 규탄과 대통령 사퇴를 촉구하며'로 박근혜 사퇴를 정면으로 요구한 것이다. 이날 사제단은 △국가기관의 불법 대선개입 총책임을 지고 국민 앞에 사과 △정의롭고 공정한 진상규명을 통해서 책임자 처벌 △모든 책임은 대통령에게 있으므로 사퇴 표명 등을 촉구했다.(전문 : 자료집4) 역사적 사건

---

14 〈가톨릭뉴스 지금여기〉, 2013. 11. 26.
15 〈기독일보〉, 2013. 11. 22.

때마다 중요한 역할을 했던 정의구현사제단이 공개적으로 박근혜 퇴진을 요구한 것은 의미가 컸다.

스스로에게 물은 '안녕들 하십니까'

2013년 12월 10일 고려대학교 경영학과 주현우 학생이 '안녕들 하십니까'라는 대자보를 교내에 붙였다. 대자보는 "철도 민영화에 반대한다는 이유로 4,213명이 직위해제되고, 밀양 주민이 음독자살하는 하수상한 시절에 어찌 모두들 안녕하신지 모르겠다"로 시작했다. 대자보는 특히 "수차례 불거진 부정선거 의혹, 국가기관의 선거개입이란 초유의 사태에도 대통령의 탄핵소추권을 가진 국회의원이 '사퇴하라'고 말 한마디 한 것에 제명 운운하는 지금이 과연 21세기가 맞는지 의문"이라고 말했다. 다음은 대자보 전문이다.

2013년 12월 10일 고려대 정경대 후문벽에 붙은 '안녕들 하십니까' 제목의 대자보에 화답성 대자보가 연이어 붙어 있다. ⓒ 경향신문 정지윤

'안녕들 하십니까'

1. 어제 불과 하루만의 파업으로 수천 명의 노동자가 일자리를 잃었습니다. 다른 요구도 아닌 철도 민영화에 반대한 이유만으로 4,213명이 직위해제된 것입니다. 박근혜 대통령 본인이 사회적 합의 없이는 추진하지 않겠다던 그 민영화에 반대했다는 구실로 징계라니. 과거 전태일 청년이 스스로 몸에 불을 놓아 치켜들었던 노동법에도 파업권이 없어질지 모르겠습니다. 정부와 자본에 저항한 파업은 모두 불법이라 규정되니까요. 수차례 불거진 부정선거의혹, 국가기관의 선거개입이란 초유의 사태에도, 대통령의 탄핵소추권을 가진 국회의 국회의원이 '사퇴하라'고 말 한 마디 한 죄로 제명이 운운되는 지금이 과연 21세기가 맞는지 의문입니다.

시골 마을에는 고압 송전탑이 들어서 주민이 음독자살을 하고, 자본과 경영진의 '먹튀'에 저항한 죄로 해고노동자에게 수십억의 벌금과 징역이 떨어지고, 안정된 일자리를 달라하니 불확실하기 짝이 없는 비정규직을 내놓은 하수상한 시절에 어찌 모두들 안녕하신지 모르겠습니다!

2. 88만원 세대라 일컬어지는 우리들을 두고 세상은 가난도 모르고 자란 풍족한 세대, 정치도 경제도 세상물정도 모르는 세대라고들 합니다. 하지만 1997~98년도 IMF 이후 영문도 모른 채 맞벌이로 빈 집을 지키고, 매번 수능을 전후하여 자살하는 적잖은 학생들에 대해 침묵하길, 무관심하길 강요받은 것이 우리 세대 아니었나요? 우리는 정치와 경제에 무관심한 것도, 모르는 것도 아닙니다. 단지 단 한 번이라도 그것들에 대해 스스로 고민하고 목소리내길 종용받지도 허락받지도 않았기에, 그렇게 살아도 별 탈 없으리라 믿어온 것뿐입니다. 그런데 이제는 그럴 수조차 없게 됐습니다. 앞서 말한 그 세상이 내가 사는 곳이기 때문입니다.

저는 다만 묻고 싶습니다. 안녕하시냐고요. 별 탈 없이 살고 계시냐고요. 남의 일이라 외면해도 문제없으신가, 혹시 '정치적 무관심'이란 자기합리화 뒤로 물러나 계신 건 아닌지 여쭐 뿐입니다. 만일 안녕하지 못하다면 소리쳐 외치지 않을 수 없을 겁니다. 그것이 무슨 내용이든지 말입니다. 그래서 마지막으로 묻고 싶습니다. 모두 안녕들 하십니까!

대자보가 붙은 게시판 옆에는 이 글에 응답하는 대자보가 연이어 붙었다. 댓글 형식의 대자보였다. 그중 이들 대학생의 심경을 가장 솔직하게 표현한 대자보는 '안녕 못합니다. 그렇다고 나갈 용기도 없습니다', '함부로 나섰다가 기득권 눈 밖에라도 나면 취직도 못하고, 목숨줄이 그들에게 있으니 어찌 대항하겠습니까'라는 것이었다. 이 '안녕들 하십니까' 대자보는 서울대, 연세대, 강원대, 부산대, 카이스트 등 전국 대학으로 확산됐다. 심지어 외국 대학으로까지 이어졌다. 특히 이 대자보는 SNS를 통해 일반인에게 확산됐다. 페이스북이나 트위터, 카톡 등으로 공유되면서 다양한 형태의 '안녕들 하십니까'로 진화했다. 페이스북 '좋아요'가 20만 명이 넘었다. 대학생에서 중학생 심지어 초등학생까지 SNS 대자보 쓰기에 동참했다. 시인, 소설가, 연예인, 체육인은 물론 정치인도 '안녕들 하십니까' 현상에 가세했다. 이 '안녕들 하십니까'는 다양한 질문으로 변신했다. 소설가 공지영은 '2013년 키워드는 단연 '안녕들 하십니까?''라고 말했고, 한 언론은 2013년을 관통한 단어로 '안녕들 하십니까'를 꼽았다.

이 대자보를 쓴 주현우 씨는 글을 쓴 이유에 대해 "경쟁을 자연스럽게 받아들이고, 주류에 편입하기 위해 정치적 발언을 할 여유도 없는 우리 세대는 분노와 답답함을 느끼면서도 감추는 데 익숙하잖아요. … 상투적으로 매일 '안녕하세요', '안녕해요'라고 인사를 주고받는데, 정말로 그런지 고민을 해봐야 하지 않을까 생각했어요. 그렇지 않다면 우리는 안녕하지 못한 상황을 감추려고 가면을 쓰고 '안녕하다'고 말하는 것이죠"라고 말했다.[16]

---

16 〈한겨레〉, 2013. 2. 15.

이는 공안몰이와 박근혜식 증오와 경쟁의 정치·사회를 살고 있는 자신들에 대한 일종의 자문이었다. 특히 대학생들은 치열한 경쟁에서 남을 돌아보지 못하는 것, 나만 살고 보자는 짧은 생각에게 자성을 강요하는 외침이었다. 하지만 다른 정당, 다른 사람에 관심을 갖다가는 나도 종북몰이에 몰리고 경쟁에서 탈락할 수 있다는 현실의 벽을 깨뜨리지 못했다. 박근혜가 만든 혐오의 정치·사회에서 모두 '아직까지 나는 아니다'고 자위하고 있던 것이다. 이 '안녕들 하십니까'는 마르틴 니묄러의 시 〈그들이 처음 왔을 때〉의 한 단면이었다. 이 '안녕들 하십니까' 대자보는 2014년 12월 겨울, 씁쓸한 박근혜 시대의 자화상이었다.

이 '안녕들 하십니까' 대자보에 대해 보수언론과 보수여당은 팩트 논란을 불러일으켰다. 일베들은 조롱의 글을 달았다. 증오와 혐오의 정치·사회 모습 그대로였다. 결정적인 것은 역시 종북몰이로 나왔다. 글을 쓴 주씨를 '좌빨', '종북청년'으로 몰고 갔다. 그는 합법적으로 등록된 노동당 청년학생위원회 운영위원이었다. 보수언론은 이를 "노동당의 정치선동을 대학생들의 순수한 글로 미화했다"고 매도했다.

03

역사는
역사전쟁에서 시작된다

#장면 03-1

박근혜는 대통령 취임 보름만인 2013년 3월 13일 사회원로라는 사람 12명을 청와대로 초청해 오찬을 가졌다. 참석자는 백선엽 대한민국육군협회 회장(예비역 대장), 이인호 아산정책연구원 이사장(전 서울대 교수), 박영식 대한민국학술원장(전 연세대 총장), 안병직 시대정신 명예이사장(전 서울대 교수), 박상증 아름다운재단 이사장, 남덕우 한국선진화포럼 이사장, 이배용 교육과학강국실천연합 이사장(전 이화여대 총장), 서형훈 신사회공동선운동연합 상임대표(전 적십자사 총재), 조순 한러문화경제협회 명예회장(전 서울시장), 김시중 한국과학기술포럼 이사장(전 과학기술부 장관), 이만섭 전 국회의장 등이었다.

나이 70~90대인 이들은 원래 보수적 인물로 특히 역사문제에 관해 대부분 뉴라이트 성향이다. 그중 백선엽은 박정희와 같이 일제 강점하 만주군 전력과 군부정권 시절 부패군인, 그리고 남덕우는 박정희 개발독재 시대 경제 관료였다. 이 자리는 북한 핵문제와 유엔의 북한 안보리 제재 등 안보문제가 논의되기로 예정된 자리였다.

그러나 이 자리에서 역사문제가 중요 이슈로 올랐다. 이중 이인호 이사장이 먼저 말문을 열었다. 그는 "요즘 인터넷에 들어가 보면 〈백년전쟁〉이라는 다큐멘터리 영화가 있는데 이승만, 박정희 전 대통령 때 일을 많이 왜곡해 다루고 있다"면서 "이런 역사 왜곡도 국가안보 차원에서 주의 깊게 봐야 할 것 같다"고 말했다. 남덕우도 "최근 박정희 정부 당시의 사실이 많이 왜곡돼 알려지고 있다"고 거들었다. 특히 뉴라이트 사관의 핵심 인물인 안병직은 "대한민국은 건국과 산업화·민주화 과정에 왜곡되지 않는 역사인식을 가질 수 있도록 교육해야 한다"고 거들었다.

〈백년전쟁〉은 2012년 민족문제연구소가 만든 다큐멘터리로 이승만·박정희 전 대통령 등을 비판적으로 다룬 영상물이다. 이 영상물은 이승만 전 대통령의 경우 기회주의적이며 사적 권력을 채우려고 독립운동을 했다고 비판하고 있다. 이는 학계에서 평가가 끝난 사실을 바탕으로 만든 것이다.

박근혜는 이런 말을 꼼꼼하게 받아 적더니 "이제 새 정부의 정상적인 국정운영을 통해 국가기강을 바로 세우고 국민 중심의 정책을 세워 나갈 것"이라고 말했다. 국가기강을 세우겠다는 의미는 무엇일까.

역사를 안보차원에서 다루라

박근혜를 탄핵한 촛불민중혁명의 바탕에는 '역사 전쟁' 성격이 중요하게 자리 잡고 있다. 1955년 8월 15일을 '건국절'로 보느냐, '광복절'로 보느냐 논쟁은 '친일-분단-반민주세력'과 '독립-통일-민주세력'이 서로의 역사적 입장을 놓고 벌인 맞대결이다. 역사의식은 권력의 정당성을 확보하는 측면에서 매우 중요하다. 이명박·박근혜 정권을 위시한 친일-분단-극우권력의 주변부는 분명 이것이 자신들의 정당성을 확보하기 위한 역사바로잡기라는 확신을 가졌을 것이다. 왜냐하면 박정희는 친일-보수-반민주세력에게 매우 상징적인 존재였기 때문이다.

더구나 역사교육은 정권연장 측면에서도 매우 중요했다. 이명박·박근혜 정권은 정권의 영속성을 위해 청소년 교육을 '교정'하는 것이 필요했다. 많은 새누리당 정치인과 그 주변에서 활동하던 어용 역사학자들은 '패배주의 역사, 좌익사상에 물든 청소년'을 우려하는 목소리를 냈다. 이는 2009년 민족문제연구소의 《친일인명사전》 발간으로 절박하게 다가왔다. 이명박 정권의 국정원 심리전단은 《친일인명사전》 발간 3일 후인 2009년 11월 11일 민족문제연구소 임헌영 소장에 대한 사실상 '제거' 공작계획을 수립해 시행했다. 그 내용은 임 소장의 과거 남민전(임 소장은 2018년 6월 21일 이 사건 관련 재심에서 무죄선고를 받았다) 가담 전력을 퍼뜨리고, 몽양 여운형의 친일행적을 부각시키는 방법, 그리고 《친일인명사전》의 편찬을 비난하는 〈조선일보〉와 〈동아일보〉 사설을 퍼 나르거나, 인터넷 토론방에 비판 글을 올리는 방법으로 전개됐다.

이명박 정권은 민족문제연구소를 제압하는 데 실패했지만 반민주적 사건의 진실을 가리던 진실화해위원회를 2010년 6월 30일 폐쇄했다. 박근혜는 작심하고 '부친 재평가'를 시도했다. 박영선 민주당 의원은 1994년 정치 입문 전 은둔 생활을 하던 당시 박근혜 이사장과 인터뷰를 공개하며 "박 이사장이 인터뷰에서 '제 삶의 목표가 아버지의 명예를 회복하는 일'

이라고 말했다"고 밝혔다.[17] 박 정권이 집요하게 교학사 교과서에 이어 국정 역사교과서에 매달리며 박정희 미화를 추진한 것도 그런 맥락이다. 박근혜는 자신의 통치 목표로 삼은 것은 친일 군인과 유신 독재자로 상징되던 부친을 '근대화의 선구자'로 자리매김 하는 것이었다.

박정희에 대한 명예회복 방법은 간단했다. 박정희의 친일·독재 행적을 폭로하는 눈엣가시 같은 존재를 억압하고 가능하면 말살시키는 것이다. 그리고 새로운 역사학자를 동원, 박정희 미화 새 역사를 쓰는 것이다. 박근혜의 역사전쟁은 우선 눈엣가시 같은 단체에 대한 배제와 탄압으로 시작했다. 이명박 정권부터 눈엣가시였던 민족문제연구소는 당연히 첫 번째 표적이 될 수밖에 없었다. 민족문제연구소가 민간단체이고, 또 강력한 자생력으로 쉽게 다룰 수 없는 것이 문제였지만 방법이 없는 것은 아니었다. 바로 역사문제를 안보문제로 다루는 것이다.

박근혜 정권에서 민족문제연구소 탄압은 더욱 노골화됐다. 민족문제연구소가 2012년 대선을 앞두고 제작한 〈백년전쟁〉은 1910년 일제의 강제 병합부터 현재까지 역사가 친일세력이 분단세력으로 이어지고 이들은 독재세력과 결탁해 대한민국을 지배했다는 내용을 담고 있다. 특히 이 동영상에는 이승만의 친일행적과 박정희의 친일·독재·부패행적을 적나라하게 고발하고 있다. 이는 부친의 친일·독재 미화를 추진하려는 박근혜로선 용납할 수 없는 문제였다.

항상 그랬지만 먼저 보수언론을 통한 분위기 잡기부터 시작됐다. 청와대의 13일 원로 오찬간담회 내용이 알려지자, 종편을 비롯한 보수언론은 문제의 〈백년전쟁〉을 제작한 민족문제연구소 비난보도를 쏟아냈다. "〈백년전쟁〉은 다큐조작 역사왜곡"(채널A)이라는 보도는 점잖은 편이고 "백년전쟁은 김일성 대남 문화공작과 흡사하다"(TV조선)고 매도하기도 했다.

---

17 〈더뉴스 21〉, 2015. 7. 7.

이에 민족문제연구소도 강하게 맞섰다. 민족문제연구소는 15일 논평을 내고 "민간단체가 20년 넘게 지속해온 역사정의실천운동을 마치 중범죄라도 저지르는 양 호도하고 있다"면서 "국가안보 운운은 사실상 권력을 동원하여 시민운동을 탄압하라는 주문과 다를 바 없어 보인다"고 비판했다. 민족문제연구소는 또 "MB정부 이후 정부와 보수언론 뉴라이트 등 보수세력의 역사왜곡이 얼마나 극심하였는지는 삼척동자도 알고 있다"면서 "국민들의 자발적인 성금과 회원들의 회비로 전개되고 있는 역사정의실현을 위한 시민운동을 권력의 힘으로 탄압하려 한다면 이 정권은 역사와 민족 앞에 죄인이 될 것"이라고 경고했다.

민족문제연구소는 강하게 반박 논평을 냈지만 내심 긴장했다. 민족문제연구소 임헌영 소장은 "박근혜 취임 이후 불안해 잠을 못 잘 지경이었다"면서 "3월 13일 청와대 오찬에서 우리가 만든 〈백년전쟁〉을 '국가안보 차원에서 봐야 한다'고 발언한 이후 사무실 앞 테러와 사법적 공세가 노골화됐다"고 말했다.

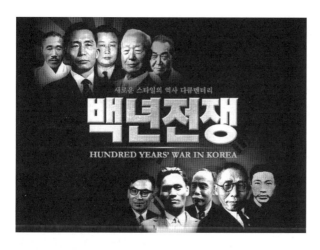

2012년 민족문제연구소 만든 〈백년전쟁〉은 일제에 강제 병합된 1910년부터 현재까지 친일파와 분단·독재·부패세력이 대한민국을 지배하고 있음을 고발하는 동영상이다. ⓒ 민족문제연구소

민족문제연구소는 5월 9일 "청와대 모철민 교문수석비서관이 국사편찬위원장 등 정부 산하 기관장을 2013년 3월 말 청와대로 불러서 〈백년전쟁〉과 관련해 적절히 대처하라고 지시했다"고 폭로했다. 이에 모 수석은 "국사편찬위원장 등 학술기관 단체장을 만난 적은 있지만 지시한 적 없다"고 주장했다.

하지만 유정복 안전행정부 장관은 4월 16일 국회 안전행정위원회 업무보고에서 "객관적인 검증이 없는 〈백년전쟁〉 동영상은 국민 통합을 저해할 소지가 있다"면서 "한국의 정체성이 지켜지고 역사관이 올바로 설 수 있게 문제에 대응해 나가겠다"고 말했다. 안전행정부는 정부 여러 부처가 연관된 사안을 종합 정리하는 부처다. 따라서 이 문제는 단순히 문화체육관광부 소관 역사적 문제만이 아닌, 정권적 차원에서 종합적으로 관리하겠다는 방증이다. 게다가 부처 국회업무보고에서 명시한 것은 곧장 실행에 옮기겠다는 의미였다.

우려는 곧 현실로 이어졌다. 보수단체를 동원한 문제제기, 고발이라는 전형적인 박근혜 정권의 길들이기가 시작됐다. 2013년 4월 이승만 기념사업회가 '백년전쟁세력'에 전면전을 선포하는 주장을 담은 5단 광고를 주요 신문에 냈다. 이들은 광고에서 "민족문제연구소를 민사소송으로 기둥뿌리 뽑고, 형사로 사회와 격리시켜야 한다"고 주장했다. 광고는 '이승만 건국대통령 박정희 부국대통령을 욕보이는 백년전쟁세력에 전면전을 선포한다!!'고, 매우 선동적인 제목을 하고 있다. 부제로 '더 이상 참을 수 없다!! 두 영웅이 다져놓은 대한민국을 목숨걸고 사수하자!!'고 돼 있다.

여기에 보수신문과 종편이 가세하고 결국 우익단체를 통한 고발까지 이어졌다. 5월 이승만 유족이 〈백년전쟁〉 김지영 감독과 담당 PD, 그리고 임헌영 소장 세 사람을 사자명예훼손 혐의로 검찰에 고발했다. 12월 24일 서울중앙지검 형사부는 이 동영상을 만든 김지영 감독을 전격 소환했다. 형사부는 이후 2차례에 걸쳐 김 감독을 소환 조사했으나 뚜렷한 혐의점을 발견하지 못했다. 결국 2월 11일 담당검사가 전격 교체됐다.

　무엇보다 학술적 쟁점이었고, 명예훼손 문제였던 이 사건에 대해 검찰은 〈백년전쟁〉을 국가보안법 위반사건으로 다루겠다고 발언했다. 임 소장은 "수사를 다 한 검사도 기소를 못하니 검사를 바꾸고, 그래도 안 되니 이 사건을 형사부에서 공안부로 보냈다"면서 "이 사건의 공안부 배당은 김기춘의 청와대 아니면 있을 수 없는 일"이라고 말했다.

　역사문제를 안보문제로 봐야 한다는 요구대로 이 역사전쟁에서 상투적인 종북몰이도 빠지지 않았다. 보수단체는 "북쪽에는 천안함 폭침, 연평도 포격의 김정은이 있고, 남쪽에는 국민을 선동하는 〈백년전쟁〉 세력이 있다. 6·25 남침 전에 대구폭동과 제주 4·3사건을 일으켜 선무공작을 시도했던 김일성 전략과 너무 흡사하다"라고 선동했다. 전형적인 종북몰이 방식이었다. 6월 24일 뉴라이트 성향의 인사들은 '한국사학자 표적 사찰 사과하라'는 성명서를 발표했다. 이 성명에 참여한 사람은 대부분 유명대 원로들로 보수적 학자도 있지만 언론인 류근일, 양동안 전 한국학중앙연구소 교수와 같이 극우적 사고와 행동으로 사법적 판단까지 받은 인물도 있었다. 이들은 교학사 교과서 반대에 대해 "흥미롭게도 북한의 조선중앙통신도 6월 5일 '남조선 각 계층, 보수패당의 력사교과서 왜곡행위에 항의'라는 보도에서 교학사 교과서를 맹비난하면서 이런 흐름에 동참했다"고 지능적인 종북몰이 공세도 함께 주장했다.

　이런 극우·보수 세력의 동원은 청와대와 국가정보원, 그리고 전경련과 재벌기업으로 이어지는 지시와 자금동원 커넥션이 작용했다. 국정원은 극우단체 어버이연합에 400만 원을 지원, 민족문제연구소 앞에서 해체 촉구 집회를 열었다.

　민족문제연구소와 전교조에 대한 와해공작 한편으로 박근혜는 부친에 대한 역사를 다시 쓰려고 시도했다. 이미 박근혜 취임 이전부터 보수단체들에 의해 새로운 역사교과서가 준비되고 있었다. 바로 교학사 교과서였다. 이 교학사 교과서에 대해 강규형 명지대 기록대학원 교수는 이렇게 평가했다.

교학사 고등학교 한국사교과서는 국가에 대한 자긍심을 고취하고 애국심을 유발하는 역사교육의 목적에 충실해야한다는 기조로 서술된 교과서이다. … 반면 기존 한국사학자들은 낡은 계급적 민중사관에만 집착하여 역사를 해석하려는 경향이 강하다. 대한민국이 '자유민주주의'체제임은 일반 상식임에도 불구하고 역사교과서에 이러한 내용을 넣는 것에 대해 기존 한국사학자들이 격렬히 반발했었다. 또한 한반도가 UN이 승인한 한반도 유일합법정부라는 문구도 삭제하기 위해 부단한 노력을 했다. 이들은 역사교육을 국가정체성 교육에 목적을 두는 것이 아니라 오히려 대한민국에 대한 부정적 시각을 부각시키려 노력해 왔다.[18]

그러나 교학사 교과서는 친일 독재를 미화하고 오류 투성이었다. 그럼에도 교학사 교과서는 2013년 5월 10일 교육부 검정 본 심사를 통과했다. 사실 확인조차 부실한 교학사 교과서가 검정 심의를 통과할 수 있던 것은 정권적 차원의 조급성이 아니면 설명이 안 됐다. 대부분의 역사학자를 비롯해 일선에서 이를 가르쳐야 할 전교조의 반발은 당연했다. 전교조는 '교학사 한국사교과서 학교 배포 중단하라!', '교육부 장관은 교학사 한국사교과서 검정합격 즉각 취소하라', '국사편찬위는 부실 검정에 대해 충분히 해명하고, 한국사 검정위원 선정과정 및 검정과정 공개하라'며 다음과 같이 요구했다.

---

18 강규형, '교학사 한국사교과서 파동의 전개과정과 문제점들' 한국선진화포럼, 〈선진화포커스 제170호〉, 2013. 10. 2.

근로정신대와 위안부를 구분하지 못하고, 친일로 판결난 〈동아일보〉 설립자 김성수를 항일 인사로 되살리고, 쿠데타와 유신을 정당화하는 등 법원의 판단과 학계의 일반론을 거스르는 교학사 한국사교과서의 검인정 합격은 상식적으로 납득하기 어렵다.[19]

특히 전교조는 "이승만, 박정희를 미화하기 위해 역사적 사실을 변조 왜곡한 교학사 한국사교과서는 이미 역사교과서로서의 자격을 상실했다"면서 "친일·독재를 찬양하고 민주주의를 축소·왜곡하는 뉴라이트 역사교과서는 교과서 시장에서 퇴출 되어야한다"고 주장했다. 전교조는 9월 16일에는 '친일·독재 미화 교학사 역사교과서 검정승인 취소 교사 선언자' 7,866명의 명단을 발표했다.

2013년 8월 8일 취임한 김기춘 비서실장은 수석비서관 회의에서 '좌파 척결'을 주장하고, 10월 28일 박근혜는 '교과서 검인정 체제 강화를 위한 조직 설치'를 지시했다.[20] 이미 법무부에 설치된 통합진보당 해산 TF와 유사한 임시 조직이 교육부에도 설치된 것이다. 이 TF는 외형적으로 교과서 개발 추진이라고 돼 있지만, 실제적으로는 긍정적 여론을 조성하고, 진보 진영의 국정화 반대에 대응하는 초불법적 기구였다.

이 TF는 안전행정부의 정부조직 승인도 받지 않았고, 예산은 교육부가 예비비 신청한 지 하루 만에 기획재정부와 대통령 승인하는 등 초스피드로 진행됐다. 확보된 예비비 44억 원 중 24억8천만 원이 홍보비로 사용되고, 이 과정에서 국가계약법 등이 무시됐다. 나중에 역사교과서 국정화 진상규명위 조사에 따르면 TF는 여당의원에게 국정화 우호발언 전달, 민간단체를 통한 집단 시위, 학계 국정화 지지 기고문 등재, 현행 교과서 편

---

19 전교조 성명, 2013. 9. 4.
20 역사교과서 국정화 진상조사위, '역사교과서 국정화 진상조사 결과 발표' 보도자료, 2018. 3. 28.

향 자료개발, SNS 동향파악 및 국정화 우호 여론 확산 등의 사실상 '공작'을 했다.[21]

10월 29일 전교조는 전국 3,904개 학교 2만1,379명이 참여한 국정 역사교과서 반대 시국선언을 발표하는 등 격하게 반대했다. 그래도 박근혜는 포기하지 않았다. 11월 10일 박근혜는 국무회의 석상에서 "바르게 역사를 배우지 못하면 혼이 비정상이 된다"고 발언했다. 이 말은 매우 특이한 표현으로 현재 교과서로 배운 국민은 정신이 비정상이라는 뜻이다. 야당은 "아무리 교과서가 마음에 들지 않는다고 이토록 저주에 가까운 말을 할 수 있나"고 비판했다. 이는 박근혜가 얼마나 국정교과서 도입에 집착했는가를 보여주는 단편적 사례다. 결국 박근혜 정권은 전교조를 제어하지 못하면 새로운 역사교육은 무망하다고 결론을 맺었을 것이다.

한편으로 친일·독재 미화 교과서에 찬동하는 뉴라이트 성향의 역사관련 학자들이나 인사들은 역사 관련 요직에 배치되고 국정 역사교과서에 직접 참여하거나 공영방송을 장악했다. 3월 13일 청와대 오찬에 참석한 이배용 전 이대 총장을 한국학중앙연구소장, 박상증 목사를 민주화운동기념사업회 이사장, 이인호 전 서울대 교수를 KBS 이사장 등에 임명한 것은 우연이 아니다. 나중에 역사교과서 국정화 진상조사위는 "청와대는 역사교과서 국정화 관련해 구체적인 지시를 자주 내렸는데, 이는 청와대에 역사 관련 비공식 자문단이 있었기 때문"이라며 김정배를 그 핵심인물로 꼽았다.[22]

한국학중앙연구원은 민족문화대백과사전을 편찬하는 등 한국학 즉 우리 역사와 문화의 연구, 교육, 보존관리, 보급, 국제협력 등을 하는 정부

---

21 앞의 자료.
22 앞의 자료.

기관이다. 이런 자리에 한국선진화포럼 특별위원장, 뉴라이트 교과서포럼 고문, 새누리당 중앙선대위의장을 맡고 TV 찬조연설을 하는 등 정치적 색깔도 짙은 이배용이 임명됐다. 10월 1일 한국사 사료를 수집·편찬·연구하는 정부기관인 국사편찬위원회에 유영익을 임명했다. 유영익은 '김대중, 노무현의 햇볕정책은 친북정책'이라는 주장을 할 정도로 편향된 이념을 가진 인물이다. 결국 유영익은 아들의 병역기피와 특혜채용 의혹으로 결국 중도 사퇴했다.

뒤이어 임명된 고대 교수 출신의 김정배 국사편찬위원장도 군사독재를 옹호하고 특히 국정교과서를 신봉하는 인물이다. 전교조는 "5공 시절 국정 역사교과서는 12·12 정변과 광주학살을 미화했는데, 당시 국사편찬위 연구위원이었던 인물이 현재 국사편찬위원장"이라고 반대했다. 김호섭 동북아역사재단 이사장은 뉴라이트 계열 현대사학회 이사 출신으로 친일·독재 미화 교학사 교과서를 옹호한 인물이다. 교학사 교과서 제작을 옹호한 박상증 전 참여연대 공동대표는 민주화운동기념사업회 이사장으로 취임해 8개월간 취임저지 투쟁을 유발시켰다. 이명희 공주대 교수는 국정교과서 집필에 선도적으로 참여했다.

공영방송 역시 뉴라이트 계열 인사가 장악했다. KBS 이사장에 청와대에서 역사전쟁 필요성을 역설한 이인호가 임명됐다. 이인호의 조부 이명세는 조선유도연합회 상임이사로 민족문제연구소가 발행한 《친일인명사전》에 올라 있다. 방송통신심의위원장에는 5·16쿠데타를 혁명으로 미화하는데 앞장서고 대표적인 식민지 근대화론자인 박효종 전 서울대 교수가 자리를 잡았다. 그는 왜곡된 역사관뿐 아니라 2012년 박근혜 대선캠프에서도 활동한 정치지향적 인물이다. 2014년 6월 17일 박근혜는 언론단체들의 치열한 반대에도 불구하고 그를 방송통신심의위원장에 임명했다.

방송문화진흥회(MBC 이사) 이사장에 임명된 공안검사 출신의 고영주 역시 보수를 넘어 극우적 인식을 가진 인물이다. 그는 공개적인 자리에서

"문재인은 공산주의자"라고 발언해 '한국의 메카시'라는 별명을 얻기도 했다. 이명박 정권에서 방송문화진흥회 감사였던 그는 박근혜 정권 시기인 2015년 8월 방문진 이사장이 됐다.

이들은 각 분야에서 친일·건국절·이승만·박정희를 미화하는 방송을 제작하고 역사교과서 국정화의 필요성을 홍보하는 데 앞장섰다. 이들의 임명에 야당이 국회에서 문제를 제기하고, 시민단체도 저항했지만 박근혜 정권은 꿈쩍도 안했다. 결국 박근혜 정권은 2015년 10월 12일 역사교과서의 국정화를 발표했다. 세계적으로 독재·권위주의 몇 개국에서나 사용하는 국정 역사교과서를 사용하겠다는 것이었다. 이는 민주주의를 극도로 퇴행시킨 박근혜 정권의 오만의 끝을 보여주는 상징적 모습이었다.

이에 전교조를 중심으로 전국역사교사모임·한국역사연구회·역사정의실천연대 등 466개 단체가 '한국사교과서 국정화저지 네트워크'를 결성했다. 이들은 10월 17일 서울 종로구 세종로공원에서 '국정교과서 반대 범국민대회'를 열었다. 2천여 명(경찰 추산 700명)이 참여한 이날 교사와 시민·학생들은 검은색 넥타이를 매고 영정사진 모양의 손팻말을 들고 "대한민국의 역사교육은 죽었다"고 외쳤다.

친일·독재미화 역사교과서와 정면으로 싸운 주진우 상명대 교수는 "정치·경제·사회·학계(대학)에서 힘을 가진 친일세력은 떳떳하지 않은 과거에 침묵했으나 민주정부를 경험하며 위기감이 들었던 것"이라며 "이들은 박근혜 정권에서 종북·빨갱이 몰이를 동원, 국민의 레드포비아(좌익공포)를 자극하며 역사적 반전을 시도하려는 것"이라고 해석했다.

#장면 03-2

2014년 10월 11일 아침 7시, 서울 연세대 세브란스병원 영안실에서 양희은의 〈아침이슬〉이 조용히 합창됐다. 서서히 운구차가 빠져나오는 가운데 함세웅 신부가 망자의 사진을 가

승에 꼭 껴안았다. 망자는 성유보 우리겨레하나되기운동본부 이사장이었다. 그 옆에는 김종철 자유언론실천재단 이사장과 이부영 여운형기념사업회 이사장이 침통한 표정으로 서 있었다.

운구차는 시청 앞 서울광장에 도착해 '민주·통일 이룰 태림 참 언론인 고 성유보 선생 민주사회장'이 열렸다. 언론계 후배는 물론 시민사회단체 관계자, 원로 500여 명이 참석했다. 함세웅 신부는 조사에서 "저는 성유보 선생과 동아투위, 조선투위 기자들과 지학순 주교, 민청학련 사건에 투신하신 모든 분들의 삶을 지켜보면서 성당에서 밖으로 나오게 됐다"면서 "성유보 선생을 비롯한 고난의 현장에 계셨던 분들이 종교인들을 역사의 현장으로 끌어낸 길잡이이며 스승이었다"고 말했다.

성 이사장이 근무했던 〈동아일보〉 앞에서 노제가 치러졌다. '언론자유 사상자유', '진리가 너희를 자유케 하리라', '모든 통일은 다 좋은가? 그렇다'라고 쓰인 만장 10여 개가 뒤따랐다. 노제를 마친 성 이사장의 유해는 남양주시 모란공원 민주열사묘역에 안장됐다. 성 이사장은 2014년 10월 8일 오후 5시 경기도 고양시 일산병원에서 갑자기 숨졌다. 오래전부터 암과 싸웠지만 잘 견디던 그의 지병이 갑자기 악화된 이유는 무엇이었을까. 그의 심장을 멈추게 한 것은 비단 지병인 암 때문이었을까.

민주화운동기념사업회에 본때를 보여라

박근혜의 역사전쟁은 전방위로 이어졌다. 한국학중앙연구원장, 국사편찬위원장이 박정희의 친일변조를 위해 필요했다면, 민주화운동기념사업회는 박정희 독재 정당화를 위해 꼭 손을 봐야 할 기관이었다. 민주화운동기념사업회는 2001년 노무현 정부가 만든 민주화운동 정신을 계승, 발전시키는 공공기관이다. 한마디로 권위주의 시대를 비판하고, 민주화운동 선양사업을 하는, 박정희 미화에 가장 걸림돌인 정부기관이었다.

유정복 안행부 장관은 박근혜 정권 초 업무보고에서 '역사관이 올바로 설 수 있게 하겠다'고 보고까지 한 처지에서 당연히 손봐야 할 기관이었다. 유 안행부 장관은 2013년 11월 민주화운동기념사업회 이사장에 박상증 목사를 추천해줄 것을 임원 추천위원회에 요구했다. 그러나 임원 추천위는 박 목사가 지난 대선에서 박근혜 후보를 공개적으로 지지하는 등 정치적 성향의 인물이라는 이유로 '부적격'으로 판단했다. 무엇보다 박 목사의 부친은 《친일인명사전》에 올랐고, 그도 친일·유신을 찬양하는 교학사 교과서를 공개적으로 지지한 뉴라이트 성향의 인사였다. 박 목사 자신은 대선 당시 박근혜 후보를 공개 지지하는 정치적 인물이었다.

이미 임원 추천위는 안병욱 가톨릭대 교수와 정성헌 당시 이사장을 후보로 추천키로 했고 이사회도 이를 승인한 상태였다. 이런 상황에서 안행부가 일방적으로 박 목사를 임명한 것이다. 김거성 임원추천위원장은 "임원추천위와 이사회의 추천을 받지 않은 인물을 이사장으로 임명하는 것은 안행부의 승인을 받은 정관에 따라 작성된 내부 규정 위반"이라며 "절차를 무시하고 이사장을 일방적으로 임명하는 것은 민주화운동을 모독하고 폄훼하기 위한 것"이라고 비판했다.[23]

하지만 유 안행부 장관은 2월 13일 전자문서로 박 목사를 이사장으로 임명한다고 일방적으로 통보하고 이튿날 임명장까지 줬다. 이는 이사장을 기념사업회와 논의해 임명하던 관례를 깨는 것은 물론 임원 추천위와 이사회도 무시한 불법 인사였다.

이에 2월 17일부터 기념사업회 전체 직원 37명과 전·현직 임원, 민주화운동 인사들이 이사장실을 점거하고 농성에 돌입했다. 기념사업회 이사장을 지낸 함세웅 신부 등 전·현직 임원 28명은 기념사업회에서 기자회견을 열고 "임명취소 행정소송과 박 목사의 직무정지 가처분신청을 제기할 것"이라고 밝혔다. 3월 11일에는 60여 개 단체 70명의 대표가 모여 '민주화운동기념사업회 이사장 불법 임명 거부 국민대책위원회'(국민대책위)를 출범시켰다. 대표는 이해동 목사가 맡았고, 천주교정의구현전국연합,

23 〈한겨레〉, 2014. 2. 14.

천주교정의구현전국사제단, 민족미술인협회, 민주화실천가족운동협의회, 민주노총, 전농, 역사정의실천연대, 전대협동우회, 부산민주항쟁기념사업회, 사월혁명회, 한국작가회의, 5·18민중항쟁서울기념사업회, 환경운동연합, 한국여성단체연합, 흥사단 등의 민주화운동 단체가 참여했다.

하지만 정권도 물러서지 않았다. 기념사업회는 박근혜의 역사전쟁에서 중요한 현대사, 특히 유신체제를 재평가 하는데 가장 핵심적인 기관이었기 때문이다. 오히려 박상증 이사장은 5월 15일 한기홍 북한민주화네트워크 대표와 같은 뉴라이트재단 출신을 이사로 선임했다. 내부 직원이 큰 충격을 받은 것은 물론 민주·시민사회단체로 구성된 국민대책위는 5월 16일 "민주화운동 전체를 희롱하는 것"이라며 강하게 반발했다. 5월 16일 국민대책위는 "박근혜 대통령은 이번 민주화운동기념사업회 임원의 낙하산 불법인사를 국민 앞에 사과하라"면서 "안행부 장관은 그 책임을 지고 사퇴하라"고 요구했다.(전문 : 자료 5)

국민대책위원회는 이사장실 점거농성을 계속하는 한편, 이 문제를 국회에서 쟁점화시켰다. 국민대책위는 다른 단체와 연대를 늘려 182개 시민사회단체가 동조했다. 직원들은 8월 노동조합까지 만들어 대응했다. 이영교 노조위원장은 "박상증 목사의 임명에 반대하며 시작된 농성이 180일을 넘은 상황에서 더 강력한 형태로 우리의 요구를 제시하기 위해 노조를 결성하게 됐다"고 말했다.[24]

이에 박 이사장을 비롯한 안행부는 '무노동 무임금'으로 맞섰다. 월급만 중단한 것이 아니라 예산을 배정하지 않아 모든 사업이 중단된 것은 물론 사무실 임대료까지 낼 수 없게 만들었다. 박 이사장은 7월 직원들에게 업무복귀 여부를 묻는 내용증명을 보내며 압박했다. 무려 7개월이나 계속된 이 반대투쟁은 10월 1일 종료됐다. 9월 29일 박 이사장과 직원들이 정

---

24 〈한겨레〉, 2014. 8. 24.

상화에 합의한 것이다. 직원 총회에서 34명 중 27명이 합의안에 찬성표를, 7명은 반대 또는 기권표를 던졌다. 이 정상화에 대해 〈한겨레〉는 이렇게 보도했다.

> 하지만 '낙하산 반대'를 외쳐온 직원들 사이에서는 '현실의 벽'에 가로막혀 나온 타협이라는 비판도 제기된다. 한 직원은 "이사장과 이사진이 민주적이지 않은 방식으로 임명돼 시작된 싸움이 아닌가. 내부의 민주주의조차 지키지 못한 민주화운동기념사업회가 무슨 염치로 민주화 정신을 얘기할 수 있겠느냐"고 했다. 반대표를 던졌다는 직원은 "개인적으로는 절대 받아들일 수 없는 합의"라고 말했다. [25]

외부에서 낙하산 저지를 함께 했던 시민단체들은 더 이상 반대할 명분이 없어졌다. 182개 시민단체로 구성된 '국민대책위'도 9월 17일 대표자회의를 열고 농성을 중단하기로 결정했다. 국민대책위 이해동 목사는 "박상증 목사의 등장 자체가 민주화운동 정신의 훼손이고 변질이며, 그 본령에 대한 모욕"이라며 "우리는 직원들이 내부에서 싸운다면 그것을 외부에서 지원하는 입장이었기 때문에 더 이상 할 일은 없을 것 같다. 하지만 후퇴하는 차원을 넘어 말살되고 있는 한국 사회의 민주주의를 위해 계속 싸우겠다"고 말했다.

박근혜 정권은 민주화운동기념사업회 박 이사장 임명을 놓고 단 한 치의 양보도 없이 정권의 의지를 관철시켰다. 무려 7개월간 직원에 대한 무급, 무지원을 강행했다. 정부예산으로 운영되는 공공기관을 철저히 길들인 것이다. 나중에 이사장에 취임한 지선 스님은 이에 대해 "민주화운동기념사업회는 강경파, 온건파, 중간파 등으로 갈라져 내분과 상처가 심해

---

25 〈한겨레〉, 2014. 10. 1.

졌다"면서 "독재정권은 반대세력의 내부를 이반시켜 분열시키는 면에서 다 비슷했다, 이는 미국·영국·프랑스 등 제국주의자들의 특징"이라고 일 갈했다.

성유보 이사장을 비롯한 민주화운동세력은 보다 조직적인 반박근혜 연대세력이 필요하다는 것을 절감했다. 성 이사장을 단장으로 하는 준비 기획단이 준비됐다. 기획단은 2015년 2월까지 약 15차에 걸친 회의를 열 고, 시·군·구 단위부터 광역시, 도 단위까지의 지역조직이 참여하는 상향 식 전국조직을 결성하기로 뜻을 모았다.[26] 그러나 새로운 전국적인 조직을 만들기로 했던 성 이사장은 박상증 목사가 이사장에 임명된 지 3일 후 갑작 스런 지병(담도암)이 악화돼 합병증 수술을 받았으나 10일 오후 5시 숨졌다.

박근혜식 역사전쟁에서 한국학중앙연구소나, 국사편찬위원회, 동북 아역사재단, 그리고 KBS를 비롯한 공영방송까지 손쉽게 장악했다. 시민 단체를 비롯한 야당이 문제점을 지적하고 반대했지만, 박근혜 정권은 임 명을 강행했다. 내부의 저항도 별로 없었다. 상당수 직원들은 모두 박사, 석사급 이상의 연구원들로 소위 많이 배운 지식인들이었다. 이들은 낙하 산으로 내려온 위원장, 이사장, 사장 밑에서 무리 없이 훌륭하게 국정역사 교과서를 만들고, 그들의 요구대로 역사왜곡 방송을 했다.

그나마 민주화운동가들이 모인 민주화운동기념사업회가 7개월 파업 했고, 노동조합이 있던 KBS가 파업으로 맞선 것이 기억될 뿐이었다. 박근 혜와 역사전쟁에서 끝까지 버틴 곳은 민족문제연구소 등 민간기관 뿐이었 다. 박 정권은 역사를 종북몰이로 엮으려 했지만 미수에 그치고 말았다.

건국절 논란으로 상징되는 이 역사전쟁에서 박근혜는 결국 패배했다. 그들이 만든 역사책은 국민의 공감은커녕 공분만 일으키는 함량미달이었 을 뿐이다. 게다가 역사교과서를 사용할 학교와 교사, 학생들에게 전혀 공

---

26 민주주의 국민행동, 경과보고서. 2015. 6. 10.

감을 얻지 못했다. 공감도, 명분도 없던 시대착오적 박근혜의 역사전쟁은 결국 스스로 몰락을 자초했다.

박근혜 정권이 먼저 시작한 이 역사전쟁은 오히려 민중혁명을 움트게 만들었다. 역사전쟁은 급속한 국민적 이반을 불러일으키면서 정권붕괴를 자초했다. 정통성이 취약했던 박근혜 정권은 역사전쟁에 패배함으로써 급격히 무너졌다.

역사를 왜곡하려던 박근혜를 비롯해 김기춘 대통령비서실장, 이병기 대통령비서실장, 서남수 전 교육부 장관, 황우여 전 교육부 장관, 김상률 전 교문수석, 김관복 전 교육비서관, 이기봉 전 교육비서관, 김한글 전 교문수석 행정관, 김동원 전 학교정책실장, 강지연 전 황우여 장관 보좌관, 박성민 전 역사교육정상화추진단 부단장, 김정배 전 국사편찬위원장, 오석화 전 국정화 비밀 TF 단장 등은 사법처리 대상에 올랐다.

이 역사전쟁에서 분연히 떨치고 일어선 사람은 외국에서 학위를 받고 근엄하게 훈시하던 대학교수 출신이 아니다. 이이화 민족문제연구소 이사장과 임헌영 민족문제연구소장, 김삼웅 전 독립기념관장, 정동익 사월혁명회장 등 오히려 재야에서 활동하던 역사학자이거나 자신이 직접 민주화 역사를 쓴 민주화운동가들이다. 여기에 학생을 가르치는 역사 교사들이 가세했다. 역사학계에서 비주류이고, 힘없는 그들이 박근혜의 '친일·독재 미화' 역사왜곡에 분연히 맞선 것이다.

04

케케묵은 칼로
민주주의를 베다

#장면 04-1

"8월 28일 새벽 6시 … 제 핸드폰으로 전화가 온 거예요. 이삿짐이 들어오니 차를 빼달라고, 차를 빼는 위치에 있지 않았는데 이상하다고 생각했고 남편에게 차 빼러 나가라고 시켰어요. 남편이 문을 여는 순간 10여 명쯤 되는 국정원 직원들이 들이닥친 거죠 … .'왜 이런 식으로 거짓말을 하고 들어 오냐?'고 했더니 자기들은 원래 그런다고 뻔뻔하게 이야기를 하더라고요, … 떼거지로 몰려왔는데 아이들은 자고 있었고요. 집도 큰 집이 아닌데 아수라장이 된 거죠."(박시옥 구속자 가족)

"압수수색을 하겠다며 영장을 제시했고, 저는 영장 고지를 거부했죠. 제가 '변호인의 조력을 받겠다. 변호인이 온 다음에 시작하라'고 말했죠. 하지만 법적으로 변호인이 없어도 아무 상관없다고, 심지어는 저도 없어도 되더라고요. 법적으로 변호인이 없어도 상관없다는데, 일반인들 입장에서 법을 들이대는 순간 지식의 불균형이잖아요. 그들은 법을 들이대는데 나는 법을 모르니까 … 그럴 때 변호인 조력권이 있는 거잖아요. 하다못해 영장을 확인하는 것부터 시작해서 심리적으로든 실무적으로든 그게 가장 기본적인 문제 아닐까 싶은데요."(홍성규 압수수색 대상자) 27

공안몰이 컨트롤타워 김기춘

통합진보당은 박근혜 정권이 들어서자 위기감을 감지하고 있었다. 진보당은 3월 6일 일찌감치 '진보정당 국회의원 구명 시민사회공동대책위원회'를 조직해 대응했다. 2012년 11월 22일 국회 본회의장에서 자유무역협정(FTA) 날치기 통과에 반대하며 최루탄을 터뜨린 김선동 의원에게 1심에서 징역 1년에 집행유예 2년을 선고했기 때문이다. 진보당은 '진보정당 국회의원을 지키기 위한 100만인 탄원운동'에 돌입한 상태였다. 여기에는 전농(당시 이광석 의장)과 한국진보연대(한충목 공동대표), 민주화가족협의회, 전국여성연대, 사월혁명회 등 31개 단체가 함께 하고, 노회찬 정의당 의원

---

27 '아무도 우리 목소리를 듣지 않았다' - 소위 내란음모사건 피해자 인권침해 보고회, 2014. 2. 12.

은 개인 자격으로 참여했다.

　진보당은 박근혜 정권 탄생의 아킬레스건인 국정원 댓글사건을 집요하게 지적했다. 통합진보당 이상규 의원은 "2010년 선관위 디도스 공격은 최초의 디지털 선거범죄로 국회의원 비서관 혼자 할 수 있는 차원이 아니다"면서 "이것을 대충 덮고 넘어간 결과 2년 후 대선에서 국정원과 사이버사령부가 국가적 차원에서 디지털 선거범죄를 벌인 것"이라고 자신이 댓글 사건에 집요하게 매달린 이유를 설명했다. 다행히 국정원 댓글사건은 민중적 공감대를 얻으며 4월 18일 윤석렬 특검을 이끌어 냈다. 진보당은 또 시민·민중단체와 연대해 국정원시국회의를 규합해 박근혜 정권을 압박하면서 국정감사를 얻어내는 데 성공했다.

　그러나 8월 8일 청와대 김기춘 비서실장이 취임하면서 상황은 180도 달라졌다. 김기춘의 재기용에 공안광풍을 우려하는 시각은 많았다. 민변은 "박근혜 정권은 김기춘을 비서실장으로 임명하면서 과거 유신시대를 휩쓸었던 국가보안법 체제를 십분 활용하고 일상화시키겠다는 의지를 분명히 했다"면서 "(김기춘은) 말 그대로 한국 현대사의 '반민주' 상징"이라고 평가했다.

　민변의 예상은 틀리지 않았다. 김기춘 취임 22일 만인 8월 28일 새벽 국정원은 진보당 당직자에 대한 압수수색을 실시했다. 국정원은 수사 착수부터 형사소송법 절차를 지키지 않았다. 허위로 영장을 고지하고 영장을 제시하더라도 자세히 설명하지 않았다. 신발을 신고 들어와 안방 문을 발로 차고, 문틀을 부수고 안방에 있는 사람을 거실로 끌어냈다. 압수수색이라기보다 주거침입 성격이 짙었다."[28]

　그러나 이런 압수수색 과정의 문제를 지적한 언론은 없었다. 다음날인 29일 〈한국일보〉는 통합진보당 이석기 의원과 당원들이 지하 혁명조직

---

28 앞의 자료.

(RO)를 만들어 경찰서·통신·유류시설을 파괴하기로 모의했다는 녹취파일을 공개했다. 완성되지 않은 기사가 29일 실수로 인터넷에 올랐고, 이를 〈조선일보〉가 베끼는 촌극이 일어나기도 했다. 〈한국일보〉는 30일 자 신문에 "이석기 '전쟁 준비하라 … 군사적 체계 잘 갖춰라'-국정원 동영상도 확보한 듯, 한국정부를 '적' 지칭 … 무기 확보·기간시설 타격 등 구체적 논의"라는 기사를 1면 톱으로 보도했다. 이것이 이른바 이석기 내란음모 사건의 시작이다.

〈한국일보〉는 30일 자에 녹취록 요약본, 9월 2일과 3일에는 녹취록 전문을 공개했다. 대부분 언론은 이 녹취록을 검증 없이 확대 보도하면서 사태는 눈덩이처럼 커졌다. 온통 나라가 내란음모 위기로 들썩거렸다. 이에 이석기 의원은 '왜곡과 짜깁기'라고 해명했지만 소용이 없었다. 녹취록을 보도한 〈한국일보〉 기자는 "국정원이 갖고 있는 것을 그대로 썼다"고 확인했다.[29] 그러나 그 녹취록은 부정확했다. 국정원은 5월 10일 자 녹취록을 38곳, 5월 12일 자에는 무려 234곳을 스스로 수정했다. 나중에 재판과정에서 드러났지만 녹취록 중요 대목 500여 곳이 의도적으로 조작된 것으로 드러났다. 대부분 언론은 이 부분도 간과했다. 국정원의 기막힌 언론플레이에 거의 모든 언론은 확인 없이, 의문 없이 종북몰이 마녀사냥에 같이 뛰어들었다. 진보언론도 마찬가지였다.

33년 만에 적용된 내란음모죄는 정국을 온통 얼어붙게 만들었다. 청와대 사주를 받은 보수단체의 활동이 시작됐다. 국회 앞에서 '자유총연맹'은 '내란음모 종북세력 이석기 일당 규탄 기자회견'을 열고 "조선노동당 2중대 통진당 해체하라!", "이석기 구속 수사하고, 김재연·김미희 국회에서 제명하라!"고 압박했다. 국정원은 즉각 이석기 의원 체포영장을 청구했고 수원지방법원은 이를 발부했다. 체포영장은 다시 법무부를 거쳐 9월 2일

---

29 〈미디어오늘〉, 2013. 12. 7.

국회에 제출됐다. 2일 이석기 의원 체포동의안 처리를 위한 국회본회의 회기 확정 표결이 이뤄졌다. 표결 결과 264명의 의원이 투표에 참여해 찬성 255명, 반대 2명, 기권 7명으로 통과됐다. 반대 2명은 진보당 김미희·김재연 의원이고, 나머지 의원은 표결에 불참했다.

이석기 체포동의안 처리를 위한 본회의 확정 표결에 문재인 의원을 비롯하여 이인영, 유성엽, 은수미, 김용익, 임수경, 도종환 의원이 기권했다. 국회에도 종북몰이 광풍이 불었다. 새누리당은 거침없이 "국회에 공산당 프락치가 있다"고 소리쳤다. 새누리당 김태흠 원내대변인은 "기권한 의원 중 문재인 의원은 노무현 정부 민정수석 비서관 재직 시 반국가단체 구성 등의 혐의로 실형을 선고받은 이석기 의원을 2년 6개월로 감형, 광복절 특사로 사면 복권시킨 당사자"라며 "문재인 의원은 국가의 독립, 영토의 보전, 헌법을 수호할 책무가 있는 대통령까지 출마한 사람으로서 과거의 행적에 대해 국민에 사과 한마디 없이 기권을 했다"고 비난했다.

이에 많은 신문은 사설 등을 통해 문재인 의원의 기권을 비난했고, 특히 종편은 집요하게 이 점을 공격했다. 〈채널A〉는 2일 '통진당 넘어 민주로 … 이석기 사태 친노 책임론 부상'이라는 제목으로 "이들(민주당)이 감옥에 있던 이석기 의원을 밖으로 끌어내 금배지를 달아준 것이나 다름없다"면서 "사건의 불똥이 통진당을 넘어 민주당 친노무현계로 튀고 있다"고 보도했다. 3일 자 〈TV조선〉도 비슷한 내용을 보도했다. 인터넷 카페 등에서 '문재인 이석기 옹호'를 비난하는 댓글이 이어졌다.

이런 종북몰이에 당사자들은 '나는 아니다'라고 자신의 결백을 입증해야 했다. 문재인 의원 측은 "체포동의안 처리와 관련해서 (찬성한다는) 당의 공식 입장과 같다"며 "다만 회기 결정을 투표로 결정하는 상황의 의미를 정확히 파악하지 못해 기권을 선택했던 것"이라고 해명해야 했다. 이인영 의원도 "회기를 결정하는 표결이 정당한 법적 절차가 맞는지 의아했다"

고 해명했다.[30]

　민주당 김현 의원은 비공개 의원총회에서 자신이 당론 결정에 반대했다는 여권 일각의 주장에 "체포동의안 당론 채택과 관련해 어떠한 문제도 제기하지 않았다"고 반박하는 보도자료를 냈다. 민주당은 의원총회를 열어 당론으로 이석기 의원 체포동의안에 찬성을 결정했다. 이언주 민주당 원내대변인은 "이 문제는 여야관계가 아니라 국민의 눈높이에서 단호하게 처리하는 게 타당하다는 데 의견이 모아졌다"고 말했다. 정의당도 찬성 당론을 정했다. 이정미 정의당 대변인은 "헌법과 민주주의 그리고 국민상식으로부터 심각하게 일탈한 구상과 논의를 한 것에 스스로 정치적 책임을 져야만 한다"고 밝혔다. 결국 9월 4일 이석기 의원 체포동의안은 찬성 258표, 반대 14표, 기권 11, 무효 6표로 가결됐다.

　통합진보당 비례대표로 당선됐던 정의당 박원석 의원조차 "통합진보당은 이석기 의원 사건에 대해 공당으로서 책임 있는 설명을 해야 한다"면서 "'공안탄압이다, 매카시즘이다, 국정원 물타기다'라며 배후 의도만 강조하거나 '날조다, 왜곡이다'라고 부분적 억울함을 주장하는 것으로 설명의 책임을 덮기에는 사건이 너무 커졌다"고 주장했다.[31] 한때 당을 같이 하고 진보정당임을 자처한 정의당이 이 정도였으니 진보당이 정치권에 하소연할 곳은 없었다.

　자신감을 얻은 박근혜 정권은 아예 진보정당 씨를 말리는 작업에 들어갔다. 통합진보당은 원내 7석에 불과한 정당이었지만, 제거하지 않으면 박근혜 정권은 5년 내내 시달릴 것이 뻔했기 때문이다. 무엇보다 이석기 내란음모라는 종북몰이를 통해 박근혜 정권의 위기를 반전시킨 김기춘 작업의 '정당성'을 확보하기 위해서라도 반드시 진보당은 해산시켜야 했다.

---

30 '이석기·문재인 엮기 위한 조선·동아의 무리수', 〈미디어 오늘〉, 2013. 9. 5.
31 박원석, "나는 왜 이석기 체포동의안에 찬성했나", 〈프레시안〉, 2013. 9. 6.

2013년 9월 6일 법무부에 차관 직속으로 '위헌 정당, 단체관련 TF'를 만들었다. TF 책임자는 정점식 서울고검 공판부장이었다. 이들은 통합진보당 강령 관련 자료, 이석기 국가보안법위반 사건 등 관련 기록, 북한 대남혁명론 관련 자료, 외국의 정당해산심판 사례, 논문 및 통합진보당(민주노동당) 관련 서적 언론기사 등을 분석했다.[32]

이때까지 법조계는 '설마 정당을 해산할까'라는 회의적인 시각이 지배적이었다. 정당해산은 이미 50년 전에나 있던 '구시대 유물'로 사실상 폐기된 제도였기 때문이다. 1959년 진보당 해산 이후(이는 당수 조봉암 사형과 주요 간부 구속으로 자연스레 해산된 경우), 정당해산이 거론된 것은 전두환 정권 말기에 한 번 있었다. 1987년 5월 11일 당시 김성기 법무부 장관이 국회법사위에서 당시 제1야당인 통일민주당 정강정책 제2절 제8항(민족의 통일이 정치적 이념과 체제를 초월하는 민족사적 제1과제임을 인식하고 이를 국정의 지표로 삼는다)을 문제 삼아 헌법위원회에 정당해산을 제소할 것이라 발언한 적이 있다. 전두환 정권은 이 때 박종철 고문치사 사건으로 위기에 몰리자 정당해산이라는 극단의 조치를 취하려 했지만 실행하지 못했다.

민변은 "정당해산심판제도는 1960년 제2공화국 헌법에 최초로 도입된 제도이지만, 이후 실제로 정당해산제소 또는 심판이 이루어진 예는 없었다. 학계에서도 거의 연구가 이루어지지 않은 분야라서 헌법학 교과서에도 독일의 1950년대 판결과 관련 조문 정도만 기술되어 있는 정도였고, 2004년 헌법재판소가 펴낸 연구용역보고서 '정당해산심판제도에 관한 연구'가 정당해산제도에 관해 가장 잘 소개하고 있는 문헌이었다. 추측컨대 위 연구용역을 맡긴 헌법재판소나 직접 연구를 수행한 연구자들은 향후 정당해산 사건이 실제로 행해질 것으로는 전혀 예상하지 못했을 것"이라

---

32 법무부, '통합진보당 정당해산 심판청구' 보도자료, 2013. 11. 5

고 설명했다.[33] 민변은 그 이유로 1987년 6월 항쟁 이후 민주주의가 발전해 헌법 적대적 정치세력이 있다면 헌재에 제소되기 전 여론과 선거에 의해서 도태될 것이기 때문이라고 봤다.

#장면 04-2

2013년 11월 6일 오전 10시 서울 중구 정동 경향신문사 건물 13층 민주노총 대회의실. 박근혜 정권의 통합진보당 해산을 규탄하는 기자회견이 열렸다. 참석자들은 '민주파괴 박근혜 규탄!', '민주파괴 박근혜 OUT'이라 적힌 손 피켓을 들었다. 먼저 백기완 통일문제연구소 소장은 "긴급조치 1호로 잡혀간 내게 '종이 한 장 갖고 유신체제를 무너뜨릴 수 있다고 생각하느냐?'고 했을 때 나는 '종이 한 장 불태워 유신반대 민주주의 요구가 없어지느냐? 종이 한 장으로 역사의 진보를 거꾸로 되돌릴 수 없다'고 했다"면서 "민주주의를 쟁취하기 위해 우리 민중은 피눈물을 흘렸으며, 역사가 모든 것을 증언한다"고 주장했다.

박석운 한국진보연대 공동대표는 "민중이란 말을 문제 삼는다면 민중의 지팡이라는 경찰은 다 용공이냐?"면서 "헌법을 공부한 사람이라면 정당해산을 청구하는 것은 천동벌거숭이 위헌적 망동임을 다 알 것"이라고 비난했다. 양성윤 민주노총 수석부위원장은 "쌍용차의 눈물, 강정의 눈물, 밀양의 눈물, 전교조와 공무원노조, 통합진보당, 그 다음은 어디냐"면서 "나는 (그 칼날이) 민주노총에게, 나아가 현 박근혜 정권에 이견이 있는 진보민주 시민단체, 더 나아가 모든 시민에게 그 칼날이 겨눠져 있음을 안다"고 밝혔다.

이태호 참여연대 사무처장은 "대통령과 국무회의가 매우 비합리적인 행위, 위헌적 처사를 하고 있는데 여기에는 뭔가 굉장히 중요한 정치적 동기가 있는 듯하다"고 강조했다. 박래군 인권재단 사람 대표는 "김기춘이란 유신헌법 초안을 작성하고 통과시킨 자가 청와대 비서실장으로 간 8월 5일 이후 박근혜는 정치를 포기하고 박정희의 나라로 만들려는 구상으로 김기춘의 기획대로 움직인다"고 주장했다.

---

[33] 민변, '박근혜 정권 1년 실정(失政) 보고서', 앞의 자료.

마지막으로 이정희 진보당 대표는 "진보당이 독재회귀를 막는 우리 몫을 충실히 해서 우리 사회 민주주의가 과거로 돌아가지 않게 자주·평등·평화통일의 역사를 만드는 우리 모두의 소중한 꿈을 이루는 데 애쓰겠다"고 밝혔다. 윤희숙 한국청년연대 대표는 기자회견문을 통해 "위헌적 정당해산 심판청구 의결을 전면 취소하고 헌법재판소 재판절차를 즉각 중단하라"고 촉구했다."[34]

"헌정이 아닌 왕정으로 돌아가자"

법무부 위헌정당 단체 관련 TF가 만든 연구와 자료를 바탕으로 만든 '정당해산 심판 청구서 제출안'이 11월 5일 국무총리 주재 국무회의에서 의결됐다. 그 시각 박근혜는 유럽 외유 중에 전자결재로 재가했다. 정부가 정당해산 심판을 청구할 때 국무회의를 거치도록 한 것은 필요적 국무회의 심의사항을 규정한 것이다. 그런데도 헌정사상 초유의 정당해산 심판 청구를 대통령 외유 중에 간략한 보고와 대통령이 전자결제로 처리한 것은 헌법과 헌법재판소법을 위반한 것이다. 또 차관회의조차 거치지 않은 것은 정부조직법과 국무회의 규정을 위반했다는 지적도 있다. 이미 이석기 의원 사건은 석 달 전 발생했기 때문에 차관회의를 생략할 긴급한 의안도 아니었다.[35]

사실 법무부 TF가 만든 '정당해산 심판 청구서 제출안'은 논리가 허술하고, 근거도 빈약했다. 이들은 진보당을 해산해 헌법적 가치를 수호할 필요성이 여론조사로 국민적 공감대가 형성됐다고 주장했다. 그러나 이들이 인용한 여론조사는 〈TV 조선〉 찬성 62%, 반대 27%(9월 9일), 〈문화일보〉 찬성 66.1%, 반대 26.5% (9월 16일) 등 보수언론의 조사결과였다. 게다가 법무부가 꼽은 진보당 해산을 요구한 사회단체는 극우적 성향으로 사회적

---

34 〈노동과 세계〉, 2013. 11. 6.
35 이재화, 《기획된 해산 의도된 오판-통합진보당 해산심판 변론기》, 글과 생각. 2015. pp.34~35

물의까지 빚은 국민행동본부와 대한민국상이군경회·탈북단체 등으로 이들이 통합진보당 해산심판 청구 청원 9건 등 총 11건 접수(50여만 명 서명)했다고 밝히고 있다.[36]

진보당 해산 근거도 노골적인 종북몰이로 점철돼 있다. 대표적인 예로 2005년 12월 '당직 선거 시 당 정책위원회 완전장악'을 지시하며 '정책위의장으로는 경기 동부 이용대, 현 비대위 집행위원장 문성현을 당 대표로 선출하라'는 북한 지령을 받아, 2006년 2월 제2기 위원회 선거에서 대표 문성현, 정책위의장 이용대를 당선시킴으로써 지령을 실현했다고 주장하고 있다.[37]

합법적 정당의 대표와 주요당직자를 북한의 지령을 받고 당선된 사람이라고 버젓이 보도자료에 쓰고 있는 것이다. 문성현 씨는 나중에 문재인 정부에서 장관급인 노사정위원장에 임명됐다. 문재인 정부가 북한의 지령을 받고 암약하던 인물을 장관급 요직에 임명할 수 있을까. 이 주장은 헌재 변론에서 달라졌다. 법무부는 '장 모에게 북한의 지령은 확인됐으나 장 모가 문성현과 이용대에게 지령을 전달한 것은 확인되지 않았다'고 물러섰다. 결국 개인의 일방적 주장을 정당 해산 사유에 명시한 것이다.

이런 조악하고 몰상식한 종북몰이로 가득 찬 정당해산 요구가 거리낌 없이 언론에 제공됐다. 언론은 이런 황당한 보도자료에 문제의식을 갖거나 이의를 제기하지 못했다. 진보언론마저 통합진보당 경선 문제를 비롯해 이석기 내란음모 사건 보도에서 균형 잡힌 보도를 하지 못했다. 오히려 박근혜 정권의 종북몰이에 편승 혹은 가담해 스스로에게 족쇄를 채웠다. 직접 헌재 변론에 참여한 이재화 변호사는 "정부 측 증거는 '소설'과 '짜깁기'로 나열할 가치도 없는 자료였다"면서 이렇게 평가했다.

---

36 앞의 자료.
37 법무부, '통합진보당 정당심판청구 보도자료', 2013. 11. 5.

청구서에 첨부된 정부 측의 증거는 허접하기 짝이 없었다. 급하게 인터넷으로 구글링 해서 증거를 수집한 흔적이 역력했다. 《월간조선》, 〈조선일보〉, 〈뉴데일리〉 등 보수인사들의 일방적인 주장이 담긴 신문기사와 칼럼, 민주노동당 창당 이전의 국가보안법 판결문, 민주노동당 시절 개별 당원들에 대한 형사판결문, 편집에 편집을 거친 정체불명의 블로그 글, 각종 국가보안법 사건에서 법원이 증거능력이 없다며 증거로 채택하지 않은 국가정보원 등 수사기관이 작성한 수사보고서, 누가 언제 작성했는지 확인되지 않는 북한 지령문, 남파간첩과 한국대학생총연합 활동을 하다 전향한 인사들이 일방적으로 서술한 책 등이 증거로 제출되었다. 민주노동당과 통합진보당의 목적과 활동과는 무관한 '쓰레기' 증거가 대부분이었다.

재판에 증거로 제출하기 위해서는 그 문서를 최소한 누가, 언제, 어떤 목적으로 작성했는지 확인할 수 있어야 한다. 그런데 정부가 제출한 문서의 상당수는 이러한 최소한의 요건도 충족하지 않았다. 그마저도 중복되어 제출된 것이 많았다. 증거조사를 할 때 정부는 청구서에 첨부된 증거들 중 대략 절반가량을 철회했다. 개인도 아닌 정부의 대리인이 그것도 '초유의 정당해산 심판사건에서 이와 같이 소송을 수행하는 것은 있을 수 없는 현상이다. 누군가로부터 통합진보당을 없애라는 명령을 받고 급하게 증거를 찾아 사건청구를 하다 보니 이와 같은 현상이 벌어진 것이다. [38]

안종범 정책수석 업무수첩은 2014년 6월 14일~2015년 4월, 그리고 2015년 7월부터 2016년 10월까지다. 그리고 김영한 민정수석 업무수첩은 2014년 6월부터 2015년 1월까지다. 이재정 국회의원이 발굴한 '비서실장 지시사항 이행 및 대책(안)'은 2015년 3월부터 2016년 10월까지로 이 시기 기록은 없다.

---

[38] 이재화, 앞의 책, pp. 39~40.

이 문건을 발굴한 민주당 이재정 의원은 "법무부 위헌정당, 단체관련 TF는 헌법학 교수 등에 대한 의견과 자문을 받은 결과 '진보당 해산신청은 무리'라는 결론을 내렸으나, 갑자기 청와대의 지시로 해산이유를 급조한 것으로 알고 있다"고 말했다. 여기서 갑자기 진보당 해산을 지시한 그는 누구이고, 그 이유는 무엇일까.

여기서 법무부 TF 구성과 같은 시기인 9월 문체부에 문화계 블랙리스트를 만든 '문화예술정책 점검 TF'가 만들어졌다는 것에 주목할 필요가 있다. 국정원 적폐청산 TF 조사결과를 보면 국정원과 문체부, 그리고 청와대로 엮어진 문화계 블랙리스트는 청와대 김기춘 비서실장의 지시와 독려에 의해 만들어졌다는 점에서 진보당 해산 역시 김기춘이 컨트롤타워임을 유추할 수 있다.

특히 이후 기록된 안종범, 김영한 수석의 업무수첩에는 김기춘 실장이 사실상 국정운영의 컨트롤타워 역할을 하며 시시콜콜 지시했음이 확인된다. 따라서 이석기 내란음모 사건도 김기춘 주도로 정국반전을 위해 '기획'했을 가능성이 크다. 민변은 이 시기 일련의 흐름을 보아 "원세훈 국정원 댓글 사건의 수사방해 의혹이 전면화된 시점에 급기야 진보당 해산 심판청구에 이르게 된 것"이라며 "심판청구는 '국정원 스캔들'을 덮고 정치적 반대자들을 억압하는 '신공안정국' 조성 의도로 진행됐다는 의심을 하지 않을 수가 없다"고 평가했다.[39]

민중단체가 진보당과 함께하다

'말살' 위기감을 감지한 진보진영은 급박하게 돌아갔다. 이정희 대표를 비롯한 진보당 당직자들이 단식농성에 들어가는 한편, 야권과 다른 단체와 연대를 모색했다. 야당도 진보당 해산에 반대했지만 그 강도는 약했

39 민변, 앞의 자료.

다. 정의당마저 종북몰이 광풍에 적극 대처하지 못할 정도였다. 진보당이 의존할 수 있는 세력은 민중 및 시민사회 단체였다. 하지만 시민사회단체는 내심 연대를 꺼렸다. 그 이유는 진보당이 2012년 비례대표 경선비리를 통해 이미지가 신가하게 추락한 상태였기 때문이다. 사실 진보당 경선비리 사건은 그 진실이 언론에 의해 심각하게 왜곡된 사건이었다. 이미 대검 공안부가 수사를 통해 경선비리 문제와 관련된 보도의 대부분이 왜곡, 과장됐다는 사실을 밝혔음에도 야당까지 이석기·김재연 의원의 자격심사에 합의했고, 시민단체도 거리를 두는 상황이었다.

게다가 새누리당은 시민·민중단체를 겨냥한 초헌법적 법안까지 꺼내 들었다. 윤상현 새누리당 원내수석부대표는 11월 6일 "반국가단체·이적 단체 강제해산법과 해산정당 소속 의원 자격 상실법, 반국가사범 비례대표 승계제한법 등도 우선적으로 상정해 처리하겠다"고 공언했다. 원래 이 법안은 2013년 5월 새누리당 심재철 의원이 대표 발의한 '범죄단체의 해산 등에 관한 법률안'이다. 이 법안은 반국가단체로 판결된 단체를 안전행정부 장관이 해산을 명령하고, 이에 응하지 않으면 강제해산 시킬 수 있도록 한 법이다. 권위주의 정권에서나 있을 법한 악법이었다. 그만큼 박근혜 정권이 위기에 몰렸다는 증표이기도 하지만 이것은 진보당과 시민단체의 연대를 차단하는데 효과를 냈다. 국정원시국회의는 내부 결속력이 심각하게 손상됐다.

정당을 해산하려는 극도의 공안몰이에 대부분 시민·사회단체가 숨을 죽였다. 이 때 정면으로 맞선 세력은 민주노총, 전국농민회총연맹(전농), 한국진보연대 등 민중세력이었다. 이들은 11월 6일 오전 긴급 기자회견을 갖고 "위헌적 통합진보당 해산 의결은 전면 무효"라며 "오늘을 기점으로 위헌적인 정당해산 심판청구가 철회되고, 헌법재판소의 재판이 중단될 때까지 민주역량을 모아 강력히 대처해 나갈 것"이라고 밝혔다. 이들은 또 "'노동자와 민중이 나라의 주인이 돼야 한다'나 '휴전협정을 평화협정으로 대체하고 주한미군은 철수하라'는 강령은 결코 위헌이나 불법이 될 수 없다"면서 "통합진보당 강령 위헌 해석은 헌정이 아닌 왕정으로 돌아가자는 억지 주장에 다름 아니다"라고 비판했다.

민주노총은 11월 6일 '오늘 민주주의는 죽었다'라는 제목의 별도 성명에서 "곳곳에서 진보의 싹을 제거하려는 박근혜 정권의 칼춤이 시작됐고, 민주주의 탄압의 시계는 정확히 70년대 유신으로 돌아가고 있다"면서 "정부는 전교조와 공무원노조에 대한 공격을 시작으로 노동조합에 대한 말살정책을 노골화하더니 이제 그 화살을 진보정당에 돌리고 있다"고 주장했다. 민주노총은 11월 10일 전국노동자대회를 통해 박근혜 정권과 정면승부를 예고했다.

11월 27일 오후 2시 서울 경향신문사 15층 민주노총 대회의실에서 '민주수호 통합진보당 강제해산 반대 범국민운동본부'(진보당해산반대 범국민운동본부)가 출범했다. 이날 기자회견 직전 대표자회의를 갖고 운동본부 명칭과 대표자회의 구성을 확정했다. 운동본부는 기자회견을 불과 1시간 앞두고 집행부 구성을 마칠 정도로 매우 긴박하게 이뤄졌다. 이날 출범식에서 발언한 인사들의 발언 요지는 다음과 같다.

"조봉암 진보당 당수를 사법 살인한 이승만 정권이 1년 뒤에 4·19 혁명으로 쫓겨났다. 박정희 대통령이 어떻게 서거했는지 악담하지 않겠다. … 민중이 일어서서 민주주의 수호하고 민생 확립하고 조국통일 앞당겨 복된 사회 건설해 나가야 한다. … 함께 투쟁해 우리 뜻을 반드시 이루자."(오종렬 의장) "진보당이란 그릇을 지키고자 하는 게 아니다. 고통 받고 소외 받고 설움 받는 노동자, 농민이 정치적으로 살만한 세상을 만들겠다는 꿈마저 씨를 말리겠다고 하는데 죽기 아니면 살기로 싸워야 한다."(오병윤 통합진보당 원내대표)

"진보당 강제해산은 대선 부정사건을 감추려는 고도의 전략이다. 진보당이 1차 희생자로 뽑힌 것이고 이후 종교계, 노조도 압박이 들어올 것이다. … 40년 전의 유신독재가 재현되고 있다. … 우리 모두 정신차리고 이 땅의 평화와 정의를 세워 세계평화에 앞장서는 나라가 되도록 투쟁해 나가자."(조헌정 예수살기 대표) "가톨릭농민회는 이 땅의 민주주의를 세워내기 위해 47년 동안 싸웠다. … 민주주의가 복원되고 박근혜 정권이 무너질 때까지 작은 힘이나마 보탤 것이다."(이상식 가톨릭농민회장) "참으로 어처구니없는 현실을 목도하고 있다. … 박근혜 정권을 갈아엎는 정권퇴진운동으로 나가야 할 것이다. … 상식이 통하는 세상을 만드는데 끝까지 열심히 할 것이다."(김영진 민주노점상전국연합 위원장)

마지막으로 윤희숙 한국청년연대 대표가 대국민호소문을 읽었다. 그는 "통합진보당 해산심판 청구는 국면전환 카드 수준이 아니라 독재정치로 본격 진입하는 무서운 신호"라며 "둑이 무너지면 온 마을이 잠기듯 지금 함께 통합진보당 해산을 막아내지 못하면 국민 모두가 탄압과 통제의 대상이 될 것"이라고 호소했다. 윤 대표는 또 "출범하는 범국민운동본부는 국민을 기만하고 헌법을 부정하고 민주적 기본질서를 기만하는 박근혜 정부의 독재부활 시도에 맞서 통합진보당 해산을 저지하고 국민의 민주주의를 되찾기 위해 나갈 것"이라고 강조했다.(전문 : 자료 6)

이때 진보당과 연대한 세력은 국정원시국회의에 참여한 시민·민중단체 중에서 노동·농민·빈민·청년·민주·통일·종교 등의 단체였다. 진보당 해산반대 범국민운동본부 발족에 참가한 단체는 다음과 같다.

한국진보연대, 전국농민회총연맹, 전국여성농민회총연합, 전국여성연대, 한국청년연대, 민주노동자전국회의, 전국빈민연합, 민주노점상전국연합, 노동자연대 다함께, 예수살기, 노동사회과학연구소, 코리아연대, 민주화실천가족운동협의회, 민가협 양심수후원회, 민족민주열사추모단체연대회의, 통일광장, 민주민생평화통일주권연대, 한국비정규노동센터, 조국통일범민족연합, 경기진보연대, 광주진보연대, 전남진보연대, 부산민중연대, 경남진보연합, 대구경북진보연대, 울산진보연대, 평화재향군인회,

한국기독교평화연구소, 한국가톨릭농민회, 사월혁명회, 전국민족민주유가족협의회, 민족자주평화통일중앙협의회(2013년 11월 27일 현재).

진보당해산반대 범국민운동본부 상임공동대표에 조헌정 예수살기 대표, 이광석 전농 의장, 한충목 한국진보연대 공동대표, 조순덕 민가협 의장, 오병윤 진보당 원내대표가 맡기로 했다. 공동집행위원장은 최헌국 예수살기 총무, 장대현 진보연대 집행위원장, 안동섭 진보당 사무총장이 맡고, '민주수호 진보희망' 국민캠페인본부장은 민병렬 진보당 최고위원이 맡았다. 이들은 구체적인 국민운동방법도 제시했다. 12월 15일 진보당 해산반대 각계각층 1천 인 시국선언을 하고, 진보당해산반대 국민청원운동을 1월까지 벌여 헌재에 제출하기로 했다. 이밖에 전국 시국강연회, 민주수호 대행진, 콘서트 등 시국투어를 벌이며 대학가, 공장, 사무실 등을 찾아 '국민에게 묻는다'와 같은 범국민캠페인도 벌이기로 했다. 또 12월 7일 진보당 탄압분쇄 제1차 국민대회에 이어 제2차 국민대회를 적절한 시기에 열기로 했다.

진보당해산반대 범국민운동본부는 12월 10일 '민주수호 진보당강제해산반대 범국민운동본부'로 확대됐다. 범국민운동본부는 2014년 1월 14일 각계 인사 1,154명이 참여하는 진보당강제해산반대 선언문을 이끌어 냈다. 고 이한열 열사 모친 배은심 어머니, 서울대 조국 교수, 박주민 변호사, 신승철 민주노총 위원장, 정진우 한국기독교교회협의회 인권센터 소장 등이 참여해 12월 14일 〈한겨레〉에 선언문을 게재했다. 이들의 주장은 다음과 같이 요약할 수 있다.

"국정원과 육군 사이버사령부 등 국가기관의 총체적 불법 대선 개입으로 인해 민주주의 근간이 송두리째 훼손되고, … 국가기관의 불법 대선개입에 촛불민심이 들불처럼 일어나자 김대중 내란음모 사건 이후 33년만에 통합진보당을 겨냥하여 내란음모 사건을 터뜨리더니, 이어 전교조를 법외노조로 탄압하고, 급기야 원내정당인 통합진보당을 위헌정당으로 몰아 헌정사상 초유의 정당해산 심판 청구를 강행했다.

… 박근혜 정부의 통합진보당 해산심판 청구는 정당의 합법적인 가치와 주권자인 국민의 선택을 정면으로 부정하는 반민주적 폭거이다. … 전교조 법외노조화에 이은 헌정사상 초유의 정당해산 심판 청구로 인해 '우리 국민이 피땀으로 일구어 온 대한민국의 민주주의가 무참히 파괴되고 있다. … 일하는 사람들이 주인인 세상이라는 민중주권주의도 땀 흘려 일하는 노동자, 농민, 서민의 정치를 실현한다는 전 세계 진보정당들의 공통된 주장으로서 우리 헌법의 국민주권주의에도 전혀 배치되지 않은 내용이다.

… 우리는 1인 철권통치로 굴절된 지난 역사가 다시는 반복하지 않아야 하며 공동체의 파괴로 이어질 민주주의 훼손과 퇴행을 더 이상 방치할 수 없다는 절박한 심경으로, 통합진보당 강제해산 시도에 단호히 반대하며 모든 민주양심세력과 함께 손잡고 민주주의를 지키는 길에 나설 것이다.[40] (전문 : 자료 7)

장외 촛불투쟁도 같이 이뤄졌다. 3월 27일 헌법재판소가 야간집회 금지를 한정 위헌으로 판결하자마자 3월 31일 대책위는 경찰에 4월 2일 서울 청계광장에서 촛불집회 허가를 신청했다. 그러나 경찰은 행사 시작 몇 시간 전 불허를 통보했다. 그만큼 정권의 저지는 집요했다. 진보당강제해산반대 범국민운동본부는 전국을 순회하면서 내란음모 조작사건과 진보당 강제해산 시도에 대한 강연과 토크 콘서트를 열었다.

헌법재판소에서는 황당한 통합진보당 해산 심의가 계속되고 한편으로 이석기 내란음모 사건 재판이 이어졌다. 2014년 2월 1일 수원지방법원은 RO(지하혁명조직)의 존재와 공소사실인 내란음모죄도 인정했다. 그러나 8월 12일 서울고등법원은 'RO의 실체가 없고 내란실행을 위한 준비도 없

---

[40] 통합진보당 보도자료.

다'고 판단했다. 그러나 '내란선동'이라는 이해할 수 없는 판단을 내려 이석기 의원에게 징역 9년, 자격정지 7년, 김홍렬은 징역 5년, 자격정지 5년 등의 중형을 선고했다.

RO의 실체가 없다는 서울고등법원 판결에 대해 진보당강제해산반대 범국민운동본부는 "지하혁명조직 RO가 존재하지 않는다는 것은 'RO가 북한의 대남 혁명전략에 따라 내란을 음모해 대한민국을 파괴·전복하려 해 통합진보당을 해산해야 한다'고 주장했던 정부 측 논리의 요체가 전면 부정되는 것"이라며 "헌법재판소는 즉각 정당해산심판을 기각하라"고 요구했다. 실제 RO가 존재하지 않는다는 서울고등법원의 판결은 진보당 해산심판에서 중요한 고비였다.

헌법재판소는 이 사건을 '내란음모사건'으로 지칭하지 못하고 '내란 관련 사건'이라고 애매하게 표현할 정도였다. 사실 대법원 판결이 선고되기도 전에 내란관련 사건을 피청구인 해산의 중요한 근거로 삼았는데, 이는 최후수단으로서의 정당한 해산심판 본질에도 벗어나는 것이었다. 서울고등법원이 내란음모에 대해 무죄를 선고한 것은 실질적인 위험성이 인정되지 않는다는 이유 때문인데, 이에 대한 법원의 최종적인 판단을 기다려 보지 않고 헌재가 먼저 판단하는 것은 부적절했다.[41]

청와대는 진보당 해산을 예의주시하고 있었다. 이석기 사건과, 세월호 사건, 진보당 해산사건을 변호하는 민변 변호사를 면밀히 체크하는 것은 물론 사실상 법조계를 사찰하고 있었다. 고 김영한 수석 업무수첩 2014년 6월 28일자에는 황교안(당시 법무부장관)이 "첫 직선제 회장=회원들에게 민감 or 취약성향 = 내부에 민경한 민변 출신자가 인권위원장 = 내부에서 발언권 강하고, 대검 감찰본부장 자천, 1958년생, 법무법인 상록, 화순, 광주고, 성대, 19기, 법무부감찰위원"이라고 기록돼 있다. 이는 청와대가 민

41 김선수, 《통합진보당 해산결정 무엇이 문제인가》, 도서출판 말, 2015, p.189

변 소속으로 변협 인권이사인 민경한 변호사의 이력과 성향을 확인, 점검하고 있다는 것을 의미했다.[42]

청와대 김영한 수석의 민변 변호사 성향 체크는 6월 30일, 7월 1일 등 계속 이어지고 있다. 실제 2015년 1월 16일 이후 다수 언론은 검찰이 과거사 사건의 수임제한을 위반한 변호사를 수사하고 있다고 보도하기 시작했고, 2015년 7월 14일 민변 회원들에 대한 기소(4명)와 기소유예(2명) 조치가 이뤄졌다. 특히 9월 1일자 김 수석 업무수첩에는 '위헌정당해산 관련 통합진보당 측 주요 변호사'와 '세월호 유가족 측 주요 변호사'의 출신지역, 학력, 주요 경력을 요약한 표를 복사해 놓고 있다. 이 표에는 진보당 측 주요 변호사로 김선수, 이재화, 김진, 이재정, 이광철 변호사를 거론하고 있으며, 세월호 유가족 측 주요 변호사로 권영국, 박주민, 김용민, 오영중 변호사를 기록하고 있다.

또 8월 8일 업무수첩에는 '이석기 선처 탄원 반대 관련 기고문 등 법원 제출' 메모가 있다. 이는 청와대가 언론을 통해 간접적으로나마 법원에 영향을 주려는 활동을 하려고 한 것으로 불법적 행태라는 것이 민변의 주장이다. 특히 8월 25일자 업무수첩에는 "통진당 사건 관련 지원방안 마련 시행-재판진행상황, 법무부 TF와 접촉-홍보. 여론"이라고 돼 있다. 이는 진보당 해산과 관련해 청와대 김기춘 실장이 사실상 법무부와 홍보방안을 컨트롤 하고 있음을 보여주는 대목이다.

#장면 04-3

2014년 11월 6일 오전. 서울 용산 백범기념관 컨벤션홀에서 '통합진보당 강제해산 반대와

---

42 민변, 언론개혁시민연대, 전국언론노동조합, 진보네트워크센터,천주교인권위원회, '고 김영한 비망록 중 민간인. 법조계 사찰 분석공개, 2016. 12. 8.

민주주의 수호를 위한 원탁회의'(원탁회의)가 열렸다. 원탁에는 각계를 대표하는 인사들이 빙 둘러 앉았다. 벽에는 '통합진보당 강제해산 반대한다!', '민주주의 지켜내자!' 등의 구호가 적혀 있었다.

먼저 이창복 6·15공동선언실천 남측위원회 상임대표의장이 "이석기 의원과 관련된 내란음모 사건은 내란음모는 무죄지만 내란선동을 유죄로 인정하는 난센스 판결을 했다"면서 "많은 사람들이 힘을 합쳐서 왜곡된 역사를 만들어가려는 세력들에게 저항해야 한다"고 말했다. 함세웅 신부는 "그 당시 (이석기 의원)체포동의안을 부결시켰어야 할 새정치민주연합 의원들마저 아무 말도 하지 못하고 모두 그 광풍 속에 밀려갔다"면서 "관권부정선거로 세워진 불의한 정권을 함께 타파해 나가고 그 중에 가장 크게 희생당하고 있는 진보당 관계자들과 많은 동료들 그분들을 위해 뜻을 모으자"고 말했다.

이어 박순경 전 이화여대 교수도 "만일 통합진보당 해산선고가 내려질 경우에 우리 온 나라가 들고 일어날 것 같다"면서 "박근혜 정부는 역사상 최대의 우리 민족과 국민에 대한 범죄행각을 저지르고 그 결과를 재촉하고 있다"고 일갈했다. 김중배 전 문화방송 사장은 "민주주의와 정의는 해체되고 독재, 권위주의, 불의가 살아나고 있다, 새로운 민주주의의 전선을 형성해 내지 않으면 안 된다"면서 "그 중요한 소용돌이 속에 통합진보당 해산 문제가 있다"고 말했다. 김상근 전 민주평통 수석부의장은 "통합진보당을 종북세력으로 몰아감으로써 여러 민주세력과 분리시키고자 하는 집권세력의 의도를 용납해서는 안 된다"면서 "종북·용공으로 매도당하면 그 주변에 있는 것조차 꺼리게 된다"고 진단했다. 그리고 그는 "종북 프레임으로 한 정당을 고립시키고 사법권 남용을 용납한다면 우리는 한없는 나락으로 떨어진다"면서 "연대를 공고히 해야 한다, 각 정당들도 더 이상 숨으면 안 된다, 시민단체와 민주세력이 더 이상 주저앉아 있으면 안 된다"고 호소했다.

인재근 새정치민주연합 비상대책위원은 "지난해 우리 민주화운동 하던 사람들, 부끄럽게 종북, 빨갱이 이런 말에 노이로제가 있어 작아졌다"면서 "우리가 정말 잘못했다는 생각이 든다"고 말했다. 이수호 전 민주노총 위원장은 "이 땅 한반도에서 노동자로서 교사로 살면서 이 자리에 함께하는 것을 너무나 당연한 일로 생각한다"고 의지를 다졌다.

민중단체 지지 외연을 넓히다

민주수호 진보당강제해산반대 범국민운동본부의 노력에도 국민적 여론은 우호적으로 돌아서지 않았다. 야당은 물론 시민사회단체는 여전히 진보당을 의혹의 눈으로 거리를 두고 있었다. 이때까지 참여연대를 비롯한 경실련, 환경연합 등 굵직한 시민단체는 진보당 해산반대에 적극적으로 동조하지 않았다. 국정원시국회의에 같이 했지만, 김기춘이 만든 종북 프레임이 두려웠고, 특히 종북몰이에 적극 가담했던 자신의 오류를 복기하고 싶지 않았을 것이다. 이에 부화뇌동한 여타 시민·사회단체도 사정은 마찬가지였을 것이다.

범국민운동본부를 비롯해 진보당과 민중단체는 시민사회단체 세력까지 외연을 확장할 필요성을 느꼈다. 민중단체는 전국적 조직과 강한 결속력, 그리고 행동력을 가진 장점이 있지만, 시민단체는 비교적 온화한 이미지로 불특정 다수 시민의 지지를 받는 장점이 있었다. 여론전에는 시민단체가 우세하고 실행력은 민중단체가 뛰어났다.

다시 시민단체와 민중단체의 연대가 추진됐지만 서로의 의견차이가 컸다. 원로들이 나서 일부 시민단체의 협조를 이끌어 내는 작업이 시작됐다. 진보당에 대한 지지 여부를 떠나 진보당 강제해산이 민주주의 해산 시도라는 문제의식을 갖자고 호소했다.

가장 적극적인 사람은 사월혁명회 정동익 상임의장이었다. 효자동 '백송모임'부터 박근혜 체제를 지켜본 그는 현 상황이 박정희·전두환 시절 버금간다고 판단했다. 그는 "80년대 민주헌법쟁취국민운동본부 이상의 강력한 범국민적 결사체를 구성해야 한다"고 주장했다. 함세웅 신부도 이석기 의원 체포동의안에 동조한 야당을 질타하며 동조를 요구했다. 김상근 목사는 "진보당을 종북세력으로 모는 것은 민주세력과 분리시키고자 하는 집권세력의 의도"라며 "연대를 공고히 해야 한다"고 호소했다. 연대는 시민사회·종교계·언론계·학계·법조계·정계를 대표하는 10명의 인사가 공동명의로 제안하는 방식으로 이뤄졌다. 제안자 10인은 김상근(목사, 전 민주평통 수석부의장), 김중배(전 문화방송 대표이사 사장), 도법(대한불교조계종 자성과 쇄신결사 추진본부장), 박순경(전 이화여대 교수), 오종렬(한국진보연대 총회의장), 이수호(전 전국민주노동조합총연맹 위원장), 이창복(6·15공동선언 실천남측위원회 상임대표의장), 인재근(새정치민주연합 비대위원), 최병모(전 민변 회장), 함세웅(신부) 등 각계 원로들이었다.

　　2014년 11월 6일 오전 11시 서울 용산구 효창공원 내 백범김구기념관 컨벤션홀에서 기존 범국민운동본부를 더욱 확대시킨 '통합진보당 강제해산 반대 민주수호 원탁회의'가 출범했다. 이날 발표한 '민주수호 시국선언문'에는 "민주주의 핵심은 정치적 다원주의에 있다, 대한민국 헌법은 정당 설립의 자유와 복수정당제를 보장하고 있다"고 전제하고 "박근혜 정부가 통합진보당에 대한 정당해산심판을 청구한 것은 정치적 다원주의와 민주주의 본질을 훼손하는 행위"라고 주장했다. 시국선언은 특히 "서울고등법원은 지하혁명조직의 존재도 인정하지 않았고, 내란음모는 무죄로 판결했다. 심지어 검찰은 법원에 북한과의 연계를 입증할 증거도 제출하지 못했다"면서 "정부의 통합진보당 정당해산 심판청구의 주요 근거는 사실상 부정된 셈"이라고 주장했다. 시국선언은 또 "정부는 '자주와 평등', '평화통일', '진보적 민주주의'와 같은 통합진보당의 강령을 문제 삼고 있다"면서 "하지만 통합진보당의 강령은 3·1운동(1919년)과 4·19혁명(1960년)을 계승하고 6월 항쟁(1987년)에 기초해 제정된 우리 헌법정신과 합치됨은 물론이고, 6·15공동선언(2000년)에서 밝힌 남북 간의 공존공영의 정신과도 어긋나지 않는다"고 지적했다.(전문 : 자료8)

　　이 시국선언에 8,685명이 서명했다. 그중에는 곽노현(전 서울특별시교육청 교육감) 김동한(법과인권연구소 소장) 김민웅(성공회대학교 교수) 김성훈(전 농림부 장관) 김서중(성공회대 교수) 김세균(전 서울대학교 교수) 김한성(연세대학교 법학교수) 백낙청(서울대학교 명예교수) 법안(대한불교조계종 중앙종회 부의장) 송기인(신부·전 진실화해를 위한 과거사정리위원회 위원장) 안병욱(가톨릭대 명예교수) 이석태(전 참여연대 공동대표) 이윤배(흥사단 이사장·김전승 사무총장이 직무대행) 이종수(전 KBS 이사장) 이호중(서강대학교 법학전문대학원 교수) 정연주(전 KBS 사장) 정지영(영화 감독) 최영도(전 국가인권위원회 위원장) 한홍구(성공회대학교 교수) 등 진보 인사는 물론 중도적인 인사까지 포함됐다.

게다가 인데르 코마르(Inder Comar) 변호사(전 유엔 난민고등판무관실 연락관), 램지 클락(Ramsey Clark) 전 미국 법무부 장관(국제인권변호사), 노엄 촘스키(Noam Chomsky) 매사추세츠 공대 언어학 교수, 미셸 초스도프스키(Michel Chossudovsky) 오타와 대학 경제학 명예교수(세계화 연구센터 소장) 박노자(Pak Noja) 노르웨이 오슬로 대학 한국학 교수 등 해외인사 25명도 서명했다. 이 시국선언문과 서명명부는 헌법재판소에 전달됐고, 이 시국선언은 2014년 11월 20일 〈경향신문〉과 〈한겨레〉에 광고형식으로 게재됐다. 이 원탁회의로 흥사단 등 일부 중도적 시민·사회단체가 동참했지만, 시민단체의 전폭적인 참여는 여전히 미흡했다.

#장면 04-4

2014년 12월 17일 청와대 수석비서관 회의. 김기춘 실장은 카랑카랑한 목소리로 "통합진보당 정당해산은 확정됐다, 비례대표는 의원직 상실하는데 지역구의원의 상실에는 헌재 재판관 사이에 이견이 있다"면서 "의견조율이 끝나면 12월 19일이나 22일 결정할 것"이라고 말했다. 헌재 결정이 있기 이틀 전 이미 청와대는 헌재 결정을 거의 정확히 파악하고 있었다. 안종범 수석을 비롯한 다른 수서비서관들은 이를 열심히 받아 적었다.

이즈음 이례적으로 거의 매일 열린 수석비서관회의에서 김기춘은 연일 통합진보당 해산에 대한 지침을 시달했다. 18일에는 "관계부처 협조하에 (해산 이후) 후속조치를 취하라"고 지시했고, 다음날 19일에는 "후속조치 상황을 모니터링해 보고하라"고 지시했다. 심지어 해산이 결정된 이후인 21일에는 "통진당 불법(재산은닉 등) 엄단 조치"라고 정당해산 이후 당

2014년 11월 6일 서울 용산 백범기념관에서 열린 '통합진보당 강제해산 반대와 민주주의 수호를 위한 원탁회의'에 참여한 각계 인사들이 "민주주의를 지켜내자"고 호소하고 있다. ⓒ 민주수호 진보당 강제해산반대 범국민운동본부

재산문제까지 세세하게 지시했다.

청와대와 밀통한 헌재와 대법원

지하혁명조직(RO)이 없다는 서울고등법원 판결에도 헌법재판소 심리는 억지로 이어졌다. 새누리당은 헌재 국정감사를 통해 해산심판이 지연되고 있다며 압박했다. 이에 범국민운동본부는 10월 21일 "지금 이 땅에는 유신독재 부활의 망령이 살아나고 있다"면서 "민주주의가 유지될 것인가, 독재로 회귀할 것인가 갈림길에서 헌법재판소는 민주주의와 헌법정신을 수호하는 보루가 되어야 한다"고 호소했다.

청와대도 헌재판결을 앞두고 시민사회를 활용한 여론전을 펼친 것으로 드러났다. 고 김영한 수석 업무수첩 2014년 11월 25일 자에는 "(장)헌재재판-여론전, 활동방향 정립(시민사회 활용)"이라고 적혀 있다.[43] 이는 박근혜 정권 내내 그랬듯이 자금을 동원, 보수단체를 통한 관제데모를 이끌어내는 수법이 동원된 것이다. 게다가 26일 자 업무수첩에는 "헌법학자 칼럼 기고 유도-법무부와 협력"이라는 대목에서 어용학자까지 동원하는 치밀함을 보였다. 이와 관련해 12월 10일, 보수 변호사단체인 '바른사회와 행복한 사회를 위한 변호사 모임'에서 통합진보당 해산 세미나를 열었다.

2014년 11월 25일 마지막 변론이 열렸다. 법정에는 황교안 법무부 장관의 종북몰이와 70년대 반공웅변대회성 변론이 이어졌다. 이에 맞선 진보당 측 변론이 뒤를 이었다.

"헌법재판소 대심판정 입구에는 천연기념물 수령 600년의 백송이 자리 잡고 있다. 이 백송은 지금까지 그래왔듯이 오늘 이 재판의 결과를 후세에 길이 전할 것이다. 후대에 엄혹했던 그 시절에 헌법재판소가 정의의 관점에서 다수의 횡포를 적절하게 견제해 주어서 그나마 민주주의가 유지될

---

[43] 앞의 자료

수 있었다는 역사적 평가를 받을 수 있도록 현명한 결정을 해 달라."(김선수 변호사)

"당장 위험해 보인다는 이유로, 당장 불편하다는 이유로 정당을 해산하면 우리는 너무나 소중한 것들을 잃게 된다. 다양한 정치적 주장과 사상의 자유를 잃게 되고, 이념적 스펙트럼의 폭도 현저히 줄어들어서 결국 향유할 민주주의 기반을 상실하게 된다. 새가 좌우의 날개로 날 듯이 민주주의는 좌에서 우까지 다양한 사상과 이념이 공존할 때 꽃피울 수 있다. 진보정당이 없는 민주주의는 없다. 긴 역사적 안목에서 이 사건을 판단해 달라."(이재화 변호사)

"개개인의 실패에도 불구하고 역사는 진보한다는 것을 믿는다. 헌법재판소가 역사의 진보를 위한 디딤돌 하나를 놓아주기 바란다. 정부의 정당해산 심판 청구를 기각함으로써, 한국 민주주의의 진전은 멈추지 않는다는 것을 보여달라. 분단의 고통과 적대의식마저도 더 이상 민주주의를 후퇴시킬 수 없다는 것을 분명히 확인해 달라."(이정희 변호사)

박한철 헌재소장은 12월 18일 직권으로 19일 오전 10시를 선고기일로 정했다. 최후 변론이 끝난 지 한 달도 안됐다. 17만여 쪽에 달하는 방대한 서면자료를 읽는데도 물리적 시간이 부족했을 것이다. 게다가 사건의 발단이자 핵심인 이석기 의원 재판은 아직 대법원에 계류 중이었다. 그런데도 헌재는 이 사건을 조기에 결정하겠다고 나선 것이다.

민주화 원로와 민중, 시민단체 관계자로 구성된 원탁회의는 헌재 결정을 앞둔 17일 '통합진보당 강제해산 반대, 민주수호 2차 원탁회의 선언문-민주주의 암흑의 시대를 막아 냅시다'라는 선언문을 발표했다. 이들은 선언문에서 "지난 20여 차례에 걸친 헌재 변론과정에서 통합진보당과 북한이 연계되었다는 정부의 주장은 거짓이었음이 밝혀졌다"면서 "정부의 통합진보당 정당해산심판 청구의 주요 근거는 사실상 부정된 셈이고, 통합진보당을 해산시켜야 할 그 어떠한 근거도 입증되지 않았다"고 밝혔다.

이들은 또 "'자주' '민주' '통일' '일하는 사람' '민중'과 같은 표현 자체도 새로운 금기어가 될지도 모른다"면서 "여기에 백색테러까지 불사하는 극우세력의 준동마저 가세한다면 한국사회 민주주의의 운명은 바람 앞의 등불 신세가 될 것"이라고 우려했다.

이러한 우려에도 불구하고 헌법재판소는 19일 재판관 8명(박한철, 이정미, 이진성, 김창종, 안창호, 강일원, 서기석, 조용호)이 "통합진보당을 해산한다. 통합진보당 소속 국회의원 김미희, 김재연, 오병윤, 이상규, 이석기는 의원직을 상실한다"라고 결정했다. 이 결정에 반대한 사람은 김이수 재판관 뿐이었다. 헌재 결정이 나오는 순간, 이정희 통합진보당 대표는 참담한 표정으로 다음과 같은 성명을 냈다.

> 존경하고 사랑하는 국민 여러분! 민주주의가 송두리째 무너졌습니다. 박근혜 정권이 대한민국을 독재국가로 전락시켰습니다. 6월 민주항쟁의 산물인 헌법재판소가 허구와 상상을 동원한 판결로 스스로 전체주의의 빗장을 열었습니다. 오늘 이후 자주·민주·평등·평화·통일의 강령도 노동자 농민 민중의 정치도 금지되고 말았습니다. 말할 자유, 모일 자유를 송두리째 부정당할 암흑의 시간이 다시 시작되고 있습니다. 국민 여러분, 죄송합니다. 민주주의를 지켜내야 하는 저의 마지막 임무를 다하지 못했습니다. 진보정치 15년의 결실, 통합진보당을 독재정권에 빼앗겼습니다. 오늘 저는 패배했습니다. 역사의 후퇴를 막지 못한 죄, 저에게 책임을 물어주십시오.
>
> 오늘 정권은 통합진보당을 해산시켰고 저희의 손발을 묶을 것입니다. 그러나 저희 마음속에 키워 온 진보정치의 꿈까지 해산시킬 수는 없습니다. 오늘 정권은 자주·민주·통일의 강령을 금지시켰지만 고단한 민중과 갈라져 아픈 한반도에 대한 사랑마저 금지시킬 수는 없습니다. 이 꿈과 사랑을 없앨 수 없기에 어떤 정권도 진보정치를 막을 수 없고 그 누구도 진보정치를 포기하지 않습니다.

존경하는 국민 여러분! 잊지 말아주십시오. 민주주의와 진보를 향한 열망은 짓누를수록 더욱 넓게 퍼져 나간다는 역사의 법칙을 기억해주십시오. 종북몰이로 지탱해온 낡은 분단체제는 허물어질 수밖에 없습니다. 통합진보당과 국민 여러분이 함께 나눴던 진보정치의 꿈은 더욱 커져갈 것이라 확신합니다. 통합진보당과 저는 대한민국의 미래를 믿습니다. 우리 국민은 이 가혹한 순간을 딛고 일어나 전진할 것입니다. 저희의 부족함에도 불구하고 의견의 차이를 넘어 진보당 해산을 막는 데 나서주신 각계 인사들과 진보정치를 응원하고 진보당을 아껴주신 여러분께 진심으로 감사 인사 올립니다.

시련의 시기, 진정한 친구로 나눈 우정을 귀하게 간직하겠습니다. 진보당의 뿌리이고 중심인 노동자·농민의 변치 않는 지지와 신임에 당을 대표하여 머리 숙여 존경의 인사드립니다. 저희의 잘못도 책임도 꿈도 사랑도 한순간도 잊지 않고 반드시 민주주의와 평화통일의 나라를 국민 여러분과 함께 만들어 나가겠습니다.

민주당을 비롯한 정치권은 물론 참여연대 등 시민단체도 진보당 해산에 반대하는 성명과 논평을 발표했다. 대부분 정당 민주주의에 대한 중대 도전이며, 헌정사상 큰 오점이라고 평가했다. 12월 25일 천주교 제주교구장인 강우일 주교는 제주 해군기지 공사장 앞에서 집전한 성탄절 미사 강론에서 헌법재판소 결정에 대해 "나치 제국에서 유태인들을 집단수용소에 감금하고 처형까지 할 수 있었던 배경에는 최고 재판관들이 히틀러의 비상조치법에 동의했기 때문"이라며 "우리나라도 이승만 정권 때부터 정권의 잘못된 정책이나 행동에 법 전문가들이 합법성과 정당성을 부여했다"고 일갈했다. 헌재 재판관을 나치독일의 최고 재판관에 비유한 것은 참으로 신랄하면서도 무서운 비유라 아니할 수 없다. 그만큼 당시 정치 분위기는 나치시절과 비슷했다.

해외에서도 비난이 빗발쳤다. 국제민주법률가협회는 1월 12일 "결사의 자유, 표현과 사상의 자유는 민주주의 사회의 원활한 운영을 위한 근본적인 권리"라며 "국가가 정당을 해산 또는 금지시키는 것은 극히 엄격하고 제한적으로 적용되어야 한다"고 지적했다.

주목할 사안은 청와대가 헌법재판소의 통합진보당 해산 결정을 사전에 알았다는 점이다. 앞서 언급한 고 김영한 수석의 12월 17일 자 업무수첩이 그 증거다. 민변도 "청와대가 2014년 12월 19일 헌법재판소 통합진보당 해산결정의 내용 및 논의사항을 미리 알고서 언급하고 있다"면서 "이는 헌법재판소의 논의내용이 유출된 것으로서 헌법재판소의 독립성을 의심할 수밖에 없는 매우 심각한 사안"이라고 평가했다.[44] 2016년 12월 19일 진보당 해산 2년을 맞아 이정희 전 진보당 대표는 △김기춘을 구속하고 박한철은 자백할 것 △특검은 김기춘 박한철 커넥션을 즉각 수사할 것 △청와대 공작정치에 대해 국회 국정조사 실시할 것을 요구했다.

이것 말고도 헌재판결 전후 청와대가 이에 대한 대비와 후속대책 마련의 컨트롤타워였다는 증거가 많다. 고 김영한 수석 업무일지 12월 18일 자를 보면 "헌재 선고-경찰 경비강화, 내일 헌재 선고-헌정사 중요 모멘텀, 초유의 사례, 후속조치 1. 경비, 2. 후속조치(관계부처 협조)"라고 돼 있다. 헌재 선고가 중요한 모멘텀으로 후속조치를 준비하라는 것이다. 심지어 12월 21일 업무일지에는 "통진당 해산 핵심논리-종편 등 제공(법무부), 장(김기춘 비서실장)은 통진당 해산 관련 후속조치-통진당의 불법(재산은닉 등) 엄단조치"라고 지시하고 있다. 또 12월 22일 김기춘 비서실장은 "1. 통진당 해산, 2. 공무원 연금개혁, 3. 노동시장 개혁"을 3대 현안으로 꼽고 있다고 업무일지에 기록하고 있으며, 23일에는 "헌재 결정-검찰 용기를 가지고 후속 수사 계속토록"이라고 지시하고 있다. 진보당 해산 안건은 이후 12월 28일, 29일, 30일, 심지어 2015년 1월 "구 통진당 국회의원 지위확인의 수-

---

44 앞의 자료.

행정법원 진행 모니터링"이라고 거의 매일 기록하고 있다. 이는 사법부 대응은 물론 헌재 결정 이전부터 이후 행정조치는 물론 종편을 동원한 언론 플레이, 그리고 정당 해산 후 당의 재산문제를 수사하도록 지시하는 등 진보당 해산의 전 과정을 청와대가 컨트롤 하고 있음을 입증하고 있다.

양승태 대법원장 시절 대법원은 철저히 망가져 있었다. 대법원은 주요 시국사건을 자신들의 상고법원 설치와 맞바꾸려했다. 대법원 행정처는 통합진보당 해산 결정에 따른 소속의원들의 국회의원 지위확인 행정소송 청구에 대해 TF까지 만들어 대응했다. 이진만 상임위원과 김 모 사법정책 심의관은 이들 사건을 법적 검토가 아닌, 정무적 판단으로 일관한 대외비 문건을 작성했다. 문건도 '통진당 행정소송 검토보고'(2015. 1. 7.) '통진당 지역구 지방의원 대책검토'(2015. 2. 12.) 등 여러 건이다.

특히 '통진당 지역구 지방의원 대책검토' 문건에는 통합진보당 지방 의원직을 상실시키고, 재창당 움직임까지 견제할 수 있는 법적 방법을 명시했다. 문건에는 "통진당 인사들의 정치조직이 잇따라 결성되고 있고, 통진당 해산에 반대한 진보진영 원로들이 '민주주의 국민행동(민주행동)'을 발족함으로써 '통진당 재창당' 여부에 관심이 쏠림(2015. 6. 10자 〈문화일보〉 보도) → 재창당 움직임의 사전 억제가 필요함"이라고 명시하고 있다. 문건은 결론으로 "해당 자치단체는 적극적으로 행정소송을 제기하여, 그 지위를 상실한 지역구 의원의 의정활동을 중단시키고 각종 지원 등을 하지 않는 한편, 재창당 움직임을 사전에 억제할 필요 → 아래의 제소방법이 적절함"이라고 맺고 있다.

특히 '소 제기 후보지역'으로 "ㅇ보수적 색체가 강하고 여당이 단체장인 지역 우선 검토→울산과 경남지역(경기, 충북, 광주전남 배제) ㅇ다만, 울산의 경우 의원수가 많은 점에서 알 수 있듯이 노동조합 등 진보진영의 영향력이 상당하므로, 부적절할 수 있음 ㅇ경남지역 중 한 곳이 가장 적절해

보임"이라고 매우 정략적인 보고서를 만들었다.[45]

이에 사법행정권 남용의혹 관련 특별조사단은 "상고법원 입법이 추진되고 있는 중요 상황에서 적절한 시기에 사법부 위상의 제고를 도모하면서도 청와대가 관심을 가지는 통진당 재창당 움직임을 견제할 수 있는 방안을 청와대 측에 제시함으로써 청와대와 우호적 관계를 유지하기 위한 준비를 한 것으로 볼 여지가 있다"고 지적했다. 하지만 이는 관대한 평가다. 대법원이 통합진보당의 씨를 말리기 위한 작업을 검토했다는 것은 '정치공작'에 적극 가담한 것과 마찬가지다. 특히 전주지방법원에서 다룬 비례대표 지방의회의원 퇴직처분 취소소송에 대해 연수원 동기를 통해 재판부의 '잠정적 심증'을 확인까지 한 것으로 드러났다. 서류에는 "당초 청구 인용이 예상되었음"이라고 적고, 선고기일을 두 달 넘게 늦춘 것으로 보고 됐다.[46]

2015년 2월 청와대는 서울고등법원 형사6부(김상환 부장판사)에 배당된 원세훈 전 국정원장 항소심 판결에 촉각을 곤두세웠다. 청와대는 선고전 '항소기각'을 기대했다. 청와대 법무비서관실을 통해 법원행정처에 판결 전망을 물었다. 청와대 요청을 받은 법원행정처는 "직접 확인하지 못하고 있으나, 우회적 간접적 방법으로 재판부의 의중을 파악하고 있다"면서 "재판 결과는 1심과 달리 예측이 어려우며, 행정처도 불안해하고 있는 입장"이라고 청와대 민정라인을 통해 알려줬다.

우습지만 웃을 수 없는 심각한 사태였다. 청와대가 법원행정처에 재판 결과 확인을 요청한 것도 문제지만 청와대 요청으로 실제 직·간접 알아본 법원행정처 처사도 말이 안 되는 행위였다. 게다가 사건의 1심 판결 결과를 미리 알고 있었다는 것을 자인하고 있다. 이뿐만 아니었다. 이런 보

---

45 법원행정처사법정책실, '통진당 지역구 지방의원 대책검토'(내부용 대외비)', 2015. 2. 12
46 법원행정처사법정책실, '통진당 비례대표 지방의원 행정소송 예상 및 파장분석', 2015. 9. 15.

고를 받은 우병우 민정수석은 '사법부에 대한 큰 불만을 표시하면서, 향후 결론에 대해 재고의 여지가 있는 경우에는 상고심 절차를 조속히 진행하고 전원합의체에 회부해줄 것'을 요청했다.

청와대 심기가 불편하다는 것을 감지한 법원행정처는 청와대 법무비서관을 통해 전원합의체 회부는 오히려 판결 선고 지연을 불러올 가능성이 있다며 사법부의 진의가 곡해되지 않도록 상세히 입장을 설명했다. 하지만 결국 이 재판은 청와대 우병우 수석의 요구대로 대법원 전원합의체로 갔다. 그리고 2015년 7월 대법원 전원합의체(주심 민일영 대법관)는 만장일치로 유죄로 판단한 원심을 파기하고, 사건을 서울고법으로 돌려보냈다. 서울고법은 2년 넘게 이 사건을 심리하지 않다가 촛불혁명으로 정권이 바뀐 2017년 8월 원세훈에게 징역 4년의 유죄를 선고했다. 뭐라 말할 수 없는 참담한 사법부의 현실이었다. 청와대 수석비서관 말 한마디에 사법부가 쩔쩔매고, 요구대로 따른 것이다.[47]

이렇게 대법원을 청와대 영향력 안에 둘 수 있는 인물은 김기춘밖에 없었다. 김기춘의 경남고 후배인 양승태 대법원장은 이미 권위주의 시대부터 정권에 충성하는 재판으로 출세가도를 달려온 인물이다. 그가 상고법원이라는 조직의 이익을 놓고 진보정당 말살에 기꺼이 가담할 수 있던 것은 놀랄 일이 아니다.

여기에 국정원 댓글 사건의 원죄와 서울시 공무원 간첩 조작사건으로 위기에 몰리던 남재준 국정원장이 함께 했다. 남 원장은 '북한 주장 + 정부 비판 = 종북'이라는 극도의 극우적 논리로 무장된 사람이다. 게다가 2017년 대선에 무소속으로 출마한 돌출적 인물이기도 하다. 또 극우적 공안검사 출신으로 '김기춘의 아바타'라고 불리던 황교안 법무부 장관이 가세했다. 그 역시 극우적 사고에 신앙적 확신까지 가세한 매우 '위험한' 인물이

47   법원 블랙리스트 추가조사위원회, 〈조사보고서 별지〉8, 2018. 1. 22.

다. 역시 공안검사 출신의 박한철 헌재소장도 자유로울 수 없다. 막강한 대법원도 청와대의 '하수인'으로 전락했는데, 힘없는 헌법재판소를 컨트롤하는 것은 훨씬 쉬웠을 것이다.

통합진보당 해산은 김기춘 비서실장의 취임(2013년 8월 8일) 직후부터 면밀히 준비됐다. 9월 초 문화계 블랙리스트를 만드는 문체부의 '문화예술정책 점검 TF'와 법무부에 '위헌정당, 단체관련 TF'가 거의 같은 시기 만들어졌다는 점에 주목한다. 김기춘의 취임과 국정원 압수수색이 단행된 8월 28일 사이 김기춘 비서실장, 남재준 국정원장, 황교안 법무장관 이 세 사람이 '공안몰이' 정국 조성을 모의하고 역할을 분담했을 가능성이 크다.

박근혜 정권의 진보당 해산은 결국 정권의 자충수로 돌아왔다. 진보당 해산에 반대하던 세력은 박근혜 정권 퇴진투쟁에 나섰다. 진보당 해산은 은퇴했거나 숨죽이던 민중세력이 결집하는 직접적 원인을 제공했다. 이들 민중세력은 이후 촛불혁명의 가장 앞서 나갔고, 결국 이들은 박근혜 정권을 무너뜨리고, 김기춘을 감옥에 집어넣는 주동세력이 됐다.

05

민중이
자각하기 시작하다

#장면 05-1

2013년 12월 31일. 날씨는 춥지 않았지만 전국적으로 겨울안개가 짙게 껴 스산했다. 그래서인지 사람들은 흥이 나지 않는 썰렁한 연말을 맞고 있었다. 그나마 명동성당이 있는 서울 명동 인근과 서울역에는 사람이 좀 붐볐다. 오후 5시 29분쯤 서울 중구 남대문로 5가 서울역 고가도로 위에 한 중년 남자가 서 있었다. 고가도로로 사람이 지나는 것은 불법이어서 몇몇 사람들이 그를 쳐다봤다. 남대문경찰서 쪽에서 보면 석양에 역광으로 비추어 그의 얼굴은 명확히 보이지 않았다.

그는 고가도로 한가운데서 '박근혜 사퇴', '특검 실시'라는 플래카드를 내걸었다. 부정선거로 권력을 장악한 박근혜 대통령의 즉각 사퇴와 특검 실시를 요구한 것이다. 그리고 몸에 휘발유를 뿌리고 불을 붙였다. 불길은 순식간에 퍼졌다. 그는 전신에 3도 화상을 입고 병원으로 후송됐지만 1월 1일 오전 8시 30분쯤 숨졌다. 분신한 사람은 전남 광주에 사는 이남종(40) 씨였다. 이 사건을 수사한 경찰은 "이남종은 경제적 빈곤 등 개인적 신변을 비관하여 분신했다"고 발표했다. 물론 그의 유서는 가족에게 쓴 것이 전부라고 말했다.

이남종 씨가 병원 중환자실에서 생과 사의 갈림길에서 치열한 싸움을 하던 그 시간 SBS 저녁 8시 뉴스는 박근혜 정부 1년 여론조사 결과를 발표했다. 박근혜 대통령이 '잘하고 있다'는 응답이 57.3%, '못하고 있다'는 응답이 36.2%라고 보도하고 있었다.

안녕하십니까 … '기레기'의 오명

서울 남대문경찰서는 2014년 1월 1일 "이남종 씨가 자결하기 일주일 전, 자신이 가입해 둔 보험의 수급자를 동생 명의로 바꿨다"는 보도자료를 배포했다. 언론은 대부분 이런 사실만 보도했다. 그가 자살하기 직전 '박근혜 탄핵', '특검실시'라는 플래카드를 걸었다는 사실은 외면했다. 심지어 대부분 언론은 분신한 이남종이라는 이름 대신 '분신남'이라고 쓸 정도였다. 그러나 2일 오후 2시 30분쯤 서울 한강성심병원 장례식장에서 열린 기자회견을 통해 A4 용지 2장 분량의 유서가 공개됐다. 생계 때문이라는 경찰의 주장과 달리 그의 분신은 시국문제였다. 다음은 공개된 이 씨의 유서 전문이다.

안녕하십니까. 여러분 안녕하십니까. 안부도 묻기 힘든 상황입니다.

박근혜 정부는 총칼 없이 이룬 자유민주주의를 말하며 자유민주주의를 전복한 쿠데타 정부입니다. 원칙을 지킨다는 박근혜 대통령은 그 원칙의 잣대를 왜 자신에게는 들이대지 않는 것입니까. 많은 국민의 지지에도 불구하고 이루어진 공권력의 대선개입은 고의든 미필적 고의든 개인적 일탈이든 책임져야 할 분은 박근혜 대통령입니다. 이상득, 최시중 처럼 눈물 찔끔 흘리며 하늘을 우러러 한 점 부끄러움이 없다던 그 양심이 박근혜 대통령의 원칙이 아니길 바랍니다. 여러분, 보이지 않으나 체감하는 공포와 결핍을 가져가도록 허락해 주십시오. 두려움은 제가 가져가겠습니다. 일어나십시오.

'안녕하십니까'로 시작되는 그의 유서는 그해 12월 10일 고려대 주현우 학생의 '안녕들 하십니까'라는 대자보보다 훨씬 충격적이었다. 그러나 주현우 학생의 대자보는 세상에 널리 알려져 큰 반향을 일으켰지만 백 씨 유서는 알려지지 않았다. 오히려 그의 분신이 박근혜 정권에 대한 항거라는 사실이 분명해지자 이번에는 특유의 증오와 혐오가 뒤따랐다. 분신 현장에 별도의 두 사람이 있었고, 심지어 라이터를 던지는 장면이 촬영되고 쇠사슬로 묶여 있었다는 가짜뉴스까지 등장했다. 분신은 치밀하게 계획된 것이라는 주장이었다. 이는 1991년 5월 전국민족민주운동연합(전민련) 사회부장 김기설 씨(당시 25세)가 시국문제에 분노해 분신자살하자 '반체제 집단'이 자살을 사주 내지 방조했다는 역(逆)혐의를 씌운 강기훈 유서대필 사건의 판박이였다.

이남종 씨 장례식은 서울역 광장에서 시민단체와 야당 정치인 등 2천여 명의 시민이 모인 가운데 치러졌다. 당시 문재인 민주당 대표는 이남종 씨 장례식에 참석해 "무거운 책임감을 느낍니다. 죽음으로 남기신 말씀 잘 새기겠습니다"라고 방명록에 기록했다. 이남종 씨는 이후 박근혜 공포정치를 죽음으로 항거한 민주열사로 기록됐다. 그러나 KBS, MBC, SBS 등

2016년 1월 2일 서울 영등포 한강성심병원 앞에서 시민들이 '민주투사 고 이남종 열사 추모촛불집회'를 밤새 열고 있다. ⓒ노동과 세계 변백선

지상파 방송3사는 이남종 씨의 죽음을 〈뉴스9〉, 〈뉴스데스크〉, 〈8뉴스〉 등 주요 뉴스에서 단 한 차례도 보도하지 않았다. 이에 언론비평지 〈미디어오늘〉은 "마치 3사 보도국장들이 '공동회의'를 통해 '이남종 씨 분신사건을 보도하지 않기로' 암묵적 담합이라도 한 듯한 모양새"라고 비꼬면서 이렇게 보도했다.

> '이남종 씨 분신'은 일단 다른 것을 논외로 하더라도 사안 자체만으로도 '뉴스 가치'가 충분하다. … 이 과정에서 '진상'의 극치를 보여준 것은 일부 언론이었다. 경찰의 '왜곡된 보도자료'만을 근거로 이 씨의 죽음을 단정적으로 보도했기 때문이다. '경찰과 언론의 합작'으로 이 씨의 명예와 죽음이 폄훼 당한 셈이다. … 사실 경찰의 왜곡된 보도자료를 근거로 이 씨의 죽음을 폄훼한 언론들 못지않게 무책임한 언론들은 지상파 방송3사다. 이들은 지난달 31일부터 1월 4일까지 메인뉴스에서 '하나마나 한 뉴스'를 쉴 새 없이 내보내면서 이남종 씨와 관련한 소식은 단 한 건도 보도하지 않고 있다. 특히 4일 메인뉴스에서 이들 3사는 '캄보디아 유혈시위'와 '김연아 완벽 점프'를 주요뉴스로 내보냈는데 과연 이남종 씨의 죽음이 이런 뉴스들보다 가치가 없는 것인지 반문하고 싶다.[48]

결국 이것은 언론이 독재에 동조하거나 방조한 상징적 사건이었다. 검찰과 감옥에 끌려가고 정당이 해산되고, 단체가 불법화되는 당사자들은 순망치한(脣亡齒寒)을 얘기했지만 언론은 상황을 제대로 이해하지 못했다. 2014년 1월 6일 박근혜 대통령은 취임 후 첫 기자회견을 했다. 그는 취임 이후 줄곧 지적된 '불통'에 대해 적극 해명했다. 이 기자회견은 잘 짜여진 한 편의 연극이었고, 청와대 출입기자들은 이 연극에 조연으로 출연했다.

---

48 〈미디어오늘〉, 2014. 1. 5.

#장면 05-2

2014년 4월 16일 아침 9시 24분 청와대 위기관리센터는 세월호 사고 발생 사실을 파악하고, 청와대 문자메시지 발송시스템을 이용해 상황을 전파했다. 위기관리센터는 해경상황실을 통해 현장 상황을 파악해 상황보고서 1보 초안을 완성, 김장수 안보실장에게 보고했다. 이날 10시, 청와대 비서실 위민3관 2층에 있던 김장수 안보실장은 신인호 위기관리센터장으로부터 전화 보고를 받았다. 김 실장은 휴대전화로 박근혜 대통령에게 전화를 했으나 전화를 받지 않았다. 다시 안봉근 제2부속비서관에게 전화를 걸어 "대통령이 전화를 받지 않는다. 지금 대통령에게 세월호 관련 상황보고서 1보가 올라갈 예정이니 대통령에게 보고될 수 있게 조치해 달라"고 말했다. 그리고 신인호 센터장에게 "상황보고서 1보를 관저에 전달하라"고 지시했다. 센터장의 지시를 받은 상황병은 상황보고서를 들고 관저까지 뛰어가 10시 20분쯤 관저 내실 근무자인 김 할머니(71세)에게 전달했다. 김 할머니는 평소와 같이 이 보고서를 대통령 침실 앞 탁자에 올려놨다.

한편 김 안보실장은 계속 대통령과 통화를 시도했지만 이뤄지지 않았다. 안봉근 비서관과 이영선 행정관이 승용차를 몰고 관저로 갔다. 10시 20분 관저에 도착한 안 비서관이 내실로 들어가 몇 차례 '대통령님'을 불렀다. 그제서야 박 대통령이 침실 밖으로 나왔다. 안봉근 비서관은 "국가안보실장이 급한 통화를 원합니다"라고 보고하자 박 대통령은 "그래요"라고 말한 후 다시 침실로 들어갔다. 10시 22분 김 안보실장과 통화가 이뤄졌다. 하지만 이미 구조의 골든타임이 경과한 상태였다. 이후에도 국가안보실은 물론 비서실에서도 보고서를 전달했지만 박 대통령은 관저에서 나오지 않았다. 도대체 그 시각 박근혜는 뭘 하고 있었을까. 이는 아직도 밝혀지지 않은 미스터리다.

오후 2시 15분 최순실이 관저에 들어왔다. 정호성·이재만·안봉근 비서관, 최순실, 박근혜 등 다섯 사람은 박 대통령이 중앙재난안전대책본부를 방문하는 것이 좋겠다고 의견을 모았다. 오후 2시 53분, 화장과 머리 손질을 담당하는 정송주, 정매주를 청와대에 들어오라고 지시했다. 머리 손질을 마친 박 대통령은 4시 33분 청와대를 출발해 5시 15분 세종로에 있는 정부청사 1층 중대본 상황실에 들어왔다. 박 대통령은 다소 헝클어진 머리와 피곤한 모습으로 이경옥 안전행정부 2차관의 안내로 자리에 앉았다. 그런데 박 대통령은 뜬금없이

"그렇게 구명조끼를 학생들이 입었다고 하는데 그렇게 발견하기 힘든가?"라고 물었다.[49]

세월호의 분노가 조직화되다

2014년 4월 15일 인천항에서 안산 단원고 2학년 수학여행단 325명, 교사 14명, 일반인 104명 등을 태운 세월호가 출발했다. 제주로 향하던 세월호가 16일 아침 8시 50분 진도 조도 앞바다에서 서서히 침몰했다. 이 사고로 주로 학생 304명이 숨졌고, 9명이 실종(후에 5명 신원 확인)됐다. 세월호 침몰 상황은 아침 시간대 TV로 생중계됐다.

국민은 뒤늦게 중대본 상황실을 찾은 박근혜의 질문에 경악했다. 이미 학생들이 배에 갇혀 가라앉고 있는 상황에서 한가하게 '구명조끼를 입었는데 왜 발견 못하냐'는 질문은 TV로 중계된 참사 상황을 전혀 알지 못하고 있다는 반증이기 때문이다. 여기에 중대본은 2시 브리핑 때 '368명이 구조됐다'고 발표했다가 4시 30분 브리핑 때 이를 취소하는 혼선을 빚었다.

국민들은 '박근혜는 뭐하다 이렇게 늦게 중대본을 찾았을까'에서 '세월호가 침몰할 때 대통령은 상황파악을 하고 있었나'라는 의혹으로 커지고 결국 '바로 그 시간 대통령은 어디에서 무엇하고 있었나'라는 '대통령 의문의 7시간' 논쟁으로 비화됐다. 이 의문의 7시간에 대해 박근혜는 '보고받고 조치를 했다'고 주장했지만 국민을 납득시키지 못했다. 청와대는 당시 상황을 제대로 해명하지 못한 것은 물론 당시 기록을 모두 봉인해 버려 의혹을 더 증폭시켰다.

이 7시간은 국정감사와 청문회와 탄핵에서도 계속 논란이 됐다. 그런데도 청와대는 끝까지 대통령의 분명한 행적을 공개하지 않았다. 나중에 7시간에 대한 검찰의 수사발표에 따르면 박근혜는 청와대 본관에 나오지

---

49 서울중앙지검, '세월호 사고보고 시각 조작 및 대통령 훈령 불법 변개 등 사건' 수사결과 발표, 2018. 3. 28.

않고 관저 침실에 계속 있으면서 점심 식사와 머리 손질, 그리고 화장을 하고 있던 것으로 드러났다. 결국 이 '부실한 위기 대처 능력'은 헌법재판소에서 대통령의 주요 탄핵 사유가 됐다.

검찰 수사 결과 박근혜는 재임기간 동안 본관에서 수석비서관 회의, 국무회의, 외부 행사 등 공식 일정을 마치면 바로 관저로 돌아가 머물렀다. 특히 이즈음에는 아예 수요일 공식 일정을 잡지 않도록 해놓았고, 세월호 참사가 벌어진 수요일은 아침부터 계속 관저에 머물렀던 것으로 드러났다. 그러나 이런 사실을 숨기기 위해 안보실 상황보고서와 지시 시간을 조작했다. 그리고 국정감사, 헌재에서 위증까지 했다. 이로 인해 김장수 안보실장과 김규현 안보실 1차장, 신인호 위기관리센터장 등이 사법처리됐다.

세월호 참사에 제대로 대응하지 못한 박근혜 정권에 대한 국민적 분노는 더욱 높아갔다. 박근혜는 참사 13일 만에 '해경을 해체하고 국민안전처를 만들겠다'며 상황을 반전시키려 했다. 하지만 이미 박근혜 정권에 대한 국민의 불신은 회복하기 어려운 수준까지 치달았다. 세월호를 둘러싼 각종 음모설과 조작설은 정부 스스로의 불신이 낳은 결과였다. 국민은 세월호 참사에 대해 국정조사, 국정감사, 특별조사위원회 등 다양한 방법으로 진실규명을 요구했다. 특히 세월호 유족의 장기간 단식투쟁 등 가족대책위를 비롯해 국민대책위는 박근혜 정권을 궁지로 몰아넣었다.

세월호 참사는 안 그래도 정권의 탄압에 고심하던 전교조가 박근혜 정권 투쟁의 선봉에 서게 만들었다. 전교조는 박근혜 정권에서 교학사 역사교과서 채택과 해고자 전임문제를 놓고 갈등을 벌일 때 발생했다. 4월 16일 그날은 전교조가 교육부가 있는 세종로 서울청사에서 농성에 돌입한 날이었다. 그러나 전교조는 즉각 농성을 중단했다. TV화면에서 아이들이 죽는 모습이 생중계되고 있었기 때문이다. 이영주 민주노총 수석부위원장은 "전교조는 농성을 접고 곧 세월호 투쟁으로 전환했다"면서 "박근혜 탄핵에 선생님들이 끝까지 할 수 있었던 것은 세월호 참사가 중요한 요인이었다"고 말했다. 특히 침몰하는 세월호에서 교사들이 '가만히 있으라'라고 했다는 말이 알려지면서 교사들은 큰 충격을 받았다. 이 수석부위원장은 "교사들이 매일 쓰는 '가만히 있어'라는 말이 교사의 가슴에 박혔다"면서 "선생님들은 이 말을 '가만히 있지 않겠다, 박근혜와 전면전을 해야 한다'는 결의를 갖는 계기가 됐다"고 말했다. 이 수석부위원장은 역사왜곡이 '정신'을 유린한 것이라면, 노동개악은 '몸'을 괴롭히고, 세월호 참사는 '가슴'에 칼을 꽂은 것으로 비유했다.

그러나 박근혜 정권은 유족과 시민단체의 주장에 '터무니없는 요구를 한다'며 경찰 차벽으로 막아 버렸다. 여당도 마찬가지로 이들은 박근혜 체제 수호의 충실한 '하수인'에 지나지 않았다. 언론 역시 마찬가지였다. 기자와 쓰레기의 합성어인 '기레기'라는 용어가 사용되기 시작한 것이 바로 이 세월호 참사부터다. 기레기는 세월호 참사에서 정부 보도자료를 무턱대고 받아쓰는 행태에서 비롯됐다.

심지어 박근혜 정권은 세월호 가족을 사찰하기 위해 군 정보보안 기관인 국군기무사령부까지 동원했다. 기무사가 작성한 '실종자 가족 및 가족 대책위 동향' 문건에는 가족대책위에 참여하는 사람에 대해 "이성적 판단을 기대하기 곤란한 상태"라고 적는 등 사실상 민간인을 사찰, 평가하고 있다. 문건은 또 유가족의 무분별한 요구를 부각시키고 국민적 비난여론을 전달해 이런 요구를 근절시켜야 된다는 대목도 있다. 이는 군 정보기관이 세월호 참사 대책에 깊숙이 개입하고 있음을 의미한다.

박근혜 정권 특유의 혐오정치가 또 동원된 것은 일면 당연한 수순이었다. 박근혜 정권은 '자유대학생연합', '어버이연합', '엄마부대' 등을 통해 피해자인 세월호 가족을 위협하고 조롱하는 시위를 벌였다. 특히 이른바 '폭식투쟁'이라는 일베류의 증오시위는 박근혜 정권의 전형적인 특징이었다. 그 배후는 재벌의 모임인 전경련 자금으로 우익·혐오세력을 양성한 것으로 드러났다. 이때 만들어진 세월호 참사를 다룬 다큐멘터리 영화 제목이 〈나쁜 나라〉였다.

그러나 세월호 참사에 대응한 유족과 시민·사회는 과거와 달랐다. 유족과 시민·사회단체는 '416연대'라는 독특한 연합체를 구성해 조직적으로 대응했다. 이것이 416가족협의회의 모태로 단순한 사고수습 차원이 아닌, 유족과 시민·사회단체가 연대해 장기적으로 함께했다.[50] 이는 진실규명에 미온적인 박근혜 정권이 자초한 측면도 없지 않다. 이 연대조직을 엮은 박래군 인권사람 소장은 이렇게 말했다.

"무슨 사안이 터지면 1~2주 만에 대책위를 만들 수 있다. 그런데 세월호 문제는 장기적으로 대처해야 하는데 특별법이 제정되면서 참여한 운동세력이 빠지기 시작했다. 참여단체들도 노동은 노동, 통일은 통일 등 자신의 사업을 해야 했다. 나는 세월호를 범국민 시민연대조직으로 가자고 설득했다. 처음 유가족들도 이게 무슨 뜻인지 몰랐다. 2015년 2월 416연대 조직에 착수해 1주기 추모대회를 마치고 6월 28일 정식으로 연대조직을 발족했다. 장기적으로 싸울 수 있는 연대조직이 만들어진 것이다. 그때 판단이 옳았다."

2015년 6월 28일 창립총회를 통해 세월호 유족과 연대한 단체들은 다음과 같다. 한국진보연대, 전국불안정노동철폐연대, 참여연대, 노동자연대, 민주노총, 조계종 사회노동위원회, 전국목회자정의평화협의회, 행동하는 시민모임, 민변(세월호 특위), 부정선거진상규명시민모임, 전교조(세월호 특위) 어린이도서연구회, 문턱 없는 한의사회, 광화문 노란리본공작소, 음성대책위, 천주교인권위원회, 구속노동자후원회, 빈민해방 실천연대, 마로니에촛불, 춘천시민행동, 언론노조, 인권운동 사랑방, 민주노총, 더불어 삶, 다산인권센터, 한국여성단체연합, 조계종 노동위원회, 노후희망 유니온,

---

50 416연대 공동대표-전명선 416가족협의회 운영위원장, 박래군 인권재단 사람 소장, 안순호 광화문진실마중대

2015년 4월 5일 1박 2일 도보행진 마친 세월호 유가족들이 광화문 광장에서 시민들과 함께 문화제를 열고 있다. ⓒ 민중의 소리 김철수

엄마의 노란손수건, 가만히 있으라 침묵행진, 청주이주민노동인권센터, 용산약속 지킴이, 인도주의실천 의사협의회, 시민단체 연대회의, 한겨레온, 함께하는 성주사람들, 전국대학 민주동문회협의회, 나눔문화, 다른 세상을 꿈꾸는 연대, 보건의료단체연합, 건강사회를 위한 치과의사회, 한국청년연대, 전국농민회총연맹, 사월혁명회 등이다. 참가단체 면면을 보면 대부분 진보당 해산반대 투쟁에 나선 민중단체들이지만, 참여연대와 여성단체연합, 언론노조 등의 시민단체와 어머니, 인권단체가 가담했다. 주요 참가 인물은 다음과 같다.

고문=김상근 목사, 김윤수 전 국립현대미술관장, 김중배 전 MBC 사장, 문정현 신부, 박재승 전 대한변협 회장, 배은심 전 유가협 회장, 백기완 통일문제연구소 소장, 오종렬 한국진보연대 총회의장, 윤준하 6월 민주포럼, 이창복 통일맞이 이사장, 이해동 목사, 임기란 민가협 명예회장, 임재경 언론인, 청화 스님, 최영도 전 민변 회장, 함세웅 신부·민주행동 상임대표

상임운영위원=전명선 416가족협의회 위원장, 유경근 416가족협의회 집행위원장, 전인숙 416가족협의회 대협분과장, 김종기 416가족협의회 사무처장, 안순호 광화문 진실마중대, 정세경 엄마의 노란손수건 공동대표, 김은규 한국진보연대 사무처장, 김혜진 전국불안정노동철폐연대 상임활동가, 박래군 416연대 공동대표, 이태호 참여연대 정책위원장, 최영준 노동자연대 운영위원, 최종진 민주노총 수석부위원장(곽이경 대외협력국장), 나승구 장위동 선교본당 신부, 도철 조계종 사회노동위원회, 박승렬 전국목회자 정의평화협의회 상임의장.

세월호 416연대는 세월호 참사에 대응하는 유족과 민중·시민사회단체가 결합함으로써 박근혜 탄핵에 나서는 또 하나의 중요한 축이 됐다. 세월호 유족이 광화문을 지키며 정권과 장기전을 펼침으로써 박근혜 탄핵에

기여했다.[51] 특히 이를 통해 세월호 이슈를 다양하고 장기적이고, 또 국제적으로 전개할 수 있었다. 물론 416연대를 통해 참여연대와 여성단체연합 등 반박근혜 세력을 대폭 확장한 것도 소득이다. 무엇보다 세월호 참사의 '가만히 있으라'는 말은 선생님들에게 충격을 주고, 특히 학부모 세력이 반박근혜 입장으로 전환하는데 큰 역할을 했다. 대체적으로 416연대에 참여한 인물이나 단체를 보면 이미 통합진보당 해산반대 투쟁에 앞장 선 민중세력과 민주화운동 세력이었다. 박근혜가 역사전쟁에서 걸림돌로 여긴 전교조 역시 탄압대상이었다.

국정원시국회의 박석운 공동위원장은 2014년 3월 31일부터 청계광장에서 남재준 파면과 관권부정선거 간첩조작 특검을 촉구하는 단식농성에 들어갔다. 국정원시국회의는 4·19학생혁명기념일을 맞아 청계광장에서 'Again 4·19 10만 민주회복 촛불평화대행진'을 열었다. 민주노총과 진보연대 등 민중단체는 이날 별도로 '민생파탄 민주파괴 박근혜 정권 심판 4·19 범국민대회 위원회'(범국민대회 위원회)를 구성해 '쌀 개방·TPP(환태평양경제동반자협정)·민영화 저지 국민대회', '민주수호 국민대회'를 갖고 서울역에서 청계광장까지 행진, 국정원시국회의 주최 행사에 합류했다.

결국 박근혜는 5월 22일 남재준 국정원장을 경질했다. 그러나 이는 6·4 지방선거를 앞둔 정치적 제스처에 지나지 않았다. 증거를 조작한 국정원 직원에 대한 수사와 형사처벌은 없었다. 김용판 전 서울경찰청장에 대해 1심 법원은 무죄를 선고했다.

4·16 세월호 참사에서 그렇게 심각한 정부의 무능이 드러났음에도, 숱한 학생과 교수, 종교인들의 시국선언과 단식에도, 그리고 국정원시국회의가 주도한 촛불시위에도 보통의 국민들은 공감하지 못했다. 박근혜 정

---

51 원희복의 인물탐구, 4.16연대 공동대표 박래군, 〈주간경향〉, 2017. 7. 22.

권 출범 1년 평가라고 할 수 있는 6·4 지방선거에서 새누리당이 승리한 것이다. 광역단체장 선거에서 새누리당은 영남 5곳(부산·대구·경북·경남·울산)을 싹쓸이하고 수도권인 경기·인천은 물론 제주까지 8곳에서 승리했다.

제1 야당인 새정치민주연합은 서울과 강원·대전·충남·충북에서 승리했지만 수도권에서 승리하지 못했다. 그나마 17곳 교육감 선거에서 진보적 성향 교육감이 13명이나 당선된 것이 소득이었다. 게다가 전국 226개 기초자치단체장 선거에서 새누리당은 117곳에서 승리했다. 새정치민주연합은 80곳 승리에 그쳤다. 좀 더 들어가 광역의원은 새누리당이 416명으로, 4년 전 288명에서 크게 늘어났다. 상대적으로 야당 광역의원은 349명으로 4년 전 360명보다 줄었다. 기초의원도 마찬가지였다. 4년 전 1,247명이던 새누리당 기초의원은 1,413명이 당선됐다.

야당은 독재 회귀론, 역사 왜곡론, 심지어 세월호 심판론까지 동원했지만 만족할 성과를 얻지 못했다. 그만큼 야당은 무기력했다. 국민들은 세월호 참사를 보면서도 박근혜 정권의 무능을 깨닫지 못했다. 박근혜 1년에 대해 민변은 "박근혜 정권이 출범한 지 1년이 되었다. 지난 한 해 어떤 일들이 있었는지 돌이켜 보면 암울함이 앞선다. 박근혜 정권이 시작된 첫 해의 인권상황은 예상했던 것보다 훨씬 절망적이다. 어디에도 민주주의와 인권은 없었다"고 평가했다.[52]

박근혜 정권의 원죄인 국정원 대선개입은 고사하고, 정권 출범 이후 민주주의와 인권이 사라졌다는 민변의 평가를 국민은 실감하지 못했다. 수백 개 풀뿌리 시민·사회·민중단체들이 국정원시국회의를 조직해 박근혜 정권의 원죄를 지적했지만 박근혜는 풀뿌리 현장 선거에서 오히려 승리한 것이다. 자신감을 얻은 박근혜 정권은 공영방송을 비롯한 '우호적'인 '기레기'의 도움으로 독재회귀와 노동탄압, 그리고 역사왜곡을 더욱 노골

---

52 '박근혜 정권 1년 실정(失政) 보고서', 민주사회를 위한 변호사모임, 2014. 2. 25.

화하기 시작했다. 지방선거 승리로 자신감을 얻은 박근혜 정권은 6월 10일 신임 총리후보로 문창극 전 〈중앙일보〉 주필을 임명했다. 그 역시 제주 4·3사건을 폭동으로 보는 극우적 사고를 가졌고, 무엇보다 일본의 식민지 지배가 '하나님의 뜻'이라는 극단적인 기독교와 뉴라이트적 사고를 가진 인물이었다. 결국 여당의원조차 "역사관에 문제가 있다"는 지적을 했고, 결국 6월 24일 자진 사퇴했다. 박근혜 정권 1년 4개월 만에 총리지명자만 3명이 사퇴하는 인사 참사가 벌어졌다.

그런데도 박근혜의 독주는 계속됐다. 마치 국민 전체가 무엇에 홀린 듯한 상황이었다. 곧이어 7월 30일 전국 15곳에서 치러진 7·30 재·보궐선거에서 새누리당은 11곳에서 압승했다. 야당인 새정치민주연합은 불과 4곳에서만 당선됐다. 새누리당은 서울 동작 을·부산 해운대 기장 갑·대전 대덕·울산 남구 을·경기 수원 을·경기 수원 병·경기 평택 을·경기 김포·충북 충주·충남 서산 태안·전남 순천 곡성 등에서 당선됐다. 야당은 경기 수원 정·광주 광산 을·전남 나주 화순·전남 담양 함평 영광 장성 등 단 4곳에서만 승리했다. 호남과 경기 1곳을 제외하고, 충청, 영남은 물론 서울과 수도권에서도 전부 패배한 것이다.

야당 새정치민주연합의 처절한 참패였다. 대권주자로 꼽힌 손학규 상임고문까지 자신의 텃밭인 경기지역에서 낙선했다. 야당은 박근혜 정권의 오만한 독주를 견제할 힘이 없었다. 야당은 선거에서 한 번도 이기지 못하는 심각한 무기력에 빠져들었다. 박근혜 정권이 마음 놓고 친일미화, 민주화운동 폄훼 등 역사왜곡과, 종북몰이를 통한 진보당 해산에 나설 수 있던 배경도 바로 이 야당의 무능함이 크게 한몫했다.

#**장면 05-3**

2014년 10월부터 박근혜 정권의 친일·독재미화 교과서 제작과 연거푸 친일인사의 기용,

무엇보다 민족문제연구소 탄압을 우려하는 인사들이 간간이 모였다. 격주로 가진 광화문 해장국집 아침모임에는 함세웅 신부와 박재승 전 대한변협 회장, 이해동 목사, 정동익 사월혁명회장, 김삼웅 전 독립기념관장, 임헌영 민족문제연구소장, 김희선 항일여성독립운동기념사업회 회장, 유영표 전 민주화운동기념사업회 부이사장 등 10여 명의 역사·민주화 원로들이었다.

원로들은 참석하는 사람이 늘자 효자동 설렁탕집 백송으로 장소를 옮겼다. 참석자들은 박근혜 정권의 역사왜곡과 탄압, 그리고 독재로의 회귀에 우려했다. 특히 원로들은 민주화운동기념사업회 무자격 이사장 임명 저지 실패에 대한 허탈감도 토로했다. 무기력한 야당에 대한 한탄도 이어졌다. 200여 개 시민·민중단체가 연대한 국정원시국회의와 같은 느슨한 연대체로는 막무가내 박근혜 정권에 대응하기 역부족이라고 생각했다. 이대로 가다가는 당장 2016년 총선과 2017년 대선에서 또 참패할 것이라 생각했다.

이 모임은 흔히 '백송모임'으로 불렸다. 백송모임은 한겨울까지 이어졌지만 원로들의 열의는 대단했다. 김삼웅 전 독립기념관장은 멀리 양평에서 광화문까지 격주로 열리는 이 모임에 빠지지 않고 참석했다. 이해동 목사는 눈길에 미끄러져 팔을 다치기도 했다. 원로들은 박근혜 정권에 대항하는 보다 조직적이고, 활력 있는 국민운동세력을 만들어야 한다는 데 의견을 모았다. 김희선 회장은 "백송모임에서 조직을 만들자는 사람도 있었고, 일부는 옛날처럼 재야운동이 뭐가 필요하냐는 사람도 있었지만 우리가 울타리라도 되어 주자는 생각을 했다"면서 "특히 박근혜 정권을 때려 부수는 것에 의견을 모았다"고 말했다.

백송 모임 ··· 함세웅 신부, 민주회복 구심점이 되다

2014년 9월 이사장 임명저지에 실패한 '민주화운동기념사업회 이사장 불법 임명 거부 국민대책위원회' 관계자들은 참담했다. 이들은 이미 백송모임을 통해 야당마저 지리멸렬한 상황에서 기댈 곳은 국민뿐이라는 것을 절감했다. 국민대책위는 농성을 해제하면서 사회개혁과 정치개혁을 통해 민주주의 완성과 민주정권 수립을 목표로 국민운동을 전개할 새로운 사회운동체를 결성하기로 했다. 2015년 2월까지 시·군·구 단위부터 광역시·

도 단위까지 상향식 전국조직을 결성하는 야심찬 계획이었다. 이를 위한 기획단에 성유보 단장이 임명됐지만, 그는 충격과 과로로 쓰러지고 말았다.

그해 12월 8일 서울 YMCA회관에서 300여 명이 참석한 '민주인사 송년의 밤' 행사가 열렸다. 이 자리에서 박근혜 정권에 대한 우려와 비난이 쏟아졌다. 참석자 대부분은 앞서 친일 및 민주화운동 역사왜곡에 우려를 표시하던 항일·민주화 원로들과 민주화운동기념사업회의 파행을 지켜본 인사, 그리고 통합진보당 해산에 항거하던 인사들이었다. 사실 이 세 부분에서 운동하던 세력은 대부분 서로 중복됐다. 이날 이들은 대한민국의 민주주의가 위기라는 것, 민주당을 비롯한 야당은 무기력하다는 것을 다시 확인했다. 이들은 현 위기를 탈출할 새롭고 강력한 범민주 국민운동세력을 만들 필요에 합의했다.

이미 통합진보당 해산반대 범국민운동본부는 12월 19일 진보당이 해산된 직후인 22일 새로운 전국 정치운동조직을 만들 것을 의결한 상태였다. 앞서 민주화운동 세력이 구상하던 새로운 전국적 사회운동체 구상도 추진 중이었다. 박근혜의 민주주의 퇴행에 분노하는 세력이 늘어나고 있었지만 아직 각자 활동하는 미분화 상태였다. 누구인가 이를 엮고 지도할 구심점이 필요했다.

이때 함세웅 신부가 나섰다. 함 신부는 2015년 1월 '민주국민행동 준비위원회'를 꾸렸다. 그리고 1월 7일부터 본인이 직접 창원을 시작으로 위기에 처한 대한민국 민주주의를 살리기 위해 행동에 나서 줄 것을 호소하고, 현장의 의견을 듣는 전국 강연에 나섰다. 한편으로 2월 3일 '국민운동체 건설을 위한 각계 인사 준비회의'를 열고 조직준비 활동에 들어가기로 결정했다. 2월 16일 각계 인사 88명 명의로 '국민 여러분께 드리는 호소문'을 발표하고 제2의 민주화운동에 힘을 모아 줄 것을 호소했다. 함 신부는 3월 23일 전주까지 13개 지역을 순회하며 조직 결성에 동참해 줄 것을 요청했다.

이미 각 지역에서는 박근혜 정권에 대한 실망과 분노가 폭발 일보직

전이었다. 그리고 기존 시민사회단체와 민중조직의 역량도 상당히 높아진 상태였다. 1월 27일 오후 5시 부산 연제구청 대회의실에서 지역 시민사회 단체 대표자들이 모여 '민주부산행동' 출범을 결의했다. 여기에는 부산시 민연대, 부산여성단체연합, 부산민중연대 등 30여 개 단체가 참여했다. 이들 단체는 박근혜 대통령 취임 2주년인 2월 27일 공식 연대조직을 발족하기로 하고 일단 '부산시민행동'이라고 이름을 정했다. 이 모임에서 장선화 부산여성회 부대표는 "해고 0순위, 비정규직 노동자 다수가 여성이다. 여성대통령 시대 여성들의 삶은 하나도 나아지지 않고 오히려 더 힘들어지고 있다"며 "세상의 절반인 여성들이 민주주의 문제에 더욱 앞장서겠다"고 다짐했다.[53]

지역 민중·사회단체가 연대하는 이 작업에 함 신부는 꼭 참석했다. 이를 통해 이름은 각자 달랐지만 서서히 민주주의 수호와 박근혜 정권에 저항하는 전국조직망이 갖춰지기 시작했다. 여기서 주목해야 할 것은 비정규직 노동자들의 대거 참여다. 대부분 청년·학생과 여성인 이들은 박근혜 정권에 맞서 단결했다. 이것은 과거 재야·민주화운동 경험에서 볼 수 없던 현상이었다. 그만큼 비정규직 문제는 약자들에게 현안문제였다.

2015년 1월 15일 민주국민행동은 '위기의 민주주의 어떻게 할 것인가'란 주제로 국민대토론회, 2월 12일 '우리가 만들어 가는 대한민국'이라는 주제로 청년토론회, 3월 18일 '합의제 민주주의를 향한 제2의 민주화운동을 시작하며'라는 주제로 선거제도 개혁을 위한 범국민토론회를 열었다. 서로 공감하는 주제를 통해 뜻을 같이 하는 단체들과 연대를 위해서였다. 이렇게 연대한 이들은 3월 11일 회의에서 단체의 명칭을 '민주주의국민행동'으로 최종 결정했다. 그리고 이 국민 운동체에 개인과 단체를 회원으로 가입시키기로 하고 우선 개인 발기인을 모집했다.

---

53 〈오마이뉴스〉, 2015. 1. 28.

#장면 05-4

3월 24일 오후 6시 30분, 서울 정동 프란체스코 교육회관 1층에서 민주주의국민행동(민주행동) 발기인대회가 열렸다. 이날까지 825명이 발기인으로 참여했고, 이날 300여 명이 직접 참석했다. 단상 중앙에는 '다시 민주주의! 국민의 힘으로 나라를 바로 세우자!'는 슬로건이 걸렸다. 정동익 사월혁명회장이 이해동 목사를 임시의장으로 추천했다. 단상에 올라온 이 목사는 "공산당이라고 낙인찍히면 죽었는데 지금은 이름만 바뀌어 '종북 좌파'라는 이름으로 다시 20세기로 거꾸로 돌아갔다"면서 "이것을 바꾸자는 것이 바로 이 민주주의국민행동이 출범하게 된 이유"라고 말했다. 문국주 6월 민주항쟁기념사업회 집행위원장의 경과보고가 이어졌다. 문 집행위원장은 지금까지 친일청산 역사단체와 민주화운동기념사업회, 그리고 통합진보당 해산반대 원탁회의 등 세 줄기가 이 모임의 모태가 됐음을 설명했다.

상임대표에 임명된 함세웅 신부가 박수를 받으며 단상에 올라왔다. 함 신부는 이 모임이 있게 된 지금까지 줄기를 설명하고 전국을 돌아다니며 확인한 민심을 소개했다. 그는 "전국을 다니며 여러분을 만나고 대화 나눴는데 이미 지역마다 이름만 조금씩 다를 뿐 국정원 대선 불법개입부터, 세월호 참사의 아픔을 나누는 모임 등이 다 조직돼 있었다"면서 "이들을 하나로 묶을 수 있을까 고민했고 이를 서울에서 상징적으로 만들어야 한다는 의견을 들었다"고 말했다.

함 신부는 앞으로 이 모임의 첫 번째 일이 민족정기를 바로 세우는 일이라고 말했다. 그는 "친일파, 반민족 세력을 청산하지 않고는 해결되지 않는다, 새누리당 뿌리가 친일 반민족주의자"라고 일갈했다. 그는 두 번째 일은 독재세력, 즉 이승만에서 전두환으로 이어지는 유신잔당을 척결하는 일이고, 세 번째로 분단을 매개로 영업하고 있는 분단세력을 척결해야 한다고 말했다. 함 신부는 여기에 하나를 더 추가했다. 바로 경제문제를 들었다. 그는 "신자유주의 이 부분을 척결해야 한다"면서 "부패관료, 부패기업도 척결 대상"이라고 말했다. 그리고 함 신부는 이 네 가지 목표를 실현하기 위해 정치제도 개혁을 위한 작업도 함께 하기로 했다. 그는 지역에 근거한 양당제를 깨는 방법으로 중앙선관위에서 만든 비례대표 확대 안에 의미를 뒀다. 함 신부는 마지막으로 "반민족 친일잔재 친일파 척결하자! 독재세력 유신잔재 척결하자! 반민족 분단세력 척결하자! 신자유주의 부패관료 부패기업 개혁하여 척결하자!, 정치개혁 합의제 민주주의 실현하자!'고 구호를 외쳤다.

이어 '민주·민생·평화의 새 시대로 함께 나아 갑시다'라는 발기선언문이 낭독됐다. 발기선 언문은 "국정원을 비롯한 국가기관들이 저지른 명백한 부정선거에 힘입어 5년의 임기를 부여받은 정권이 함부로 망가뜨릴 수 없는 튼튼한 민주공화국을 세워야한다"면서 "삶의 벼 랑 끝에 몰린 비정규직 노동자들이 고공농성을 하지 않아도 되는 나라, 외국 군대의 기지 건설을 위해 평화로운 마을이 철거당하지 않는 나라, 가장 중요한 주권인 전시작전권을 강 대국에 바치지 않는 나라, 젊은이들이 '열정 페이'로 조롱받고 '삼포세대'로 내몰리지 않는 나라를 만들자"고 강조했다.

6월 10일 민주행동이 공식 출범했다. 당초 5월 초로 앞당기기로 했지만 계획보다 좀 늦은 셈이다. 그 이유는 각 단체들의 시국에 대한 입장 차이가 조금씩 존재했기 때문이다. 창립 선언문은 발기문의 맥락과 큰 차이가 없으나 역사적으로 "친일세력은 지금도 반민주·반통 일·신자유주의 세력과 함께 한국사회를 벼랑 끝으로 몰아가고 있다"면서 "그들을 척결하 지 않는다면 민주화와 민족의 자주성 확립, 민생의 안정과 평화통일은 결코 이루어질 수 없 다"고 역사 전쟁을 강조했다.(전문 : 자료 9)

민주행동의 조직과 주요 참가자는 다음과 같다.

고문단=강만길, 김병상, 김병오, 김병태, 김윤수, 김자동, 김재열, 김중 배, 김태진, 문영희. 박중기, 배은심, 백기완, 성대경, 신경림, 오종렬, 이만 열, 이우재, 이이화, 이해동, 임기란, 임재경, 전기호.

공동대표=함세웅 상임대표(안중근기념사업회 이사장) 강다복(전국여성농민 회총연합 의장) 강병기(민주수호공안탄압대책회의 대표) 권오헌(민가협양심수후원회 명예회장) 김삼웅(전 독립기념관 관장) 김상근(원로목사) 김선택(강기훈 쾌유와 명예 회복을 위한 시민모임 집행위원장) 김성복(인천샘터교회 목사) 김영호(전국농민회총연 맹 의장) 김원웅(항일독립운동가 단체연합회 회장) 김종철(자유언론실천재단 이사장) 김한성(21세기 한국대학생연합 의장) 박석무 (다산연구소 이사장) 박석운(한국진보연 대 상임대표) 박순희(천주교정의구현전국연합 지도위원장) 박재승(전 대한변호사협회

회장) 법안(불교사회연구소 소장) 손미희(전국여성연대 대표) 양길승(녹색병원장) 유
영표(민주화운동공제회 이사장) 윤경로(신흥무관기념사업회 상임대표) 장임원(민주화
를 위한 전국교수협의회 공동대표) 김경호(강남향린교회 목사) 윤희숙(한국청년연대 공
동대표) 이길재((사)통일농수산 상임대표) 이수호(전태일재단 이사장) 이장희(평화통
일시민연대 상임대표) 이창복(615공동실천남측위원회 상임대표) 이철(민청학련계승사
업회 상임대표) 이호윤(전국민주동문회 공동대표) 임진택(연출가·소리꾼) 임헌영(민
족문제연구소 소장) 장남수(전국민족민주유가족협의회 회장) 전종훈(천주교정의구현
전국사제단 대표신부) 정동익(사월혁명회 상임의장) 정진우(한국기독교교회협의회 인
권센터 소장·서울제일교회), 조성우(민족화해협력 범국민협의회 공동의장) 조순덕(민
주화실천가족운동협의회 상임의장) 조헌정(민주주의서울행동추진위원회 대표·향린교회
목사) 청화(실천불교 전국승가회 상임고문) 최정순(이화여대민주동문회 회장) 한상균
(전국민주노동조합총연맹 위원장) 한충목(반전평화국민행동 공동대표)

　　집행부=김하범 운영위원장, 한충목 운영위원장, 문국주 조직위원장,

2015년 3월 24일 열린 서울 정동 프란체스코
교육회관에서 민주주의국민행동 발기인 대회
관계자들이 대담을 하고 있다. ⓒ민주행동

양춘승 전략위원장, 최연 기획위원장, 정대영 정책위원장, 정해구 정책위원장, 최병현 대변인, 남요원 문화예술위원장, 임용우 대외협력위원장.

　　이날 출범한 민주행동은 민족문제연구소를 비롯한 역사학계 세력과 민주화운동기념사업회를 배경으로 한 민주화운동 세력, 통합진보당 해산에 반대한 진보정치 세력 등 3개 세력에 노동운동 세력이 가세한 모양새다. 여기에는 당시 반박근혜 전선에 참가할 수 있는 명망가와 행동가가 대부분 망라됐다.

　　민주행동에 민주노총과 전농, 전노협, 전교조 등 기존 조직을 갖춘 노동조합 세력이 가세한 것은 조직의 추동력 측면에서 큰 의미가 있다. 이 추동력은 민중총궐기투쟁에 참여한 56개 단체를 거쳐 2천 개가 넘는 시민·사회단체가 참여하는 퇴진행동으로 발전했다. 그리고 박근혜 탄핵을 추진하는 기본 동력이 됐고, 울타리 역할을 했다.

　　이 민주행동에 대해 박근혜 정권은 군 정보기관까지 동원해 사찰했다. 2016년 9월 23일 국군기무사령부가 작성한 '현안보고-좌판단체 민주주의국민행동 하반기 투쟁계획'이라는 대외비 문건에는 민주행동의 8월 25일 워크숍 결과를 세밀히 기록하고 단체의 성격을 분석했다. 특히 기무사는 민주행동에 대해 "함세웅 대표를 포함한 운영진 대다수(68명 중 51명) 과거 국가보안법 위반 또는 수시 방북 전력이 있는 자들로 구성"이라고 규정했다.

　　문건은 '기무사 조치' 대목에 "관계기관(청와대, 국정원)에 관련자료를 제공하여 대응해 나가겠음"이라고 보고하고 있다.[54] 이는 청와대를 정점으로 국정원, 심지어 군 정보기관인 기무사까지 동원해 민간단체를 무차별적으로 사찰하고, 공작대상으로 삼았음을 의미한다.

54　국군기무사령부, '현안보고-좌파단체 민주주의국민행동 하반기 투쟁 계획', 2016. 9. 23.

06

**반(反)박근혜 세력이
일어서다**

#장면 06-1

2014년 9월 19일 서울고등법원이 전교조 법외노조 통보처분 효력 집행정지 신청을 인용하자 청와대는 발끈했다. 청와대는 '비정상적 행태'라며 크게 불만을 표시했다. 청와대는 이 사건(전교조 법외노조화)이 헌법재판소의 통합진보당 해산심판 사건과 함께 가장 중요한 현안으로 취급되고 있다는 메시지를 대법원에 보냈다.

대법원 법원행정처 임종헌 기조실장은 정 모 심의관에게 사건의 검토를 지시했다. 정 모 심의관은 "현재 대법원의 최대 현안은 상고법원 입법 추진으로 이에 대한 BH를 비롯한 각계의 협조·지원이 절실한 상황임. 특히 BH 주요 보좌라인이 친검찰·법무부 성향으로 인하여 BH의 지지를 확보하는 데 어려움을 겪고 있음, 법무부의 조직적인 반대 움직임이 감지되고 있음"이라고 써 내려갔다.

대한민국 최고 법원은 6만 명 조합원과 수십 명의 해직 교사 생계가 달린 문제를 법리적 판단보다, 자신의 현안인 상고법원 설치를 위한 '거래 거리'로 삼았다. 정 심의관은 또 "BH가 대법원을 국정 운영의 동반자·파트너로 높이 평가하게 될 경우 긍정적인 반대급부로 요청할 만한 사항은 다음과 같음"이라고 적었다. 그 사안은 상고법원 외에 대법관 임명제청 과정에 협조, 재외 공관 법관 파견에 적극 협조(외교부의 긍정적·전향적 태도 유도), 법관 정원 증원 추진에도 적극 협조(약 30명의 추가 증원 등에 국회·기재부의 적극 협조유도) 등과 같다.[55]

이 문건은 임 기조실장을 거쳐 양 대법원장에게 보고됐을 것이다. 대법원은 결국 2015년 6월 3일 서울고등법원 판결을 뒤엎고 '전교조 법외노조 통보처분 효력 집행정지 신청'을 파기하고 되돌려 보냈다. 대법원은 이것을 '과거사 왜곡 광정'이라고 표현했다. 광정(匡正)이란 '잘못을 바르게 바로잡음'이라는 뜻이다. 그러나 대법원은 '흥정'을 한 것이었다.

전교조는 왜 탄압대상이 됐을까

이명박 정권부터 국정원은 전교조에 대한 와해공작을 폈다. 박근혜 정권에서는 극도의 거부감을 갖고 노골적·전방위적으로 와해작업이 이어

---

55 사법행정권 남용의혹 관련 특별조사단, '조사보고서', 2018. 5. 25.

졌다. 박근혜 취임 직전인 2013년 2월 21일 검찰은 전교조 내 교사모임을 이적단체로 규정하고 교사 4명을 불구속 기소했다. 6월 26일 교육부는 정권퇴진 선언에 참여한 교사 285명을 국가공무원법 위반 혐의로 검찰에 고발했다. 그리고 2013년 9월 23일 급기야 노동고용부는 "10월 23일까지 해직조합원 9명을 탈퇴시키지 않으면 노조 설립을 취소하겠다"고 통보했다.

당연히 전교조는 이런 탄압에 반발했다. 전교조는 조퇴, 연가투쟁으로 맞섰지만 정부는 교육부를 비롯한 검찰·고용노동부·경찰청 등의 범정부 관계기관대책회의까지 구성해 "국가공무원법 위반과 형법상 업무방해죄를 적용하겠다"고 나왔다. 심지어 전교조에 대한 국고보조금(전교조 사무실 임차료 비용)을 취소한 교육부는 전교조 통장 압류 절차까지 들어갔다.

전교조의 투쟁도 강해질 수밖에 없었다. 전교조가 이례적으로 민주노총과 함께 민중총궐기에 적극 참여한 기본 배경도 이런 분위기였다. 특히

2013년 10월 19일 서울 서대문 독립공원에서 열린 '전교조 탄압 분쇄 전국 교사대회'에서 전교조 김정훈 위원장을 비롯한 집행부가 구호를 외치고 있다. ⓒ노동과 세계 변백선

해직자를 조합원으로 인정하고 말고는 노동조합이 스스로 결정할 일이다. 해고자가 조합원으로 있는 노조는 민주노총만 2천 개가 넘고, 한국노총도 3,300개가 넘는다. 그런데 유독 전교조를 찍어 집요하게 와해공작을 편 것이다. 국제노동기구(ILO)와 국가인권위원회도 이를 부정하는 노동법을 개정하라고 정부에 수차례 권고한 상태였다. 이런 시점에서 전교조의 법외노조를 통보한 것은 노동부 자체 판단 때문이 아니다. 이는 전교조의 다음 성명에 자세히 언급돼 있다.

전교조 해직교원 배제 명령은 고용노동부의 판단을 넘어 정권 차원의 전교조에 대한 표적·정치적 탄압이다. 박근혜 대통령은 2005년 민주적 사학법 개정 무효화 투쟁을 하면서 전교조를 '한 마리 해충'에 비유하며 반미와 친북을 주입시키는 불순한 집단으로 매도하였고, 대통령 선거방송을 통해서도 이념교육으로 학교 혼란을 부추기는 집단으로 매도하며 전교조에 대한 적대감을 노골적으로 드러낸 바 있다.

원세훈 전 국정원장은 전교조를 북한보다 싸우기 어려운 내부의 적으로 규정하며 전교조 대량 징계에 조직적으로 관여할 것을 지시한 바 있다. 국정원 등 공안세력은 전교조 소속 교사 4명을 국가보안법상 이적단체 구성혐의를 씌워 1년 전 수사에 착수한 사건을 박근혜 정부 출범 직전에 기소했다. 상반기 내내 고용노동부는 검토수준에 불과했던 노조설립 취소를 언론에 흘려가며 설립취소 위협을 자행해왔다. 그리고 전교조는 국정원 개혁 민주주의 수호 시국선언, 박근혜 정부의 특권학교 정책 비판, 뉴라이트 역사 교과서 검정승인에 대한 취소 교사선언 등 박근혜 정부의 교육정책에 대해 비판적인 입장을 견지해왔다. 이러한 일련의 과정에 비춰볼 때, 박근혜 정부의 노조설립 취소명령은 단순한 시정명령이 아니라, 전교조를 불순세력으로 여겨온 박근혜 정부와 공안·보수세력이 합작한 정치적 탄압이다."[56]

특히 해고자를 스스로 솎아내라는 요구는 전형적인 내부 혐오와 반목을 유발하는 공작적 수법이었다. 이로 인해 전교조 내부는 '일단 조직을 살리자'는 주장과 '민주화의 역사를 지켜야 한다'는 주장으로 심각하게 반목했다. 당시 이영주 전교조 수석부위원장은 "6개월 동안 치열한 내부 논의를 거쳐 조합원 총투표 결과 고용노동부 규약 시정요구를 거부했다"면서 "우리는 잠깐 사는 대신 역사적 명분을 선택했다"고 말했다. 결국 전교조는 6만 명 조합원 중 단 9명의 해직자가 있다는 이유로 '노조 아님' 신세로 전락했다.

박근혜 정권의 전교조 와해작업은 청와대가 직접 지휘했다. 당시 청와대 실상을 엿볼 수 있는 고 김영한 민정수석 업무수첩과 '이병기 청와대 비서실장 지시사항(안)'에는 전교조에 대한 와해 작업이 청와대를 정점으로 매우 집요하게 이뤄졌음을 알 수 있다. 고 김영한 수석의 업무일지에는 2014년 6월 15일부터 12월 1일까지 총 170일 중 42일에 걸쳐 전교조 관련 내용이 등장한다. 여기에는 청와대가 전교조의 법외 노조화를 진두지휘한 정황이 매우 구체적으로 담겨있다. 업무일지에 따르면 전교조 법외노조 통보 취소소송 1심 판결 전에 이미 청와대는 '승소 시 강력한 집행', '재판 집행 철저히'라는 입장을 세우고 수석과 교육부 차관 등이 참여하는 '전교조 이후 대응방안' 등을 논의했다.[57]

특히 청와대는 이 문제를 '헌재의 통진당 위헌정당 해산심판 사건과 함께 가장 중요한 현안으로 취급하고 있다고 함'이라고 대법원 문건은 청와대 기류를 적고 있다. 이는 통합진보당과 전교조가 박근혜 정권이 극복

---

56 전교조 성명, 2013. 9. 26.
57 '박근혜 정부 4년, 전교조의 잔혹한 타임라인', 〈교육희망〉, 2017. 3. 17.

해야할 1차, 2차 대상임을 입증하는 것이다. 그런데 왜 박근혜 정권은 전교조 와해에 그토록 매달렸을까? 물론 박근혜는 2005년 사학법 재개정 투쟁 국면에서 전교조를 반미 친북의 '한 마리 해충'에 비유할 정도로 악감정을 가지고 있었다. 그러나 박근혜가 대통령이 되어서도 집요하게 전교조 와해작업을 추진한 이유는 다른 것에 있었다.

그 첫 번째 이유는 바로 친일·독재 미화 역사교과서를 보급하기 위한 사전 조치였다. 이미 박근혜 정권은 친일과 유신을 옹호하는 교학사 검정 역사교과서를 만들고 있었다. 이 교학사 역사교과서에 가장 적극적으로 반대한 세력이 바로 전교조였다. 전교조는 교학사 교과서가 정확·공정·보편성이 결여된 교과서로서 최소한의 기본도 지키지 못했다고 비난했다. 심지어 전교조는 '친일·독재 미화 뉴라이트 한국사교과서 무효화 국민네트워크'를 만들어 범국민운동에 앞장섰다. 정권의 입장에서 우선 제거대상에 꼽힐 수밖에 없었다.

두 번째 요인은 2014년 4월 16일 발생한 세월호 참사다. 이 세월호 참사에 대해 일선 교사들이 가장 분노하고, 반정권적 분위기를 선도하고 있었기 때문이다. 세월호 참사의 해결을 촉구하는 교사 43명이 박근혜 대통령의 퇴진을 요구하는 선언문을 청와대 게시판에 올린 뒤로 대규모 교사 선언이 두 차례 더 이어졌다. 세월호 참사의 책임을 사회문제로 확산시키는 매개를 바로 교사, 특히 전교조로 본 것이다. 전교조 이영주 수석부회장이 "선실에 가만히 있으라는 세월호 선생님의 말은 비수가 되어 선생님들의 가슴에 박혔다"면서 "전교조 선생님들이 세월호 항의시위에 나선 이유"라는 말과 같은 취지다.

결국 박근혜 정권이 국정교과서를 도입하고, 세월호의 굴레에서 벗어나기 위해서는 전교조 와해가 시급했던 것이다. 2016년 10월 24일 박근혜 정권은 해직 교사를 조합원으로 인정하는 전교조 규약이 불법이라며 14년간 유지된 합법적 노동조합 지위를 박탈했다.

#장면 06-2

2013년 12월 22일 아침. 서울시 중구 정동길 3. 광화문에서 700미터밖에 떨어지지 않은 도심 한복판 경향신문사 건물을 4천여 경찰이 봉쇄했다. 건물 13~15층에 입주한 민주노총에 '은신'한 김명환 철도노조위원장을 비롯한 지도부를 검거하기 위해서였다. 경찰은 추락에 대비해 건물 주변에 매트리스를 깔고 잠긴 출입구를 부수기 시작했다. 절단기를 사용했지만 여의치 않자 아예 해머로 출입문을 부수기 시작했다. 출근하던 기자들의 격렬한 항의에도 경찰은 아랑곳 하지 않았다. 민주노총 직원들은 소방호스로 물을 뿌리며 경찰의 진입을 저지했다.

그러나 얼마 후 출입문이 부서지고, 경찰은 최루액을 뿌리며 건물 안으로 진입했다. 19층 경향신문사 건물은 1967년 건축가 김수근이 방송국과 호텔용으로 설계했는데, 복잡한 내부구조로 유명하다. 좌우 2개의 출입문이 있고 7, 8, 9층 내부 사무실을 통해 서로 연결되는데 30년 근무해도 잘 모를 만큼 복잡하다. 난입한 경찰은 민주노총이 있는 13층~15층을 수색했지만 철도노조 집행부를 검거하지 못했다. 이 과정에서 조합원 10여 명이 연행됐다.

경찰의 신문사 건물 난입에 〈경향신문〉은 물론 기자협회, 언론노조 등 언론단체와 야당이

2013년 12월 24일 경찰이 철도노조 파업지도부를 체포하기 위해 민주노총이 있는 경향신문사 건물에 최루액을 뿌리며 난입하고 있다. ⓒ 노동과 세계 변백선

일제히 비난 성명을 냈다. 수색영장도 없이 체포영장만으로 건물에 난입해 수색한 것은 명백한 불법이었다. 경찰이 신문사 건물에 난입한 것은 유신 말기인 1979년 8월 야당 신민당사에서 농성 중이던 여성 노동자들을 끌어낸 YH사건을 연상시켰다. 이 사건 4개월 만에 박정희 정권은 몰락했다. 당초 경찰도 국민여론 등을 감안해 신문사 난입을 반대했으나 '윗선'의 강력한 지시가 있었다고 했다. 바로 그 윗선은 누구였을까.

민주노총 직선제로 한상균 위원장 선출

통합진보당, 전교조에 이어 박근혜 정권이 극복할 대상은 노동조합, 특히 민주노총이었다. 박근혜 정권은 '개혁'이라는 명분으로 집요하게 쉬운 해고와 비정규직 양산을 내용으로 하는 5대 노동법안(근로기준법·고용보험법·산재보험법·기간제법·파견법) 개정을 추진했다. 이에 한국노총조차 반대했고, 민주노총은 총파업과 민중총궐기로 대응했다. 법안통과가 어렵자 박근혜는 직접 가두서명에 나서는 등 노동계를 압박하더니, 그도 안되자 시행령으로 2대 지침을 강행하려 했다.

2013년 12월 22일 경찰의 민주노총 난입은 박근혜 정권이 노동계를 어떻게 보고 있는지를 보여주는 상징적 사건이다. 이는 80만 조합원을 가진 합법적 노동조합에 대한 안하무인격 인식과 오만함을 적나라하게 보여준 것이다. 이것은 청와대 김기춘의 자신감, 오만함에서 비롯됐다. 이들에게 대선 전 공약한 쌍용자동차 사태 국정조사 약속을 기대하거나, 경제민주화 약속을 지키라고 요구하는 것도 부질없는 일이었다. 민주노총은 참담한 2014년을 맞았다.

이런 침체된 분위기를 반전시킬 소재가 꿈틀거리고 있었다. 바로 민주노총 지도부 직선제 선출이었다. 민주노총 지도부 직선제는 1998년 이갑용 위원장 후보가 공약한 이래 오랜 논란거리였다. 민주노총 내부의 정파적 이유와 선거관리의 어려움 등이 얽혀 조기 시행론과 시기 상조론이 맞섰다. 유예와 또 유예라는 오랜 우여곡절 끝에 2014년 12월 직선 지도부 선출을 결정했다. 민주노총 지도부에 입후보하려면 5개 지역본부와 5개 산별연맹에 걸쳐 조합원 1,000~1,500명의 추천을 받아야 했다. 위원장과 수석부위원장, 그리고 사무총장 3인이 러닝메이트로 이 중 여성이 1명 포함돼야 한다.

2014년 10월 30일 제일 먼저 한상균 후보가 출마를 선언했다. 그는 선거공약으로 박근혜 정권과 맞서는 총파업을 내걸었다. 그는 "정부와 자본의 가공할 탄압 속에 치러지는 이번 직선제를 통해 투쟁 중심의 민주노총을 되찾자"고 호소했다. 11월 1일 후보추천자 1천 명이 한 후보 추천대회를 열었다. 한 후보는 최종진 전 서울시지하철 노조위원장을 영입했다. 최 수석부위원장은 "11월 2일 저녁 한 위원장과 프란치스코 성당에서 만나 이영주 수석부위원장과 함께 하자는 제안을 받았다"면서 "한 위원장과 이 수석부위원장과는 2009년 지하철 서울본부장 시절 주영복 서울시교육감 선거 때 함께한 경험이 있다"면서 "이들 동지와 같이 할 수 있겠다고 생각했다"고 말했다.

민주노총 직선 집행부 후보등록 마감결과 5개 조가 출마했다. △기호 1번: 위원장 전재환(61년생·금속노조)·수석부위원장 윤택근(65년생·공공운수노조)·사무총장 나순자(65년생·보건의료노조 정치위원장) △기호2번: 정용진(64년생·사무금융서비스노조)·반명자(59년생·공무원노조)·이재웅(58년생·화학섬유노조) △기호3번: 한상균(62년생·금속노조)·최종진(58년생·공공운수노조)·이영주(65년생·전교조) △기호4번: 허영구(56년생·민노총 부위원장) △기호5번: 김태인(67년생·공공운수노조 의료연대본부)·신현창(75년생·금속노조) 등이다.

노동운동과 정치운동, 청년운동 등이 혼재된 민주노총은 진보정당과 비슷한 정파로 나뉘어져 있다. 민주노총은 10여 개 계파 이상이 존재하고 있지만 크게 국민파, 중앙파, 현장파 3개 계파로 분류한다. 국민파는 대중정당을 추구하는 민족해방(NL) 계열이고, 중앙파는 민중민주(PD)계열로 비교적 온건 계열이다. 현장파는 대규모 사업장을 배경으로 PD계열의 급진적 계파다. 현장파는 좌파노동자회(허영구)와 노동전선(한상균)으로 각자 후보를 냈다.

민주노총 직선제 위원장 선거는 박근혜 청와대의 예민한 현안이었다. 고 김영한 민정수석 12월 8일 자 업무수첩에는 민주노총 3대 계파를 프린트 해 스크랩 할 정도였다. 이는 12월 10일 민주노총 직선 위원장 투표를 끝내고 당선자 공고를 앞둔 시기였다. 박근혜 정권은 국정원과 노동부 등 모든 정보력을 동원해 민주노총 내부를 일목요연하게 보고 있었다. 청와대가 민주노총의 직선 위원장 선거에 대해 치밀하게 내부 계파를 분석하며 대응했다는 것은 역설적으로 민주노총의 정치적 영향력을 반증하는 증거다.

선거전이 시작되자 중도파를 표방하는 정용진 후보는 선거운동 기간 정파운동의 폐해를 지적했고, 특히 한 후보와 이 사무총장 후보의 계급정당 추진세력을 비판했다. 이에 한 후보 측은 박근혜 정권과 대결에 미온적인 전재환 후보를 비판했다. 허영구 후보는 민주노총을 숙주로 한 출세주의를 비판했다.[58] 민주노총 내부에서 한상균-최종진-이영주 러닝메이트 당선 가능성을 크게 보지 않았다. 현장파는 소수인데다 분열까지 됐기 때문이다. 이런 생각은 후보 당사자도 마찬가지였다. 이영주 전 사무총장은 "우리도 당선될 것이라 생각하지 않았다, 한 위원장과 얘기한 것은 '지금 이 시기에 투쟁이 필요하다는 것을 호소하자'였다"면서 "전국 모든 사업장에 들어가 투쟁을 호소하는 교육선전에 합의한 것"이라고 말했다.

그러나 계파의 합종연횡도 중요했지만 조합원 전체를 대상으로 한 직선제였기 때문에 무엇보다 선거운동이 중요했다. 다른 후보들이 각 단위 노조 지도부를 만날 때 한상균 후보는 직접 조합원을 하나하나 만났다.

---

58 후보토론 내용은 〈레디앙〉(2014. 11. 24)에 자세히 언급돼 있다.

이 전 사무총장은 "다른 후보들은 간선제 경험으로 상층 지도부를 만났지만 우리는 새벽부터 밤늦게까지 한 달 반 선거기간 동안 10만 명의 조합원을 만났다"면서 "조합원 만나 악수하며 '민주노총 이름으로 투쟁에 나서달라'고 호소했다"고 말했다. 이 전 사무총장은 또 "40~50대 조합원 지회장들이 눈물을 글썽이며 우리 손을 잡아줬다"면서 "그때 위원장과 우리는 지도부에 대한 답답함과 분노를 가지고 있었구나 하는 생각이 들었다"고 말했다. 한 후보 측은 일주일 정도 선거운동을 하고 '어? 이러다 당선될 수 있겠다'는 느낌이 들었다고 한다.

12월 12일 총 유권자의 62.7%가 참여한 1차 투표 결과는 예상을 깨고 한 후보가 1위, 전재환 후보가 2위를 차지했다. 독자 출마한 허 후보는 9.7%밖에 얻지 못하고 4위에 그쳤다. 2차 투표에서 허 후보는 한 후보 지지를 선언했다. 일주일 뒤 열린 2차 결선투표 결과 한 후보는 18만2,249표(51.62%)를 얻어 당선됐다. 전 후보보다 1만1,448표를 더 얻었다.

이 과정에서 12월 19일 헌법재판소의 통합진보당 해산결과도 선거에 영향을 미쳤다. 진보정치권의 한 인사는 "민주노총의 국민파 중에서도 가장 세력이 많은 NL계열이 2차 투표에서 한 후보를 지지했다"면서 "쌍차투쟁을 통해 노동투쟁의 상징으로 성장한 한 후보가 민주노총의 단결을 꾀할 수 있었기 때문"이라고 말했다. 결국 민주노총 20년 만에 강성 현장파 노조위원장이 직선으로 탄생했다. 한 위원장의 당선에 대해 노동계의 한 분석가는 "그는 선명성과 20년간 민주노총을 장악했던 국민, 중앙파에 대한 세대교체 분위기로 당선됐다"고 풀이했다.

한 위원장은 전남기계공고를 졸업하고 현장노동자로 일관했다. 1980년 광주민주화운동 당시 마지막까지 도청을 사수한 시민군이었다는 증언도 있다. 그는 1987년 민주화 국면에서 노조 설립 추진위원장을 맡아 세 번 낙선 끝에 쌍용차 노조 위원장이 됐다. 쌍용차 노조 고동민 사무국장은 "자동차 공장에서 가장 힘든 곳이 직접 조립하는 생산라인"이라며 "노조

위원장에 나설 정도라면 지원부서 같은 상대적으로 편한 자리를 회사에서 제안했을 텐데 한상균 위원장은 20년 동안 한 번도 생산라인을 벗어난 적이 없다"고 말했다.

세 번의 낙선에도 힘든 현장을 지키며 노조위원장을 꿈꿨다는 것은 집념과 의지가 매우 강한 인물이라는 것을 방증한다. 그를 옆에서 지켜본 사람들은 '그는 불리한 상황에서도 끝까지 포기하지 않는 인물'이라고 평가한다. 고동민 사무국장도 "네 번째 도전 때도 당선은 어렵다고 봤는데, 하루 2~3시간만 자면서 새벽까지 생산라인을 돌며 조합원을 설득했다"면서 "결국 구조조정을 우려한 노조원의 바닥민심을 움직여 1, 2차 투표에서 모두 1등으로 당선됐다"고 말했다.[59]

쌍용자동차 노조위원장이 된 그는 2009년 회사의 구조조정 철회를 요구하며 5월 21일부터 77일간 평택공장 점거 파업을 주도했다. 물과 음식이 끊긴 가운데 무자비한 경찰특공대와 용역에 대항했던 쌍용차 농성은 당시 TV로 생중계됐다. 이로 인해 그는 3년형을 선고받고 2012년 8월 만기 출소했다. 하지만 그는 해고자 복직을 요구하며 송전탑에 올라 171일간 고공농성을 벌인 집념의 인물이다. 그와 같이 민중총궐기를 준비하고 강행한 이영주 전 민주노총 사무총장은 "한 위원장은 어떻게 투쟁하고, 어떻게 사업을 성사시킬까를 알면서 목표를 향해 끝임없이 성찰하고 노력하는 사람"이라며 "이 정도 집중력과 돌파력을 가진 활동가는 처음 봤다"고 평가할 정도였다.

흔히 '쌍차사태'로 불리는 쌍용차 노동운동은 점거·고공·해외 원정 농성 등 투쟁의 다양성은 물론 종교계 지지를 끌어내고 국회의원 출마를 통한 정치투쟁까지 이뤄졌다. 그래서 '쌍차사태'는 노동투쟁의 종합판이

---

59 원희복의 인물탐구, '민주노총 위원장 한상균 … 이 시대 노동·인권·사법의 바로미터', 〈주간경향〉, 2016. 7. 19.

라는 평가를 받는다. 박근혜 정권의 무모함이 극치를 이를 무렵 한 위원장의 등장은 향후 정국에서 중요한 의미를 갖는다.

#장면 06-3

2014년 12월 30일 오전 11시. 송년 분위기로 들뜬 서울 정동 민주노총 15층 교육원에서 기자회견이 열렸다. 민주노총 8기 위원장 당선자·수석부위원장·사무총장의 첫 기자회견이었다. 노동정세에 대한 입장을 발표하는 자리라 했지만 실제는 정치정세를 진단하는 자리였다. 그러나 의외로 이 자리에서 박근혜 정권을 향한 선전포고가 나왔다.

한 위원장 당선자는 "반노동·반민주로 치닫는 박근혜 폭주를 총파업으로 막아 내겠다"고 선언했다. 그는 1월부터 총파업을 시작하고 투쟁본부 체계로 강화할 것이라고 밝혔다. 최종진 수석부위원장 당선자는 "지난해 철도노조를 탄압하고 민주노총에 공권력을 투입했을 때 분노했다"면서 "박근혜 정권에 맞서는 노동자 살리기 투쟁을 통해 노동자 민중의 생존권을 지키고 인권을 지키기 위해 주저 없이 갈 것"이라고 강조했다. 이영주 사무총장 당선자도 "최근 몇 년간 탄압이 거세고 공공부문 민영화, 통합진보당 상황을 볼 때 내년에는 전교조도 법외노조가 될 것"이라며 "박근혜 정권에 브레이크를 걸고 사회변혁의 중심에 서는 민주노총을 만들 것"이라고 다짐했다.

신임 지도부는 "전체 노동자계급을 단결시키고, 이 힘을 기반으로 한국사회 전체 민주-변혁세력을 박근혜 정권과의 투쟁 아래 결집시켜야 한다는 것이 80만 조합원의 명령"이라며 "아래로부터의 혁신과 투쟁을 위해 현장 활동가들과 조합원이 자발적으로 투쟁을 조직할 수 있는 형식과 체계도 갖출 것이며, 밖으로는 박근혜 정권과 맞서 투쟁하는 모든 정치·사회세력과도 긴밀한 연대를 이루어 나갈 것"이라고 말했다. 이들은 마지막으로 "민주노총과 함께 박근혜 정권에 맞선 투쟁을 함께하자"면서 구호를 외쳤다.

민주노총에서 저항의 희망이 움트다

민주노총 첫 직선 지도부의 첫 기자회견은 박근혜 정권을 향한 사실

상 선전포고였다. 특히 "노동자에 대한 공세와 세월호 참사, 진보당 해산
은 서로 동떨어진 별개의 사안이 아니다"라며 "노동자들만의 투쟁을 넘어
박근혜 정권에 맞선 모든 투쟁을 하나로 결집시키는 구심점이 될 것"이라
는 이날 약속은 그대로 이행됐다.

민주노총 한상균 집행부는 2015년 2월 대의원대회에서 3년 사업계획
을 제출했다. 여기에는 2015년 '4·24 총파업'과 전태일 열사 기념식을 전
후한 11월 10만 명을 동원하는 '민중총궐기대회' 개최, 그리고 2017년 "비
정규직 철폐, 최저임금 1만원 인상" 요구안을 담은 '6월 총파업' 등 이른바
3대 총파업을 핵심 내용으로 담고 있었다.

2015년 새해가 밝았다. 전교조를 법외 노조화 시키고, 통합진보당을
해산시킨 박근혜 정권은 속으로 최순실·정윤회의 국정농단이 점차 노골
화되고 있었다. 2014년 11월 박관천은 박근혜 정부의 권력 서열과 관련해
'최순실이 1위, 정윤회가 2위, 박근혜 대통령은 3위'라며 이른바 정윤회 문
건을 폭로했다. 그러나 박근혜는 거꾸로 문건유출을 국기문란 행위로 호
도했다. 1월 5일 서울중앙지검 형사1부(부장 정수봉)와 특수 2부(임관혁)는
"청와대가 만든 정윤회 문건은 모두 허위"라는 중간 수사결과를 발표했
다. 그리고 조응천 공직기강비서관과 박관천 경정을 공무상 비밀 누설과
대통령기록물 관리법 위반으로 기소했다. 문건은 허위라면서 유출자는 공
무상 비밀을 누설했다는 180도 모순된 수사결과 발표였다.

2015년 1월 9일 청와대 김영한 민정수석이 국회 운영위원회 출석을
거부하고 사퇴했다. 이는 청와대 김기춘 체제가 흔들리는 신호였다. 이후
김영한 정무수석은 2016년 8월 급성 간암으로 사망했다. 그의 모친은 "김
기춘이 업무를 주도하면서 정무수석을 배제하고 우병우 비서관과 직접 상
의해 자존심이 많이 상했고 거의 매일 괴로워했다"고 증언했다.

1월 12일 박근혜는 잘 짜여진 시나리오대로 신년 기자회견을 했다.

박근혜는 논란의 십상시 3인방을 경질 않겠다고 재차 다짐했고, 직접 대면 보고가 없다는 지적에 대해 "직접 대면보고가 필요하다고 생각하세요?"라고 변명했다. 박근혜는 1월 23일 신임 총리에 이완구 새누리당 원내대표를 지명했다. 그리고 김영한 민정수석이 사퇴한 자리에 우병우 민정비서관을 승진시켜 임명했다. 이완구 총리는 2월 16일 무난히 총리 인준을 받았다. 이때까지 박근혜는 자신감이 넘쳐 있었다.

4월 9일 자원외교 비리와 관련해 횡령 혐의로 사전구속영장이 청구된 성완종 전 경남기업 회장이 자살했다. 그는 자신이 돈을 준 정치인의 명단을 적은 이른바 '성완종 리스트'를 남겼다. 여기에는 김기춘 10만 달러, 허태열(박근혜 정권 초대 비서실장) 7억 원, 홍문종(새누리당 의원) 2억 원, 홍준표(경남지사) 1억 원, 유정복(인천시장) 3억 원, 서병수(부산시장) 2억 원, 이완구, 이병기 등의 이름이 기록됐다. 결국 4월 21일 이완구 총리가 사퇴했다.

그럼에도 청와대 김기춘은 물론 박근혜 체제는 오히려 더 강건해지는 느낌이었다. 4월 29일 4곳에서 치러진 재보궐선거에서 새누리당이 또 압승했다. 야당 새정치민주연합은 야성이 강한 서울 관악 을에서 패배했고, 심지어 광주에서조차 패했다. 박근혜 정권의 연이은 인사 실패와 세월호 참사, 그리고 종북몰이를 통한 공안탄압, 전교조 법외 노조화와 쉬운 해고를 통한 노동탄압이 노골화 됐는데도 야당은 한 번도 선거에 이기지 못했다. 지리멸렬한 야당은 국민의 기대를 얻지 못했다.

자신감 넘치는 박근혜는 총리로 '김기춘의 아바타'라고 불리는 황교안을 임명했다. 게다가 박근혜는 겁도 없었다. 박근혜는 6월 말 문형표 국민연금관리공단 이사장에게 삼성물산의 합병에 국민연금이 협조해줄 것을 지시했다. 이어 7월 안종범 수석에게 10대 그룹 회장과 면담을 추진할 것을 지시했다. 본격적인 국정농단 수순을 밟고 있었다.

세월호 1주기와 총파업이 만나다

야당이 지지부진하고 있을 때 함세웅 신부의 민주주의국민행동(민주행동)이 점차 모양을 갖추고 있었다. 3월 24일 발기인 대회를 마친 국민행동은 6월 10일 창립대회를 목표로 부단히 움직였다. 국민행동에 참여한 역사바로세우기·민주화운동세력은 대부분 은퇴한 원로들로 현실적인 조직이나 실행력을 갖추지 못했다. 그나마 통합진보당 해산세력, 즉 민중세력이 실제적 조직과 연대를 갖췄지만 자금력이 부족했다.

이에 비해 민주노총과 전국농민회총연맹, 전국빈민연합 등은 실질적인 전국 조직력과 조합원의 투쟁기금, 즉 자금력까지 갖추고 있어 핵심 추동세력으로 떠올랐다. 이런 분위기는 한 위원장의 자신감에서 읽을 수 있다. 한 위원장은 "지금 한국사회 재앙적 양극화, 소득 양극화에 대해서 그 누구도 대책을 내놓지 못하고 있다"면서 "이 정권을 바로 잡을 조직이 한국사회에서 누구이겠는가, 저는 당연히 민주노총 이외에는 없다고 본다"고 말했다.[60] 한 위원장은 이를 위해 "우리의 힘을 하나로 모아야 될 것"이라고 말했다. 이는 민주세력을 모아 박근혜 정권과 정면으로 맞서겠다는 의지의 표시였다. 진보당 해산세력에 민주노총과 전농, 전교조, 전노련 등 실제적 조직을 가진 민중단체가 함께 움직이기 시작했다. 민주주의국민행동은 이들의 울타리가 됨은 물론이었다.

한 위원장은 약속대로 4월 총파업을 선포했다. 15만 금속노조가 1월 24일 쌍용차 범국민대회에 앞서 '박근혜 노동시장 구조개악 분쇄! 공장을 멈춰 총반격! 금속노조 2015년 투쟁선포 승리 결의대회'를 열어 총파업을 결의했다. 공무원연금 개악을 저지하기 위해 공무원노조도 총파업을 예고하고 있다. 전교조 역시 공무원노조와 함께 투쟁 수위와 시기를 놓고 논의를 진행하고 있다. 각급 현장단위에서도 총파업 결의가 속속 올라오고 있

---

60 〈노동과 세계〉 한상균 인터뷰, 2015. 1. 27.

다. 먼저 울산지역 사내하청 노동자들이 총파업을 결의했다. 현대차비정규직지회와 현대중공업사내하청지회 등 노동조합 단위를 비롯해 현장조직, 평조합원 모임, 개별 활동가들이 '사내하청 총파업 추진 전국모임'을 결성하고 1월 31일 총파업 선포식을 가졌다.

민주노총은 조합원 수가 많기 때문에 실제 파업에 돌입하지 않으면서 협상용인 소위 '뻥파업'이 많았다. 그러나 한 위원장의 총파업 공약은 단순한 협상용이 아니었다. 한 위원장은 4월 총파업을 위해 총파업기획단을 운영했다. 치밀한 준비를 위해서다. 총파업 타이밍도 절묘했다. 총파업을 세월호 참사 1주기인 4월 16일 즈음인 24일로 잡았다. 노동자의 요구와 세월호 참사의 기억을 일깨워 박근혜 정권에 타격을 주자는 의도였다. 민주노총은 2월 12일 제61차 정기대의원대회를 통해 '멈춰 박근혜! 가자 총파업!'이라는 슬로건과 함께 총파업 4대 목표로 △박근혜 정부의 '노동자 죽이기 정책' 분쇄 △공적연금 강화 및 공무원연금 개악 중단 △최저임금 1만 원 쟁취 △근로기준법 전면 적용과 모든 노동자의 노동기본권 쟁취를 제시했다.

민주노총은 4월 13일 대의원 대회에서 제적 대비 54.9%, 투표자 대비 84.3% 찬성으로 총파업을 의결했다. 4월 16일에는 전국 지역본부별로 일제히 총파업 선포대회를 열었다. 민주노총은 모든 지역본부가 총파업 선포대회 후 세월호 추모대회에도 일제히 참가하기로 했으며, 18일 서울에서 열리는 세월호 1주기 범국민대회에 대규모로 참석하기로 했다. 민주노총은 4월 24일 총파업을 기점으로 한 5~6월 파상투쟁 과정에서도 진상규명과 세월호 인양 등 세월호 유가족의 요구를 알리고, 그 실현을 위해 적극적으로 함께할 방침을 정했다.[61]

---

61 민주노총 보도자료, 2015. 4. 15.

#장면 06-4

2015년 4월 18일 오후 2시. 서울시청 앞 서울광장에 노동자 조끼를 입고 깃발을 든 사람들이 속속 모여들었다. 청년 학생도 있었고, 어린아이와 함께한 어머니도 있었다. '민주노총 총파업 선포식 및 세월호 1주기 범국민 대회'였다. 소속을 밝힌 노조 깃발은 전라·경상·강원은 물론 제주까지 보였다. 손팻말 구호는 '세월호 진상규명 정부 시행령 폐기', '연금을 연금같이', '박근혜 정권에 대한 저항' 등 다양했다. 주최 측 3만 명, 경찰 추산 1만 명이 모였다. 박근혜 정권 들어 가장 규모가 큰 도심 집회였다. 경찰은 광화문 앞과 태평로에 2중 차벽을 설치했다. 이날 서울 도심에 설치된 차벽만 477개, 세종로 차벽은 새로 제작한 것으로 101대나 설치됐는데 '안전펜스'라 불렸다. 이 안전펜스는 '명박산성'을 빗댄 '근혜산성'으로 불렀다.

사회자는 "이제 추모를 넘어 행동으로 나아가는 자리가 되길 바란다"고 말했다. 제일 먼저 함세웅 국민행동 상임대표가 "부패한 것은 바로 박근혜. 차떼기당인 새누리당은 해체돼야 한다. 국민의 이름으로 해산시키자!"면서 "자신의 잘못을 남의 말처럼 하는 이 여인, 당신이 바로 그 사람이라고 박근혜에게 외쳐야 한다"고 비난했다. 함 상임대표의 열변에 참석자들은 "맞습니다"로 호응했다.

송경동 시인은 "지금 박근혜 정부는 우리 모두를 연행하고 있다"는 시를 낭송했다. 실종자 가족 대표로 단원고 허다윤 학생 아버지 허흥환 씨와 박혜선 학생 어머니 임선미 씨가 무대에 올랐다. 임선미 씨는 "(우리가) 시체팔이라고요? 네, 맞아요. 우리 혜선이 덕에 부자 되어서 이 나라 뜰 거예요. 그리고 박근혜 너도 이 나라 다시 돌아올 생각도 하지마!"라며 마이크를 집어 던지고 무대에 주저앉아 통곡했다.[62]

바로 그때 광화문 광장에 있는 세월호 유족 농성장에서 유족들이 연행되고 있다는 소식이 들렸다. 사회자는 "더 이상 행사를 진행하기 어렵다"면서 "광화문 유가족 곁으로 모여 달라"고 호소했다. 1시간 30분 만에 범국민대회는 중단됐다. 군중들은 광화문으로 달려갔지만 태평로에 설치된 '근혜산성'에 막혔다. 2011년 헌법재판소가 '차벽 설치는 위헌'이라고

---

62 〈노동자 연대〉, 2015. 4. 19.

결정했지만 경찰은 아랑곳하지 않았다.

범국민대회 참석자들은 차벽을 돌아 종로를 통해 광화문으로 가려했지만 길목마다 경찰이 막아 결국 종로3가까지 가야 했다. 일부 시위대는 지하철을 타고 광화문역과 경복궁역으로 갔다. 광화문 광장의 세월호 유가족과 함께 하기 위해서였다. 드디어 시위대는 세종대왕 상이 있는 광화문광장 북단 저지선을 뚫었다. 얼마 지나지 않아 함성 소리가 들렸고 경복궁 앞과 광화문 북단 두 차벽을 넘어 펄럭이는 깃발들이 보였다. … 유가족들도 차벽을 넘어 몰려오는 경찰을 몸소 막아섰다. … 다급해진 경찰은 시위대에게 물대포를 쏘고 무자비하게 연행했다. … 시위대는 밤 10시 반이 넘어서 유가족들이 있는 광화문 광장에 합류했다. 가족협의회 전명선 대표는 "감사하고 미안하다. 오늘 희망을 봤다. 끝까지 싸우겠다"고 말했다. 환호 속에 민주노총 한상균 위원장도 "세월호 진실 규명에도 노동자가 앞장서겠다"며 "4월 24일 총파업 때 만나자"고 호소했다."[63]

한상균, 박근혜 대척점에 서다

민주노총 한상균 위원장은 끝까지 세월호 유족과 함께했다. 세월호와 함께한 이날 민주노총의 대규모 집회는 성공적이었다. 3만 명의 군중을 서울 도심에 동원할 수 있던 것은 무엇보다 민주노총의 역할이 컸고, 여기에 전교조, 그리고 전농 등 조직이 움직였기 때문이다. 특히 민주노총 집회에 미온적이던 전교조 교사의 참여를 이끌어 낸 것은 매우 유효했다.

경찰 차벽이 등장한 것은 2008년 광우병 촛불시위 이후 처음이었다. 그러나 노동자와 시민들은 이 경찰 차벽을 뚫는데 성공했다. 이날 처음으로 경찰의 물대포가 등장했고, 이 집회 전후 3일간 경찰이 사용한 캡사이신 분사액은 전년도 총 사용량의 2.5배나 됐다. 경찰은 시위자 연행자에게 집시법을 적용했지만 법원은 기각했다. 집요한 경찰은 다시 도로교통법상 일반교통방해죄를 적용해 벌금을 때렸다. 실제 많은 전교조 교사도 이날

---

63 〈노동과 세계〉, 2015. 4. 23.

집회에 참석했다가 벌금과 징계를 받았다. 한 위원장도 이날 집회 주도 혐의로 구속영장이 발부됐다.

이어 4월 24일 전국적으로 시작된 민주노총 총파업은 정권에 '위협적'이었다. 민주노총은 전체 조합원의 3분의 1 수준인 26만여 명이 행동을 같이했다고 밝혔다. 민주노총의 이번 총파업은 일시에 작업을 멈추는 파업이 아니라, 개별 사업장별로 시간과 여건을 달리해 전면·부분파업 등 다양한 쟁의행위 방식으로 진행하는 '영리한' 방식이었다. 따라서 전교조 등 공무원 노조처럼 파업권이 없는 노조는 연가나 총회, 조합원 교육, 조퇴 등 우회적 방식으로 파업에 준하는 쟁의효과를 내는 방식이 동원됐다. 중요한 것은 정해진 파업대회에 집결하는 것이었다. 전국적으로 열린 총파업대회에는 10만 명이 참석한 것으로 민주노총은 집계했다. 파업대회에는 세월호 유가족을 비롯한 2천여 개 시민사회단체가 참가했다.

민주노총 본부는 이날 오후 3시 서울광장에서 1만5천 명(경찰추산 8천명)이 참여하는 총파업대회를 가졌다. 이날 사회를 맡은 이영주 민주노총 사무총장은 "정권은 민주노총 파업이 불법이라 했지만 민주노총은 독재 정권으로부터 헌법을 지키기 위한 합헌 총파업을 벌인다"면서 "민주노총 파업의 역사는 민주주의 투쟁의 역사"라고 주장했다. 자본에 대한 투쟁도 있지만 박근혜 정권에 대한 정치투쟁임을 분명히 한 것이다. 단병호 지도위원은 "박근혜 정권 2년 동안 참으로 몹쓸 짓을 많이 했다"면서 "전교조와 공무원 노조를 인정하지 않고, 일방적 해고요건의 취업규칙을 바꾸고, 단협을 무력화 한다"고 비난했다. 이어 세월호 전명선 위원장은 "민주노총과 시민들이 함께 해주지 않았다면 여기까지 올 수 없었을 것"이라고 말했다.

국제노총의 총파업 연대 메시지가 낭독되고, 각 산하, 연대지부의 결의가 이어졌다. 마지막으로 한상균 위원장이 대회사를 읽었다. 이날 한 위원장은 "준비되지 않은 총파업은 필패라고 했지만 우리는 해냈다"면서

"오직 노동자, 민중의 거대한 투쟁만이 불의한 정권을 무너뜨릴 수 있다"
고 강조했다.(전문 : 자료 10)

그리고 4·24총파업 투쟁결의문을 낭독했다. 이는 완고한 박근혜 정권
에 맞서 전면전을 알리는 최초의 투쟁선언이라는 점에서 의미가 크다. 이
민주노총의 투쟁결의는 단지 노동문제만이 아닌, 부정선거 문제까지 거론
한 것이다. 대회를 마친 백기완 통일문제연구소장을 비롯한 단병호·이수
호 지도위원, 한상균 위원장과 민주노총 가맹 산하조직 대표와 연대단체
대표들이 '노동법 개악, 뇌물수수, 세월호 진상규명 은폐! 끝내자 박근혜
정권'이라고 적은 현수막을 들고 행진에 나섰다.

민주노총의 4·24총파업은 한상균 체제의 선거공약이기도 했지만 민
주노총 내에서도 설마설마 했던 '뻥파업'을 실현시킨 것이다. 4·24총파업
은 노동적 의미도 있지만 정치적 의미가 더 크다. 4·24총파업은 야당이 지
지부진한 가운데 박근혜 정권을 겨냥한 최초의 집단시위였다. 위기에 몰
리던 박근혜 정권은 혐오를 조장하고 종북몰이를 통해 정권적 위기를 극
복했다. 야당은 속수무책 힘을 쓰지 못했고, 시민사회단체도 결집하지 못
하는 등 아무도 박근혜 정권의 독주를 제어하지 못했다. 이런 가운데 박
근혜 정권과 제대로 맞서는 거의 유일한 세력으로 민주노총이 등장한 것
이다. 이영주 민주노총 사무총장은 "2015년 아무도 투쟁하자는 말을 하
지 않을 때 유일하게 박근혜 정권 퇴진을 요구한 것이 민주노총이었다"면
서 "아무도 모이지 않을 때 민주노총이 민중총궐기를 통해 13만 명을 모았
다"고 말했다.

이 4·24총파업은 민주노총으로 하여금 많은 민중단체와 적잖은 시
민사회단체로부터 지지를 이끌어내는 성과를 거뒀다. 이미 4월 20일 광화
문에서 '민주노총 총파업을 지지하는 청년학생 투쟁선포 기자회견'이 열
렸다. 참여단체는 2030 정치공동체 청년하다, 21세기 한국대학생연합, 노
동자계급정당추진위 학생위원회, 노동자연대 학생그룹, 대학생 공동행동

레드카드, 전국학생행진, 한국청년연대 등이었다. 4월 21일에는 '민주노총 총파업 투쟁 승리를 위한 민중·시민사회연대 기자회견이 이어졌다. 참여단체는 민중의 힘, 장그래살리기 운동본부, 민주주의 국민행동, 경제민주화실현 전국네트워크, 전국을 살리기 비대위, 한국진보연대, 전국농민회총연맹, 전국여성농민회총연맹, 전국빈민연합, 빈민해방실천연대, 참여연대, 전국장애인 차별철폐연대, 통일문제연구소, 전국유통상인연합회 등 민주노총 총파업을 지지하는 1천여 민중·시민사회단체였다.

이밖에 4월 21일 민변은 "민주노총의 총파업은 정당하다. 정부와 재계는 단체행동권에 대한 부당한 침해를 중단하라"는 지지성명을 냈고 민교협도 "민주노총의 총파업은 신자유주의로 망친 대한민국을 새롭게 태어나게 하는 첫걸음"이라고 평가했다. 4월 22일에는 가톨릭농민회, 전농, 전여농 등이 민주노총 4·24총파업 지지 농민단체 기자회견을 했고, 이날 한국진보연대도 민주노총 파업을 지지하는 기자회견을 열었다. 4월 23일 한국여성단체연합, 한국여성노동자회, 한국여성민우회, 전국여성노동조합이 '민주노총 총파업에 대한 여성계 입장'을 발표했다. 참여연대는 4월 23일 '총파업은 벼랑에 몰린 노동의 불가피한 자구 노력'이라고 옹호했고 인권운동사랑방도 같은 날 '노동정책이 아닌 노동자의 기본권에 대한 싸움으로 4·24 민주노총 총파업 투쟁을 지지한다'고 선언했다.

4월 23일에는 민주노총 총파업을 지지하는 빈민과 장애인 단체 선언도 이어졌다. 이 선언은 빈민해방실천연대(민주노련·전철연), 빈곤사회연대, 전국장애인차별철폐연대가 주최했다. 4월 24일에는 서울 보신각 앞에서 빈민단체(민주노련·전철연·빈사연·전장연)가 총파업 사전집회를 열었다. 이들은 11월 열린 민중총궐기에 대부분 동참한다. 결국 한 위원장의 말대로 민주노총은 박근혜 정권의 폭주를 막아내는 대척점에 선 가장 큰 세력으로 성장한 것이다. 한 위원장은 5월 1일 노동절 총파업과 6월 2차 총파업을 공언했다.

07

민중이 공감하고
힘을 모으다

#장면 07-1

2015년 5월 1일 전국 2,900여 민주노총 사업장에서 조합원 5만 명 이상이 참가한 역대 최대 노동절 집회가 열렸다. 이날 오후 3시 서울 시청 앞 서울광장에서 1만5천 명이 참여한 가운데 2015 세계노동절대회가 열렸다. 이날 집회는 민주노총 가맹조직이 사전 대회를 열고 서울광장에 다시 집결하는 방식이었다. 건설산업연맹은 오후 2시 청계천 한빛광장에서, 민주일반연맹과 공공운수노조는 각각 12시 30분과 오후 2시 서울광장에서, 서비스연맹은 오후 1시 신세계백화점 앞에서, 언론노조는 오후 1시 30분 프레스센터 앞에서 사전대회를 가진 후 서울시청 광장 본대회에 결합했다. 이날 구호에는 지금까지 '최저임금 1만원 쟁취! 노동시장 구조개악 저지! 공적연금 강화! 세월호 진상규명!'에 하나 더 추가됐다. 바로 '끝내자 박근혜'였다.

이날 세계노동절대회에서 한 위원장은 "자기들끼리는 3억, 1억 원과 10만 달러 검은 정치자금을 주고받으면서도, 최소한의 인간다운 삶을 위한 최저임금 1만 원 요구는 외면하는 더러운 정치는 지금도 여의도와 청와대에서 계속되고 있다"면서 "이게 나라인가, 이런 대통령이 대통령인가, … 노동자의 임금과 고용을 제물 삼아 재벌의 배를 더 채우겠다는 정권, 이건 정권이 아니다, 대통령이 아니다"라고 선언했다. 촛불혁명 내내 박근혜 탄핵의 이유를 한마디로 집약한 "이게 나라냐"는 구호가 이날 처음으로 등장했다. 한 위원장은 다음과 같은 의미 있는 발언을 했다.

"내 임금이 올랐으니 됐다며 최저임금 1만 원 쟁취 요구를 외치지 않는다면, 노조활동 열심히 했으니 됐다며 세월호 촛불집회를 지나친다면, 우리 회사 임단협은 지켜냈다고 안도하며 다른 회사의 노조탄압에 눈을 감는다면, 나는 대상이 아니라며 공무원연금 개악 저지 투쟁에 함께 하지 않는다면, 노동자는 절대 박근혜를 이길 수 없습니다. 내 앞에 서있는 동지가 쓰러지는 순간, 다음 총알은 내 가슴을 쑤시게 됩니다."[64]

이것은 앞서 언급했던 독일 시인 디묄러의 〈그들이 처음 왔을 때〉의 한국판 바로 그것이었다. 이것은 박근혜 정권이 추진한 혐오의 분할지배로 산산이 조각난 야당을 비롯한 시민사

---

64 〈노동과 세계〉, 2015. 5. 1.

회단체의 상황을 정확하게 꿰뚫었던 것이다. 그는 이 시점에서 필요한 것은 민주세력의 연대라고 강조했다. 집회를 마친 민주노총 집행부는 '최저임금 1만원 쟁취! 공적연금 강화! 노동시장 구조개악 저지! 끝내자! 박근혜'라고 적힌 현수막을 들고 행진에 나섰다. 을지로를 거쳐 종로, 안국동을 통해 청와대로 행진하는 동안 경찰은 곳곳에 차벽을 치고 물대포, 최루액을 쏘며 저지했다. 저녁 7시 종각역에서 해산한 조합원들은 세월호 유가족 농성장으로 달려가 1박2일 철야농성을 계속했다.

"이게 나라인가" ⋯ 연대를 외치다

민주노총의 4·24총파업이 박근혜 정권에 저항하는 최초의 대규모 시위였다면 이어 열린 5월 1일 세계노동절대회는 '민중연대'를 제안하는 자리였다. 박근혜 정권은 전교조 사례처럼 문제를 던져 내분을 부추기고 이를 통해 조직을 무력화시키려는 수법을 썼다. 증오를 이용한 분할지배 방식이다. 노동 분야도 마찬가지였다. 박근혜 정권의 노동정책은 유노조·대기업·정규직과 무노조·중소영세기업·비정규직 사이 이간질이 활용됐다. 정규직 '과보호'를 없앤다며 근로기준법 해고제한 법규와 취업규칙 불이익 변경 제한의 개정에 나선 것이다. 기업도 노동자들의 단결력을 와해시키는 이 정부 방침에 적극 호응했다.

박근혜 정권의 이러한 증오와 갈등을 활용한 분할지배에 맞서는 길은 서로 연대하는 방법밖에 없었다. 200여 개 시민·민중단체가 연대했던 국정원시국회의가 종북몰이에 맥없이 무너진 상황에서 민주노총이 다시 연대의 중심에 선 것이다. 특히 민주노총은 세월호 가족을 비롯한 각 여성단체와의 연대에 유독 신경을 많이 썼다. 민주노총은 세월호 이슈가 중요한 영향을 미칠 것이라 예상했던 것이다. 또 민주노총의 과격한 이미지를 탈색하기 위해서는 학부모와 여성교사 등 여성 이미지와의 연대가 효과적이라고 판단했을 수도 있다.

민주노총은 투쟁 기간 내내 세월호 416연대와 같이 했고, 세월호 가

2015년 5월 1일 민주노총 주관 2015 세계노동절대회에 5만여 명의 노동자들이 참석했다. 이날 대회에서 노동자들은 최저임금 1만 원 인상, 노동시장 구조개악 폐기, 공무원연금 개악 중단·공적연금 강화, 세월호 대통령령 폐기·진상규명 등의 요구에 한 가지를 더 추가했다. 그것은 '박근혜 퇴진'이었다.
ⓒ 노동과 세계 변백선

족은 민주노총과 연대를 이어갔다. 416세월호가족협의회 유경근 집행위원장이 "지난 1년간 우리 유가족들 가장 가까운 곳에서 같이 눈물 흘리고 같이 분노하며 함께 해주신 민주노총 조합원들에게 감사드린다"면서 "우리 가족들의 마음을 담아 큰절을 올린다"고 행사장 단상에서 큰절을 할 정도였다. 그러던 유 위원장은 2017년 9월 9일 저녁 서울 광화문에서 열린 KBS, MBC파업 지지 행사인 '돌마고〈돌아오라! 마봉춘(MBC) 고봉순(KBS)〉불금파티' 지지 발언자로 나서 "진도체육관에서, 팽목항에서 나를 두 번 죽인 건 여러분들의 사장이 아니고 현장에 있던 바로 여러분들"이라며 "우리가 영정을 들고 KBS를 찾아갔을 때, 그 앞에서 울부짖을 때, KBS 여러분들 가운데 누구 하나 뒤로 몰래 와서 대신 미안하다고 얘기한 사람 단 한 명이라도 있었느냐"라고 질타했다. 그는 또 "세월호 참사 보도는 정부 얘기를 사실 확인도 없이 있는 그대로 받아쓰고, 세월호가 침몰한 그날 저녁 뉴스에 사망 보험금을 이야기하고, 특별법 시행령을 폐기하라고 안산에서 광화문까지 영정 들고 행진할 때 여러분들은 정부의 보상금 이야기만 보도해왔다"고 독설을 날렸다. 이 말을 듣는 방송사 직원들은 침통한 표정을 지으며 아무 말도 못했다.

5월 1일 민주노총의 깃발 아래 전농, 빈민단체 등 전통적인 민중연대 세력이 함께한 것은 물론이다. 특히 전농은 백남기 농민의 사망과정을 통틀어 촛불혁명 내내 매우 중요한 역할을 했다. 여기에서 빠트릴 수 없는 것이 청년 및 여성 비정규직 노조의 가담이다. 신자유주의 노동시장의 급속한 확산은 비정규직 노동자를 양산했고, 이들은 자발적으로 조직화를 시도해 일부 성과를 거두었다. 2013년에 합법화된 청년 아르바이트생들의 유니온 운동과 기간제 교사와 급식 노동자를 중심으로 한 학교비정규직 노조원들은 분홍색 조끼를 입고 민중총궐기 선두에 섰다.

민주노총 투쟁에 이들 청년과 여성 비정규직 노조가 가담한 것은 민중투쟁에서 참가 숫자만 늘리는 것이 아니었다. 일반 시민의 공감대를 더욱 늘리는 효과를 가져왔다. 대기업 노조에 치중한 민주노총에 반감을 가진 젊은이와 일반인에게 공감을 얻는 중요한 연결고리가 됐기 때문이다. 또 민주노총이 강성 이미지를 탈피하는 데 큰 역할을 했다. 시국회의는 물론 민중총궐기 등 촛불시위에 처음부터 참여했던 문성근 '백만송이 국민의 명령' 상임위원장은 이렇게 말했다.

"민주노총의 민중총궐기는 분야별 노조 집행부들의 장시간 발언이 많았다. 그런데 일반 시민들은 그 노조 집행부의 장시간 발언을 묵묵히 듣고 공감하고 있었다. 이는 과거 광우병 촛불에서 볼 수 없던 일이었다. 그것은 비정규직과 청년실업 문제가 모두 자신의 문제이며, 자기 아들 딸 문제로 공감하고 있었기 때문이다."

박근혜 정권의 혐오와 분리에 민중들은 생존적 공감과 연대로 맞선 것이다. 5월 1일 김영호 전국농민회총연맹 의장, 심호섭 전국빈민연합 공동의장, 박명애 전국장애인차별철폐연대 상임공동대표가 발표한 선언도 '연대선언문'이다. 이들은 "연대의 손을 맞잡고 박근혜를 끝장내자"고 주장했다. 이들은 박근혜 정권에서 가장 소외되고 고통받는 민중들이었다. 그중 민주노총 가맹조직 대표자들이 연대투쟁 발언은 다음과 같다.

"박근혜 정부 노동시장 구조개악에 맞서 힘차게 투쟁할 것이다!"(신환섭 화학섬유연맹 위원장) "마음 놓고 일하고, 살 맛 나는 일터를 만드는 데 앞장서 투쟁할 것이다!"(신하원 정보경제연맹 위원장) "이 땅의 언론자유와 민주주의를 지키기 위해 전국 언론노동자들과 함께 힘차게 싸울 것이다!"(김환균 언론노조 위원장) "500만 서비스 노동자의 염원과 1,000만 감정노동자의 마음을 모아 감정노동이 산업재해로 인정받는 입법화가 되는 그날까지 투쟁할 것이다!"(강규혁 서비스연맹 위원장) "금융공공성을 확보하기 위해, 노동시장 구조개악을 저지하기 위해 당당히 투쟁할 것이다!"(이운경 사무금융연맹 위원장) "돈보다 생명이라는 가치를 지키고 의료공공성을 지키기 위해 보건의료 노동자들과 함께 투쟁을 전개할 것이다!"(유지현 보건의료노조 위원장)

"비정규직 선봉투쟁으로 박근혜 퇴진투쟁에 최선을 다할 것이다!"(전순영 민주일반연맹 위원장) "대학의 공공성을 지키고 교육주체가 학교의 주인이 되는 그날까지 투쟁할 것이다!"(주영재 대학노조 위원장)

"최저임금을 1만 원으로 인상하고 생활임금을 쟁취하고 직접고용을 쟁취하는 그날까지 앞장서 투쟁할 것이다!"(이찬배 여성연맹 위원장) "시간제 강사를 폐기하고 대학 공공성을 강화할 것이다!"(임순광 비정규교수노조 위원장) "전교조-공무원노조 동지들과 함께 이 땅의 대학공공성을 지킬 것이다!"(노중기 교수노조 위원장) "이 땅 노동자와 민중의 삶을 벼랑 끝으로 내모는 박근혜 정권에 맞서 금속노조는 한 치 흔들림 없이 투쟁할 것이다!"(전규석 금속노조 위원장) "공공운수노조 조합원들과 함께 노동시장 구조개악을 막고 공공부문 민영화를 막아 박근혜 정부의 2단계 가짜 정상화를 기필코 저지하고 사회공공성을 확대할 것이다!"(조상수 공공운수노조 위원장) "대한민국에서 1년에 1천 명의 노동자가 건설현장에서 죽어간다. 이 같은 말도 안 되는 현실을 바꾸기 위해 건설노동자들이 투쟁할 것이다!"(이용대 건설산업연맹 위원장)

이들은 이날 "사람이 사람답게 사는 세상을 위해 연대하자. 힘을 모으자. 저마다의 이유를 갖고 하나로 뭉치자. 지킬 건 거짓밖에 없는 쓰레기 정권을 향해 우리는 오늘, 연대의 손을 맞잡고 선언한다. 끝내자 박근혜!"라는 연대선언문을 발표했다.(전문 : 자료 11)

여기서 주목해야 할 것은 이후 반박근혜 투쟁노선에서 민주노총이 가장 적극적 대안세력으로 떠올랐다는 것이다. 진보정당은 해산되고 야당이 무기력한 상황에서, 보수언론이 언로를 장악하고 진보언론이 몸을 사리는 상황에서, 정권과 맞설 조직과 자금을 가진 세력은 민주노총이 거의 유일했기 때문이다. 한 위원장은 이날 자신이 박근혜 정권 퇴진의 대척점에 서겠다고 선언했다. 한 위원장은 "하반기에는 기어이 민중총궐기투쟁으로 박근혜 정권을 끝장내고 말자"면서 "침몰하는 한국사회를 구할 선봉을 민주노총이 기꺼이 맡을까 한다"고 선언했다. 박근혜 정권과 일전을 겨룰 민중총궐기를 예고한 것이다.

민중총궐기투쟁본부의 탄생

민중총궐기는 박근혜 정권을 무너뜨린 실제적 행동이었다. 민중총궐기투쟁본부는 과거 국정원시국회의와 같은 느슨한 협의체가 아닌, 박근혜의 퇴진을 기획하고, 조직하고, 행동하는 집결체였다. 민중총궐기는 단순히 또 우연히 일어난 것이 아니다. 민주노총의 치밀한 준비와 믿음을 바탕으로 한 전교조를 비롯한 민중세력의 연대, 그리고 민주화운동 원로들의 후원이 바탕이 된 것이었다. 민주노총을 위시한 민중세력은 민중총궐기준비위를 구성해 치밀하게 준비했다. 민중총궐기는 노동자뿐 아니라 농민·학생·민주화·역사·종교·통일 등 민중·민주세력을 총동원하는 실력행사 자리였기 때문이다. 민중단체 지도부는 민중총궐기를 점검하는 합동수련회도 가졌다. 최종진 민주노총 수석부위원장은 "11월 민중총궐기를 위해 7~8월부터 계룡산 갑사유스호스텔에서 민주노총 간부들과 전농 간부, 전국 여성농민회 간부들이 함께 수련회까지 가졌다"고 말했다.

시·도, 시·군·구 차원으로 지역 민중총궐기준비위원회도 만들어졌다. 이들은 민주노총 지역본부를 중심으로 지역 진보정치세력(과거 통합진보당, 민중연합당, 노동당 등)과 민중·통일·학생·빈민단체가 연합했다. 그러나 국정원시국회의에 함께했던 참여연대나 여성단체연합 등 이른바 유명 시민단체는 가담하지 않았다. 종북몰이가 두려웠을 것이다.

드디어 9월 22일 오전 10시 민주노총 회의실에서 중앙차원 민중총궐기투쟁본부가 발족했다. 민중총궐기 날짜는 전태일 열사 기일인 11월 14일로 잡았다. 이즈음 민주노총은 '전태일 열사 정신계승 전국노동자대회'를 매년 개최했기 때문이다. 이들은 발족선언문에서 "진보정당은 '종북몰이'에 의해 강제 해산당했고, 사법부는 권력의 입맛에 맞는 편향적 판결을

일삼고, 언론은 최소한의 부끄러움조차 모르고 정권의 저열한 나팔수가
된 지 오래이며, 정보기관은 국민을 해킹하고, 진실을 말하려는 이를 위협
하고 있다"면서 "이렇듯 보호해 줄 곳도, 함께 싸워줄 곳도, 진실을 알려줄
곳도 없는 이 암담한 현실, 쌓이고 쌓여 폭발 직전에 이른 민중의 분노는,
이제 민중 스스로 궐기하여 빼앗긴 권리를 되찾을 거대한 투쟁을 요구하
고 있다"고 주장했다. 그리고 11월 14일 10만 명을 동원하는 민중총궐기
를 열 것을 공개적으로 선언했다. 이들은 마지막으로 "모이자, 서울로! 가
자, 청와대로! 뒤집자, 세상을!"이라고 선언했다.(전문 : 자료 12)

2015년 9월 9일 민주노총 지도부는 정부종합청사 앞에서 2박 3일간
집중농성을 벌였다. 민중총궐기를 극대화하기 위한 사전 시위였다. 여기
서도 화두는 '연대'였다. 이 농성장에 다른 단체의 연대 기자회견이 이뤄
졌다. 박석운 한국진보연대 상임공동대표는 "노동개혁이라면서 모든 노

2015년 9월 22일 서울 중구 정동 민주노총 대회의실에서 박석운 한국진보연대 상임대표, 한상균 민
주노총 위원장, 함세웅 신부, 김영호 전농 의장 등이 '민중총궐기투쟁본부 발족 기자회견'을 열고 "모
이자 서울로! 가자 청와대회! 뒤집자 세상을!"이라는 구호를 외치고 있다. ⓒ노동과 세계 변백선

동자를 비정규직으로 만들고 전체 국민 임금을 깎으려 한다"면서 "노동개악 투쟁은 노동자들만의 투쟁이 아니며 각계각층 노동자·농민·도시빈민·청년학생 모두 나서 우리 사회를 인간화하고 건강한 경제를 발전시키기 위해 나서야 하는 싸움"이라고 강조했다.

김영호 전농 의장은 "박근혜 정권의 모습은 일제 친일 부역자들이 독립투사들을 때려잡는 형국"이라며 "노동자를 죽이는 노동개혁을 할 것이 아니라 그 칼날을 노동자를 죽이는 재벌들에게 들이대 양질의 일자리를 만들게 강제해야 한다"고 밝혔다. 김현우 빈민해방실천연대 의장은 "김무성이 3만 불 시대가 안 된 것은 민주노총 조합원들이 쇠몽둥이를 들었기 때문이라고 했는데, 피땀 흘려 번 돈을 다 빼앗어가고 민주노총에 그 탓을 돌린다"고 규탄했다. 조희주 노동자계급정당추진위 대표는 "개혁이라지만 개악이며 국민을 상대로 한 기만이고 사기극"이라며 "해고를 쉽게 하고, 임금을 깎고, 비정규직을 확대하고, 파견을 확대하는 것이 재벌에 착취당하며 피땀 흘린 노동자에게 할 짓이냐?"고 반문했다.

최종진 민주노총 수석부위원장은 "미국 오바마 대통령은 노동자들에게 노동조합에 가입하라, 노조가 없었으면 오늘의 역사는 없다고 했다"고 전하고 "노동개악이 관철되면 노동자는 모든 생존권을 빼앗기고 영구히 자본의 노예로 살 것"이라고 주장했다. 윤희숙 한국청년연대 대표와 정영섭 사회진보연대 집행위원장은 기자회견문에서 "우리 노동자·농민·빈민·제 시민사회단체 대표들은 이 자리에서 정부의 노동개혁 필요성은 새빨간 거짓말이고 재벌 대기업을 위한 눈속임일뿐이라는 점을 명확히 한다"면서 "지금 당장 한국사회 부를 독차지 하는 재벌개혁에 전면적이고 적극적으로 나서야 한다"고 주장했다. 이들은 또 "우리 제 시민사회단체 대표들은 민주노총 노동개악 투쟁을 적극 지지하며 함께 할 것"이라며 "새누리당과 청와대가 국민 요구를 무시한 채 노동개악을 강행처리 한다면 국민과 함

께 저항을 확대할 것"이라고 강조했다.[65]

민중총궐기준비위는 한편으로 사전 분위기를 띄우기 위해 9월 10일 세종시와 충남도를 시작으로 서울(10월 30일)까지 지역별 민중대회를 열고, 10월 12일 제주를 시작으로 울산(10월 29일) 등 전국을 돌며 현장순회를 실시했다. 지역 민중대회와 현장순회는 노동현장 조합원을 만나 정부의 노동개악을 설명하고, 저녁에는 세월호 촛불집회에 참여하는 강행군이었다.

또 11월 14일 민중총궐기 즈음에 서울에서 행동계획도 세웠다. 11월 4일부터 14일까지 서울 파이낸스센터 앞에서 민주행동 농성을 시작으로, 7일에는 청계광장에서 세월호 특별법 제정과 역사교과서 국정화 반대 4차 범국민대회를 열기로 했다. 그리고 9일에는 프란치스코 교육회관 2층에서 전국대표자회의와 투쟁선포식을 갖고 10일은 국민투표 집중 실천의 날, 11일은 국민을 벼랑 끝으로 모는 5적(청와대, 전경련, 국회, 강남구청, 새누리당)에 대한 집중 투쟁의 날로 정했다. 12일에는 새정치민주연합 공개 면담을 갖고 마지막 13일에는 대표자들이 청와대까지 행진하는 계획을 세웠다.[66]

민중총궐기는 세부적인 면까지 치밀하게 계획되고 준비됐다. 상경버스 운행 안전지침까지 하달하고 차량운행 총괄담당까지 지정할 정도였다. 전국에서 상경하는 전세버스가 2천여 대에 달해 그 중 한 대라도 사고나 인명피해가 발생하면 민중총궐기 취지 자체가 훼손될 수 있기 때문이다. 민주노총은 전세버스에 대한 '차량 정비 및 기타 기계적 안전점검 여부를 확인', '차량의 교통사고 관련 보험 가입 여부를 확인', '운전자의 과로와 졸음운전 방지 대책을 세우고 지원 담당자를 선정' 등까지 지시했다. 그만큼 민중총궐기는 치밀한 준비 끝에 이뤄진 것이다. 민중총궐기준비위는 요구사항을 11대 영역 22개로 정리했다. 이것으로 민중총궐기에 참여

---

65 〈노동과 세계〉, 2015. 9. 9.
66 민중총궐기투쟁본부, '2008년 촛불이후 최대 규모 10만 민중총궐기' 보도자료, 2015. 11. 4.

하는 단체의 성격과 핵심 요구사항을 일목요연하게 알 수 있다.

●일자리노동

• 쉬운 해고 평생 비정규직, 노동개악 중단

• 모든 노동자의 노동기본권 보장, 모든 서민의 사회안전망 강화

●농업

• 밥쌀 수입 저지/TPP 반대

• 쌀 및 농산물 적정 가격 보장

●민생빈곤

• 노점단속 중단, 순환식 개발 시행

• 장애등급제·부양의무제 폐지

●청년학생

• 재벌 곳간 열어 청년 좋은 일자리 창출 요구

• 대학 구조조정 반대

●민주주의

• 역사왜곡 중단, 역사교과서 국정화 계획 폐기

• 공안탄압 중지, 국가보안법 폐지, 국정원 해체, 양심수 석방

●인권

• 차별금지법 제정, 여성·이주민·장애인·성소수자 차별 및 혐오 중단

• 국가인권위 독립성 확보, 정부 및 지자체 반인권행보 중단

●자주평화

• 대북 적대정책 폐기, 남북관계 개선, 5·24조치 해제, 민간교류 보장

• 한반도 사드배치 반대, 한미일 삼각군사동맹 중단, 일본의 군국주의
  무장화 반대

●세월호

- 세월호 온전한 인양, 세월호 참사 진상규명
- 안전사회 건설

●생태환경

- 국립공원 케이블카 건설 계획 폐기
- 신규원전 건설 저지/ 노후 원전 폐기

●사회공공성

- 의료, 철도, 가스, 물 민영화 중단
- 제주 영리병원 추진 중단, 공공의료 확충

●재벌책임 강화

- 재벌 사내유보금 환수로 최저임금 1만 원 실현
- 상시 지속업무 정규직 전환, 하청노동자 직접교섭 참여 등 사용자 책임 이행

이 민중총궐기 요구사항은 문재인 정부 들어 반영된 것이 적지 않다. 그것은 바로 민중총궐기투쟁본부가 다양한 민중의 요구를 집결시킨 역할을 했음을 반증하는 것이다. 이영주 민주노총 사무총장은 후에 재판에 회부됐을 때 최후진술에서 "당시 버스 대절비만 30억 원이 넘었을 것"이라며 "서울 가고 싶은데 남는 버스 없냐, 자리 알려 달라는 요구도 있었다"고 말했다. 집회 참여자 버스 대절비만 30억 원이 들었다는 것은 이를 감당할 조직과 자금을 가진 민주노총 아니면 그런 대규모 집회를 주도할 수 없다는 의미다.

2015년 10월 민주노총, 전농, 전국노점상연합회 등 노동자, 농민, 도시빈민 등 '무지렁이'들의 호소문이 발표됐다. 한상균(민주노총 위원장), 김영호(전농 의장), 강다복(전국여성농민회총연합 회장), 조덕휘(전국노점상총연합 의장), 김현우(민주노점상전국연합 위원장)는 호소문에서 "강자는 약자를 짓밟으

며 약자들로 하여금 노예와 같은 굴종의 삶을 살 것인지 죽음을 택할 것인지의 선택을 강요하고 있다"면서 "이제 우리가 할 일은 거리로 나서지 않고는 버틸 수 없는 상황이다, 모여야 한다, 모여서 이 썩은 세상을 뒤집어야 한다"고 주장했다. 이들은 또 "이 땅의 모든 노동자, 농민, 빈민, 여성, 장애인, 청년, 학생, 시민들이 모두 모여 우리의 분노를 청와대를 향해 확실히 보여주자"면서 "'못 살겠다 갈아엎자'는 각오로 11월 14일 서울로 모여주시기를 간곡히 호소한다"고 말했다.(전문 : 자료 13) 특히 전농 김영호 의장은 "이번 민중총궐기는 '세상을 뒤집자'는 것"이라며 "박근혜가 임기를 못 채울 수 있겠구나 두려워하게 만들어야 한다"고 경고했다. 김 의장의 이 경고는 그대로 들어맞았다.

이들의 결단에 민주주의국민행동(민주행동) 민주화 원로들이 힘을 보탰다. 앞서 언급했지만 친일 역사교과서 등 역사퇴행과 민주화운동에 대한 오욕에 분노해 조직됐던 함세웅 신부의 민주행동은 박근혜 정권에 제일 먼저 문제를 느끼고 '정권타도'에 불을 지핀 사람들이었다. 민주노총이나 전농 등이 모두 이 민주행동의 일원이었음은 물론이다. 10월 16일 민주행동은 11·14 민중총궐기에 시민들의 적극적인 동참을 호소하는 기자회견을 열었다. 민주행동은 기자회견문에서 "대한민국에서 부패하고 무능한 권력자들이 국민 위에 군림하는 세상을 뒤집고, 생존권을 지키기 위해 일어선 노동자, 농민, 빈민을 비롯한 민중의 투쟁을 뜨겁게 지지한다"고 선언했다. 민주행동은 또 "한국사교과서 국정화는 단순히 과거 미화와 왜곡으로 그치는 문제가 아니다"면서 "과거 친일·독재 수구정권이 저질렀던 수많은 비리와 인권탄압 등의 범죄행위를 되풀이하겠다는 대국민 선전포고"라고 규정했다.

민주행동은 마지막으로 "우리 국민은 민주주의를 억압하고 민중을 수탈하는 독재에 맞서 불의한 정권을 심판하고 나라를 바로 세워 온 자랑스러운 역사를 가지고 있다"면서 "그 자랑스러운 역사를 이어갈 11월 14일 민중총궐기를 적극 지지하며, 세대와 지역, 계층을 초월해 민주주의와 민생을 지키기 위한 투쟁에 모두 함께 하자"고 호소했다.(전문 : 자료 14)

11월 9일 전교조도 '한국사교과서 국정화 철회와 교육노동파탄 저지를 위한 전교조 총력투쟁 선포문'을 발표했다. 전교조는 선포문에서 "역사쿠데타와 교육노동 파탄정책을 총력투쟁으로 돌파하여 민주주의를 지켜내겠다!"고 선언했다. 전교조는 선포문에서 "대통령이 나서 역사 기술의 방향을 직접 지시하고 국방부마저 교과서 집필에 관여하겠다고 나서니 참으로 통탄할 노릇"이라며 "곡학아세 하는 거짓 학자들과 총칼을 두른 호위무사들이 협잡해 만드는 친일 독재미화 역사왜곡 교과서가 우리 아이들의 책상에 놓이는 것을 가만히 두고 볼 수 없다"고 선언했다. 전교조는 특히 "전교조를 해충에 비유했던 권력자는 우리를 국민이 아닌 적으로 간주하고 있다"면서 "참교육의 뜨거운 심장과 교육노동의 당당한 기개로 온갖 탄압을 견디고 오늘에 이른 전교조는 그 어느 때보다 강고한 단결과 강력한 투쟁으로 위기를 돌파할 것"이라고 주장했다.

이제 민주노총과 전농, 전여농, 전국노점상총연합 등 민중세력의 총궐기투쟁에 민주화운동 원로들의 민주행동이 울타리가 되었다. 여기에 전교조와 진보정치 세력, 그리고 세월호와 아픔을 함께하는 세력이 뭉쳐 민중총궐기 대열에 나란히 섰다. 이들은 '생사를 건' 일전을 앞두고 있었다. 광우병 촛불 이후 8년 만에 대규모 민중총궐기였다. 그동안 아무도 박근혜 정권에 맞서지 못했다. 종북몰이가 두려워 '나는 아니다'라며 피하기 바빴다. 정치권 특히 야당도 무기력하기 그지없던 이 척박한 상황에서 당당히 반기를 든 세력은 바로 이들이었다.

민중총궐기투쟁본부는 11월 13일 마지막 성명을 발표했다. 이들은 "11월 14일은 분노의 날로 노동자·농민·빈민·시민·청년학생 등 박근혜 정권을 향한 전체 민중의 분노가 서울 도심으로 쏟아져 나온다"면서 "세월호 참사와 역사교과서 국정화, 언론장악, 철도·의료·교육 민영화, 그리고 노동개악까지, 박근혜 정권의 실정에 분노한 민중들이 직접 행동으로 저항하는 날"이라고 발표했다.

민중총궐기투쟁본부는 민중총궐기에 동원할 인원을 15만 명 이상이라고 발표했지만 내심 10만 명만 모여도 성공이라고 생각했다. 경찰은 많아야 5만 명 정도가 모일 것으로 예상했다. 〈연합뉴스〉 11월 13일 보도에 따르면 "이날 참가 인원을 경찰은 8만여 명, 주최 측은 최대 15만 명까지 잡고 있지만 2008년 촛불집회 이후 최대 규모라는 데는 양측의 이견이 없다"며 "지방에서 상경하는 참가자들의 버스만 1,400여 대에 이를 것으로 예상된다"고 보도했다.[67]

청와대-"강력하게 총력 대응하라"

민중세력의 민중총궐기에 청와대를 비롯한 박근혜 정권이 긴장하며 대응한 것은 물론이다. 박근혜는 2015년 2월 27일 김기춘 비서실장의 사의를 받아들여 이병기 국정원장을 비서실장으로 임명했다. 김기춘은 벼랑 끝 위기에 몰린 박근혜 정권의 '해결사'로 성공적으로 역할을 수행했다. 아마 김기춘이 아니었으면 박근혜 정권은 훨씬 빨리 몰락했을 것이다. 사실 그는 이전부터 비서실장에서 물러날 뜻을 여러 번 밝혔다. 그가 사퇴하려는 이유는 아들의 사고사 때문이었다. (그의 아들은 2013년 12월 31일 교통사고로 혼수상태에 있다가 2014년 1월 22일 사망했다) 김기춘은 아들의 사고 사실을 일절 외부에 알리지 않고 여러 번 사의를 표명했지만 박근혜는 이를 받아들이지 않았다. 그리고 2014년 12월 진보당을 해산시킨 이후 비로소 교체됐다. 이는 진보당 해산까지 그가 책임진 것임을 간접적으로 시사하는 것이다.

후임 이병기 비서실장은 '지략형'이었다. 하지만 두 사람은 사실 한 몸이나 마찬가지였다. 박근혜는 7월 10일 조윤선 정무수석 사퇴로 52일이

67 〈연합뉴스〉, 2015. 11. 13.

나 공백이던 정무수석에 현기환 전 의원을 임명했다. 현 수석의 임명에 대해 민경욱 청와대 대변인은 "한국노총 대외협력본부장을 지낸 노동계 출신의 전직 의원인만큼 정무적 감각과 친화력, 폭넓은 네트워크로 대통령을 정무적으로 원활히 보좌할 적임자"라고 발표했다. 갑자기 노동계 출신 정무수석이 필요했던 이유는 무엇일까. 노동계 움직임이 심상치 않다고 판단했음을 의미했다. 노동계 내부 사정을 꿰뚫고 있어야 민중총궐기를 저지할 수 있기 때문이다. 실제 현 정무수석 임명 이후 청와대에서는 민주노총을 위시한 노동계 대응문제가 자주 거론됐다.

11월 9일 청와대 비서실장 주재 수석비서관 회의에서 이병기 실장은 정무수석과 민정수석에게 "11월 14일 비판세력, 범좌파세력 등이 총집결하는 '민중총궐기 집회'가 열린다는데, 경찰청 등에서 사전 대비를 하고 있지만 집회규모가 의외로 커질 수 있으므로 보다 강력하고 철저하게 대비책을 강구하고, 불법에 대해서는 엄정 대응토록 하라"고 지시했다.[68]

청와대의 지시는 신속하게 먹혀들었다. 13일 김현웅 법무부 장관, 이기권 노동부 장관, 정재근 안행부 차관, 이영 교육부 차관, 여인홍 농림축산식품부 차관 등 관련 5개 정부 부처 책임자의 합동담화문을 발표했다. 법무부 장관은 11·14집회를 정치총파업으로 규정하고 집회와 시위에 관한 법률 위반으로 모두 사법처리하겠다는 담화문을 읽었다. 민주노총과 전농, 특히 공무원 신분인 전교조와 공무원 노조에 대한 경고의 자리였다. 심지어 정부는 이날 벌어지는 수능 논술시험에 영향을 줄 것이라고 예견하기도 했다. 대검 공안부도 이날 경찰청 등 유관기관과 공안대책협의회를 열어 "헌법재판소 결정에 따라 해산된 구 통진당 출신 인사들이 민중총궐기투쟁본부에 참가하여 공동집행위원장 등 주요 역할을 담당하고 있

---

68 청와대 수석비서관 회의자료, 2015. 11. 9. 이 자료는 이재정 의원이 국가기록원 대통령기록 열람실에서 손으로 베껴 쓴 것이다.

다"면서 "투쟁본부를 구성한 53개 단체 가운데 19개 단체가 통합진보당 강제해산 반대 범국민운동본부에 가입됐다"고 밝혔다.[69]

진보당 해산에 활용된 종북몰이 카드를 다시 꺼내든 것이다. 특히 대검 공안부는 "전교조는 최근 결의대회, 시국선언에서 '정권 퇴진'을 주장하는 등 정치적 편향·당파성을 드러냈다"면서 "이는 '공무 외 집단행동'으로 국가공무원법 위반에 해당한다"고 경고했다. 11월 5일 교육부는 변성호 등 전교조 전임자 84명을 검찰에 고발했다. 이미 전교조는 역사교과서와 관련해 연가투쟁을 예고한 상태였다. 경찰은 의무경찰 외출과 외박을 중단시키고 민중총궐기에 대응했다. 박근혜 정권의 경고와 옥죔에도 2015년 11월 14일 민중총궐기의 날이 다가왔다.

69 대검찰청 공안부 보도자료, 2015. 11. 13.

08

13만 민중총궐기 주역
56개 단체

#장면 08-1

2015년 9월 2일 서울 덕수궁 대한문 앞에서는 작지만 엄숙한 영결식이 열렸다. 흰 천에 검은 글씨로 쓴 만장에는 '민주주의 수호', '세월호 진상규명', '민중생존권 쟁취', '진보정치 실현', '조국통일 완성' 이라고 씌어 있었다. 김승교 변호사가 젊은 나이(47)에 세상을 떠났다. 전날 강남세브란스 병원에서 열린 추모의 밤에는 그를 '진보통일운동가 민주인권변호사 김승교 동지'라고 표현했다.

그는 이즈음 민중연대에 있어서 '상징적 인물'이었다. 그는 집요하게 국정원 댓글사건을 추궁하던 민변 소속 인권변호사였고, 박근혜 정권과 정면으로 역사전쟁을 벌인 민족문제연구소 고문변호사이기도 했다. 게다가 그는 박근혜 정부와 맞서다 해산당한 통합진보당 최고위원으로 당의 세월호 대책위원장이기도 했다. 무엇보다 그는 민권연대 의장을 지낸 학생운동가, 민권운동가, 통일운동가였다. 그는 민변과 세월호 참사, 역사전쟁, 통합진보당 해산, 민중연대, 통일운동을 하면서 박근혜 정권의 반민주, 반인권, 반역사, 반통일 세력과 맞선 상징적 인물이었다.

마지막으로 그는 세월호 유족과 동반단식 중 간암 말기 판정을 받았다. 그는 투병 8개월 만에 숨졌지만 명백하게 박근혜 정권에서 타살됐다. 그러나 경찰은 암 투병 중인 그의 집을 압수수색하는 등 마지막까지 탄압했다. 그의 영결식에는 동료 민변 변호사와 민중단체 대표, 진보 운동가, 진보당 관계자 등 300명이 참석했다. 이 영결식에서 이정희 전 통합진보당 대표는 크게 통곡했다. 장지는 경기도 남양주시 화도읍 모란공원이었다. 그는 민족·민주열사로 추앙됐다. 하지만 그의 부음을 전하는 기성 언론은 하나도 없었다.

연대의 상징 김승교 변호사의 죽음

누가 촛불혁명을 희생자 없는 명예로운 혁명이라고 말하는가? 박근혜와 맞서 많은 사람이 스스로 목을 매고, 자신의 몸에 불을 지르고, 단식 중 병들어 죽고, 물대포에 맞아 죽었다. 단지 기성 언론이 이를 제대로 알리지 않고, 기록하지 않았을 뿐이다. 촛불혁명은 희생자가 없는 명예혁명이라는 수식은 '사치'이자 '무지'다.

2015년 9월 2일 서울 덕수궁 대한문 앞에서 민중연대의 상징적 인물이던 '진보통일운동가 민주인권 변호사 김승교' 영결식이 열렸다. ⓒ민중의 소리 김철수

2016년 11월 14일 열린 제1차 민중총궐기를 주동한 민중총궐기투쟁본부에는 56개 단체가 함께 했다. 하지만 실제 주동 단체는 민주노총과 전교조, 전농 등의 진보적 대중조직이다. 2013년 7월 만들어진 국정원시국회의가 284개 시민·민중단체의 연대였던 것에 비하면 보잘것없는 규모였다. 그러나 민중총궐기투쟁본부는 당시에도 이루지 못한 13만 명이 넘는 집회를 만들어 냈다.

노동자·농민·통일·학생·빈민운동 세력은 한국진보연대라는 이름으로 연대했다. 박근혜 정권과 역사전쟁을 벌인 민족문제연구소나 정면으로 맞선 민주노총과 이를 바탕으로 정치운동을 하던 통합진보당 모두 같은 한국진보연대의 일원이다.

결국 진보적 민중단체들은 서로 얽히고설켜, 조직을 서로 '부조'하는 관계로 연대하고 있다. 그런 양태의 상징적인 인물이 바로 김승교 변호사다. 그는 학생운동, 민권운동, 민변, 그리고 통합진보당과 세월호 대책위까지 여러 단체와 연대한 조직을 책임진 인물이었다. 이 단체들은 또 한국진보연대로 결합했다. 한국진보연대는 1985년 민통련(민주통일민중운동연합)에서 시작해 1989년 전민련(전국민족민주운동연합)과 1991년 전국연합(민주주의민족통일 전국연합)을 거쳐 2007년 민중연대와 통일연대가 합해 한국진보연대로 이어지고 있다. 사실 이번 촛불혁명에서 가장 큰 역할을 한 세력은 조직력과 자금력을 갖춘 민주노총과 전농, 전교조, 전빈련 등의 진보적 대중조직, 민중조직이었고, 여기에 민주화운동 원로들의 민주행동이 병풍이 되고, 세월호 416연대가 가세함으로써 힘을 키웠다. 한충목 한국진보연대 공동대표는 "이번 촛불혁명에서 민주노총과 전농이 가장 큰 역할을 했다"고 평가했다.

여기서 진보연대의 바탕이 되는 민중단체와 보통의 시민단체가 어떻게 다른지 구분할 필요가 있다. 원래 시민단체가 발전하기 전까지 보통 사회단체라는 이름을 사용하고, 민중단체와 시민단체의 특별한 구분이 없었다. 권위주의 시절 정부는 사회단체 통제를 용이하도록 사회단체등록에 관한 법률로 단체의 목적과 정관 등록을 의무화했다. 이에 따라 법인으로 등록하거나 혹은 무등록 상태의 다양한 사회·학생·노동·종교·학술·통일 단체가 활동했다.

대표적인 단체가 민족자주평화통일중앙회의(민자통)이다. 민자통은 1960년 4·19 학생혁명 직후인 9월 30일 진보적인 정당과 사회, 종교단체가 망라해 '자주·평화·민주' 3대 통일원칙으로 연대한 조직이다. 이 조직은 미주·구주·일본 등에 해외 지부까지 갖춘 범민족적 통일단체였다. 그러나 5·16 쿠데타 후 주요 간부가 구속되는 이른바 '민자통 사건'으로 사실상 와해됐고 겨우 명맥만 유지됐다. 1989년 국가안전기획부는 민자통 활동을 이적행위로 지목했고 1990년 대법원도 이적단체로 규정했다. 하지만 민자통은 진보적 통일운동 연합체로 결국 2012년 '이들의 평화통일 지향은 정당하다'는 재심판결을 받고 관련자들은 명예를 회복했다.

시민단체와 민중단체 구별이 뚜렷해진 것은 1987년 6월 시민항쟁 이후다. 민주화 바람을 타고 민주노동조합과 이익단체, 그리고 NGO(비정부기구)라고 하는 협치형 시민단체가 크게 늘어났다. NGO란 정부의 역할을 보완하는 시민단체로 1989년 경제정의실천시민연합을 시작으로 정치·환경·여성·교육·언론·행정 등 다양한 분야에서 생겨났다. 환경운동연합, 참여연대 등이 그것으로 이들은 2000년 제정된 비영리민간단체지원법에 의한 정부지원으로 더욱 활성화됐다. 시민단체는 정부가 할 수 없는 영역에 대한 '협치' 분위기에 힘을 얻고, 전문가의 비판과 정책대안이 정교해지면서 각 분야에서 영향력을 키웠다. 시민단체는 정치·경제·통일 등 모든 시민사회운동을 망라하는 거대 공룡으로 커지고 상근자는 정계진출의 통로가 되기도 했다.

시민단체는 보통 시민이 회비를 내고 자신의 의지를 실현하는 간접 방식의 시민사회운동이다. 자신이 좋아하는 단체에 후원하지만 활동결과에 직접 책임을 지지 않는, 마치 주식회사에 투자하는 형태의 시민운동이라고 할 수 있다. 시민들은 단지 회비를 내는 것으로 단체운영에 공감대를 갖지만 직접 행동에 참여하지는 않기 때문에 회원의 결속력은 비교적 떨어지는 편이다.

이에 비해 과거 형태를 그대로 이어온 사회단체는 회원이 회비를 납부하면서 단체의 규약을 준수해야 하는 의무를 가졌다. 단체 가입이 까다롭고 또 단체의 목적과 행위결과에 동반책임을 져야 했다. 단원의 결속력은 강하지만 시류에 민감하게 적응하지 못하는 단점이 있다. 결국 전통적 사회단체는 특정 계층의 요구나 이념을 실현하는 단체로 고착되는 특징이 있다.

1989년 2월 27일 200여 개 시민사회단체가 참여한 '시민사회단체연대회의'(시민연대)가 발족했다. 시민연대는 '정치제도개혁', '지방자치개혁', '시민사회단체 활성화사업'을 3대 집중사업으로 설정했다. 이 시민연대에 가입한 단체들이 시민단체다.

1989년, 민중연대의 출범

민중단체도 1987년 6월 시민항쟁 이후 태어난 조직이 많다. 1987년 7월과 8월 노동자들이 근로조건을 개선하기 위해 노동조합을 결성하여 파업을 벌이는 등 대투쟁에 나섰다. 민주노총은 1990년 전노협의 후신이고, 1989년 5월 교사들은 전교조를 결성하고, 1989년 전국농민운동연합은 1990년 전국농민회총연맹(전농)으로 발전했으며, 빈민들은 1989년 11월 전국빈민연합으로 결성했다. 이러한 단체들은 1989년 1월 결성된 전국민족민주운동연합(전민련)으로 집결했다.[70]

1988년 서울올림픽을 앞두고 무차별적인 단속에 시달리던 노점상들

---

70 학술단체협의회,《한국인문사회과학의 현재와 미래》, 1998, 푸른 숲, p.100.

은 6월 항쟁 이후 '도시노점상연합회'라는 단체를 결성하고 노점상 조직 운동을 시작했다. 이들은 1988년 6월 13일 성균관대에서 열린 대규모 노점상들의 집회를 기념하고 그 정신을 계승하기 위한 6·13대회를 연다.

1989년 3월 14일 민주노총과 전농, 전국빈민연합, 민주노동당 등 35개 단체가 참여해 '민족자주·민주주의·민중생존권쟁취 전국민중연대 준비위원회'(민중연대)를 발족시켰다. 노동자·농민·빈민·학생 등이 주축인 이들은 '신자유주의 반대', '민족자주권 쟁취', '민주주의 쟁취', '민중생존권 쟁취'를 4대 투쟁과제로 설정했다.[71]

시민단체가 NGO차원의 정책 비판, 제도 개혁 건의 등 비교적 온건 비판 단체라면, 민중단체는 자신의 권익을 지키거나, 이념을 실현하기 위해 행동하는 단체라는 차이가 있다. 즉 시민연대가 자유주의적 개혁주의(개량주의)에 치중한다면 민중연대는 반자본주의적 운동세력과 급진적 민주주의 세력이 참여하는 연대기구이다.[72]

게다가 민중연대는 시민단체와 달리 정당가입도 허용한다. 노동조합 같은 이익단체와 통일운동이나 진보정당 같은 목적 지향성이 강한 단체가 참여한 것이 민중연대의 특징이다. 이번 촛불혁명의 시작은 바로 그 민중단체에 의해서였다. 박근혜 정권의 역사전쟁으로 역사문제연구소를 비롯해 전교조, 민주화운동 단체가 일차 이해 당사자였다. 박근혜 정권에서 해산된 통합진보당은 바로 자신의 문제였다. 그리고 위기에 처한 민주노총과 전농을 비롯한 각 노동단체와 청년실업에 신음하던 청년단체, 남북 긴장고조를 우려하는 평화통일 단체들은 직접 이해 당사자였기 때문이다.

이것이 이번 촛불혁명이 30년 전 1987년 6월 시민항쟁과 근본적으로 다른 점이다. 1987년 6월 시민항쟁은 그해 1월 서울대생 박종철 군의 죽음

---

71 정종권, '시민연대와 민중연대의 간극에 대하여', 《문화과학》, 통권 제26호, 2001. 6.
72 앞의 자료.

에서 시작해 6월 연세대 이한열 군이 최루탄을 맞아 숨진 후 대학생들과, 정치인(김영삼과 김대중 두 사람을 주축으로 한 직선제 개헌추진운동본부)의 투쟁에 넥타이 부대(사회 각 부분에서 성장한 셀러리맨)와 학생, 재야(종교·학계·해직언론 등)가 가세한 '엘리트' 혁명이었다.

그러나 이번 촛불혁명은 30년 전 6월 시민혁명이 키운 노동조합과 농민·통일·빈민·학생 등 이른바 민중세력이 시작한 민중혁명이라는 점에서 차이가 있다. 촛불혁명을 주도한 연합조직에는 앞서 한국진보연대와 민중의 힘이 있다. 민주행동은 앞서 언급한 대로 함세웅 신부 등이 주도해 박근혜 정권 재창출을 저지하기 위한 민주·시민·민중단체의 연합체이다. 다수의 명망가와 일부 시민단체, 그리고 민주노총이나 전농도 참여하고 있다. 전국빈민연합과 빈곤사회연대 등 빈민단체도 촛불혁명에서 중요한 역할을 했다.

촛불혁명에서 무엇보다 활발히 활동한 단체는 역시 정치·노동단체다. 통합진보당과 같은 대중정당을 추구하는 세력 말고도 노동자계급정당 추진위원회 등 계급정당을 추진하는 세력까지 망라돼 있다. 특히 청년 실업과 비정규직 문제로 인한 알바노조, 장그래 살리기 운동본부, 청년유니온 등의 비정규직 청년 노동단체의 가담은 이번 촛불혁명에서 가장 큰 특징이라고 할 수 있다. 이들은 거의 대부분 한국진보연대 구성원이다. 나중에 독일 프리드리히 에버트 재단이 주는 '2017 에버트 인권상'을 받은 사람이 박석운 한국진보연대 상임공동대표였던 이유가 여기에 있다.

보다 자세하게 그 주동세력을 살펴보면 더욱 정확하게 그 실태를 알 수 있다. 물론 이 촛불혁명에 참여한 민중단체들은 대부분 자체 홈페이지를 운영하고 있는 공식적이고 개방적인 단체들이다. 따라서 여기에서 소개하는 단체의 성격과 주장은 자체 홈페이지에서 발췌한 것이다. 일부 단체는 '이적단체' 판결을 받은 적이 있지만 모두 권위주의 정권 시절 조작에 의한 것으로 후에 대부분 복권됐다.

●연대단체

한국진보연대(상임공동대표 박석운·한충목) 1985년부터 재야운동 단체 전국연합으로 시작해 2007년 통일운동 단체인 '통일연대'와 사회운동 단체인 '민중연대'가 통합해 출범했다. 규약에 △미국을 비롯한 제국주의 침략전쟁에 반대하고 한반도와 세계평화를 실현하기 위한 제반사업 △6·15공동선언을 이행해 자주적 평화통일을 실현하기 위한 제반 사업을 목적으로 하고 있다. 2013년 10월 현재 통합진보당, 전국농민회총연맹(전농), 한국청년단체협의회(한청), 21세기 한국대학생연합(한대련), 한국대학총학생회연합(한총련), 조국통일범민족연합남측본부(범민련), 6·15남북공동선언실천연대(실천연대), 민족문제연구소, 참관단체로는 민주노총, 조국통일 범민족청년학생연합 남측본부(범청학련 남측본부) 등 40개 단체가 가입해 있다.

세상을 바꾸는 민중의 힘(민중의 힘) 민주노총·전농·민주노동당·진보신당 등 40여 개 진보민중진영이 이명박 정권과 맞서기 위해 결성한 연대투쟁체로 2011년 4월 8일 출범했다. 민주노총에서 상임집행위원장, 전농, 전국여성농민회, 전국빈민연합 공동위원장 체제이다. △노동자·농민·빈민 등 민중의 생존권과 기본권 쟁취 △미국을 중심으로 한 제국주의 지배정책과 신자유주의 세계화 정책 비판 △사회 전반 민주주의와 사회공공성 실현 △한반도의 평화와 통일 실현을 4대 목표로 하고 있다.

민주주의 국민행동(상임공동대표 함세웅) 2015년 6월 친일반민족 역사왜곡을 우려하는 세력과, 민주화운동 세력, 통합진보당 해산 반대세력, 민주노총·전농 등 노동운동 세력 등이 박근혜 정권 연장을 저지하기 위해 연대한 단체다. 박근혜 정권에 직접 맞선 민중단체와 시민단체를 지도하고 연대하는 위치에 있다.

사회진보연대 1998년 IMF 이후, 노동자·농민·빈민·여성 등 전 세계 민중에 대한 착취와 억압, 폭력을 심화시키는 신자유주의 세계화에 반대하며, 노동조합운동을 비롯한 대중운동 역량 강화와 노동자 민중의 단결과 연대에 기초해 새로운 대안 세계를 건설하기 위해 활동하는 단체다.

●노동단체

전국민주노동조합총연맹(민주노총·위원장 한상균·김명환) 1995년 11월 조직된 전국 노동조합 총연합단체. 해방 이후 조선노동조합전국평의회(전평)의 맥을 잇는 노조연합체로 1987년 6월 민주항쟁 이후 폭발적으로 늘어난 노동조합 건설운동으로 창립됐다. 공무원노조, 철도노조 등 공공기관 노조와 대기업 노조, 비정규직 노조를 포함해 80만 조합원이 가입돼 있다.

전국교직원노동조합(전교조·위원장 조창익) 1987년 '민주교육추진 전국교사협의회'에서 시작해 민족·민주·인간화교육을 강령으로 1989년 5월 창립했다. 1999년 7월 합법화됐으나 2014년 정부로부터 법외노조 통보를 받았다. 전국 광역단체 16개 지부, 6만 조합원이 있다.

노동자계급정당 추진위원회(사회변혁노동자당·대표 이종회) 2015년 출범한 노동자의 독자적 정치세력화와 자본주의 체제변혁을 지향하는 정치 조직이다. 5대 정치원칙은 △자본주의 체제 변혁과 사회주의 사회 건설 △노동자계급 중심 △현장실천과 대중투쟁을 통한 노동자 민중권력 쟁취 △반제국주의 투쟁과 노동자 국제주의 △민주주의 정당과 실천하는 당원이다.

노동자연대(옛 다함께) 혁명적 사회주의자 국제단체인 국제 사회주의자 경향(International Socialist Tendency)의 한국 가맹단체로 반전·반자본주의 성향 노동운동 단체이다. 정당과 유사하지만 정당은 아니다. 격주간 〈노동자 연대〉, 계간 이론지 〈마르크스21〉을 발행하고 있다.

알바노조 2013년 8월 결성된 아르바이트생 노동조합이다. 고용주와 교섭을 통해 근로조건을 합의, 필요하면 단체행동 등을 통해 고용주와 교섭한다. SNS·언론을 통한 여론화, 항의시위, 제도개선 등을 통해 알바의 권리를 찾아주는 노동조합이다.

장그래살리기 운동본부 2015년 3월 18일 박근혜 정부의 비정규직 종합대책에 반대하며 360여 개 노동·시민·사회단체가 '비정규직 법제도 폐기·상시업무 정규직화·진짜사장 책임'을 요구하며 출범한 연대 단체다.

변혁재장전 2003년 5월 출범한 진보좌파 학술문화 행사 조직이다. 반신자유주의, 반자본주의 이념을 공유하는 단체와 개인의 학술·문화적 공동전선 성격이다. 2015년 4월 현재 30여 개 연구자 단체와 NGO 및 정치조직, 250여 명의 개인이 참여하고 있다. 학술문화제 '맑스코뮤날레'를 열고 있다.

구속노동자후원회(회장 조영건) 1994년 설립된 노동인권단체로 구속 노동자 석방과 영치금 지원 등 옥중 후원활동을 하고 있다. 후원회원은 700명 정도로 노동자 구속의 부당성을 알리는 소식지를 월 1회 발행하고 있다.

전국불안정노동 철폐연대 2002년 9월 불안정 노동 철폐를 위해 조직한 노동단체다.

청년유니온(위원장 김민수) 2010년 창립된 최초의 세대(15세부터 만 39세 이하)별 노동조합이다. 정규직은 물론 비정규직, 구직자, 일시적 실업자 등이 가입해 있다. 2013년 5월 기준 조합원 수는 780명이고, 전국에 7개 지역지부와 1개 계층지부가 있다.

전태일을 따르는 사이버노동대학(대표 김승호) 전태일 정신을 계승하는 노동 교육기관이다.

전태일재단(이사장 이수호) 1981년 시작해 1985년 공식 설립된 노동자 교육과 민주노조 건설 지원 재단이다. 각 지역에 노동상담소를 개설하고 전태일노동문학상을 제정해 시상한다.

현장실천 사회변혁노동자전선(대표 김형계·이호동) 2007년 창립된 반신자유주의, 세계화투쟁, 대중적 민주노동조합 혁신운동 조직이다.

노동사회과학연구소 2005년 창립된 노동자에 대한 사회과학적 교육과 노동운동 연구기관으로 〈정세와 노동〉 〈노동사회과학〉 등의 기관지를 발행한다.

민주노동자전국회의 2001년 설립된 단위노동조합 중심이 아닌 개별 노동운동가들의 연합체다. 노동계급의 단결과 전 민중의 연대로 민주변혁과 민족 자주화와 통일을 추구한다.

1960년대 민자통에서 2013년 알바노조까지

●통일단체

6·15남북공동선언실천연대(실천연대) 2000년 남북정상회담에서 합의된 6·15 공동선언 정신을 잇기 위해 결성된 단체다. 2010년 대법원이 이적단체로 규정한 후 민생민주평화통일주권연대(민권연대)로 바꿔 활동하고 있다. 기관지 〈정세동향〉을 발행한다.

민주민생평화통일주권연대(대표 윤기진) 2010년 국민의 기본권을 지키고 민주주의, 국민의 생존권, 한반도의 평화, 분단된 민족의 통일을 이루기 위해 결성된 단체다. 전국에 지역민권연대가 세대별, 직종별로 활동하고 있다.

평화와 통일을 여는 사람들(평통사) 1994년 문규현 신부와 홍근수 목사가 만든 평화군축, 자주통일 운동단체다. 매향리 폭격장 폐쇄, 제주해군기지 건설반대, 한반도 평화협정, 국방예산 삭감, 미국산 대형무기 도입사업 반대 등을 주장한다.

겨레가 함께하는 통일의길(이사장 오종렬) 6·15선언과 10·4선언 이행을 위한 대중적 실천 추구하는 단체다. 통일운동의 현장성과 대중성을 추구하고 교육한다.

민족자주평화통일중앙회의(민자통) 1960년 4·19 학생혁명 이후 진보적인 정당 사회, 종교단체가 망라해 '자주·평화·민주' 3대 통일원칙으로 결집한 국민 운동적 통일단체다. 5·16 쿠데타 직후 관련자가 검거되는 '민자통 사건'을 야기했다. 1990년 대법원이 이적단체로 규정했으나 2012년 관련자 모두 재심에서 무죄 판결을 받았다.

조국통일범민족연합 남측본부(범민련) 1988년 남북과 해외 동포가 참여해 '한반도 평화와 통일을 위한 세계대회 및 범민족대회 추진본부 발기취지문'발표 후 문익환, 임수경, 황석영 방북을 추진한 단체다. 1990년 전민련, 전농, 전교조, 전빈협, 민주당 등 31개 정당, 사회단체 및 개별인사로 설립했고, 1995년 범민련 남측본부를 결성했다. 2000년 주요 간부가 구속되고 2015년 범민련 남측본부 홈페이지 폐쇄 결정까지 받았지만 2017년 홈페이지 운영을 재개해 활동하고 있다.

민주주의자주통일 대학생협의회(민대협) 한총련 이후 한대련이 학내문제에 집중하는 것에 반발한 세력이 만든 대학단체다. 학교 밖 문제인 6·15 공동선언이행, 한일 위안부 합의 전면 폐기, 사드배치 반대운동을 추진한다.

통일광장(대표 권낙기) 비전향 장기수 모임이다.

●**건강보건단체**

건강권실현을 위한 보건의료단체연합(보건의료단체연합) 1987년 반핵운동, 의료보험통합투쟁, 북한어린이살리기 의약품 지원활동, 노동자건강권 확보를 위한 투쟁, 국민구강보건 활동 등을 하던 6개 보건의료단체(건강사회를 위한 약사회, 건강사회를 위한 치과의사회, 노동건강연대, 인도주의실천 의사협의회, 참된 의료실현 청년한의사회)가 2001년 6월 민중의 건강권 확보를 위해 결성한 연대 기구다. 민주주의와 통일, 인권과 인도주의, 인류의 보편적 가치를 위해 투쟁하는 진보적 양심들과 연대한다.

전국장애인차별 철폐연대 2005년 장애인 운동에서 보수와 관변의 부끄러움을 떨쳐버리자며 출범한 진보적 장애인운동단체다.

●**도시·빈민단체**

전국빈민연합 1989년 전국노점상연합회와 철거민협의회 등 빈민운동 단체가 연합해 결성한 단체다. 주거·직업·교육 문제의 근원적 해결을 요구한다.

빈곤철폐를 위한 사회연대 2004년 빈곤해결을 위한 사회연대(준) 이후 2008년 빈곤사회연대로 출범했다. 기본생활소득, 노동권 보장, 공적 사회서비스 확보 등 민중의 기본생활권 쟁취와 노점상, 철거민, 홈리스 권리 보장 운동을 벌이고 있다.

빈민해방 실천연대(집행위원장 최인기) 도시빈민 철거민운동과 노점상운동 연대단체다.

용산참사 진상규명위원회 2009년 용산참사 이후 100여 개 시민사회단체가 '이명박 정권 용산 철거민 살인진압 범국민대책위원회'를 구성해 활동하는 단체다.

●학생·청년단체

21세기 한국대학생연합(한대련·의장 김한성) 전대협, 한총련에 이어 2005년 출범한 대학생 연합으로 20여 개 대학 총학생회가 가입돼 있다. 고액등록금, 사학비리 척결뿐 아니라 청년취업, 한반도 평화 등 민주주의와 국민주권 실현 활동을 하고 있다.

전국학생연대회의 1999년 한총련 중심 운동에 반대하며 반신자유주의, 대안세계화, 대중의 지식권 쟁취, 페미니즘을 지향하는 학생단체다. 정의당 청년학생위원회, 사회변혁노동자당 학생위원회, 노동자 연대(다함께) 학생그룹이 속해있다.

청년좌파(대표 용혜인) 2014년 창립된 청년단체로 기본소득, 최저임금 1만 원, 탈핵, 반전평화, 표현의 자유 보장을 요구한다. 노동자와 민중의 이익을 위한 투쟁에 연대한다.

청년하다(대표 유지훈) 20~30대 청년 정치공동체다. 청년실업, 열정 페이, 아르바이트, 청년층 비정규직, 주거 문제 등의 해결을 요구한다. 세월호 진상규명과 한일위안부 합의 폐기 등 사회문제에도 연대한다.

●민주화 운동단체

사월혁명회(상임의장 정동익) 1960년 4월 혁명에 참가했던 주역들이 사월혁명 이념의 올바른 정립과 구현을 목적으로 1988년 6월 18일에 설립했다. 각계각층 회원 100여 명(2014년 6월 현재)이 가입돼 있다.

민주화실천가족운동협의회(민가협) 1974년 민청학련 사건을 계기로 만들어진 '구속자가족 협의회'를 모태로 1985년 창립했다. 민주화를 요구하다 구속된 인사 가족의 모임으로 매주 목요집회를 통해 양심수 가족 후원 사업을 한다.

민가협양심수후원회 1989년 자주·민주·통일운동을 하다가 구속된 양심수 석방운동과 체계적인 후원 목적으로 창립된 대중적 후원 단체다. 민가협이 가족 협의체인 반면, 양심수후원회는 대중 단체다.

2015년 11월 14일 제1차 민중총궐기 포스터. 이때의 핵심 슬로건은 '박근혜 정권 퇴진!'이었다. ⓒ 민중총궐기투쟁본부

전국민족민주 유가족협의회(유가협) 1986년 출범한 권위주의 정권에 희생된 유가족 모임이다. 민주화 진실규명 투쟁 및 보상, 민주공원 조성, 민주화운동 기록 등의 사업을 한다.

민족민주열사희생자추모(기념)단체연대회의 (추모연대) 1992년 민주화와 민중권리쟁취를 위해 투쟁하다 숨진 열사, 희생자의 뜻을 추모하는 단체 연합체다. 민주열사 정신계승 교육 및 출판 사업을 한다.

민주화운동정신 계승국민연대(계승연대) 2000년 권위주의적 통치에 항거하는 민주화운동 명예회복과 정신계승, 의문사 사건 진상 규명을 요구하는 48개 단체 및 개인이 참여하고 있다. 민주공원 조성 및 운영을 맡고 있다.

●**농민단체**

전국농민회총연맹(전농·의장 김영호·박행덕) 1987년 민주쟁취국민운동 전국농민위원회를 모태로 1990년 결성된 전국 농민단체다. 전국 9개 도 100여 개 시·군 농민회가 있다. 농축산물 수입개방 반대, 한미 FTA반대, 통일농업 실현 등 농민의 정치·경제·사회적 권리와 복지 실현을 요구하고 있다.

전국여성농민회총연합(회장 김순애) 1989년 결성된 전국적 여성농민단체다. 여성농민의 정치·경제·사회적 지위 향상, 인간다운 삶을 추구하고 민주화와 조국통일을 요구한다.

●**종합·기타 단체**

민주수호 공안탄압대책회의(대표 강병기)

부정선거진상규명 시민모임 2012년 12월 대선 직후 자발적으로 결성된 부정선거 규탄모임이다.

평등교육실현을 위한 전국학부모회 2008년 노동자, 농민, 영세자영업자, 서민들의 이해를 대변하는 학부모회 모임이다. 잘못된 교육정책의 시정을 요구하고, 교육공공성 실현과 학부모들이 교육의 주체가 되기 위한 활동을 한다.

민주화를 위한 전국교수협의회(민교협) 1987년 학문의 자유와 대학의 자율화, 지식인의 역사적 사명과 사회적 책임을 위해 결성된 교수모임이다.

천주교인권위원회 1988년 천주교정의구현전국연합 인권소위원회로 활동을 시작한 종교단체다. 로마 가톨릭교회 공식 기구가 아닌 시민단체이다.

행동하는 성소수자인권연대 1997년 대학동성애자 인권연합으로 시작해 2015년 결성된 성 소수자 인권단체다. 웹진을 통해 인권·문화·해외 활동 소식 등을 전하고 있다.

평화재향군인회(상임대표 표명렬) 2005년 민족사적 정통성 있는 민족군대, 인간을 존엄하게 여기는 민주군대, 평화통일을 지향하는 통일군대 등 군대문화 개혁을 위해 제대군인들로 구성된 반전평화 단체다.

09

2015년 1차 민중총궐기,
백남기 농민 쓰러지다

#장면 09-1

2015년 11월 14일 저녁 6시 50분쯤, 날은 이미 어두워졌다. 남대문에서 집회를 가진 농민들은 시청 앞 서울광장 민중총궐기에 참석하고 광화문 광장으로 가려 했지만 세종로를 가로막은 전경 장벽과 버스 차벽을 넘지 못했다. 농민들은 청계천을 거쳐 종로로 우회했다. 이윽고 서울 종로 1가 종로구청 사거리, 바로 광화문 광장 200미터 앞에 이르렀다.

그러나 여기에도 경찰 차벽이 가로막고 있었다. 시위대는 줄로 전경버스 앞부분을 묶었다. 버스를 흔들어 보려는 시도였다. 사실 버스 백미러에 묶은 줄은 큰 힘을 지탱할 수도 없었다. 몇몇 사람이 줄 다섯 가닥을 잇고 한 노인이 줄을 왼손에 드는 순간, 차벽 뒤 살수차(충남 살수 9호)에서 물대포가 발사됐다. 물대포는 처음 멀리 있는 시위대를 향하더니 곧 전경버스 앞 4미터 정도 거리의 노인을 겨냥했다. 물대포를 쏘는 최 경장은 물대포 조작 초보였다. 원래 경리담당이던 최 경장은 2~3회 정도 살수차를 조작해 봤다. 그는 안전을 규정한 '살수차 운용지침'을 바로 전날 한 번 봤을 뿐이었다.[73]

6시 56분, 직격으로 물대포를 맞은 노인은 왼손에 줄을 잡고 주저앉더니 곧 손을 놓쳤다. 물대포는 노인의 머리를 겨냥해 계속 퍼부었다. 바닥에 쓰러진 노인은 맥없이 근 1미터나 쓸려나갔다. 물대포 위력이 얼마나 셌는지 노인이 입은 푸른색 조끼가 다 벗어질 정도였다. 그래도 물대포는 계속 그 노인을 겨냥했다. 한 사람이 달려와 직사되는 물대포 물줄기를 막아섰다. 주변 몇몇 사람이 쓰러진 노인을 부축하려 했지만 계속 퍼붓는 거센 물줄기에 손을 놓치고 말았다. 물대포를 쏘는 최 경장은 모니터를 확대하는 방법도 몰랐다. 살수차 최대 출력은 규정된 15bar를 넘었다.

쓰러진 노인 주변에서 누군가 "빨리빨리"라고 소리쳤다. 청년 몇 명이 겨우 물대포가 미치지 못하는 곳으로 노인을 옮겼다. 정신을 잃은 노인의 입에서 피가 흘렀다. "물, 물"을 외치는 소리가 들리고, 곧 생수병이 전달되고 노인의 얼굴에 생수가 부어졌다. 아마 얼굴에 묻은 최루액을 씻어내기 위해서였을 것이다. 한 여성이 "앰뷸런스를 불러"라고 소리쳤다. 누

---

73 경찰청, '백남기 청문감사 보고서', 2015.(이 보고서는 백남기 농민이 물대포를 맞고 쓰러진 직후인 11월 15일 새벽 0시 43분 당시 살수차를 운용했던 경찰 요원의 진술서다).

2015년 11월 14일 저녁 서울 종로구청 입구 네거리에서 백남기 농민이 경찰의 물대포에 맞아 쓰러지는 모습을 CCTV가 담았다. ⓒ민중총궐기투쟁본부

구는 "어르신, 어르신"하고 외쳤다. 그러나 노인은 아무런 반응을 하지 않았다. 한참 지나 119구급차가 도착했다. 119구급차는 사이렌을 울리며 서울대학교병원 응급실을 향했다. 달리는 구급차 뒤로 한 여성 사회자의 "민주주의 파괴하는 박근혜는 사퇴하라"는 구호가 들렸다.

세월호, 선생님 가슴에 칼을 꽂다

2015년 11월 14일, 드디어 민중총궐기대회의 날이 밝았다. 민중총궐기투쟁본부 지도부들은 거의 뜬눈으로 밤을 새웠다. 전날 각 조직을 통해 집계한 예상 참가인원은 10만 명을 넘을 것으로 집계됐다. 지역에 있는 비정규직 노동자들은 민주노총 지역노조와 전농이 임대한 전세버스를 타겠다고 몰려들었다. 이 정도면 목표 10만 명은 될 것으로 판단한 민중총궐기투쟁본부 지도부는 안도의 한숨을 내쉬었다.

민중총궐기본부가 집계한 민중총궐기 참여 인원은 노동조합 8만 명, 농민 3만 명, 시민 1만 명, 빈민 1만 명, 청년학생 2천 명, 반재벌 2천 명 등 모두 13만4천여 명이다. 특히 전농, 전국여성농민회총연합, 가톨릭농민회, 친환경농업인연합회 등 농민단체에서 3만 명이나 참여한 것은 놀라운 일이다. 이는 신자유주의 농업정책으로 쌀을 비롯한 농축산물 수입에 고통받는 농민단체의 위기감이 반영된 것이다.

민중총궐기에 이렇게 많은 인원을 동원할 수 있었던 배경에는 전세버스비로만 30억 원을 쓸 정도로 대담한 결정을 내렸기 때문이다. 한충목 한국진보연대 상임대표는 "조직과 자금이 있는 민주노총과 전농 등에서 버스를 대절하고 여비가 부족해 상경하지 못하는 학생과 재야·시민단체 회원들이 이 전세버스를 같이 이용함으로써 참가자가 크게 늘었다"고 말했다. 이영주 민주노총 사무총장은 후에 법정 최후진술에서 "그들은 쌀값, 해고 걱정 없는 직장, 국정교과서 폐기 등 얘기를 하고 싶었다"라고 말했다.

이날 2015년 전국노동자대회에 참여한 가맹노조를 보면 학교비정규직 노조가 1만 명, 공공운수노조 교육 공무직 본부 1만 명, 교직원노조 3천 ~5천 명, 화물연대본부 5천 명, 건설산업노조 5천 명, 공무원노조 3천 명 등이다. 기간제 교사와 급식 종사자 등 학교비정규직 노조와 전교조 조합원의 상당수는 여성, 그것도 30~50대 중년 여성이다.

경찰도 전국에서 워낙 많은 전세버스가 출발했다는 정보를 접하고 당황하는 모습이 역력했다. 그러나 하늘이 도와주지 않았다. 부슬부슬 초겨울비가 내렸기 때문이다. 11월 중순 초겨울 날씨에 비까지 맞으면서 장기간 집회를 이어가기 어려웠다. 촛불만 준비했던 주최 측은 서둘러 일회용 우의에 자리깔개까지 준비했다.

오후 1시 무렵 한상균 민주노총 위원장이 광화문 프레스센터 앞에서 긴급 기자회견을 열었다. 그는 6월 23일부터 경찰에 수배 중이었다. 머리에 '총파업'이라는 붉은 띠를 두른 한 위원장은 "마음대로 해고, 평생 비정규직 노동개악을 즉각 중단하고, 온 국민이 반대하는 한국사교과서 국정화 고시를 폐기하라, 재벌독식 경제체제를 폐기하고 노동자 권리를 보장하며, 최저임금 1만 원, 상시업무 정규직 고용을 법제화하라"고 소리쳤다. 한 위원장은 또 "오늘 2015년 11월 14일 민중총궐기의 날 모든 책임은 민주노총 위원장인 제가 짊어질 테니 두려워말고 저 정권의 심장부인 청와대를 향해 진격하라"고 독려했다.

경찰이 한 위원장을 체포하려 하자 조합원 100여 명이 "흩어지면 죽는다"는 파업가를 부르며 팔짱을 끼고 한 위원장을 경호했다. 한 위원장이 호위 속에 서울광장 집회 현장으로 이동하는 동안 조합원들은 "민생파탄 진짜 주범 새누리당 해체하자!", "비정규직 차별철폐! 노동개악 박살내자!" 등의 구호를 외쳤다. 서울광장에 도착한 한 위원장은 '주먹 불끈 쥐고 13만 민중총궐기에 나선다, 정치파업 불법협박 두렵지 않다. 구속 각오로 총파업, 2차 총궐기 이끌 것'이라는 제목의 기자회견문을 읽었다. 그는 "민중총궐기는 폭력행위를 하려는 것이 아니라, 민생난의 책임과 민주주의에 대해 묻고 있는 것"이라며 "한국의 세계 최장시간 노동은 취업자의 과로와 청년실업의 모순, 산재사망 1위, 창의력의 빈곤, 가족관계의 소외 등 이루 다 말할 수 없는 사회적 병폐를 낳았다"고 주장했다. 그는 또 "장시간노동 단축과 더불어 비정규직을 정규직화하고 공공서비스를 강화해 복지와 일자리를 확충해야 한다, 이것이 진정한 개혁이며 우리 사회가 합의할 수 있는 유일한 대안"이라며 "폭력은 정부가 저지르고 있다, 정부가 목에 칼을 들이대고 있는데, 우린 멈출 수 없다"고 말했다.(전문 : 자료 15)

이날 민중총궐기 시작에 앞서 오후 1시부터 서울 남대문 상공회의소 앞에서 전교조의 '민중총궐기 전국교사결의대회'가 열렸다. 정부의 엄중 경고로 교사 3천 명 정도가 참여할 것으로 예상했으나 오히려 훨씬 많은 5천여 명이 참여했다. 이날 교사들은 결의문에서 "지난 3일 한국사교과서 국정화 고시는 이미 과속 중인 개정 교육과정마저 추월함으로써 법적 정당성을 상실했으므로 원천무효"라며 "국정화 반대 교사들의 시국선언에 대한 형사고발과 비판 세력에 재갈을 물리려는 전교조 법외노조화 조치를 철회할 것"을 요구했다. 전교조 교사들은 특히 "한국사교과서 국정화 고시는 교육을 정치권력의 시녀로 부리겠다는 노골적인 선언이자 민주주의 파괴 선포"라고 비난했다.(전문 : 자료 16)

교사들은 '한국사 국정화 철회'와 '전교조 탄압 저지' 구호를 외치며 오후 2시 30분 민주노총 주최 전국노동자대회에 합류했다. 그리고 4시 광화문 민중총궐기에 나서기로 했다. 이들은 이미 20일부터 연가투쟁을 결의했다. 전교조 연가투쟁에 민주노총을 비롯한 참교육을 위한 전국학부모회, 한국진보연대, 평등교육 실현을 위한 전국 학부모회, 노동자연대, 노동자계급정당 추진위원회 등의 단체가 지지선언을 했다.

오후 1시 30분 대학로에서는 '역사 쿠테타 저지/ 세월호 진상규명/ 민주민생수호범시민대회'가 열렸다. 민주행동과 416연대, 그리고 한국사교과서 국정화저지 네트워크 등의 조직에서 1만여 명의 시민이 참여했다.

단상에는 '역사쿠데타 저지!', '세월호 진상규명!'이라 적힌 두 장의 플래카드가 붙었다. 역사 왜곡에 분노한 학자, 시민들은 '역사교과서 97% 반대 한국사 국정화 중단하라!', '한국사 국정교과서로 친일독재 교육하란 말인가', '아버지는 군사쿠데타, 딸은 역사쿠데타'라는 구호를 내걸었다.

이 자리에서 민주행동 함세웅 상임대표는 "내년과 내후년에 있을 국회의원 선거와 대통령 선거에서 이 위정자들을 바꿔야 한다"면서 "선거혁명을 위해 야권대연합을 위한 범국민운동을 펼쳐야 한다, 야권대연합을 위한 범국민운동본부를 설치할 것을 제안한다"고 호소했다. 함 상임대표는 특히 "박근혜, 새누리당, 친일파, 독재자, 분단세력을 타파하는 모든 세력이 뜻을 모아 함께해야 한다"면서 "2050년에 역사는 이렇게 기록된다, 박근혜 그 여인, 참 독하고 거짓말 잘하고 나쁜 여인이었다, 이것이 역사다"라고 일갈했다.(전문 : 자료 17)

집회를 마친 참가자들은 플래카드를 들고 행진을 시작했다. 역사학자들과 민주화운동 원로들은 '역사쿠데타 저지, 세월호 진상규명, 민주수호 시민대행진-제2의 6월 항쟁을 시작합시다'라는 플래카드를 들었다. 원로 역사학자들과 이창복 민주행동 공동대표, 조헌정 향린교회 담임목사, 한충목 진보연대 공동대표 등이 선두에 섰다. 1만 명의 시민이 뒤따른 것은 역사교과서에 분노하고 박근혜 독재에 항거한 시민들의 자발적인 행동이었다. 세월호 416연대 회원들은 대학로에서 노란 풍선을 들고 '세월호 참사 578일, 끝날 때까지는 끝난 것이 아닙니다!!!'라는 플래카드를 들고 행진에 나섰다. 청년 학생들도 대학로에서 집회를 마치고 대열에 합류했다. 을지로 쪽에서는 오후 1시 성 소수자들이 일찌감치 집회를 마쳤다.

오후 2시 태평로 숭례문 근처에서 전농 집회가 시작했다. 농민들은 상복에 '근조 청와대'라 쓰인 상여를 메고 행진에 나섰다. 이들은 '농가부채 해결! 정책금리 1%로 인하'라는 플래카드를 들었다. 그 앞 서울역에서는 이미 빈민·장애인 단체가 집회를 마치고 남대문 쪽으로 오면서 농민들과 합세했다.

2시 30분, 서울 시청 앞 서울광장에서 민주노총의 '전태일 열사 정신
계승 2015 전국노동자대회'가 열렸다. 민주노총 가맹노조들은 먼저 인근
에서 사전대회를 열어 세를 과시했다. 서비스연맹(시청광장), 대학노조(보신
각), 공공운수노조 교육공무직본부(한빛광장), 전교조(상공회의소), 언론노조
(프레스센터 앞), 건설산업연맹(SK서린빌딩), 사무금융연맹(서대문 농협 앞), 공무
원노조(파이낸스빌딩), 화학섬유연맹(시청 동편인도), 민주일반연맹(서울노동청),
공공운수노조 화물연대본부(경향신문사 앞) 등이다. 사전 집회를 마친 가맹
노조들은 시청광장으로 집결했다. 가맹 노조들은 각자의 깃발을 앞세우고
대열을 이뤘다. 언론노조 옆에는 비정규직 노조가 자리했다. 분홍색 모자
와 조끼를 입은 여성 비정규직 조합원이 대거 참여했다.

전국노동자대회를 마친 조합원들은 오후 4시 민중총궐기가 열릴 광
화문 광장으로 이동하기 시작했다. 종로에서는 원로들의 민주행동과 세월
호 416연대가 1만여 명의 시민과 함께 광화문으로 향했다. 그러나 경찰은
이 집회를 불법 정치집회로 규정하고 원천적으로 인정하지 않았다. 광화
문 광장은커녕, 광화문 통행마저 이미 봉쇄하고 있었다. 3중 차벽을 설치
하고 물대포에 최루성이 강한 캡사이신까지 분사할 계획을 세웠다. 경찰
은 세종로와 청계천 입구에 방어벽을 설치하고 그 뒤 30미터 정도 떨어진
동아일보사에서 동화면세점 사이에 또 차벽을 설치했다. 서대문 역사박물
관 앞에도 차벽을 설치해 광화문광장 진입을 막았다.

시민들은 각자의 집회를 마친 후 광화문 광장을 향해 행진을 시작했
지만 차벽은커녕 경찰 방어벽을 뚫기도 벅찼다. 경찰과 시위대의 몸싸움
이 시작됐다. 그러나 흉기나 거친 몸싸움은 없었다. 해는 지고 어두워졌다.
전농 시위대가 상여를 메고 앞으로 나섰다. 경찰의 물대포에 엉성한 나무
틀에 종이를 붙여 만든 상여는 맥없이 부서졌다. 비닐 우비를 입은 한 농민
이 부서진 상여를 보며 허탈한 표정을 지었다. 그는 농민 백남기(68)였다.

오후 6시 56분 백남기 노인이 경찰의 물대포를 맞고 쓰러졌지만 경찰은 즉시 구급차를 부르지 않았다. 경찰은 만일의 사태에 대비해 인근에 구급차 5대를 대기시켰지만 부르지 않은 것이다. 이는 경찰 '살수차 운용 지침'에 규정된 부상자 구호조치를 지키지 않은 것이다. 오후 7시 14분 다른 환자 이송 신고를 받고 세종로 119 안전센터로 가던 한 구급차를 시민이 막아 세웠다. 그리고 시민은 인파를 뚫고 구급차를 쓰러진 백남기 씨 사고현장으로 유도했다. 뇌출혈에서 가장 중요한 골든타임은 그렇게 흘러갔다.

오후 7시 30분 현장에 도착한 구급차에 백남기 농민을 싣고 출발한 것은 7시 35분이다. 구급차는 종로를 돌아 서울대병원으로 달려 7시 40분 병원 응급실에 도착했다. 백남기 농민이 물대포를 맞고 쓰러진 지 44분이 지났다. 응급실 당직인 신경외과 조 모 교수는 뇌 CT촬영을 지시했다. 백남기 농민이 CT촬영실로 옮겨진 것은 7시 59분, 그리고 8시 5분 뇌 CT촬영이 진행됐다. 결과는 더디게 나왔다. 9시 30분쯤 CT촬영 결과를 판독한 조 교수는 가족들에게 "수술을 해도 회복하기 어렵다, 치료 목적이 아니라 환자의 고통 등 불편을 덜 치료를 하겠다"고 설명하고 이를 의무기록지에 기록했다.

그러나 10시 30분쯤 등산복 차림의 백선하 교수가 응급실에 등장했다. 등산복도 갈아입지 못한 것으로 보아 어디선가 연락받고 급히 온 것이 틀림없었다. 그는 백남기 농민을 보고 "수술하자"고 나섰다. 백남기 농민 수술은 11시 35분쯤 시작돼 새벽 3시 25분쯤 끝났다. 3시간 50분 걸린 것이다. 여기서 백 교수 행적에 의문이 있다. 백남기투쟁본부가 공개한 수술 직후 동영상을 보면 백 교수가 "통증 주니 조금 움직여, 아직 뇌 뿌리 반사가 남아 있으니 수술하자 …"고 말한 것으로 나온다. 그는 이틀 후 국가인권위원회 조사관 면담에서 '함몰 부위를 살펴볼 때 단순 외상이 아니라 높은 곳에서 떨어진 사람에게 나타나는 임상적 소견'이라고 밝혔다. (국가인권위 '물대포 피해 농민 사건 기초조사 보고) 그러나 국회특위에서는 '뇌뿌리 반사'는 언급하지 않고 '만성경막하수종'을 근거로 수술했다고 말했다.[74]

만성경막하수종이란 뇌에 오래된 물혹을 의미하는 것으로 백남기 농민이 원래 가진 질병이라는 것이다. 즉 그가 수술한 것은 물대포 충격에 의한 급성경막출혈이 아닌 지병을 수술했다는 것이다. 이는 백남기 농민의 사망진단서에 명시된 '병사'를 합리화하기 위해 뒤늦게 말을 바꿨다는 의심이 든다. 백 교수는 이후 서울대 병원 조사나 국회특조위 등에서도 이 주장을 굽히지 않았다. 경찰은 백남기 농민과 관련한 상황속보에 '물포에 맞아 부상, 뇌출혈 증세로 산소호흡기 부착, 치료'로 기록했다. 뒤늦게 문제를 파악한 서울청 청문감사담당관실은 15일 새벽 살수차를 지휘하고 조종한 경찰을 조사해 감사보고서를 작성했다.

청와대, "폭력 시위를 적극 부각하라"

제1차 민중총궐기에 나온 주요 구호를 보면, 이날 민중총궐기 참석자들이 누구이며 그들의 요구가 뭔지를 명확히 알 수 있다. 첫 번째는 쉬운 해고와 비정규직 양산 등 신자유주의 경제에 저항하는 민주노총 등 진보적 노동세력이 가장 앞장섰다. 두 번째 적극 참여한 세력은 농민이었다. 전농 회원과 전국여성농민회총연합, 가톨릭농민회, 친환경농업인연합회 등에 속한 농민 3만 명이 참여했다. 결국 경찰의 물대포에 전농 회원인 백남기 농민이 쓰러졌다. 전농은 한상균 위원장 구속 이후 백남기 농민 서울대 병원 투쟁을 주도했다.

세 번째는 민중연합당으로 상징되는 과거 통합진보당 정치세력이다. 민중연합당원들은 민중총궐기 내내 깃발을 들고 가장 앞서 나갔다. 그리고 국정역사교과서 문제를 지적한 역사학자와 박근혜 독재를 저지하려는

---

74 〈한겨레〉, 2016. 10. 12.

민주화운동 원로, 세월호 유족을 비롯한 416연대 단체들이었다. 특히 민중총궐기에는 여성의 참여가 많았다. 학교비정규직 노조원 역시 대부분 30~50대 중년여성이었다. 전교조도 여성 선생님의 참여가 많았고, 세월호 관련 모임인 416연대 참가 학부모도 여성이 많았다.

이들은 박근혜 정권에서 가장 직접적으로 탄압받던 피해 당사자들로, 그들은 바로 자신의 문제를 해결하기 위해 단결하고 일어선 민중들이었다. 특히 민중총궐기에 앞장선 교사와 여성 노동자, 청년들의 시위는 애당초 폭력적이지도 않았다. 민주노총이 주도하는 시위였지만, 과거와 양상이 달랐다. 이영주 민주노총 사무총장은 "과거 민주노총 대중 집회에서는 금속노조나 건설노조가 활동이 많았다"면서 "그러나 이날 깃발 들고 나오라고 했을 때 가장 앞장 선 사람이 선생님과 청년들이었다"고 말했다. 과거 노동자, 농민 시위에서 간혹 등장했던 쇠파이프는 물론 죽창도 없었다. 차벽 설치는 위헌이라는 경찰의 과잉 통제만 아니었으면 폭력적으로 비화될 여지도 거의 없었다.

그러나 정부와 대부분 언론은 강도조절 기능이 고장 난 물대포를 그것도 살수규정에 어긋나게 마구 쏜 것에 대해 비판하지 않고 시위대의 폭력성만 부각했다. 〈조선일보〉는 '복면 뒤에 숨은 폭력' 제목의 보도(11월 18일)와 사설(11월 19일)을 실었다. 새누리당 김무성 대표는 19일 "복면 뒤에 숨은 불법 폭력 시위대를 척결해야 한다"면서 "복면착용 금지 법안을 적극 검토하겠다"고 밝혔다. 이에 새누리당 정갑윤 국회부의장은 "질서를 유지할 수 없는 집회나 시위에서 신원 확인을 어렵게 할 목적으로 복면을 착용하거나 소지하는 것을 내용으로 하는 집회 및 시위에 관한 법률 일부 개정 법률안을 25일 발의할 것"이라고 말했다. 이른바 복면금지법이다.

사실 이것은 청와대를 정점으로 이뤄진 박근혜 정권의 여론조작이었다. 민중총궐기 이후 11월 22일 열린 청와대 수석비서관 회의 내용을 보면 이병기 비서실장은 "민중총궐기대회(11월 14일) 이후 불법 폭력시위에 대한

2015년 11월 14일 민주노총이 민중총궐기에 앞서 서울 시청광장에서 '전태일 열사 정신계승 2015
전국노동자대회'를 열고 민중의례를 하고 있다. ⓒ노동과 세계 변백선

비판여론이 확산되면서 민노총이 위축되는 양상"이라며 "이번 기회에 언론을 통해 불법시위 자금·인원 동원의 원천인 민노총의 실체가 집중 조명되도록 하여, 차제에 민노총의 민낯이 확실하게 드러나게 할 것"이라고 홍보수석에게 지시했다.[75]

공영방송과 보수언론은 물론 대부분의 언론도 이에 충실히 따랐다. KBS기자협회(협회장 이병도)는 17일 성명을 내고 "최근 KBS뉴스의 집회 보도가 시위대의 책임만을 부각시키고 있다는 심각한 우려와 지적이 제기되고 있다"며 "취재진도 경찰의 물대포를 맞았다, 헌법이 보장한 집회·시위·결사의 자유를 경찰이 과잉진압으로 침해하고 있지는 않은지 낱낱이 취재하고 보도할 것을 정식으로 요구한다"고 지적할 정도였다. 이 협회장은 같은 날 사내 게시판에 "2011년 위헌 판결이 난 경찰차의 차벽설치가 현재는 위법 소지는 없는지, 헌법에 보장된 집회시위결사의 자유를 침해하진 않는지, 그리고 경찰은 살수차 등 공권력을 남용하고 있지는 않은지도 아울러 '균형 있게' 취재하고 보도해야 한다"면서 "리포트에 문제가 있다"고 지적했다. 민주언론운동연합이 작성한 당시 언론모니터 보고서에는 당시 보도를 이렇게 요약하고 있다.

〈조중동, 집회 폭력 프레임 부각으로 국민 기본권 짓밟아〉

민중총궐기에 대한 정부·여당의 공세가 도를 넘고 있다. "미국에서는 경찰이 시민을 쏴서 죽여도 80~90%는 정당하다고 나온다"(이완영 의원), "백남기 씨가 위중한 것은 경찰 물대포 때문이 아니라 '빨간 우비'를 입은 시위대 때문"(김도읍 의원) 등 새누리당 의원들의 발언은 기본적 사실조차 왜곡하는 망언이었다. 새누리당은 이미 위헌 판결이 난 '복면금지법'을 발의하기에 이르렀고, 박근혜 대통령은 "복면시위는 못 하도록 해야 할 것입니다. IS도 그렇게 지금 하고 있

지 않습니까"라는 발언을 통해 온 국민을 아연실색케 했다.

□ 보도량, 〈조선일보〉 53건 vs 〈중앙일보〉 27건

'민중총궐기' 관련 총보도량(〈표2〉 참조)은 〈조선일보〉가 53건으로 가장 많았고 〈중앙일보〉가 27건으로 가장 적었다. 기사의 1면 배치 횟수 역시 〈조선일보〉가 8건으로 가장 많았으며, 〈한겨레〉가 5건, 〈경향신문〉이 3건이었다. 〈중앙일보〉는 단 1건만 1면에 배치했다.

□ 〈조선일보〉, '집회 참가자 비판' 제목이 73% vs 정부여당 비판은 0%

이번 모니터 기간의 민중 총궐기 관련 총 204건의 제목을 ①정부·여당·경찰 비판 ②집회 참가자·야당 비판 ③양측 비판 ④판단 불가(중립, 단순 스트레이트, 제목만으로는 입장 확인이 어려운 경우)로 구분했다.(〈표3〉 참조) 5사의 기사를 종합해서 보면, 정부·여당·경찰 비판하는 뉘앙스가 담긴 제목은 26%(52건)이었다. 이에 비해 집회 참가자나 이를 옹호한 야당에 대한 비판의 뉘앙스나 문구를 담은 제목은 34%(70건)로 8%포인트 가량 높다.

이를 매체별로 살펴보면 〈조선일보〉의 간극이 가장 크다. 〈조선일보〉는 정부·여당·경찰 비판 보도를 단 한 건도 보도하지 않았으며, 집회 참가자(야당) 비판 보도는 73%(39건)에 달했다. 〈동아일보〉와 〈중앙일보〉의 경우 집회 참가자(야당) 비판 보도는 각각 48%(17건), 44%(12건)에 달했으나 정부·여당·경찰 비판 보도는 각각 3%(1건), 4%(1건)에 그쳤다. 〈경향신문〉은 정부·여당·경찰 비판 보도가 57%(25건)에 달했으며, 집회 참가자(야당) 비판 보도는 2%(1건)에 그쳤다. 〈한겨레〉 역시 정부·여당·경찰 비판 보도는 56%(25건), 집회 참가자(야당) 비판 보도는 2%(1건)으로 〈경향신문〉과 유사한 보도 패턴을 보였다.[76]

---

76 민언련, '민중 총궐기 대회' 관련 2차 신문 모니터 보고서', 2015. 12. 2.

수구언론의 이런 편파적 보도가 박근혜 정권에게 크게 유리했음은 물론이다. 12월 2일 청와대 수석비서관 회의에서 이 비서실장은 "1차 집회 시 언론이 불법 폭력 시위가 있었음을 강조 보도해 정부로서는 도움이 되었던 것처럼 언론의 관점 및 보도가 매우 중요하다"면서 "집회현장에서 불순구호, 불법 폭력, 법질서 무시 행동 등이 있을 경우 이러한 것들이 국민에게 가감 없이 전달되도록 할 것"을 정무수석과 홍보수석에게 지시했다.[77]

우리 언론은 이런 박근혜 청와대의 불법 폭력시위 강조 기조에 충실히 따랐음은 물론이다. 이런 청와대의 언론대응에 민주노총은 이어진 12월 5일의 제2차 민중총궐기를 서울에 대규모 군중을 집결하지 않는 각 지역 자체에서 벌이는 방식으로 '축소'하는 등 위축될 수밖에 없었다.

---

[77] 청와대 수석비서관 회의 자료, 2015. 12. 2.

10

한상균을 제거하라 …
조계사의 굴욕

#장면 10-1

2015년 11월 15일, 일요일인데 청와대 수석비서관회의가 소집됐다. 어제 민주노총과 전 농, 전교조 등이 강행한 민중총궐기에 13만 명에 이르는 시위군중이 모였기 때문이다. 이 는 2008년 광우병 촛불시위 이후 최대 규모였다. 좀처럼 상기된 표정을 짓지 않던 이병기 비서실장도 이날 긴장한 표정이 역력했다. 이병기 실장은 "어제 범좌파 세력들의 도로점 거, 기물파손 등 집회 불법행위에 대해 정부(경찰) 대응이 너무 방어적이었던 것 같다"면서 "집회 체포자를 포함한 범법행위자를 철저히 색출하여 엄단하고 손해배상 추진은 물론 시 위문화를 새롭게 정립하는 계기가 되도록 할 것"이라고 지시했다. 규정에 어긋난 경찰의 무 차별 물대포로 백남기 농민이 쓰러졌음에도 수세적이었다고 경찰을 나무란 것이다.

이병기는 또 "병원 이송된 시위자 백 모(69) 씨가 중상인데, 이와 관련 향후 상황변화에 대 비한 정부 대응방안도 준비할 것"을 지시했다. 현기환 정무수석을 비롯한 수석비서관들은 심각한 표정으로 이를 받아 적었다. 이병기의 지시가 그대로 시행됐음은 물론이다.

다음 날인 11월 16일에도 청와대 수석비서관 회의가 소집됐다. 박근혜 청와대 수석비서관 회의는 원래 격주 월요일 오전에 열렸다. 그러나 일요일에도 열리고, 다음날 월요일에도 이 틀 연속 열리는 경우는 매우 이례적이었다. 이날 열린 청와대 비서실장 주재 수석비서관 회 의는 다음 날(17일) 열리는 국무회의 대비 회의였다. 이날 이병기는 "내일 총리주재 국무회 의 시 총리께서 지난 주말 민중총궐기 불법시위에 대한 정부의 무관용 엄단 입장을 재차 강 조토록 할 것"이라고 정책 조정수석에게 지시했다.

이병기 비서실도 김기춘 시절의 청와대 비서실 분위기와 비슷했다. 이병기는 특히 "이럴 때 보수단체들이 폭력집회, 폭력시위자 엄정 처벌을 요구하는 목소리를 낼 필요가 있다"면서 "차제에 불법시위 자금·인력동원의 원천인 민노총 문제에 대한 사회적 공론도 이루어지도 록 할 필요가 있다"고 홍보수석에게 지시했다.[78]

민중총궐기를 폭력집회로 유도하고 사실상 관제데모를 조작하고, 민주노총이 폭력의 원천 이라는 선전을 하라는 지시다. 연이틀 계속된 박근혜의 청와대 대응은 바로 민중총궐기, 즉

---

[78] 청와대 수석비서관회 자료, 2015. 11. 15~16.

민주노총에 초점이 맞춰져 있었다. 그것은 한마디로 '한상균을 반드시 제거하라'는 특명과 다름없었다.

박근혜, 국민을 이슬람 테러집단(IS)에 비유

청와대 특명은 신속히 이행됐다. 경찰은 신속히 한상균 위원장 체포 전담팀을 구성했다. 경찰은 토요일인 2015년 11월 21일 오전 7시 30분부터 전격적으로 민주노총 서울본부와 금속노조와 노조 서울지부, 건설산업연맹, 건설노조, 플랜트건설노조, 공공운수노조 등 총 여덟 곳을 동시에 압수수색했다. 그나마 21일 토요일을 택한 것은 민주노총이 입주한 〈경향신문〉이 신문 제작을 않는 날이기 때문이다. 과거 경찰이 민주노총에 진입할 때 〈경향신문〉 제작에 차질을 빚게 했다는 비난을 받았다. 민주노총에 대한 이날 압수수색은 민주노총 설립 이후 처음이다. 경찰은 2013년 12월 당시 파업 중인 철도노조 집행부를 검거한다며 민주노총에 대한 압수수색 영장을 청구했으나 기각됐다. 이에 경찰은 체포영장만으로 민주노총이 입주한 경향신문사 1층 현관문을 부수고 민주노총 사무실을 수색한 적이 있다. 그러나 이번에 법원은 신문사 건물에 대한 압수수색 영장을 발부한 것이다.

경찰은 민주노총이 입주해 있는 경향신문사 본관과 금속노조가 입주한 경향신문 별관을 경찰력을 동원해 완전히 포위했다. 그리고 수사관 370명, 경찰관 기동대 4개 부대 320명 등 총 690명을 동원해 압수수색을 실시했다. 서울지방경찰청이 제시한 압수 대상 목록에는 △4월 16일 세월호 범국민추모행동 추모제 △4월 18일 세월호 참사 진상규명 범국민대회 △4월 24일 민주노총 총파업 △5월 1일 세계 노동절 대회 △9월 23일 민주노총 총파업 집회 △11월 14일 민중총궐기 등 주요 집회와 관련된 문서, 메모, 회의자료, 시위용품이 포함됐다. 컴퓨터, USB, 외장용 하드와 관련 복제가 불가능한 경우 저장 매체 원본 반출까지 허용한다고 명시했다. 민주노총의 모든 집회를 원천적으로 수사하겠다는 의도였다.

뒤늦게 압수수색 소식을 들은 민주노총 지도부는 사무실로 달려왔다. 민주노총 지도부는 12시 경향신문사 앞에서 긴급 기자회견을 열었다. 민주노총은 기자회견에서 "이번 기습 압수수색은 지난 14일 민중총궐기 평화행진에 대한 원천봉쇄와 백남기 농민을 사지로 몰아넣은 물대포 살인진압에 쏠린 민심의 분노를 돌리기 위한 시도"라며 "수사목록에 세월호 추모제와 4월 24일 총파업 등 민중총궐기와 무관한 사안까지 포함해 노동운동 등 비판적 사회운동 전체를 말살하려는 의도가 담겨있다"고 규탄했다. 민주노총은 이날 오후 1시 비상중앙집행위원회를 열어 대응책을 논의했다. 한 위원장도 페이스북에 "백남기 어르신의 쾌유를 빌고 있는 주말 아침"이라며 "(8개 단체 압수수색에 대해) 군사독재 시절에도 없었던 압수수색을 자행하고 있다"고 비난했다.

그러나 이것은 시작에 불과했다. 한상균 위원장 체포와 민주노총 와해를 위해 갖가지 방법이 동원됐다. 심지어 청와대는 "〈한겨레〉가 민노총을 지원하는 선전물 형태의 특별판 2만 부를 배포하겠다는 얘기가 있는데, 동향을 파악해보고 필요시 적의 대응 할 것"이라고 지시하기도 했다. 언론사 동향까지 파악해 대응하라는 지시다.

하지만 11·14 민중총궐기를 주도한 한 위원장은 16일 밤 10시 30분쯤 다른 곳으로 피신한 상태였다. 민중총궐기투쟁본부 지도부는 이미 한 위원장의 향후 도피처에 대해 다각도로 검토했다. 이영주 민주노총 사무총장은 "민중총궐기 이전부터 조계사와 명동성당 두 곳의 관계자들과 한 위원장의 피신과 관련해 협의를 마쳤다"면서 "조계사로 갈지 명동성당으로 갈지는 최종 상황을 검토해 한 위원장이 결정하는 것으로 정해진 상태였다"고 말했다.

민중총궐기투쟁본부 지도부는 경찰 체포조가 곧 명동성당과 조계사를 봉쇄할 것이라는 제보를 받았다. 지도부는 어차피 완전한 도주가 어렵다면 봉쇄하기 전에 들어가 '선전전'을 계속하는 것도 방법이라고 생각했다. 불교신도인 한 위원장은 최종적으로 조계사를 선택했다. 한 위원장은 18일 오전 도법 스님을 통해 부주지 담화 스님과 총무원 관계자를 만나 화쟁위원회 요청서와 신변보호 요청서를 전달했다. 한 위원장은 "조계사 측에게 사전 양해를 구하지 않고 들어오게 된 점 정중하게 사과 드린다"고 말했다. 조계사와 총무원 측은 처음에는 곤혹스러웠지만 일단 한 위원장을 받아들이는 것으로 입장을 정리했다.

민중총궐기투쟁본부는 이미 12월 5일 제2차 민중총궐기를 예고한 상태였다. 9개월 넘게 준비한 제1차 민중총궐기에 비추어 시간이나 자금이 부족한 상태에서, 특히 정권의 탄압으로 위원장이 도피 중인 상태에서 제2차 민중총궐기는 다소 무모해 보이기까지 했다. 그러나 한 위원장은 굽힐 줄 몰랐다. 그는 피신한 조계사에서 제2차 민중총궐기를 직접 지휘했다.

제2차 민중총궐기까지 강행하겠다는 민주노총 행보에 박근혜 정권은 큰 충격을 받았다. 그냥 한 차례 시위로 끝낼 것으로 예상했지만 '예고' 대로 제2차 민중총궐기까지 허용할 수 없었다. 청와대는 이대로 가면 대통령 레임덕으로 이어져 국정운영이 힘들 것으로 판단했다. 청와대와 정부는 물론 당에서도 강력히 대응해야 한다는 주문이 이어졌다. 박근혜의 조기 레임덕은 아직 대선을 2년이나 앞둔 새누리당에게 정국의 주도권을 넘기는 문제였기 때문이다. 11월 24일 박근혜는 국무회의 석상에서 작심한 듯 이렇게 말했다.

이번 폭력사태는 상습적인 불법 폭력 시위단체들이 사전에 조직적으로 치밀하게 주도하였다는 정황이 곳곳에서 드러나고 있다. 불법 폭력행위는 대한민국의 법치를 부정하고 정부를 무력화시키려는 의도라고 생각한다. 이번에야말로 배후에서 불법을 조종하고 폭력을 부추기는 세력들을 법과 원칙에 따라 엄중하게 처리해서 불법과 폭력의 악순환을 끊어내야 할 것이다.

특히 구속영장이 발부된 민노총 위원장이 시위 현장에 나타나서 나라 전체를 마비시킬 수 있다는 것을 보여주자며 폭력 집회를 주도했고, 대한민국의 체제 전복을 기도한 통합진보당의 부활을 주장하고, 이석기 전 의원의 석방을 요구하는 정치적 구호까지 등장했다. … 불법 폭력집회 종료 후에도 수배 중인 민노총 위원장은 경찰의 추적을 피해 종교단체에 은신한 채 2차 불법집회를 준비하면서 공권력을 우롱하고 있다. … 수배 중인 상황에서 공권력을 무시하고 계속 불법집회를 주도하는 것은 정부로서 결코 묵과할 수 없는 일이다.

특히 남과 북이 대치하는 상황인 우리나라에서 이런 일이 일어난 것은 묵과할 수 없는 일이고 전 세계가 테러로 많은 사상자를 내고 있는 때에 테러 단체들이 불법 시위에 섞여 들어와서 국민의 생명을 위협할 수도 있는 것이다. … 특히 복면 시위는 못하도록 해야 할 것이다. … IS도 지금 그렇게 하고 있지 않는가. 얼굴을 감추고서 … 정부는 국민을 불안에 몰아넣고 국가 경제를 위축시키며 국제적 위상을 떨어뜨리는 불법 폭력행위를 뿌리 뽑기 위해서 강력한 대책을 마련해서 대응해나가야 할 것이다. … 모든 국무위원들은 비상한 각오를 가져야 한다.

박근혜의 이날 국무회의 발언은 아마 재임 중 가장 강성 발언이었을 것이다. 원래 황교안 총리가 주재하기로 한 이날 국무회의는 전격 대통령 주재로 바뀌었다. 그만큼 박근혜의 청와대는 이번 기회에 분명히 해야 한다는 절박감이 컸다. 무엇보다 박근혜는 민주노총 위원장과 진보당에 대한 적대감을 그대로 드러냈다. 시위 군중을 역사상 가장 잔혹한 테러집단인 이슬람국가(IS) 테러리스트에 비유한 것은 해도 너무했다. 조계사에 은신한 한 위원장을 맹비난 한 것은 더 이상 좌고우면 말고 빨리 검거하라는 지시였다. 이날 박근혜는 국회도 강하게 비판했다. 야당에 FTA 비준동의안의 시급한 처리를 요구한 것은 물론 야당을 향해 "민생이 어렵다면서 자기 할 일은 안 하는 것은 말이 안 된다, 위선이라고 생각한다"고 말했다. 야당을 향해 '위선'이라는 용어까지 사용한 것이다.

결국 박근혜 정권은 테러방지법까지 추진했다. 법원의 영장 없이 국정원에 무한정 도·감청과 금융 계좌추적권을 주는 이 법은 사실상 위헌이었다. 이 법은 국정원의 정치인 뒷조사는 물론 민간인까지 무제한 사찰이 가능케 하는 무서운 법이었다. 박근혜 정권은 '전시나 사변, 이에 준하는 사태'라며 국회의장을 겁박해 테러방지법의 직권상정을 강요했다. 직권상정을 거부하던 정의화 국회의장은 결국 굴복했다. 2016년 2월 23일 국회에서 야당 국회의원들이 테러방지법의 위헌성과 문제점을 지적하는 필리버스터가 장시간 이어졌다. 하지만 테러방지법을 막지 못했다. 2016년 3월 2일 22시 33분 국정원은 그렇게 원하던 테러방지법을 얻었다. 바로 얼마 전까지 압수수색을 당하며 궁지에 몰리던 국정원은 거꾸로 날개까지 달았다.

특별 체포조까지 만들어 한상균 위원장 검거에 나선 경찰은 물샐틈없이 조계사를 봉쇄했다. 민주노총 지도부는 아무리 그래도 경향신문사 난입처럼 조계사에 공권력을 투입하지 못할 것이라 생각했다. 그러나 이는 오산이었다. 박근혜는 24일 국무회의에서 '종교단체에 은신해 공권력을 우롱하고 있다'고 질타했다. 이는 조계사에 공권력을 투입하라는 지시나 다름없었다. 청와대 비서실장 이병기도 27일 수석비서관 회의에서 "조계사에 피신 중인 한상균 처리문제는 불법행위자 종교시설 도피 처리에 있어 선례가 될 수 있는 만큼, 변화된 시대상황에 맞춰 새로운 원칙을 세운다는 각오로 엄정하게 법 집행토록 할 것"을 지시했다. 황교안 국무총리는 담화문까지 발표해 엄격한 법 집행을 강조하고, 김현웅 법무부 장관도 "명백히 죄를 짓고 법 집행을 거부한 채 종교 시설로 숨어 들어가 국민을 선동하고 불법을 도모하는 것이야말로 '법치 파괴'의 전형"이라고 규정했다. 한 위원장 검거에 정부 전체가 사활을 건 모습이었다.

경찰은 제2차 민중총궐기 과정에서 조계사에 사실상 연금된 한 위원장 구출 시위가 벌어질 것을 우려했다. 경찰은 한 위원장의 탈출에 대비해 몽타주까지 배포했다. 신문사까지 압수수색한 마당에 조계사에 있는 분명한 '범죄자' 체포영장을 집행하지 못할 이유가 없었다. 그만큼 박근혜 정권은 후안무치했다. 박근혜는 이명박처럼 사과하지 않았다. 오히려 국민을 이슬람테러집단(IS)에 비유하며 강경하게 나왔다. 전형적인 권위주의 정권 그것이었다. 여기에는 언론의 동조도 큰 역할을 했다.

여론은 민중세력에게 불리한 쪽으로 반전되고 있었다. 이런 여론을 틈타 청와대는 조계종 총무원장을 압박했다. 조계종 내부 분위기는 냉정하게 돌아섰다. 11월 27일 조계사에 피신한 한 위원장은 '현 시국 및 거취 관련 입장'을 발표했다. 그는 "민중총궐기가 폭력시위와 과잉진압 논란으로만 부각되는 것은 잘못"이라며 "집회시위의 자유를 사실상 원천봉쇄해 놓고 어떻게 민주주의를 말할 수 있는가"라고 반문했다. 그리고 그는 "제2차 민중총궐기 및 국민대행진은 평화적으로 진행한다"면서 "공안정국 조성을 멈추고, 노동법 개악시도가 중단되고 정부가 해고를 쉽게 하는 노동개악 지침 발표를 강행하지 않는다면 기꺼이 자진출두 할 것"이라고 말했다. 한 위원장은 화쟁위원회에 '2차 민중총궐기 평화행진 보장'과 '정부의 노동개악 중단'을 요청하고 이것이 수용되면 기꺼이 감옥에 가겠다고 말했다.(전문 : 자료집 18)

한상균, 노동법 개악 멈추면 기꺼이 감옥 가겠다

그러나 대통령이 민주노총을 비롯한 시위대를 IS에 비유한 상태에서 경찰이 할 수 있는 여지는 별로 없었다. 중재를 제안받은 조계사 화쟁위원회는 경찰 측 관계자조차 만나지 못했다. 28일 조계종 대웅전 앞에서 기자회견을 가진 도법 스님은 "경찰 측과 만남을 추진했지만 책임 있는 답변도 없었고, 공적 만남도 갖지 못했다"면서 "한 위원장의 경찰 출두를 적극적으로 설득하겠다. 그러려면 경찰과 정부도 태도를 바꿔야 한다"고 호소했다. 도법 스님은 경찰의 조계사 진입에 "폭력의 악순환을 끊겠다던 대통령의 뜻과도 배치되고 문제의 해결을 어렵게 할 뿐"이라며 "좌시하지 않을 것"이라고 강조했다. 조계종 화쟁위원회는 '공권력 투입을 우려하고 평화시위를 바라는 화쟁위원회 호소문'을 발표했다.

1. 경찰이 법 집행을 명분으로 조계사 경내로 들어온다는 풍문이 돌고 있는데 끝내 풍문이기를 바랍니다. … 만일 풍문이 아니고 이를 실행하려 한다면, 평화문화를 바라는 시민사회 종교계 불교계에 더하여 범국민의 이름으로 좌시하지 않을 것임을 분명하게 밝힌다.

2. 12월 5일 집회가 평화시위 문화의 전환점이 되도록 차벽이 들어섰던 자리에 종교인들이 사람 벽으로 평화지대를 형성하여 명상과 정근을 하며 우리 불교인들이 평화의 울타리이자, 자비의 꽃밭 역할을 하겠다.

우리는 중재의 첫걸음으로 시위문화 개선을 위하여 경찰 측과 만남을 추진했다. 하지만 안타깝게도 책임 있는 답변도 없었고, 공식적인 만남도 갖지 못했다. … 반면 시민사회단체연대회의, 민주노총, 전국농민회총연맹을 비롯한 12월 5일 집회 주최 측 등이 평화로운 집회와 시위를 먼저 약속했다. … 문제는 경찰과 정부다. … 만일 법과 질서 안에서 평화를 가꾸어야 할 책임이 있는 정부가 그 길을 외면한다면 스스로 평화를 부정하는 정부임을 자인하는 꼴이 된다.

3. 우리는 노동 관련법 처리와 관련해 … 여·야 대표를 직접 만나 조건 없는 대화의 장을 마련하도록 호소하겠다. 한상균 민주노총 위원장은 노동 관련법 개정과 관련해 노동계의 의견이 반영되도록 정부와 정치권에 대화 중재를 요청한 바 있다. … 만약 정부와 정치권이 노동계의 태도변화를 가볍게 취급하여 대화를 외면한다면 정부와 정치권은 직무유기를 하는 것이다.

한상균 민주노총 위원장은 이미 화쟁위원회의 중재가 받아들여지면 경찰에 자진 출두하겠다는 의사를 공식적으로 표명한 바 있다. … 그러려면 경찰과 정부도 태도를 바꿔야 한다. … 정부와 경찰, 정치권이 힘에 의한 문제해결 방식 대신, 차이를 존중하고 대화하는 방식을 적극적으로 채택할 것을, 상생과 화합을 바라는 국민의 열망을 더 이상 외면하지 말기를 간곡히 요청한다.

화쟁위원회 호소문은 정부 태도변화를 촉구하는 것이 주류다. 제2차 민중총궐기를 평화적으로 치르겠다는 약속도 재확인되고 있다. 조계사 공권력 투입 움직임은 다른 종교단체의 분노도 샀다. 한국기독교교회협의회 (NCCK)는 27일 "공권력이 종교의 성전을 짓밟는 것은 신앙에 대한 모독이자 탄압"이라며 "조계사에 대한 공권력 투입 시도를 즉각 중단하고 불교계의 중재 노력을 수용하라"고 경고했다. 개신교 목사 연합회인 목회자정의실천 평화협의회도 30일 서울 종로구 한국기독교회관에서 '국가폭력중단과 민주주의회복을 촉구하는 목회자 시국 기자회견'을 열어 "(한상균 민주노총 위원장의 중재 요구를 수용한) 조계사의 자비심은 종교 본연의 자리임을 확인하고 지지한다"면서 "종교의 성소에 경찰력 투입이 시도될 경우 야만에 맞서 함께 연대할 것"이라고 밝혔다. 들꽃향린교회 김경호 목사는 "국민을 IS에 비유하는 것은 국민에 대한 전쟁선포나 다름이 없으며 민주주의 포기하는 것"이라고 주장했다.

이때까지 야당 새정치민주연합은 다소 애매한 입장이었다. 청와대가 의도했던 대로 민중총궐기에서 백남기 농민이 맞은 경찰의 물대포보다, 시위대의 폭력성이 부각됐기 때문이다. 야당은 보수언론이 만든 '야당이 폭력시위대를 감싸고 있다'는 '공포 프레임'이 부담스러웠다. 문재인 대표가 29일 국회 기자회견에서 "폭력시위는 문제를 해결하는 방법이 아니다"라며 "평화적인 방법으로 주장할 때 더 많은 시민이 함께할 수 있고, 더 큰 공감을 얻을 수 있다"고 말한 것도 그 때문이다. 문 대표는 또 "경찰도 집회 자체를 금지하거나 원천 봉쇄해서는 안 된다"고 말했다. 문 대표는 양

쪽을 모두 경계한 것이다. 문재인 대표는 한 위원장이 피신 중인 조계사를 방문해 도법 스님만 만나고 돌아갔다. 한 위원장을 직접 만나는 것이 부담이 됐기 때문이다. 김성수 대변인도 "(문 대표는) 이 문제를 평화롭게 해결하기 위해 온 것이지 누굴 감싸려는 건 아니다"라며 한 위원장을 옹호하지 않음을 분명히 했다. 이 자리에서 도법 스님은 "정부·여당이 추진하는 노동개혁 5대 법안을 저지한다는 확신 없이는 경찰에 자진출두하기 어렵다"는 한 위원장의 의지를 전달했다. 문 대표는 화쟁위원회를 통해 '노동악법을 반드시 막아 내겠다'는 기본입장을 전달했다.

#장면 10-2

12월 9일 한상균 위원장 자진 출석 시한으로 정했던 오후 4시를 앞두고 조계사 앞에는 팽팽한 긴장감이 감돌았다. 배치된 경찰력은 600여 명에서 1천 명으로 늘었다. 조계사 앞에는 경찰투입 장면을 보도하려는 방송국 중계차로 붐볐다. 민변 권영국 변호사가 "조계사가 품어달라고 저희들은 요청하기 위해서 …"라고 말을 할 때 한쪽에서 보수단체 회원들은 "한상균 나와라! 한상균 나와라!"를 연호했다.

경찰 투입이 임박하자 조계사 스님과 신도 200명이 한 위원장이 있는 관음전 입구를 막고, 건물로 이어지는 구름다리를 철거했다. 나름 경찰 투입에 저항하겠다는 의미였다. 그러나 경찰은 관음전 입구를 막은 스님들을 손쉽게 끌어내고 입구를 확보했다. 4층에 있는 한 위원장의 투신에 대비해 매트리스도 배치했다. 오후 5시 경찰 검거조가 체포 작전을 시작하기 직전, 조계종 자승 총무원장이 긴급 기자회견을 열어 하루만 연기해 달라고 요구했다. 오후 5시 40분, 경찰은 조계사 제안을 받아들여 체포를 하루 미루기로 했다. 이날 밤 조계종 화쟁위원회는 한 위원장의 자진 퇴거를 놓고 막판 담판을 벌였다. 서로 고성이 오갈 정도로 갈등이 심했다.

"9일 오후 관음전은 같은 호남 출신인 담화 스님과 한 위원장 사이에 전라도 사투리로 고성이 오가는 등 격양된 분위기에 휩싸였다. … 그 시각 담화 스님은 한 위원장을 설득하다 지쳐 '한 사람 때문에 조계사는 물론이고 종단 전체가 이렇게 큰 어려움을 겪고 있다는 게 말이 되냐'며 압박했다. 이에 한 위원장은 '(나는) 2천만 노동자의 대표이니 함부로 거취를 결정할 수 없다'는 논리로 반박했다. 도법 스님이 두 사람을 자제시키며 대화를 이어갔다."[79]

결국 한 위원장은 날이 새면 조계사를 떠나기로 했다. 그는 밤새 자신의 참담한 심경을 정리했다. 같이 농성했던 한 인사는 "한 위원장은 마지막까지 조계사에 피해를 주지 않기 위해 노력했다"면서 "지금 조계사와 대립 양상으로 비치면 민주노총에 이득이 될 것이 없었기 때문"이라고 말했다. 한 위원장은 10일 11시 조계사 정문에서 기자회견문을 읽었다. 그 기자회견문은 앞서 27일 발표한 '현 시국 및 거취 관련 입장발표문'의 연장선이었다. 기자회견문은 세상에 대한 질문이고, 정권에 대한 반박이었다.

그는 "나는 해고를 쉽게 하는 노동법 개악을 막겠다며 투쟁을 하고 있다"면서 "이것이 지금 온 나라를 떠들썩하게 하고 있는 1급 수배자 한상균의 실질적인 죄명이다, 과연 이게 정상적인 나라인가?"라고 반문했다. 그는 또 "민주노총이 귀족 노동자 조직에 불과하다면 왜! 왜! 비정규직 악법을 막기 위해 온갖 탄압과 피해를 감수하며 총궐기 총파업 투쟁을 하는지, 누가 물어나 보셨습니까?"라고 물었다. 특히 그는 11월 14일 제1차 민중총궐기를 폭력시위라 하는 것에 반박했다. 그는 "국가 공권력의 폭력진압은 왜 이야기하지 않습니까? 백발이 성성한 백남기 농민이 병원에서 사경을 헤매고 누워 계시는데 어느 누가 잘못했다 말한 사람 있습니까? 사과 한마디 한 적 있습니까? 이 분이 경찰에 폭력을 휘두른 적이 있기나 한 겁니까? 왜 아무도 책임지는 놈이 없습니까?"라며 "이 시대의 가장 큰 죄는 1, 2차 총궐기를 통해서 서울로, 서울로 진격한 못 살겠다 아우성 친 노동자·농민·서민·빈민·청년·학생들의 목소리였다"고 주장했다.

그는 언론에 대해서 "껍데기만 남아 있는 민주주의마저 죽어가고 있는데 우리 언론은 왜! 말하지 않는 것인가?"라며 "나를 구속시키고, 민주노총에 대한 사상 유례 없는 탄압을 한다 하더라도, 노동개악은 결코 성공하지 못할 것"이라고 공언했다. 그는 야당에도 "대통령이 진두지휘하며 노동개악을 밀어붙이고 있는 지금 언제까지 협상 테이블에 앉아 저울질

---

[79] 〈동아일보〉, 2015. 12. 11.

을 할 것인가"라며 "재벌과 자본을 살릴 것인지 노동자와 서민을 살릴 것인지 결정하는 것이 그렇게 어렵단 말인가"라고 물었다. 그리고 "당리당략으로 또다시 정부여당과 야합하려 한다면 국민들은 야당도 절대로 용서치 않을 것"이라고 경고했다. 그는 마지막으로 민주노총 조합원들에게 "12월 16일 총파업을 시작으로 노동개악 저지를 위한 총파업 총궐기 투쟁을 위력적으로 해주시길 부탁드린다"면서 "승리할 수 있다! 승리해야만 한다! 그것은 역사가 주어진 우리의 과제이기 때문"이라고 강조했다.

12월 10일 오전 11시 20분쯤 한 위원장은 이 기자회견문을 읽고 천천히 조계사를 걸어 나와 경찰에 체포됐다. 한 위원장은 곧장 남대문경찰서로 이송됐다. 이로써 한상균 위원장의 조계사 투쟁은 30일 만에 막을 내렸다.

그날 조계사에 부처님은 없었다

청와대 분위기는 여전히 완강했다. 조계종 화쟁위원회와 협상은커녕, 야당의 중재 움직임에도 아랑곳하지 않았다. 여타 종교로의 확산을 조금

2015년 12월 9일 민주노총 한상균 위원장이 도법 스님과 함께 조계사에서 나와 경찰에 자진 출석하고 있다. ⓒ노동과 세계 변백선

우려했지만 한 위원장을 시급히 검거하는 것이 사태수습의 최선의 방법이라고 생각했다. 이는 한 위원장을 그냥 두고는 정권이 위태로울 수도 있다는 위기감이 작용했기 때문이다. 11월 29일 청와대 이병기 실장은 정책조정수석에게 다음과 같이 지시했다.

> 조계종의 한상균 민노총 위원장 은닉을 비롯하여 가톨릭정의평화위도 세계인권선언 기념일(12월 10일) 담화문에서 '역사교과서' 포함 등을 검토하고 있다고 하는데, 청와대 여당 내각 차원의 종교계 네트워크를 풀가동하여 불법폭력시위 근절, 4대 개혁 조기완수 등 국정협조 분위기를 조성하고, 자체에 국정협력을 위한 체계적 종교계 소통방안을 검토하라.[80]

청와대와 여당은 물론 정부 차원에서 내려진 '종교계 네트워크를 풀가동하라!'는 지시가 의미하는 것은 무엇일까. 당초 조계사 화쟁위원회는 한 위원장의 자진퇴거를 기다린다는 입장에서 강제퇴거로 바뀌었다. 청와대 지시가 떨어진 다음날인 30일 신도회 부회장을 비롯한 신도 15명이 관음전에 몰려가 한 위원장을 쫓아내려 했다. 이 과정에서 한 위원장 옷이 찢겨지는 등 몸싸움이 벌어졌다. 조계사는 한 위원장을 제외한 민주노총 관계자들의 퇴거를 요구했다. 이상진·김종인 부위원장 등은 30일 오후 5시 45분 서울 종로구 조계사 관음전 앞에서 긴급 기자회견을 열고 "절박한 심정으로 한 위원장의 신변보호를 조계사에 거듭 요청한다"고 사정할 정도였다.

11월 29일 청와대가 모든 종교계 네트워크를 가동하라는 지시 이후, 한 위원장의 조계사 생활은 피신이 아닌 사실상 연금 상태였다. 한 위원장은 페이스북에 스스로 '유폐'라고 표현하기도 했다. 조계사 관음전 409호

---

80 청와대 수석비서관 회의 자료, 2015. 11. 29.

실에서 생활하던 한 위원장은 4일 밤부터 407호실로 옮겼다. 창문을 통해 세상과 대화하던 그가 껄끄러웠던 것이다. 같이 있던 민주노총 관계자도 모두 나가라 하고, 노트북 사용에 "여기에 피신 온 것이지 투쟁 지휘소를 설치하러 온 게 아니지 않느냐"며 쓰지 못하도록 했다.[81]

5일 밤 제2차 민중총궐기가 끝난 후 도법 스님은 한 위원장에게 '조계사 신도회가 민중총궐기가 끝나는 6일 밤 12시 이전 한 위원장이 조계사에서 퇴거할 것을 결의했음'을 통보했다. 도법 스님은 11시 30분 다시 한 위원장에게 퇴거를 요구하고, 다음날 7일 새벽 3시 또다시 한 위원장을 찾아 퇴거를 요구했다. 심지어 최소한의 의식주도 제공받지 못했다는 주장도 있다. 같이 있던 민주노총 관계자는 "출입문을 잠궈 식사도 제대로 할 수 없어 컵라면을 먹거나, 사실상 단식이 강요됐다"고 증언했다. 심지어 "한 위원장이 잠을 자지 못하도록 일부러 번갈아 찾아와 얘기하게 했다"면서 "한 위원장이 너무 힘들어 '밖에 텐트를 치고 자겠다'고 했을 정도였다"고 말했다. 한 위원장의 조계사 투쟁은 〈불교닷컴〉을 통해 나름 세상에 알려졌다.[82] 이 보도와 관련해 조계사 측의 반론도 있지만, 한 위원장의 조계사 생활은 매우 힘들었음이 분명하다.

조계사의 이러한 움직임은 청와대 비서실장의 '종교계 네트워크를 풀가동 하라'는 지시에 따른 것임은 물론이다. 청와대는 조계사에 대한 압박을 통해 한 위원장을 쫓아내는 것은 물론 조계사에 공권력 투입 계획까지 세워놓았다. 합법적 노조인 민주노총 사무실에 대한 사상 최초의 압수수색, 경향신문사 건물을 압수수색까지 한 마당에 '주범'을 체포하기 위한 조계사에 공권력을 투입하는 것도 어렵지 않은 문제였다. 12월 8일 구은수 서울경찰청장이 조계사를 찾아 "경찰은 한상균의 도피행위를 더 이

---

81 〈동아일보〉, 2015. 12. 11.
82 〈불교닷컴〉, 2015. 12. 11.

상 좌시할 수 없다"면서 "9일 오후 4시까지 한상균 위원장이 자진출석하고 이에 응하지 않으면 영장을 강제 집행하겠다"고 사실상 최후통첩을 했다. 이에 민주노총은 수도권 조합원을 동원, 이를 저지하겠다고 발표했다. 서울 한복판 조계사에서 경찰과 민주노총 조합원의 물리적 충돌이 임박한 것이다.

이런 첨예한 대치국면에 중재에 나선 것은 다른 종교단체였다. 천주교정의구현사제단은 9일 "손대지 마라. 그에게 아무 해도 입히지 마라"(창세기 22장 12절)는 성경 구절을 인용하며 조계사 침탈을 멈추라는 긴급성명을 발표했다. 정의구현사제단은 또 "정부는 그동안 국가권력을 올바로 행사했는지에 대한 깊은 반성을 해야 마땅하다"면서 "조계사에 대한 겁박과 침탈 그리고 민주노총 한상균 위원장에 대한 탄압을 즉각 중단하고 노동자의 존엄과 정당한 권리를 보장하는 노동법 제정에 힘써주기를 바란다"고 말했다. 성공회 정의평화사제단과 나눔의집 협의회도 성명을 내고 "종교는 억울하게 고통받는 사람들의 마지막 피난처가 되어야만 한다"며 "평화와 자비의 상징인 종교시설에 의탁한 한상균 민주노총 위원장에 대한 모든 폭력적이고 강제적인 행위에 강력히 반대한다"고 선언했다.

결국 조계사 대치는 12월 10일 한 위원장이 스스로 조계사에서 걸어나와 경찰에 체포되는 것으로 마무리됐다. 이에 우희종 바른불교 재가모임 상임대표(서울대 교수)는 '한상균 넘겨준 도법 스님, 화쟁 실천 맞습니까'라는 제목의 칼럼에서 화쟁위원회를 비판했다. 우 교수는 "거듭된 거취결정 요구는 상호 조율은커녕 부처님의 대자대비 품으로 피신한 이에게 빨리 나가라고 등을 떠미는 것과 다름없었다"면서 "이번 한상균 위원장의 조계사 피신과 자진출두 경과를 들여다볼 때 '종교를 빙자한 약자에 대한 위선'이 아닌가 하는 생각이 든다"고 주장했다.[83]

83 〈오마이뉴스〉, 2015. 12. 12.

이에 도법 스님은 "한 위원장 문제를 처리하는 과정에 아쉬운 대목은 있었지만 부끄러운 부분은 없다"며 반박했다.[84] 백양사 방장인 지선 스님은 "당시 정부는 한 위원장을 끌어내기 위해 전국 본사주지에게까지 압력을 넣었다"면서 "전국 본사주지는 정부가 사찰 보조금을 주지 않으면, 사찰관리가 어렵다"고 토로했다. 지선 스님은 "신문사(경향신문사)도 난입하는 정부를 막기에는 역부족"이라며 "조계사 입장에서 나름 최선을 다했다"고 해명했다.

이영주 민주노총 사무총장은 "2015년 조계사에 부처님이 계셨더라면 그렇게 행동하지 않았을 것이다. 그때 조계사에 부처님은 없었다"면서 "종교라는 최소한의 예의마저 버린 것으로 가슴이 아팠다"라고 말했다. 이 사무총장은 또 "한 위원장이 명동성당으로 갔더라도 쫓겨 나왔을 것이다. 우리가 명동성당을 접촉할 때 '최선을 다해줄 수 있으나, 주교단이 지켜줄 수 없다고 결정하면 우리도 어쩔 수 없다'는 대답을 들었다. 종교도 우리를 지켜줄 안식처가 되지 못했다"고 말했다.

한상균 위원장에게 경찰은 2015년 4월 16일 세월호 추모집회 때 일반교통방해죄, 4월 18일 세월호 진상규명 범국민대회 때 일반교통방해죄 및 해산명령불응죄, 4월 24일 민주노총 총파업과 5월 1일 노동절 집회와 9월 23일 민주노총 총파업 집회 때 일반교통방해죄 및 주최자준수사항 위반죄, 11월 14일 민중총궐기 금지 통고 집회 추진 및 일반교통방해죄와 특수공무집행방해치상죄를 적용했다. 심지어 경찰은 12월 18일 민중총궐기라는 불법·폭력행위를 조직적으로 기획하고 사전 모의한 정황을 확보했다며 소요죄를 추가로 적용해 검찰에 송치했다. 소요죄를 적용한 것은 1980년 5·18 민주화운동과 1986년 5·3 인천항쟁 지도부에 단 두 차례 적용됐을 뿐이다. 군사독재 시절에 있었던 소요죄가 다시 등장한 것이다. 그러나

---

84 〈불교닷컴〉, 2015. 12. 11.

검찰은 소요죄를 제외하고 기소했다.

한 위원장의 자진 출두는 또 다른 상황 반전을 낳고 있었다. 그의 행보는 종교계와 야당의 중재와 협조를 이끌어 내면서 예정된 제2차 민중총궐기 단초를 마련한 것이다. 한 위원장은 평화적 집회를 약속하고 종교계가 이를 보증하고, 경찰은 차벽이나 물대포를 사용하지 않기로 합의한 것이다. 이는 촛불혁명 국면에서 또 하나 반전의 순간이다.

11

전봉준의 후예,
촛불을 이어받다

#장면 11-1

2015년 12월 5일 오후 제2차 민중총궐기가 시작됐다. 오후 1시 청계천 광통교 앞에서 청소년 민중총궐기를 시작으로, 광화문 파이낸스 빌딩 앞에는 역사교과서 국정화저지 네트워크 주최 국민대회가 열렸다. 오후 2시에는 천주교·불교·기독교·원불교 등의 종교인평화연대 기도회가 열렸다. 종교인들의 손에 붉은 장미꽃 한 송이가 들려 있었다. 오후 2시 50분 각지에서 행사를 마친 단체들이 서울 시청 앞 서울광장으로 모이기 시작했다. 정부의 복면시위 처벌 주장에 항의하기 위해 참가자들은 일부러 갖가지 가면을 썼다. 주최 측 주장 5만 명(경찰 추산 1만5천 명)으로 제1차 민중총궐기보다 규모는 작았지만 만만한 규모가 아니었다.

오후 3시 백기완 선생을 비롯한 민중단체 원로들이 '박근혜 퇴진' 플래카드를 들고 광장으로 들어왔다. 시위 참가자들은 '밥쌀 수입이 웬수다!!', '백남기 농민을 살려내라', '국민의 목소리를 들어라', '국정교과서 폐기', '빈곤철폐' 등의 구호를 외쳤다. 오후 3시 35분쯤 한상균 민주노총 위원장의 영상 메시지가 낭독됐고, 이어 제2차 민중총궐기 선언문이 발표됐다. 집회는 박근혜 퇴진 요구로 절정에 이르렀다. 일부러 복면을 쓴 민중총궐기 참가자들은 퍼포먼스까지 벌였다. 유쾌한 행사였다.

민중총궐기 2부 행사인 '백남기 농민 쾌유기원 국가폭력 규탄 범국민 문화제'를 마친 참가자들은 백남기 농민이 있는 서울대 병원으로 행진을 시작했다. 주최 측은 민중총궐기 참가자들에게 카네이션 1만 송이를 지급했고, 서울광장 쓰레기를 말끔히 청소했다. 4시 40분부터 시작된 시위 대열은 종로 보신각에 이르렀다. 경찰은 시위대가 종로 보신각에서 조계사로 진입, 경찰이 포위한 한 위원장을 구출하는 사태가 벌어질 것을 가장 우려했다. 경찰은 종로에서 조계사로 향하는 길목에 5중, 7중의 경계망을 치고 대비했다. 사방에 어둠이 깔렸다.

다행히 시위대는 종로 2가로 돌아 종로3가 쪽으로 이어졌다. 6시 35분쯤 시위대가 대학로에 도착했고, 대학로에서 연좌시위가 시작됐다. 자연스레 촛불이 켜졌다. 백남기 농민과 대책위 지원을 위한 모금도 시작됐고, 7시 35분 쯤 촛불문화제가 시작됐다. 백남기 농민을 치료하던 의료진이 "백남기 농민은 뇌파가 희미하게 살아있지만 상태가 매우 심각한 상황"

이라고 설명했다. 백남기 농민의 딸이 인사하고 간단한 촛불문화제가 열렸다. 8시 40분 쯤 제2차 민중총궐기는 평화적으로 끝났다.

국면 반전에 성공한 제2차 민중총궐기

2015년 11월 14일 제1차 민중총궐기를 마치고 고향으로 향하던 농민들은 백남기 농민이 물대포에 맞고 서울대 병원으로 실려 갔다는 황망한 소식을 들었다. 일부 농민들은 오던 길을 돌아 서울대병원으로 달려갔다. 12월 16일 농민단체는 강신명 경찰청장의 처벌을 요구했으나 경찰은 "경찰 살수차 운용에 문제가 없다"고 강변했다. 농민들은 12월 17일 민중총궐기투쟁본부 요원들과 함께 서울대병원 후문에 천막을 치고 무기한 농성에 들어갔다. 다음날인 18일 백남기 농민 가족은 민중총궐기에 대응한 경찰 7명(강신명 경찰청장 등)을 살인미수 혐의로 고발했다. 또 경찰의 물대포 사용에 위헌 헌법소원 제기하고, 19일에는 116개 단체가 경찰청장 사퇴 촉구

2015년 12월 5일 제2차 민중총궐기에 참여한 노동자, 시민, 종교인들이 꽃을 들고 평화시위를 강조하고 있다. ⓒ노동과 세계 변백선

시국선언을 했다.

　하지만 대통령이 직접 나서 시위 국민을 IS에 비유하고, 청와대의 기민한 여론공작과 정치권의 공안몰이로 주최 측인 민주노총과 전교조 등 민중세력은 오히려 궁지에 몰렸다. 이런 위기 상황에서 나선 세력은 바로 '농민'이었다. 농민들은 경찰의 폭력진압에 항의하고, 백남기 농민에 대해 사죄, 그리고 민중총궐기를 호도하지 말 것을 경고했다.

　11월 23일 가톨릭농민회(회장 정현찬), 전국여성농민회총연합(회장 강다복), 전국농민회총연맹(의장 김영호) 등 농민 3단체는 "11월 14일 민중총궐기를 폭력집회로 매도하면서 검거선풍과 압수수색을 벌이고 있다"면서 "책임은 대통령에게 있다. 노동법, 교과서 국정화, 밥쌀 수입을 강행하면서 이에 반대하는 국민들을 적을 대하듯이 몰아붙인 결과"라고 주장했다. 그리고 농민들은 "박근혜 대통령은 서울대병원에 와서 가족과 농민들을 위로하고 사과하는 일부터 해야 한다"고 강조했다. 매우 진솔하면서도 순진한 성명이었다. 농민단체가 노동법과 역사교과서 국정화 문제를 제기한 것은 그만큼 주변에 우군도 없고, 긴박했다는 얘기다. 주변에서 아무도 힘이 되어주지 않았던 것이다.

　제2차 민중총궐기 역시 민주노총이 주도했지만, 이번부터 전농 등 농민단체가 앞장서기로 했다. 폭력성이 부각된 민주노총이 뒤로 빠지고, 물대포에 희생된 백남기 농민을 앞세운 전략적 선택이었다. 제2차 민중총궐기 집회신고도 '생명과 평화의 일꾼 백남기 농민의 쾌유와 국가폭력 규탄 범국민대책위원회'(백남기대책위)로 바뀌었다. 백남기대책위는 11월 24일 기존 민중총궐기투쟁본부에 참여연대를 비롯한 소비자·여성·환경단체가 추가로 가담해 101개 단체가 연대해 새로 만들었다. 백남기대책위는 "여러 사회적 현안(민중총궐기 4대 요구 등)이 존재하지만 무엇보다 우선해 공권력의 살인적 폭력에 대해 정확한 진상규명과 정부의 책임 있는 사과, 재발방지 대책, 백남기 농민의 명예회복 등의 요구를 실현하는데 전력 집중할 대책 기구"라고 밝혔다. 백남기대책위는 사실상 민중총궐기투쟁본부의 연장선으로 특히 전농 등 농민단체가 큰 역할을 했다.

11월 29일 백남기대책위는 12월 5일 정오부터 오후 9시까지 서울광장에서 경찰의 물대포에 쓰러진 백남기 농민이 입원한 서울대병원 인근까지 7천여 명이 행진하겠다고 집회 신고를 했다. 물론 300여 명의 질서요원도 배치하겠다는 '안전판'도 넣었다. 제2차 민중총궐기는 제1차 민중총궐기에 참여한 56개 단체보다 늘어 118개 단체가 참여했지만 여전히 주동단체는 민주노총과 전농 등 민중단체였다. 제2차 민중총궐기는 민주노총의 각 지부에서 서울에 올라오는 상경대회가 아닌, 각 지역에서 치르도록했다. 상당한 비용이 드는 인력동원을 20일 만에 연거푸 한다는 것은 민주노총으로서도 부담이기도 했다. 그보다 박근혜 정권과 언론이 합작해 민주노총의 폭력성을 과장, 민중총궐기 의미를 왜곡하는 빌미를 줄 수 있기 때문이다.

그래도 제1차 민중총궐기에 놀란 경찰이 제2차 민중총궐기를 허가할리 없었다. 백남기대책위는 3차례나 계속 이의를 제기했지만 경찰은 불허방침을 바꾸지 않았다. 결국 백남기대책위는 경찰 처분이 부당하다고 행정소송을 제기했다. 다행히 서울행정법원 행정6부(김정숙 부장판사)는 12월 3일 백남기대책위가 서울지방경찰청장을 상대로 낸 옥외집회 금지통고 집행정지 신청을 받아들였다. 재판부는 "1차 민중총궐기를 주도한 민주노총이 2차를 주도해도 집회가 반드시 과격해진다고 볼 수 없다"면서 "신청인은 집회를 평화적으로 진행하겠다고 수차례 밝혔고, 1차 민중총궐기 이후 11월 28일 집회도 평화롭게 진행됐다"고 판단했다. 재판부는 또 "주최측이 질서유지인 300명을 두고 도로 행진을 하겠다고 신고하는 등 교통소통을 이유로 집회를 금지할 수 없다"며 "집회금지 효력을 정지해도 공공복리에 중대한 영향을 미칠 우려가 있다고 보기에 부족하다"고 결정했다.

경찰은 법원 결정에 '즉시항고'할 것을 고민했지만 현실적으로 5일 집회 전 새로운 판결이 나기 어렵다고 판단했다. 사실 민중총궐기에는 민주노총에 소속된 변호사들도 큰 역할을 했다. 이들은 과거와 달리 정부의 일방적 결정에 법적 권리를 찾고 대응하는 역할을 했다. 2001년 만들어진 민주노총 내 법률원은 노동운동도 법으로 대응하는 시대를 연 것이다.

정부 측 대응도 긴박하게 돌아갔다. 12월 2일 청와대에서 긴급 수석비서관 회의가 열렸다. 12월 5일로 예정된 제2차 민중총궐기를 막기 위해 보수단체를 동원하는 관제데모까지 지시했다. 보수단체는 이미 청와대와 국정원이 재벌, 전경련 자금을 통해 관리하고 있었다. 이날 이병기 비서실장은 다음과 같이 지시했다.

> 집회 당일, 야당은 '평화감시단', 언론노조는 '취재방해감시단'을 운용한다고 하는데, 이들의 경찰관 자극행위, 경찰과 집회 시위자 간 충돌 행위 등에 대해 신경을 쓰며 대응토록 할 것. 보수단체들이 2차 민중총궐기 집회에 맞대응하여 불법폭력시위 규탄 집회를 연다고 하는데, 개별 단체별 산발집회에 그치지 말고 기왕에 최대한 결집된 보수 세력 목소리가 명확히 전달되도록 할 것.[85]

청와대 수석회의는 제2차 민중총궐기대회 바로 전날인 4일에도 열렸다. 행정법원이 제2차 민중총궐기 집회금지에 대한 대책을 논의하는 자리였다. 이날 청와대 비서실장은 정무수석과 민정수석에게 "법과 원칙에 따라 불법폭력 시위자 현장 검거 등 엄정대응 할 것"을 지시했다.

5만 명이 서울 도심에 모인 제2차 민중총궐기 역시 대규모 집회였다. 전세버스를 동원한 적극적인 인원동원을 하지 않은 상태에서 5만 명이 모였다는 것은 대단한 성과였다. 제2차 민중총궐기 역시 제1차 민중총궐기와 규모만 조금 작았을 뿐 시위대의 주장과 요구는 크게 다르지 않았다. 이

---

85 청와대 수석비서관 회의 자료, 2015. 12. 3~12. 5.

날 시위대는 노동개악, 농민 생존권 보장, 노점 탄압과 강제철거, 친일 독재미화 역사교과서 국정화 폐지, 세월호 특조위 무력화 저지, 통합진보당 해산과 종북몰이 중단 등을 요구했다. 민중들은 이때부터 박근혜를 '대통령이라는 자'라고 호칭, 사실상 대통령에 대한 예우를 거두어 들였다.

이날 민중총궐기투쟁본부는 "이런 자를 어찌 대통령이라 할 수 있으며, 대통령 자격이 있다 할 것인가!"라며 "국민이 반대하는 역사교과서 국정화를 밀어붙이고 민주주의를 파괴하며 민생을 돌볼 의사 없이 공안탄압이나 일삼을 요량이라면 그냥 물러나는 게 좋을 것"이라고 주장했다. 마지막으로 민중들은 "백남기를 살려내라!! 살인진압 규탄한다!! 공안탄압 중단하라!! 노동개악 저지하자!! 박근혜는 물러나라!!"고 외쳤다.(전문 : 자료 19)

조계사에 피신 아닌 사실상 연금 상태에 있던 한 위원장은 제2차 민중총궐기에 영상 메시지를 보냈다. 한 위원장은 "수백 명이 구속, 수배, 체포, 소환되고 있다"면서 "30년 전 군사독재시절에나 있었던 일들이 백주대낮에 벌어지고 있다"고 주장했다. 그리고 친일·독재 미화 역사교과서, 노동개악과 민주노총 침탈, 반농업정책, 노점상 단속, 청년 일자리 문제를 제기했다. 이날 한 위원장은 박근혜 정권에 대한 불복종을 선언했다. 이는 제2차 민중총궐기 대회사에서 박근혜에 대한 대통령 예우 철회와 같은 맥락이다. 한 위원장은 "오늘부터 폭력적 공권력에 단호히 불복종을 선언해야 한다"고 말했다.

그러나 그것은 정권이 주장하듯이 폭력혁명을 의미하는 것은 아니었다. 이날 한 위원장은 "내년(2016년) 총선에서 600만 표가 얼마나 무서운지 오만한 정권에게 보여주어야 한다"면서 "대선(2017년)에서는 대단결로 파쇼정권을 누리는 유신부활을 막아내야 한다"고 말했다. 분명하게 선거를 통한 합법적인 민주혁명을 주창한 것이다.

5만 명이 참가한 제2차 민중총궐기는 평화적으로 진행됐다. 이 제2차 민중총궐기는 촛불혁명 과정에서 몇 번의 반전 국면 중 하나로 평가할 수 있다. 첫 번째는 이날 집회가 비폭력 평화적으로 치러지면서 제1차 민중총궐기 때 각인된 민주노총 중심으로 한 민중총궐기투쟁본부의 '조작된 폭력성' 인식이 상당히 완화되는 계기가 됐다. 종교계 중재도 있었지만 제2차 민중총궐기에서는 이른바 '근혜산성'이라 부르는 경찰차벽과 물대포가 등장하지 않았다. 차벽과 물대포가 없으면 평화적 집회가 열린다는 점을 확인시킨 것이다. 민주노총의 폭력성을 오해했던 여론은 이때부터 부분적이지만 우호적 기류가 나타났다. 상대적으로 사경을 헤매는 백남기 농민이 부각되면서 규정에 어긋난 경찰의 물대포, 즉 폭력경찰 문제가 제기되기 시작했다.

두 번째는 제1야당 새정치민주연합이 처음으로 동조했다는 것이다. 제2차 민중총궐기에 문재인 대표를 비롯한 당직자와 국회의원 40여 명이 푸른 머플러를 하고 '평화'를 새긴 배지를 달고 집회에 참석했다. 문 대표는 "경찰의 임무가 폴리스라인을 지킨다면 우리는 피스라인을 지키는 것"이라며 "우리의 임무는 이 시위가 평화롭게 이뤄지도록 하는 것"이라고 말했다. 문 대표는 또 백남기 농민을 언급해 "69세 된 노인이 온 세계가 지켜보는 가운데 물대포를 맞아 사경을 헤매는 불상사가 생겼다"며 "이제 다시 평화적 시위문화를 되살려야 한다"고 강조했다. 비록 야당의원이 '박근혜 퇴진'이나, '국정교과서 항의'를 주장하지 않고 경찰과 시민의 충돌을 막기 위한 '평화 지킴이' 역할에 머물렀지만 야당이 처음으로 민중총궐기 현장에 함께 했다는 것은 적잖은 의미가 있다.

세 번째는 이때부터 주말 촛불시위가 일상화되기 시작했다. 제3차 민중총궐기대회는 2주 후인 12월 19일 주말에 다시 예고됐다. 박근혜 퇴진 요구가 단발적인 행사로 그치는 것이 아니라 주말 촛불로 일상화되기 시작한 것이다. 이는 박근혜 퇴진 시위가 하나의 즐거운 주말문화 양상으로 진화하고 있음을 의미한다. 박근혜 퇴진, 탄핵 요구가 점차 대중의 일상으로 파고 들고 있다는 증표였다.

네 번째는 박근혜 정권의 조급성과 비이성적 대응이 나타나기 시작했다는 점이다. 정당한 공권력 행사가 아닌 '동원'과 '조작' 등에 의한 공작적 대응이 나타나기 시작했다. 대표적인 것이 관제데모의 등장이다. 청와대에서 논의된 보수단체의 관제데모 동원은 실제 그대로 시행됐다. 제2차 민중총궐기가 있던 날 군복을 입고, 붉은 모자를 쓴 보수단체와 노인들이 '국민혈세 좀 먹는 세월호 특조위 즉각 해체하라', '국가혼란 획책하는 반정부세력 처단하다'는 구호를 외쳤다. 이는 청와대 입장에서 반대여론의 존재를 부각시키는데 성공했다고 자평할지 모르지만, 국민에게는 오히려 역효과를 낸 측면이 크다. 누구라도 일당에 의해 혹은 관제 동원된 시위라는 것을 알았기 때문이다.

다섯 번째는 투쟁 전선 일부가 청와대와 민주노총에서 상당 부분 서울대 병원과 전농·가농·전여농 등의 농민투쟁으로 옮겨간 것이다. 이는 12월 10일 민주노총 한상균 위원장의 구속에 따른 것이기도 하지만 경찰폭력의 실질적 피해자 백남기 농민의 생사가 주된 관심으로 떠올랐기 때문이다. 이제 투쟁의 관심은 서울대학병원 후문 대학로에 있는 천막농성장이었다. '백남기 농민 국가폭력 사태 발생 ○○일째'라는 플래카드를 내걸고 매일 간략한 미사가 열린 낡고 보잘것없는 천막 농성장은 향후 민중총궐기 투쟁의 '정리 집회' 장소가 됐다. 그리고 이곳은 박근혜 정권에 대항하는 양심의 마지막 성지가 됐다.

이런 기류는 청와대 움직임에서도 확인된다. 12월 11일 열린 청와대 수석비서관회의에서 비서실장 이병기는 "서울대 병원 백남기 씨 상태가 최악 상황으로 될 경우 농민단체들의 시위가 예상되는 바, 농민 시위 시 제어방안 등에 대해 미리 검토해 볼 것"이라고 경제수석에게 지시했다.[86]

---

86 앞의 자료, 2015. 12. 11.

#장면 11-2

2015년 12월 19일 오후 제3차 민중총궐기가 열렸다. 제3차 민중총궐기는 김정열 전국여성농민회총연합 사무총장이 "문화제는 한계가 있어 구호를 외치지 못하지만 악기와 함성으로 다른 어떤 집회보다 뜨거운 집회를 만들어가자"며 대회를 선언했다. 최종진 민주노총 수석 부위원장은 "200만 원도 못 받는 비정규직이 절반이다. 이 땅의 노동자에게 미래가 있는가"라며 "박근혜 정권하에서 희망퇴직이라는 이름으로 살인해고가 강압적으로 이뤄지고 있다. 민주노총 투쟁에 함께해야 노동자의 생존권을 보장받을 수 있다"고 호소했다.

김영호 전농 의장은 "맨날 해고만 당하지 말고, 박근혜 권력을 우리가 해고하자"면서 "박근혜 권력을 파면시키자"고 비판했다. 조덕희 전노련 의장은 "정당한 국민의 권리인 집회, 시위를 하겠다고 거리에 나선 사람을 차벽으로 막고 물대포를 발사해 농민을 죽게 만들었다"면서 "국민을 불안하게 만들고 국민을 향해 공안 통치를 자행하는 자들이 소요죄에 해당하는 범죄자"라고 일갈했다. 한국진보연대 박석운 공동대표는 "유관순에게 적용된 죄명이 소

2015년 12월 19일 제3차 민중총궐기가 정부 불허 방침으로 서울 광화문광장에서 '소요문화제' 형태로 열렸다. 제3차 민중총궐기에 참가한 시민들은 정부의 복면 시위 엄단 방침에 맞서 다양한 가면과 소음도구를 준비했다. ⓒ노동과 세계 변백선

요죄였고, 전두환 독재 정권 때 광주 민중항쟁에 적용된 죄명이 소요죄였다"면서 "하지만 유관순은 독립유공자고, 광주민중항쟁에 앞장선 분들은 모두 민주화 유공자다, 역사는 이런 것"이라고 말했다.

드디어 민중이 광화문광장을 열다

원래 민중총궐기투쟁본부는 제3차 민중총궐기를 서울역광장에서 연다고 발표했다. 그러나 남대문경찰서는 보수단체인 고엽제전우회가 사전에 집회를 예약했다는 이유로 집회를 불허했다. 실제 고엽제전우회는 이날 집회를 하지 않았다. 다른 장소도 마찬가지였다. 정권은 민중총궐기를 저지하기 위해 보수단체를 동원해 서울역 앞, 시청 앞 서울광장 등 집회를 열 만한 장소 모두에 사전 집회신고를 냈다. 이 거짓 집회 신고는 청와대에서 보수단체를 적극 활용하라는 지시에 의한 것임은 물론이다.

민중총궐기투쟁본부는 그러나 '문화제' 형식으로 치른다며 서울시로부터 광화문광장 사용허가를 받아냈다. 경찰은 집회신고를 안 한 불법집회로 규정했지만, 민중총궐기투쟁본부는 서울시로부터 허가를 받았다며 행사를 강행했다. 박석운 한국진보연대 상임대표는 "당시 서울시의 이 결정은 촛불혁명 과정에서 의미 있는 모멘트였다"고 증언했다. 사실 시청 앞 서울광장이나 청계광장 등에서 열리던 민중총궐기가 광화문광장에서 열리게 된 것은 적잖은 의미가 있다. 세월호 농성장이 있는 광화문 광장에서 집회가 열리면서 자연스럽게 민중총궐기가 세월호와 결합한 것이다.

이에 박원순 서울시장은 "덕수궁 대한문 앞은 새누리당 출신 구청장인 중구청 관할로 쌍용차 해고노동자 시위를 도울 길이 없었다"면서 "광화문광장은 서울시 관할이라 사용을 허가했다"라고 말했다. 박 시장은 또 경찰이 물대포를 사용하지 못하도록 경찰 살수차에 물을 제공하지 말 것을 서울소방본부에 지시하기도 했다. 많이 알려지지 않았지만 박 서울시장의 이러한 노력도 촛불혁명 전개과정에서 의미 있게 기록돼야 할 대목이다.

제3차 민중총궐기 역시 서울 상경투쟁이 아닌 전국에서 동시다발 형태로 열렸다. 서울에만 1만 명(경찰 추산 2,500명) 전국적으로 2만 명이 참여한 것으로 집계했다. 민주노총 위원장의 구속으로 동력은 다소 약화됐지만 민중총궐기는 다양하게 '진화'하면서 축제 혹은 일상화되고 있었다. 경찰이 한 위원장에게 전두환 시절에 적용했던 '소요죄'를 적용하기로 한 것을 조롱하는 의미에서 제3차 민중총궐기는 '민중총궐기 문화제' 혹은 '소요문화제'라는 이름을 붙였다. 소요라는 말처럼 꽹과리나 호루라기, 심지어 냄비를 두들기는 소란스러운 시위를 한 것이다. 이날 시위에도 박근혜가 복면한 시민을 IS에 비유한 것을 빗대 다양한 가면이 등장했다. 심지어 '혼이 비정상'이라는 박근혜를 조롱해 빨간 한복을 입은 무당 차림의 시위자도 등장했다. 권력에 대한 풍자와 조롱이 잔뜩 담긴 새로운 차원의 시위였다.

　이날 주최 측이 발표한 선언문은 노동개악, 농민파탄이라는 큰 주제에서 제2차 민중총궐기에 비해 큰 차이가 없다. 세월호 참사를 야기한 무능함과 백남기 농민에게 물대포를 발사한 무자비함에 대한 비난 역시 다를 바 없다. 여기에다 국정원과 국군기무사 사이버사령부 대선 댓글개입 문제를 제기함으로써 박근혜 정권 정통성 문제를 제기했다. 구속된 한상균 위원장에 대한 소요죄 적용에 대한 비난도 새롭게 추가됐다. 특히 여성과 장애인, 이주민, 성소수자 등을 낙인찍고 혐오의 대상으로 삼는 인권 경시 현상에 문제를 제기한 점이 눈에 띄는 특이점이다.(전문 : 자료 20)

　소요문화제가 끝난 4시 30분부터 '노동개악 저지! 백남기 농민 쾌유 기원! 박근혜 정권 퇴진! 민중총궐기 대행진'이 이어졌다. 광화문에서 종로5가를 돌아 대학로 서울대 병원까지 행진이었다. 5시 30분 시위대는 백남기 농민이 투병 중인 서울대 병원 후문 앞에 도착했다. 이 자리에서 정현찬 가톨릭농민회장이 다음과 같이 말했다.

　"백남기 동지는 36일째 사투를 벌이고 있다. 또한 이 땅 노동자들의 아픔을 안고 한상균 민주노총 위원장은 옥살이를 하고 있다. 이들은 이 땅의 농민을, 노동자를 사랑한 죄밖에 없다. … 박근혜 정권은 국가권력에 의해 죽어가는 백남기 동지를 36일 동안 내팽겨치면서 아무도 거들떠보지 않는다. 이제 우리 국민은 더 이상 참지 못한다. 박근혜는 즉시 사죄하고 강신명 경찰청장을 즉각 파면해야 한다. … 노동개악을 하면 노동자들이 현장에서 쫓겨날 수밖에 없고, 그러면 죽을 수밖에 없기 때문에 한상균 위원장은 이를 저지하기 위해서 싸워왔던 것으로 즉시 석방해야 한다. … 이 땅의 주인인 국민을 우습게보고, 죽어가는 농민을 그대로 방치하는 정권을 용서하지 말아야 한다. 그렇지 않으면 또다시 국민을 무시할 것이다. 내년 총선에서 정권을 꼭 심판해야 한다."

박근혜 정권이 주장하듯이 정권타도 투쟁이 아닌 합법적인 총선심판을 강조한 것이다. 이날 행사는 백남기 농민 두 딸의 인사말로 마무리됐다. 둘째 딸 백민주화 씨는 "여러분의 함성과 기원을 꼭 전달해 드릴 것"이라며 "아버지가 회복하는 그날까지, 대한민국 민주주의가 회복하는 그날까지 함께 해줬으면 좋겠다"고 말했다. 첫째 딸 백도라지 씨는 "책임을 져야 할 사람은 아직도 사과하지 않고 있다, 너무 억울하고 어이가 없다"면서 "그래도 아빠가 일어나시길 바라고 많은 분들 기운 받아서 아빠가 꼭 일어나시리라고 믿는다"며 눈물을 흘렸다. 이에 시민들은 "힘내라!"를 연호하며 격려했다. 오후 6시 30분 어둠이 깔린 대학로에는 김남주 시인이 노랫말을 지은 〈함께가자 우리 이 길을〉 합창이 묵직하게 울려 퍼졌다. 이 노래는 백남기 농민이 즐겨 부르던 노래였다.

함께 가자 우리 이 길을/ 투쟁 속에 동지 모아/ 함께 가자 우리 이 길을/ 동지의 손 맞잡고/ 가로질러 들판 산이라면/ 어기여차 넘어 주고/ 사나운 파도 바다라면/ 어기여차 건너 주자/ 해 떨어져 어두운 길을/ 서로 일으켜주고/ 가다 못가면 쉬었다 가자/ 아픈 다리 서로 기대며/ 함께 가자 우리 이 길을/ 마침내 하나됨을 위하여

전 세계 동포사회로 번지는 촛불시위

민중총궐기가 열리기 하루 전인 12월 18일 저녁, 미국 LA 총영사관 앞에서 교포들이 촛불시위를 벌였다. '한국 교과서 국정화를 반대하는 재외동포들의 모임' 주최로 열린 이날 시위는 한국에서 벌어지는 민중총궐기에 대한 연대시위였다. 여기에 'LA 시국회의', '미주 양심수 후원회', 'LA 사람 사는 세상', '내일을 여는 사람들', '정상추 네트워크 등 진보 단체 회원들과 일반 시민 30여 명이 참여했다. 이날 교포들은 영사관 빌딩 입구에 세월호 참사 희생자들의 영정 사진을 붙였다. 교포들은 '한국 교과서 국정화는 역사 쿠데타', '박정희 18년 아직도 계속되나?' 등의 손 피켓을 들고 "박근혜 퇴진"을 외쳤다. 한국 촛불시위에서의 요구 그대로였다. 이날 시위에 참여한 시민 정명기 씨는 "언론들의 왜곡으로 한국의 민주주의가 많이 퇴보하는 것을 국민들이 잘 인식하지 못하는 것 같다. 해외에서 안타까운 마음으로 한국에서 싸우는 시민들에게 힘을 드리고 돕기 위해 참여했다"고 말했다. 김진섭 씨는 "대한민국의 민주주의가 이명박 정권 이후 많이 후퇴했고, 노동자 탄압도 심해지고 있다. 지금 이 시기에 저지하지 않으면 안 된다는 절박한 심정으로 왔다"고 전했다.

이날 LA 지역 시위에 처음 참여했다는 대학생 지니 씨는 "박근혜 대통령 집권 이후 젊은이들 사이에서 희망이 많이 사라졌고, 정치에 대한 관심을 가질 여유가 없고 취업이 주요 이슈가 된 현실에서, 대한민국의 민주주의 후퇴를 침묵할 수 없어 참여했다"고 전했다.[87]

제3차 민중총궐기의 가장 큰 특징은 민중총궐기가 처음으로 광화문광장을 차지했다는 점이다. 이는 민중총궐기투쟁본부와 박원순 서울시장의 탁월한 결정이었다. 또 다른 특징은 제2차 민중총궐기에 이어 시위양

---

87 〈뉴스프로〉, 2015. 12. 20.

상이 보다 다양하게 진화했다는 점이다. 폭력과 구호만 연상시키는 정치 집회가 '문화제'와 같이 평화적이고 다양한 방법으로 치를 수 있다는 점을 보여줬다. 사실 민중총궐기 과정에서 주최 측 행위는 그리 격렬하지 않았다. 경찰이 불법으로 차벽을 설치해 행사를 막고, 폭력적인 물대포를 사용했고, 청와대가 의도적으로 집회의 폭력성을 부각시켰기 때문이다. 경찰의 차벽이 없던 제2차 민중총궐기 이후에도 중간에 일부 경찰과 실랑이가 있었지만 평화적으로 이뤄졌다.

물론 이는 민중총궐기투쟁본부의 '기발한' 노력에 따른 것이라 할 수 있다. 제3차 민중총궐기 역시 경찰이 집회를 불허하자 서울시를 통해 문화제로 전환하는 기민함을 발휘했다. 경찰을 비롯한 박근혜 정권은 이런 민중단체의 '기민함'과 '지혜'를 따라오지 못했다. 박근혜는 국민을 IS에 비유했지만, 국민은 이를 '가면문화'와 '소요문화제'로 되받는 슬기와 성숙함을 보였다. 박근혜 정권은 다급했고, 국민은 성숙했다는 의미다.

경찰은 문화제라는 이유로 행사를 제지하지 못하자 소음을 측정하고, 채증 카메라를 곳곳에 배치해 꼬투리를 잡기 위해 전력을 다했다. 경찰은 문화제에서 정치적 구호를 외치고, 정권퇴진 손팻말이 등장했다는 이유로 문화제가 아닌 정치집회라고 꼬투리를 잡았다. 특히 경찰은 발언 내용이 대부분 정치발언이고, 사회자가 "박근혜는 퇴진하라, 경찰청장 파면하라, 백남기 농민 살려내라"라고 선창했고, 참석자가 따라 했다며 주동자와 발언자를 사법처리하겠다고 말했다. 이 제3차 민중총궐기는 '문화제'와 '집회'의 차이에 대한 논란을 낳았다. 미신고 집회라도 공공질서에 명백한 위험이 초래되지 않는다면 해산명령에 불응했다고 처벌할 수 없다는 대법원 판례가 제시됐다.

제3차 민중총궐기에서 확인된 가장 큰 의미 있는 변화는 촛불이 더욱 더 번져 전농과 전여농, 가톨릭농민회 등 농민세력으로 옮아갔다는 점이다. 물론 이는 한상균 민주노총 위원장의 구속에 따른 현실적 이유이기도

했다. 촛불투쟁 기간 내내 실제적 민중총궐기의 핵심은 민주노총을 중심으로 한 민중총궐기투쟁본부였다. 단지 외형적 추동세력이 노동자에서 농민으로 옮겨갔다는 것이다. 백남기대책위를 별도 가동한 것도 전술적으로 탁월한 선택이었다. 투쟁적 이미지의 노동자세력이 뒤로 빠지고, 친근한 농민 이미지가 앞에 다가온 그것도 경찰의 공권력에 의한 희생을 강조할 수 있었다. 경찰의 물대포를 맞고 사경을 헤매는 백남기 농민에 대한 '연민의 감정'은 보다 보편적이고 대중적 호소력과 연대를 갖출 수 있었다.

또 하나는 제3차 민중총궐기부터 촛불시위가 전 세계 동포사회로 확산되고 있다는 점이다. 촛불혁명 과정에서 해외동포들의 촛불시위 동참은 국내 촛불에 적잖은 힘이 됐다. 해외에서 시작된 반박근혜 시위는 미국·독일·영국·프랑스·일본 등 10여 개국 30여 개 도시로 퍼져 나갔다. 미국 워싱턴 DC에서는 '시국 만민공동회'라는 집회가 열려 '박근혜 하야' 등이 적힌 피켓을 들고 나왔다. 심지어 'LA 시국회의' 등 다양한 단체가 만들어지고, '재미교포 공동 시국성명서'가 발표되고, 한인 목회자 90여 명이 서명한 '한인 목회자 공동 시국선언문'도 채택됐다. UC버클리대, 하버드대, 스탠퍼드대, 컬럼비아대, 코넬대 재학 한인 학생과 유학생들의 시국선언에 이어 11일에는 MIT 유학생들이 시국선언문을 내고 촛불집회를 열었다. MIT 재학생, 연구생 등 한인 구성원 118명은 시국선언문을 "박근혜 대통령은 국정과 대통령직에서 물러나고, 검찰은 박근혜-최순실 게이트를 성역 없이 수사하라"고 촉구했다. 아울러 국회에 국정정상화를 위해 모든 수단을 동원하라고 요구했다. 이밖에 뉴질랜드 최대 도시 오클랜드에서도 독일 라이프치히와 할레 지역 유학생들도, 유럽의회가 있는 프랑스 스트라스부르에서도 박 대통령 퇴진과 철저한 재벌 수사를 강조했다.[88]

---

88 연합뉴스, 2016. 11. 12.

2015년 12월 28일 저녁 7시, 전국 곳곳에서 '박근혜 정부의 폭력을 고발하는 시국미사'가 열렸다. 신부들은 "백남기 임마누엘 형제와 함께 쓰러진 민중의 치유를 위해 기도하자"고 말했다. 그해 크리스마스 백남기 농민은 서울대병원 중환자실에서 힘겨운 싸움을 하고 있었다.

12

민중이
선거투쟁에서 승리하다

#장면 12-1

2016년 1월 28일 경향신문사 건물 13층 민주노총 회의실. 2016년 민중총궐기투쟁본부 투쟁선포식이 열렸다. 플래카드에는 '기억하라!', '분노하라!', '심판하라!', '노동개악 중단하라', '역사왜곡 중단하고 한국사 국정화 폐기하라', '백남기 농민 살려내라, 책임자를 처벌하라'고 썼다. 참석자들은 '바로 지금 분노하라!', '박근혜 정권 심판하자!', '역사왜곡 중단!', '모이자 2월 27일 제4차 총궐기로'라고 쓴 손팻말을 들었다. 제4차 민중총궐기의 주동 세력은 제1차 민중총궐기 때처럼 역시 민주노총·전농·전교조·전민련 등의 민중총궐기투쟁본부와 역사교과서 대책위, 세월호 416연대 등의 민중단체들이었다.

이날 최종진 민주노총 위원장 직무대행은 "이 땅의 민주주의 지키기 위해 분노로 저항하자"고 말했다. 정현찬 가농 회장은 "힘으로 권력으로 입을 다물게 하는 국민이 저항하지 않는다면 이런 동토에서 국민은 계속 피를 흘릴 것이다, 4월 총선에서 꼭 심판해 달라"고 주장했다.

이날 민중총궐기투쟁본부는 "4월 총선에 대비 총선공동투쟁본부를 조직해 투쟁에 나설 예정"이라며 "민중총궐기 12대 요구 실현, 민중 단일 후보 선출, 민중 5적 낙선운동을 통해 박근혜 정권을 심판할 것"이라고 말했다. 민중총궐기투쟁본부가 박근혜 정권의 독주에 정면으로 맞서 총선에서 투표로 심판하겠다고 '정치투쟁'을 선언한 것이다.

박근혜 오만의 극치, 2016년 판 긴급조치

2016년 박근혜는 신년 담화에서 노동관계법의 조속한 입법을 요구하고, 1월 18일에는 자신이 직접 가두에서 입법촉구 서명까지 했다. 대통령의 장외투쟁이었다. 재계도 이른바 '민생 구하기 입법촉구 천만서명운동본부'라는 관제 서명에 동참했다.

편법을 통한 노동관계법 시행도 그런 차원에서 계획됐다. 이미 2015년 12월부터 고용노동부는 '저성과자 해고'와 '취업규칙 변경요건 완화' 지침 초안을 발표하고 밀어붙였다. 우리나라 평균 근속기간은 5~6년에 불과해 경제협력개발기구(OECD) 25개 관련 통계 발표국 중 꼴찌다. 그런 최악의 고용상황에서 일반해고까지 도입하겠다고 나섰다. 관련 법안의 국회 통과가 어렵자 행정지침으로 시행하겠다는 것이었다.

민주노총은 근로기준법 등 노동관계법과도 상충되는 '초법적 지침', '초헌법적 지침'이라며 반발했다. 이 지침은 '근로조건은 법률로 정한다'는 헌법 규정을 위반한 초헌법적 조치였다. 민주노총은 "2016년 판 긴급조치로 국회가 뜻대로 움직여주지 않자 법에도 맞지 않는 지침을 만들어 자기 뜻대로 국정을 운영하려 하고 있다"면서 "이게 바로 '독재'가 아니고 무엇인가"라고 반문했다. 야당인 민주당 환경노동위원회 의원들도 23일 "고용노동부가 초헌법적 쿠데타를 자행했다"면서 "대한민국은 '해고 천국'과 '나쁜 일자리 공화국'으로 전락하는 판도라의 상자가 열렸다"고 비난했다. 여당 새누리당만 "양대 지침 시행으로 직무능력과 성과 중심의 인력운용 및 급여 체계가 확립될 것"이라며 정부 지침을 환영했다.

당사자인 양대 노총과 야당이 반대하고 있을 뿐 아니라, 헌법 위반논란까지 있는 사안을 밀어붙인 이유는 무엇일까. 이는 정권에 비협조적인, 아니 적대적인 민주노총을 비롯한 노조에 대해 '마지막 명줄'을 끊겠다는 것이나 다름없었다. 실제 이즈음 청와대는 민주노총을 비롯한 비판세력과의 대결을 '분수령'으로 파악하고, 노동투쟁 동력 약화에 집중할 것을 지시하고 있다. 1월 31일 청와대 비서실장 이병기는 "2월이 비판세력의 대정부 공세에 있어 중요한 분수령이 될 것으로 예상된다"면서 "제4차 민중총궐기(2월 27일 예정) 동조여론 차단에 만전을 기하고, 노동개혁 저지투쟁 움직임에 대해서 엄정 대응하는 등 투쟁동력 약화에 집중할 것"이라고 지시했다.[89]

민주노총의 반발과 야당의 거부에도 박근혜 정권은 '양대 지침'을 몰아붙였다. 독재로 달려가는 열차는 제동장치가 없었다. 야당도 성명 하나

---

89 청와대 수석비서관 회의 자료, 2015. 1. 31.

내는 선에서 그쳤을 뿐 속수무책이었다. 이 양대 지침은 문재인 정부가 들어선 2017년 9월 25일 고용노동부의 선제적 조치 중 하나로 정식 폐기됐다.

2015년 12월 30일 오전 이른바 4대개혁추진국민운동본부, (사)월드피스자유연합, 자유통일연대 등의 보수단체들이 세월호 특별조사위 앞에서 '세월호 특조위 해체 촉구 기자회견'을 벌였다. 군복 혹은 붉은 모자를 쓴 이들 30여 명은 '국민혈세로 자유민주주의 국가 대한민국 체제 파괴를 선동하는 사회혁명 투쟁 정치조직인 세월호 특별조사위원회를 즉각 해체하라!'라는 플래카드를 들고 세월호 특조위 해체 구호를 외쳤다. 이들은 특조위 해체 서명을 받으며 매주 목요일 특조위 앞에서 시위를 계속했다. 이미

제4차 민중총궐기 대회에 쓰인 웹 피켓을 보면 사드배치, 개성공단 폐쇄, 노동개악 등이 주요 이슈였음을 알 수 있다. ⓒ 민중총궐기투쟁본부

정부의 방해로 세월호 특별조사위원회는 무기력하게 흘러가고 있었다. 후에 해양수산부 장·차관은 특조위 방해혐의로 사법처리됐다.

그토록 반대했던 국정역사교과서도 예정대로 추진됐다. 2015년 12월 10일 이준식 사회부총리 겸 교육부 장관 내정자는 국정역사교과서 집필이 이미 시작됐다고 밝혔다. 이 장관 내정자는 "국사편찬위원회에서 집필진을 구성해 현재 집필에 착수했다"면서 "2017년 3월 '올바른 역사교과서'가 현장에 보급될 수 있도록 철저히 관리 하겠다"고 말했다. 이는 역사학계와 전교조는 물론 야당의 요구를 가볍게 일축한 것이다.

2016년 들어 박근혜 정권이 달라졌다. 집요하게 정권을 괴롭히던 민주노총을 비롯해 세월호 유족과 관련 세력, 그리고 역사교과서 문제에서 수세적 입장에서 선제 공세적으로 바뀐 것이다. 이런 태도 변화는 더 이상 밀릴 수 없다는 절박감도 있었지만 '이제 어느 정도 평정됐다'는 자신감도 깔려 있었다. 이미 반박근혜 정권의 '핵'이던 통합진보당을 해산시켜 '골칫거리'를 와해시킨 이후, 민중총궐기를 통해 장외투쟁을 주도하던 민주노총 한상균 위원장 역시 구속했다. 양승태 대법원장의 사법부도 박근혜 정권에 보조를 맞추는 판결을 연이어 내렸다. 정부의 법외노조 통보에 전교조가 제기한 무효 소송에서 대법원은 전교조 패소 취지 판결을 내리고, 파기 환송심에서 서울고등법원도 전교조에 패소 취지 판결을 내렸다.

박근혜 정권에 맞선 몇 개 안 되는 단체 대부분 정리 단계에 들어선 것이다. 이런 가운데 1월 6일 북한의 수소폭탄 실험 성공 발표는 박근혜 정권에게 유리하게 작용했다. 자연스럽게 분 북풍은 보수 세력의 결집을 더욱 효율적으로 이끌어냈다. 박근혜 정권은 2016년 2월 10일 전격 개성공단을 폐쇄했다. 일부 중소상인과 진보·통일단체의 반발이 있었지만 큰 장애가 되지 않았다.

최순실의 국정농단이 본격화되고 있던 것도 이때였다. 2015년 말부터 2016년 초까지 최순실의 국정농단은 극치를 이뤘다. 2015년 9월~10월 사이 최순실은 독일에 코레스포츠라는 법인을 차리고 삼성전자로부터 280만 유로(약 35억 원)를 받았다. 삼성그룹은 또 10월말 미르재단에 125억 원을 지원했다. 2016년 1월 12일 삼성전자는 K스포츠 재단에 79억 원을 지원했고, 2월 15일 박근혜는 이재용 부회장과 독대했다.

박근혜 정권은 거칠 것이 없었다. 심지어 위헌 논란이 컸던 테러방지법까지 얻는 소득을 올렸다. 불과 1년 반 전만에도 국정원장이 구속되고, 국정원에 대한 검찰의 압수수색 영장이 발부돼 가짜 세트장까지 만들던 상황에서 국정원은 180도 회생한 것이다. 이제 국정원이 마음만 먹으면 법원의 영장 없이도 아무나 도청·미행·계좌추적이 가능한 시대가 됐다. 야당은 장시간 필리버스터로 저항했지만 그 흔한 '의원직 사퇴쇼'를 하는 국회의원조차 없었다.

박근혜 정권의 오만한 독주에 맞서야 할 야당은 오히려 심각한 내분에 휩싸여 있었다. 민주당 당권을 놓친 비주류 박지원, 안철수 의원은 연이은 선거패배 책임을 지라며 문 대표를 흔들었고, 문재인 대표는 중심을 잡지 못했다. 과거 동교동계를 중심으로 논리에도 맞지 않는 신호남 홀대론을 내세우며 노골적으로 탈당을 추진했다. 2015년 12월 들어 분당은 기정사실화 되고 있었다. 2016년 1월 10일 국민의당 창당 발기인대회를 열었고, 여기에 천정배, 박주선 의원도 합류했다. 문재인 대표는 이를 극복하기 위해 1월 27일 당 비상대책위원장으로 김종인 씨를 영입했다. 김종인 비대위원장은 당을 추스르고 총선을 준비했지만 셀프공천과 보복공천으로 오히려 극심한 당 내분을 일으켰다. 김 비대위원장은 계속 당내문제를 수습하지 못하고 물의를 빚다가 결국 탈당, 새로운 정치를 모색하다 정계에서 사라지고 말았다.

박근혜 정권은 속으로 웃었을 것이다. 1월 31일 청와대 수석비서관회의에서 이병기 비서실장은 경제수석에게 "더불어민주당 김종인 비상대책위원장이 1987년 헌법 개정 당시 경제민주화 관련 조항(119조 2항) 삽입이 자신의 공적인 것처럼 이야기하는 등 경제민주화를 자신의 트레이드마크로 내세우고 있는데, 김종인 씨의 경제민주화 주장이 맞는 말인지, 허구가 무엇인지 집중적으로 파헤쳐 확실하게 대응할 것"이라고 지시했다. 야당 비대위원장의 허구를 까발리라는 지시다. 김종인 비대위원장의 경제민주화 주역 여부는 알 수 없지만 청와대에서 이런 논의가 있었다는 것 자체가 '공작적'이다.

박근혜는 대통령 재임 중 그토록 오만하고, 민주화를 역행하는 통치를 지속했음에도 한 번도 선거에서 패배하지 않았다. 심지어 어떤 언론은 박근혜를 '선거의 여왕'으로 부르기도 했다. 아무도 그를 제어하지 못했고, 국민은 박근혜를 강력한 정치지도자로 생각했다. 2016년 3월 15일 발표한 20대 총선 공천 결과는 바로 박근혜 청와대 자신감의 발로였다. 잔인한 '비박 학살' 공천에도 충분히 총선에서 승리할 것으로 믿었다. 이른바 '옥새파동'이라 불리는 김무성 대표의 당대표 직인 날인 거부 사태 등 숱한 공천파문에도 새누리당이 패배할 것으로 예상한 여론조사 기관과 정치분석가는 아무도 없었다.

20대 총선은 제1야당 민주당이 분열해 총선은 일여다야(一與多野) 형태로 치러지는 형국이었다. 대부분 언론은 새누리당 압승을 예상했다. 새누리당은 국회를 무력화시키는 국회선진화법을 개정하기 위해 3분의 2인 180석을 국민에게 요구할 정도였다. 실제 정치권과 언론은 새누리당이 180석까지 싹쓸이를 할 것이라고 예상했다. 민주당이 이렇게 국민의 신뢰를 잃은 것은 민주당의 내분도 문제였지만 근본적인 태도가 더 문제였다.

대표적인 사안이 노동관계법 문제였다. 2015년 12월 여야 환경노동위원회 간사들이 노동개악 5법을 심사대상으로 포함시켰다는 보도가 나왔다. 고용노동부는 즉각 "국회의 입법 논의를 최대한 지원할 것"이라고 밝혔다. 민주노총을 비롯한 반박근혜 세력은 큰 충격을 받았다. 같이 야권을 형성하던 지지 세력의 뿌리를 흔드는 법 개정에 동조하겠다는 것이기 때문이다. 민중총궐기투쟁본부가 1월 28일 발표한 다음의 투쟁선포문은 저간의 이런 사정을 그대로 표현하고 있다.

"우리는 박근혜 정권의 반민생, 반민주, 반평화 폭주에 맞서, 민생을 외면한 채 야합과 선거놀음만을 일삼는 보수야당들의 외면에 맞선 총력 투쟁을 선언하며, 지난 11월 14일, 12월 5일, 12월 19일에 이어 오는 2월 27일 4차 민중총궐기를 개최, 다시금 이 땅 민중의 분노를 보여줄 것이다. 우리는 이번 총선에서 박근혜 정권을 심판하고, 싸우지 않는 야당에 대해 서도 규탄투쟁에 나설 것이다. 이를 위해 민주노총이 제안하는 가칭 총선 공동투쟁본부에 적극 참여해 민중총궐기 12대 요구안 실현을 위한 집회, 민중 단일 후보, 민중5적 낙선운동 등 모든 방법을 동원하여 민중의 분노를 모아낼 것이며 폭발적 대중투쟁을 만들어 갈 것이다. 기억하라, 분노하라, 심판하라!"

결국 민주당에서 국민의당이 분당했다. 국민의당 현역의원은 호남이 기반이고, 특히 이들은 김대중 정부를 계승한다고 누누이 말해왔다. 그러나 실제 국민의당이 김대중 정부의 대북정책을 계승했는지에 대해선 의문이 많았다. 2월 17일 국민의당에 영입된 이상돈 공동선대위원장은 입당 기자회견에서 "역대 정부는 북한의 핵 개발과 미사일 개발을 저지하는 데 모두 실패했다"고 밝혔다. 그는 또 CBS라디오 인터뷰에서 "개성공단 폐쇄에 대해 국제제재가 불가피하다"고 찬성 입장을 밝혔다. 김대중 정신을 계승했다는 국민의당이 이 정도니 박근혜 정권의 종북몰이·공안탄압을 막을 정치세력은 사실상 전무했다.

명줄 끊어라 vs 선거투쟁으로 맞서다

유일하게 박근혜 정권과 정면으로 맞선 세력은 바로 민중총궐기투쟁 본부뿐이었다. 민중총궐기투쟁본부는 4월 총선을 앞두고 역량을 정치투쟁에 모으기로 방향을 잡았다. 민중진영의 공동투쟁본부를 만드는 것이다. 2월 18일 '노동자·농민·빈민 살리기 박근혜 정권 심판 2016 총선 공동투쟁본부'(총선공투본·상임집행위원장 양동규 민주노총 정치위원장)가 공식 발족했다.

총선공투본은 "이번 총선에서 민중총궐기 12대 요구를 핵심 쟁점으로 부상시키고 노동자 민중의 정치역량을 강화시켜 낼 것"이라며 "이를 위해 노동자, 농민, 진보진영의 단일후보를 앞세우고 다음과 같이 공동투쟁을 전개할 것"이라고 밝혔다. 총선공투본은 △노동자, 민중과 진보운동의 정치적 진출을 확대한다 △민중총궐기 성과를 계승하여 민중연대 투쟁을 강화하고 민중정치의 확장을 도모한다 △노동자, 민중을 위해 총선에서 민중총궐기 12대 요구를 제시하여 한국사회의 진보적-변혁적 재편의 발판을 마련한다 △총선 이후 노동자-민중정치 복원 사업을 적극화하고 이를 위한 주체역량을 형성한다는 지침을 마련했다.

이러한 목표에 따라 총선공투본은 총궐기대회 개최, 집중선거캠페인, 대규모 정치 실천단 운영, 새누리당 심판운동 등 공동투쟁을 펼치는 한편, 민중진영 단일후보를 발굴해 적극적으로 총선공간에 뛰어들 것이라 밝혔다. 이에 가담한 단체는 민주노총, 전국농민회총연맹, 전국여성농민회총연합, 전국빈민연합, 빈민해방실천연대, 전국장애인차별철폐연대, 한국청년연대, 현장실천 사회변혁 노동자전선, 사회진보연대, 좌파노동자회, 새로하나, 노동자연대, 한국진보연대, 민중의 힘, 민주수호공안탄압대책회의, 민주통일정치포럼, 조국통일범민족연합 남측본부, 노동당, 민중정치연합(가칭), 사회변혁노동자당, 정의당 등 22개 조직이다.

참가단체를 보면 대체로 민중총궐기투쟁본부 정치 세력을 그대로 옮겨놓은 것이다. 총선공투본의 설치는 민중총궐기투쟁을 정치투쟁에 연계하겠다는 의지의 표현이라고 할 수 있다. 비록 한상균 위원장 구속, 통합진보당 해산, 전교조 법외노조화 등의 탄압에도 민중총궐기투쟁본부는 박 정권과 싸움을 멈추지 않았다. 민중총궐기투쟁본부는 2월 22일 제4차 민중총궐기(2월 27일)를 앞두고 발표한 기자회견문에는 박근혜 정권의 실정과 야당에 대한 실망을 그대로 담았다.

이제 취임 3년차를 보내고 4년차를 맞이하는 박근혜 정권의 폭주가 멈추기는 커녕 도를 더해가고 있다. 지난 3년간, 세월호 참사, 메르스 사태, 통합진보당 강제해산, 역사교과서 국정화, 노동개악, 묻지 마 쌀개방, 대북 적대정책과 긴장 고조, 위안부 야합을 통한 한미일 삼각 군사동맹 구축 등 반민주·반민생·반평화·반통일로 폭주하고 있는 박근혜 정권은, 이제 북한의 인공위성 발사를 이유로 개성공단을 폐쇄해 이 땅 평화의 마지막 안전핀을 기어이 뽑아내었고, 사드 배치를 강행하며 최대 교역국 중국의 군사적, 경제적 보복에 이 땅 민중을 노출시켰으며, 특전단을 동원한 '참수작전'을 포함한 유례없는 대규모의 전쟁 연습을 강행, 일촉즉발의 정세를 만들고 있다.
… 박근혜 정권의 민생 파탄정책과 전쟁불사 정책으로 민중이 고통 받고 있는 이 때, 이 나라에는 야당이 없다. 정권의 패악에 맞서 민중의 분노를 대변해야 할 야당은 여당의 폭주에 싸우려 들지 않는 것도 모자라, 이제는 야당 대표라는 자가 '북한의 궤멸'을 운운하고, 또 다른 야당의 선대위원장이라는 자는 '개성공단 폐쇄를 찬성한다'는 망발을 거리낌 없이 내뱉으며 스스로 야당임을 부정하는 지경에 이르렀다. 박근혜 정권이 반민중, 반평화 폭주를 계속하고, 무기력 야당이 계속 이를 방치하는 이상, 이 땅의 민생과 평화를 지킬 방법은 민중 스스로의 투쟁뿐이며, 광장을 가득 메우고 천지를 진동시키는 민중의 함성뿐이다!

박근혜 정권은 민주노총의 총선투쟁본부 발족과 2월 27일 민중연합당 창당에 민감하게 반응했다. 2월 10일 청와대 비서실장 이병기는 "2월 27일 민중총궐기대회가 올해 대정부투쟁의 분수령이 될 것으로 전망된다"면서 "비판세력 간 연대 움직임에 철저히 대응하고, 총선 관련 비판세력의 특정후보 낙선운동 등 불법 선거운동 여부에 대해서도 관심을 갖고 엄정 대응할 것"이라고 지시했다.

이는 민중총궐기가 박근혜 정부에게 유일하고도 위협적인 대정부투쟁임을 인정하고 있다는 반증이다. 이 점은 이병기 청와대 비서실장의 2월 28일 지시 "비판세력들이 총선 대비 조직화 투쟁을 강화하고 있는데 이들의 '정부-여당 심판론' 등 정책 폄훼, 악의적 왜곡에 대해서는 적극적으로 대응할 것"이라며 "불법 폭력 시위는 무관용 원칙하에 엄정 대응하여 반드시 근절토록 할 것"이라고 홍보, 민정, 정무수석에게 지시한 것에서 드러난다.[90]

2016년 2월 11일 전남 보성에서 농민들이 '우리의 생명, 식량을 지키자'며 걷기를 시작했다. 스스로 '백남기 도보 순례단'으로 이름 붙인 농민들은 릴레이식으로 하루 평균 4만 보, 15㎞, 총 1억4천만 보를 걸었다. 2월 27일 12시 중앙대학교에 집결한 도보 순례단은 제4차 민중총궐기가 열리는 시청 앞 서울광장에 합류했다. 이날 오후 1시 서울역 광장에서는 '공무원 총력투쟁 결의대회'가, 1시 30분 세종로공원에서 반전평화대회가 열렸다. 오후 2시에는 서울 광화문광장에서 세월호 진상규명 특별법 개정 촉구 대회가 열렸다.

그리고 이들은 오후 3시 서울광장에 집결했다. 주최 측 추산 2만 명, 경찰 추산 1만3천 명이 모였다. 단상에는 '기억하라!', '분노하라!', '심판하자!', '박근혜 독재 심판하자'는 구호가 적혀 있었다. 백남기 순례단장을 맡은 정현찬 가톨릭농민회장이 제일 먼저 "11월 14일 백남기 농민을 비롯해 3만 명의 농민이 이 땅의 농업을 포기할 수 없다고 외쳤지만 농민들에게 돌아온 것은 폭력정권의 물대포였다"면서 "100일 넘게 병상에 누워있지만 지금 이 시각까지 일언반구 없는 박근혜 정권에서는 더 이상 기대할

---

90 청와대 수석비서관 회의 자료, 2016. 2. 28.

것이 없다"고 목소리를 높였다.

이준식 한국사교과서 국정화저지네트워크 정책위원장은 "국정교과서에 친일 독재 미화 내용이 나오면 좌시하지 않겠다고 했지만, 친일 독재가 맞다"면서 "국정교과서와 박근혜 정권을 쓰레기통에 처박아야 한다"고 말했다. 조원정 향린교회 목사는 "왜 북한과 평화협정이 이뤄지지 않고, 60년이 넘는 준전시 상태로 같은 민족이 총부리를 겨눠야 하느냐"면서 "미국 군수자본주의가 남북을 대결로 몰아넣고 있다"고 주장했다.

이날 제4차 민중총궐기에서 주최 측은 "정권의 패악에 맞서 민중의 분노를 대변해야 할 야당은 여당의 폭주에 싸우려 들지 않는다"면서 "무기력한 야당이 계속 이를 방치하는 이상, 이 땅의 민생과 평화를 지킬 방법은 민중 스스로의 투쟁뿐"이라고 민주당 김종인 비대위원장을 비난했다. 오후 3시부터 시작된 제4차 민중총궐기는 이전처럼 5시 30분 종료됐고, 이후 서울광장에서 대학로까지 행진한 후 해산했다. 행사는 경찰과 충돌 없이 평화롭게 끝났다.

#장면 12-2

3월 26일 오후 3시 서울역에서 '2016총선투쟁 승리 범국민대회'가 열렸다. 2016 총선공동투쟁본부·민중총궐기투쟁본부·연대단체연석회의 등이 함께 주최했다. 서울의 경우 주최 측 추산 2만 명(경찰 추산 4천 명)이 참가했고, 지방 14곳에서도 동시 집회가 열려 1만 명이 참가했다고 밝혔다. 이 행사는 총선에서 박근혜 정권을 심판하자는 정치투쟁 선언이었다. 보통 이를 제5차 민중총궐기라고 부른다.

이날 사회를 맡은 양동규 총선공투본 상임집행위원장은 "이번 총선의 특징은 여·야를 가리지 않고 정책과 의제가 실종된 것"이라며 "아무도 박근혜 정권의 실정에 대해 비판하지 않는데, 이제 우리가 말하겠다"고 밝혔다. 박석운 공동대표는 "파쇼화된 권력의 제1피해자는 비정규직 노동자, 농민, 도시빈민 등으로 이는 총선을 둘러싼 기득권 세력의 탐욕과 다툼에

2016년 3월 26일 서울역에서 열린 제5차 민중총궐기 및 2016 총선투쟁 승리 범국민대회에 참가한 노동자들이 총선 승리를 다짐하고 있다. ⓒ 노동과 세계 변백선

염증을 느끼면서 정치를 외면한 결과"라며 "아무리 힘들어도 기층 대중조직 중심 진보정치의 뿌리는 만들어가야 한다"고 주장했다.

이날 대회사도 '총선공동투쟁본부 12대 요구 쟁취 위한 전면적 총선투쟁 선언'이다. 대회사는 "박근혜 정권의 반민주, 반민생, 전쟁불사 폭주가 계속되고 있음에도 이 땅에는 정권에 맞서 싸우는 야당이 없다"면서 "총선 과정에서 전국 각지에 출마하는 민중 후보들과 함께, 민중 스스로의 투쟁으로 이 정권의 폭정을 저지하겠다"고 선언했다.(전문 : 자료 22)

이날 대회는 총선을 앞두고 진보정당 대표자들과 후보자들을 소개하고 세월호 진상규명을 방해하고 유가족을 모욕한 후보를 공개했다. 이날 유족 측이 꼽은 심판 대상은 김용남(수원병), 김정훈(부산 남 갑), 김종태(경북 상주·군위·의성·청송), 김종훈(서울 강남 을), 김진태(강원 춘천), 김태흠(충남 보령·서천), 박민식(부산 북·강서 갑), 심재철(경기 안양 동안 을), 안효대(울산 동), 원유철(경기 평택 갑), 이완영(경북 고령·성주·칠곡), 이헌승(부산 부산진 을), 조원진(대구 달서 병), 하태경(부산 해운대 갑), 황우여(인천 서 을), 황진하(경기 파주 을), 배준영(인천 중·동·강화·옹진), 김순례(새누리당 비례대표) 등이다.

이날 행사에는 밀짚모자에 투표 도장이 찍힌 투표지를 든 대형 인형이 등장했다. 인형 옷에는 '내가 백남기'라는 팻말과 세월호 리본을 달았다. 마지막으로 참석자들은 인형을 앞세우고 '총선투쟁 승리', '박근혜 심판'이라 쓰인 플래카드를 들고 행진에 나섰다. 이들은 청계광장에서 마무리 대회를 가지고, 오후 5시 40분경 대회를 마쳤다.

세월호 유족이 낙선운동 나서다

3월 21일 총선공투본이 추진한 '노동·진보 후보단 공동선언 기자회견'이 열렸다. 이날 '노동개악 중단, 민중생존권 보장, 재벌체제 타파, 한반도 평화실현을 지지하는 후보들의 공동선언'에 참가한 후보들은 "새누리당-더민주당의 양당 체제는 오래 전부터 유권자들로부터 정치적 반감을 사 왔다"면서 "노동자·농민·빈민·노동진보정당·민중사회단체들이 '노동자·농민·빈민 살리기, 박근혜 정권 심판 2016 총선공동투쟁본부'를 만든 것은 정치를 엘리트들에게 의탁하지 않고 평범한 사람들이 직접 관여하겠다는 정치적 의지의 표현"이라고 강조했다. 이들은 특히 "총선공투본은 주류 야당이 아닌 진보에 의한 박근혜 정권 심판이 이뤄질 수 있도록 최선을 다할 것"이라며 "공동 선언에 참여한 후보들은 총선공투본 4대 의제인 '노동 개악 중단! 민중생존권 보장! 재벌체제 타파! 한반도 평화 실현!'으로 요약되는 노동자·서민의 변화 염원을 선거 공간에서 적극 대변할 것"이라고 약속했다.

이날 서명한 인사들은 다음과 같다. △민주노총(김재하 윤종오 이대식 조정훈) △노동당(구교현 김한울 신지혜 용혜인 이경자 이원희 이향희 최승현 최종문 최창진 하윤정) △녹색당(황윤 이계삼 김주온 구자상 신지예 변홍철 김영준 이유진) △민중연합당(이승재 강새별 김도현 김미라 김배곤 김식 김현래 문예연 박승하 백현종 송영주 유현목 이기원 이재희 정지화 허제욱 홍연아 남수정 박승억 신나리 황인용 고기담 김해정 정세레나 윤민호 이은주 최경미 황순규 강지훈 김선경 김수정 박철우 성성봉 연시영 유지훈 윤미연 이근미 이상현 이소영 이창배 여미전 임동수 김상일 김환석 유현주 정오균 위두환 박광순 전권희 오은미 김도경 이대종 정수연 전종덕 이성일 정태홍 김주식) △시민혁명당〈창준위〉(권영국) △무소속(김종훈 조석원 이선자 최지웅 이길종 이상규). 정의당 후보는 참여하지 않아 공란으로 돼 있다.

20대 4·13총선 결과는 아무도 예상하지 못한 민주당 승리, 새누리당 참패로 끝났다. 민주당은 지역구 110석과 비례대표 13석을 합해 123석을 차지했다. 새누리당은 지역구 105석에 비례 17석을 합해 122석을 차지했다. 13년 만에 여소야대가 재연된 것이다. 여기에 국민의당도 지역 25석, 비례 13석으로 선전했다. 정의당은 지역 2석, 비례 4석으로 모두 6석, 무소속 11석 결과가 나왔다.

당초 여론조사에는 180석까지 예상했던 새누리당이 완벽하게 패배한 선거였다. 전통적인 텃밭인 영남 65개 지역 중에서 17석을 잃었다. 민주당은 분당에도 불구하고 수도권에서 압승하면서 제1당이 됐고, 정당득표율은 국민의당 집중력에 밀려 3위를 차지했다. 국민의당은 호남 현역 연임 덕분에 의외로 선전했다. 정치 분석가들은 이번 선거결과에 대해 한 마디로 정권 심판론이 먹혔다고 해석했다. 그러나 누가 집요하게 정권심판을 외쳤냐는 것에 대해선 언급을 꺼렸다. 제1야당 민주당이 잘해서 였을까, 김종인 비대위원장이 잘해 승리했을까. 그랬다면 김 비대위원장은 왜 뿌리를 내리지 못하고 탈당했을까. 문재인 전 대표가 뛰어나게 잘했기 때문일까. 그랬다면 민주당은 왜 정당 득표율에서 3위로 떨어졌을까. 국민의당이 수도권에서 1석밖에 차지하지 못한 이유는 무엇이었을까. 그것은 국민의당이 수도권에서 박근혜 정당의 대안이라는 국민적 신임을 얻지 못했기 때문이다.

2016년 20대 총선은 여러모로 특이한 선거였다. 완전히 여론조사가 빗나간 선거였다. 20대 총선에서도 '2016 총선시민네트워크'(총선넷)이 활동했다. 2월 17일 1천여 시민사회단체가 가담해 출범한 총선넷은 시민에게 후보자 및 정당에 정보 및 평가내용을 제공하는 기억(정보공개)운동, 집권세력의 실정과 공약이행에 대한 평가 및 심판운동, 부적격 후보자에 대한 감시 및 낙천·낙선운동, 후보자 및 정당에게 이행을 서약하게 하는 약속운동, 국가기관의 불법·부당한 선거개입 감시운동, 풀뿌리 유권자 캠페인 및 투표참여운동 등을 선포했다. 총선넷은 제20대 국회의원 선거 후보 중 35명의 집중낙선 대상자를 선정했고, 이중 최악의 후보 10명을 선정했다. 그러나 최악의 후보 10명 중 6명이 당선되고 4명이 낙선했다. 집중낙선 대상자 35명 중에서는 20명이 당선됐다. 과거와 달리 시민단체의 낙선운동이 큰 영향력을 발휘하지 못한 것이다.

그렇다면 제20대 4·13총선 결과를 어떻게 해석해야 하는가. 정치 분석가들의 말대로 '누가 가장 앞서 정권 심판론을 외쳤는가'를 따져보면 금방 답이 나온다. 오만의 극치를 이루던 박근혜 정권에 가장 조직적이고, 흔들림 없이 맞선 세력은 민중총궐기투쟁본부였다. 오만한 박근혜 정권에 맞서 아무도 나서지 못할 때 가장 앞서 나가 맞선 세력은 노동자·농민·빈민이었다. 그 배경에는 감방에 있는 한상균과 죽은 백남기 농민이 있는 게 아니었을까.

총선공투본이 지지를 선언한 진보후보 중 윤종오, 김종훈 후보가 노동자가 많은 울산에서 나란히 당선됐다. 그리고 공투본 세월호 유족이 낙선 대상으로 지목한 황진하·배준영·안효대·박민식·김용남 후보 등은 낙선했다. 세월호 유족이 지목한 낙선자들은 수도권에선 대부분 낙선했고, 여당의 아성인 부산에서도 낙선자가 나왔다. 이는 민중단체의 정치투쟁이 큰 성과를 거둔 것으로 평가할 수 있다. 역시 노동자들이 많은 창원지역에서 노회찬 의원은 진보후보 단일화로 당선될 수 있었다.

민족문제연구소는 역사왜곡과 관련해 낙선의원 5명을 선정했다. 그들은 '근현대사 연구교실'을 만들어 '좌파와 역사전쟁'을 선포했던 김무성 당대표와, 이정현 최고위원, 김을동 새누리당 역사교과서개선특위원장, 황우여 교육부 장관, 그리고 자위대 창설 50주년 기념식에 참석한 나경원 의원 등이다. 이중 김을동·황우여 의원이 낙선했다.

20대 총선 총선결과에 대해 청와대 이병기 비서실장은 수석비서관 회의에서 "여당의 패배는 공천 갈등과 지도부의 지도력 부재로 인한 민심의 이반이 가장 큰 원인으로 작용한 것으로 판단된다"면서 "선거결과가 정부가 추진하는 주요 정책과 개혁 기조에 대한 반대는 아니며, 다만 추진방법에 대해서는 보다 국민 친화적인 방법을 강구할 필요가 있다"고 말했다. 여기서 '국민 친화적'이라는 용어가 함축한 의미는 다양하다. 그동안 정권의 행보가 국민과 괴리됐다는 것을 스스로 자인한 것이다. 그동안 박근혜 정권의 무엇이 국민과 괴리된 것이었을까. 바로 민중총궐기투쟁본부가 주창한 역사왜곡과 노동탄압 즉 민주화의 역행이었다. 결론적으로 민중총궐기투쟁본부가 주도한 총선공투본의 정치투쟁은 성공적이었다. 그렇게 나타난 여소야대 총선결과는 독주하던 박근혜 정권에 제동을 거는 결정적 역할을 했다.

13

백남기 투쟁과
서울대 의사의 민낯

#장면 13-1

백남기 농민이 서울대 병원 중환자실에서 죽음과 힘겹게 싸우고 있을 때 병원 밖 조그만 천막에서 그의 쾌유를 비는 촛불이 이어졌다. 천막 농성장은 백남기 농민이 물대포에 맞고 쓰러진 사흘 후인 11월 17일 만들어졌다. 백남기대책위가 운영하는 이 농성장은 주로 가톨릭농민회(가농) 동료와 전농, 전국여성농민회총연맹(전여농) 등 농민단체가 지켰다.

매주 목요일 열린 촛불문화제에 참석한 사람들이 그나마 이 천막을 찾았다. 그들은 동병상련 심경의 세월호 유족과, 해산의 분노를 삭이는 전 통합진보당 당원들, 노동·청년단체 등이다. 가끔 길을 지나는 시민들도 서명을 하고 모금함에 성금을 넣기도 하지만 분위기는 썰렁하다. 이젠 국민들도 지치고 체념한 분위기였다. 1월 29일 대법원이 국정원 댓글 수사를 방해한 서울경찰청장 김용판에게 무죄를 선고했어도 국민들은 별로 분노하지 않았다.

2월 7일 백기완 선생이 천막을 찾았다. 사실 그는 정현찬 가농 회장, 김영호 전농 의장과 함께 이 천막농성장을 지킨 '주인 격'이었다. 푸른 홑겹 비닐천막은 한겨울 추위를 막기에 역부족이었다. 가스난로가 있지만 온기는 사람의 몸에 닿기 전에 날아갔다. 앉아 있는 30~40여 명 사람들 역시 두툼한 겨울 파카 차림이었다. 푸른색 목도리를 두른 백 선생은 이렇게 말했다.

"이 살인미수 정권의 책임 누가 져야 돼요? 박근혜가 져야 해요. 어떻게 져야 하나. 사퇴해야 합니다. … 경찰청장 파면하라. 파면하기 전에 살인죄로 감옥에 넣어야 합니다. 그럴 때 우리 백남기 선생은 죽음의 꿈속에서 깨어날 겁니다. 백날 우리가 떠들어 봤자 백남기 선생 머리빡 깨어나지 못합니다. 기분이 나빠서, 화가 나서 깨어나지 못합니다. 그럼 어떻게 해야 하느냐, 박근혜가 물러나야 하는 겁니다. (짝~짝~짝) 여러분 그때까지 우리 고달프고 힘들어도 흔들리지 말고 어깨동무하고 끝까지 싸웁시다."

야당의 배신 … 백남기 청문회 포기

힘겨운 싸움이었다. 한겨울 추위와 한여름 더위, 거리의 소음도 힘들게 했지만 더 무서운 것은 사람들의 무관심이었다. 백남기대책위나 민중총궐기투쟁본부에 애정을 갖는 사람들이 꾸준히 이곳을 찾았지만, 시민들의 관심은 점점 엷어져 갔다. 백남기대책위는 '공권력 폭력 고발 시국 미사'와 '국가폭력추방 촛불문화제'를 열고 전남 보성에서 서울까지 도보 순례를 하는 등 다양한 투쟁을 이어갔다. 하지만 제도권 언론과 정치인 등 '책임 있는' 사람들은 별 관심을 갖지 않았다. 민중 정치투쟁의 노력이 가세해 4·13 총선에서 여소야대를 이뤄냈지만 백남기 청문회는 열리지 않았다. 여당인 새누리당이 완강하게 반대했기 때문이지만 민주당도 적극적 의지가 없었다.

오히려 박근혜의 청와대는 서울대 병원을 '친정화'하고 있었다. 박근혜는 5월 31일 자신의 주치의를 지낸 서창석 교수를 서울대병원장에 임명했다. 서 교수의 서울대 병원장 임명에 병원 노조가 반발했다. 그는 서울대 병원에서 주요 보직을 맡은 적이 없고 분당 서울대병원에서만 10년 근무했다. 누가 보더라도 박근혜 주치의라는 개인적 인연 이외에 설명할 수 없는 인사였다. 하지만 여기에는 정실 인사보다 더 무서운 '의도'가 숨어있었다. 바로 백남기 농민의 사인 조작이다. 백남기대책위는 "서창석 원장은 취임 직후 파격적인 내부인사를 단행했다. 6월 신찬수 교수가 서울대 부원장으로, 7월 과장인사에서 백선하 교수가 신경외과 과장으로 승진했다. 병원 안에서는 신 부원장과 백 과장이 '서창석 라인'이라는 말이 나돌았다"고 폭로했다.[91]

나중에 드러났지만 서 원장은 최순실 단골 의사인 김영재 씨에게 특혜를 줬다. 서 원장은 백남기 농민의 사인을 '외인사'를 '병사'라고 우기게 만든 뒷배경이 됐다. 서 원장은 백 교수의 억지를 묵인했고, 재조사 후에도 백 교수에 어떠한 조치를 취하지 않는 등 사실상 비호했다. 특히 서 원장은 취임 직후인 7월 17일 관할 혜화경찰서에 협조 공문을 보냈다. 이 공문에는 "현재 백 씨의 치유가 불가능한 상황이고 위중한 바, 사망 시 병원 주변

---

91 백남기투쟁본부, 서창석 의혹 카드뉴스

에서 시위단체들이 우리 병원 주요 시설물을 점거해 농성을 벌일 가능성이 다분하다"면서 "현재부터 상황이 종료될 때까지 우리 병원의 질서유지와 시설물 보호를 요청한다"고 돼 있다. 서 원장의 이 공권력 투입 요청은 백남기 농민이 숨졌을 때 경찰이 시신 탈취를 통한 부검과 사인조작 기도에 이용되기도 했다.

그렇게 봄이 지나고 여름이 왔다. 2016년의 7월 20일부터 전국에 열대야 경보가 내려지는 등 이른 더위는 사람을 지치게 만들었다. 8월 12일 민주당은 8월 22일 본회의를 열어 추가경정예산안 등을 처리하기로 합의했다. 야당은 대가로 부실한 조선 해운산업 구조조정과 관련한 서별관회의 청문회를 얻었다. 조선 해운사업의 부실을 따지는 것도 중요하지만, 세월호 특조위 연장이나 약속한 백남기 청문회는 쏙 빠진 것이다. 총선 전 백남기 청문회를 철석같이 약속했던 민주당과 국민의당은 총선이 끝나자 헌신짝 버리듯 약속을 차버렸다.

전농은 즉각(8월 12일) '국민 기만하는 야당을 규탄한다!! 추경보다 생명, 백남기 농민 청문회 약속 이행하라!'는 제목의 성명을 발표했다. 전농은 이 성명에서 "야 3당은 백남기 농민 청문회 등 8개 사안을 처리하는데 합의한 바 있지만 열흘도 되지 않아 국민 앞에 약속한 합의 내용을 포기했다"면서 "국민들에게 표를 달라며 울부짖던 야당이 총선 이후 과연 무엇을 했는가? 우리농민들은 더 이상 야당의 무능함과 눈속임용 처사에 가만있지 않을 것"이라고 질타했다. 전농 김영호 의장은 "우리 농민들은 더 이상 야당의 무능함과 눈속임용 처사에 가만있지 않을 것"이라고 일갈했다. 분노한 전농을 비롯한 백남기대책위는 대학로를 떠나 여의도 투쟁에 돌입했다. 여당은 물론 야당에 대한 시위였다.

#장면 13-2

2016년 8월 18일 오후 5시쯤 여의도 새누리당사 앞에서 경찰과 여성들의 몸싸움이 일어났다. 전여농 간부들이 단식농성을 위해 그늘막과 돗자리, 접이식 책상 등을 내리는데 경찰이 들이닥친 것이다. 경찰은 아무 설명도 없이 물품을 압수하기 시작했다. 처음에는 일사불란하게 움직이는 경찰을 당해내지 못했다. 덩치 큰 전농 김영호 의장도 경찰에 휩싸여 꼼짝하지 못했다.

그러나 경찰은 어머니뻘인 전여농 회원의 악착같은 몸싸움을 이기지 못했다. 전여농 회원들은 "왜 빼앗아 가냐, 말을 해라"며 천막 기둥을 부여잡고 놓지 않았다. 선글라스를 낀 경찰지휘관은 고개를 흔들며 퇴각을 지시했다. 경찰은 용품 압수를 포기하고 뒤로 물러섰다. 이때 전농 사회자가 마이크를 들고 크게 소리쳤다.

"이 새끼들아, 야 선글라스 낀 새끼 나와, 설명이 있어야지. 이 물품을 언제, 어떻게 쓰는 거냐고 물어보고 합당한지 여부를 따진 후 압수해야지. 이 새끼들 반성을 할 줄 몰라. 국민들로부터 존경받고 인정받고 싶은 경찰이 돼야지 이렇게 권력의 똥구멍이나 빨고 있으니."[92]

이 소리를 듣는 경찰은 주눅 든 모습이 역력했다. 그들은 몰려든 카메라를 피해 고개를 숙였다. 영등포경찰서장은 농성물품 회수는커녕 합법적 집회물품 탈취 혐의로 고발당했다. 전여농 간부들은 그늘막을 치고 단식농성에 돌입했다. 그늘막을 쳤지만 뜨거운 뙤약볕이 내리치는 아스팔트 열기를 막기 힘들었다. 선풍기 하나가 바람을 일으키는 가운데 단식 농성자들은 연신 생수만 들이켰다.

여성농민 단식 … 백남기 청문회 쟁취하다

여의도 단식농성에 돌입한 전국여성농민회총연합 간부들은 김순애(전국여성농민회총연합 회장), 김미영(경남연합 회장), 제정이(경북연합 회장), 정옥련(전북연합 회장), 서짐미(부여여성농민회 회장), 김정열(사무총장), 이춘선(정책위원장), 박미정(식량주권위원장) 등이었다. 어둠이 깔릴 무렵인 저녁 7시, 단

---

92 백남기투쟁본부, 페이스북 동영상.

2016년 8월 25일 세월호 참사 유가족과 전국여성농민회 집회 참가자들이 더불어민주당 당사 앞에서 세월호 특별법 개정과 백남기 청문회 개최를 촉구하고 있다. ⓒ노동과 세계 변백선

식농성장에서 촛불문화제가 열렸다. 이들은 "여의도에 근무하시는 화이트칼라 노동자 여러분! 여의도 새누리당 앞에 들러서 여성농민을 응원해 주시고, 백남기 청문회 개최를 외쳐 주십시오!"라고 외쳤다.

단식 노숙투쟁은 24일까지 계속됐다. 전국에서 올라온 농민들의 동조단식이 이어졌다. 지독히 더운 8월, 벼가 쑥쑥 크는 논에 있어야 할 농민들은 여의도 아스팔트 위에서 투쟁했다. 19일 오전 여의도 국회 앞에서는 이철성 경찰청장 임명 반대 기자회견이 열렸고, 24일 오후에는 국회 앞에서 백남기 청문회 청원 10만 서명 전달식이 열렸다. 25일 오후 2시 여의도 국민은행 앞에서 '2016 전국여성농민결의대회'를 열고 저녁 7시 여의도 새누리당사 앞에서 백남기 국가폭력 진상규명 목요촛불집회를 가졌다.

그러나 여의도 제1당이 된 민주당은 꿈쩍도 하지 않았다. 백남기대책위는 세월호 416연대 회원들과 함께 8월 25일부터 민주당사 점거 농성에 들어갔다. 세월호 특조위를 연장하고 백남기 청문회를 실시하라는 요구였다. 원내 제1당이 된 민주당이 세월호 특조위도 하나 연장하지 못하고 백남기 청문회도 이뤄내지 못한 것에 대한 분노의 표시였다. 당사 점거에 놀란 민주당은 그제야 백남기 청문회를 이끌어 냈다. 단 하루에 불과한 청문회였지만 원내 제1당이 '하려고 맘만 먹었으면' 충분히 할 수 있던 청문회였다. 이는 민주당의 농민에 대한 인식 단면을 엿볼 수 있는 대목이다. 아무도 박근혜 독재에 제동을 걸지 못하는 상황에서 민주노총과 전농 등이 총궐기를 외치고 나왔지만, 정치권은 그다지 공감하지 않았고, 적극 참여할 마음도 없었던 것이다.

폭염 속에 노숙 단식투쟁으로 얻어낸 백남기 청문회를 앞두고 보고대회가 9월 1일 대학로에서 열렸다. '백남기 청문회 철저 실시 목요촛불'이었다. 먼저 김영호 전농의장이 말문을 열었다.

"11월 14일 물대포는 물이었지만, 발포명령은 박근혜 독재 권력이 내린 것이다. … 이것은 발포명령이고, 국가폭력의 현장범이다. 대한민국 검찰은 하나도 수사하지 않고. 대한민국 정부가 아닌 조직폭력배이고, 새누리당 거짓말 일색이다. … 10년 전 농민집회 현장에서 전용철 농민이 경찰 방패에 죽었다. 경찰은 지병으로 죽었다고 발뺌하다 증거물이 나오니 노무현 대통령이 사과했다. … 이번 청문회가 힘없이 어렵게 살아가는 노동자·농민·도시빈민·학생들이 이참에 재벌권력, 정치권력을 갈아치우는 계기가 돼야 한다. 백남기 청문회 철저하게 실시하라. 투쟁! 살인 물대포 국가폭력 사과하라!"

416연대 미류(인권운동사랑) 운영위원이 말을 이었다.

"백남기 농민은 국가폭력에 의한 살인이었다. … 우리 세월호 연대는 특별법 개정을 위해 싸웠다. 그러나 아무 결론이 없다. 새로 만들어진 여소야대 국회다. 153명 특별법 개정안 발의했으나 국회에서 놀고 있다. … 이런 말도 안 되는 작태 앞에서 국회는 무기력하고 무능했다. 이에 유경근 아빠 등이 단식을 하고 있지만 별로 응답이 없다. 10명이 넘는 가족이 집단 단식했다. 그리고 백남기대책위와 함께 민주당 농성에 들어갔다. … 백남기대책위와 세월호 가족들과 일주일간 24시간 같이 있으면서 싸워 이길 수 있다는 희망을 봤다. … 특별법 개정 때까지 단식 풀지 않을 것이다. 국회가 알아서 해주는 것 아니다."

가톨릭농민회 마산교구 남용현 회장은 "진정 이 나라는 누구를 위한 삶인가. 정권을 지키고 권력을 지키기 위해 뭉개고 간다. 누구를 위한 대통령인가"라며 "우리 농민은 많이 배우지 못하고 정치도 모른다. 그러나 분명한 것은 옳은 것이 옳은 것이다. … 파렴치한 정치인을 몰아내야 한다"고 말했다. 정현찬 가농 회장이 다음과 같이 마무리 발언을 했다.

"동지 여러분, 오늘 발표한 청문회가 있기까지는 국민 모두의 끝임없는 노력의 성과물이다. 거저 얻어지는 것이 아니다. (청문회는) 국회의원이 하고 싶어서, 해야 한다는 신념으로 하는 것이 아니라 절실함을 느끼는 가족과 농민 노동자들이 박근혜 정권에서 아픔을 당하는 모든 분들의 연대가 얻어낸 성과물이다. … 진실이 밝혀지고 책임자 처벌할 수 있는 청문회를 기대하지만 만에 하나 그렇지 못할 때는 특별검사를 동원해서라도 끝까지 밝혀야 한다. 반드시 명심해야 한다. 다른 청문회처럼 얼렁뚱땅 넘어가선 안 된다. 이것은 이 땅의 민주주의 문제다. … 청문회에 임하는 국회의원들, 정신 바짝 차리고 끝까지 그동안 10개월 동안 많은 국민이 쌓은 청문회를 제대로 하라는 메시지다. 많은 국민들이 영하 20도를 오르내리는 추운 겨울, 지난 여름 40도까지 오르는 이 천막 안에서 많이 싸워왔다. 다시는 백남기와 같은 억울한 죽음이 있어서는 안 된다."

2016년 9월 12일 드디어 국회에서 백남기 청문회가 열렸다. 백남기 농민이 쓰러져 사경을 헤맨 지 304일 만에 열린 청문회였다. 그러나 정작 핵심인 경찰청장은 참석하지도 않고, 경찰은 진실규명에서 중요한 물대포의 CCTV, 그리고 사고 직후 이뤄진 경찰의 청문감사보고서도 제출하지 않았다. 경찰은 그동안 시야가 좁은 살수차 안에서 백 농민이 쓰러진 사실을 잘 몰랐다고 주장했다. 그러나 뒤늦게 공개된 청문감사보고서에 의하면 충남 19호차 살수차 한 모 경장은 "매번 살수 때마다 현장 지휘관에게 살수 지시와 종료 지시를 받았다"면서 "세 번째 살수 이후 대기하던 중 시위대들이 밧줄을 잡아당기고 있었는데 무전 지시가 없어서 살수를 하지 않고 있다가 무전에서 다시 살수 지시가 내려와 살수했다"고 진술한 것으로 돼 있다. 즉 살수는 살수차 안에서 눈대중으로 하는 것이 아니라, 외부 지휘관의 지시에 의해 정확하게 이뤄졌다. 이것은 백남기 농민의 사고 순간처럼 과격한 행위도 없는 상황에서 강력한 살수가 이뤄지고, 또 넘어진 상태에서도 계속 살수가 이뤄진 것은 실수가 아닌, 지시에 의한 것임을 입증하는 중요 기록이었다. 경찰은 그동안 직원 중 아무도 백 농민이 쓰러진

사실을 보지 못했다고 주장했던 사실과 배치되는 내용이다.[93]

그러나 백남기 농민 청문회에선 이러한 사실이 밝혀지지 못했다. 심지어 청문회에 나온 강신명 증인은 "다쳤거나 사망했다고 사과하는 것은 적절치 않다. 법적으로 잘못하지 않았다"고 강변해 국민들의 분노를 샀다. 표창원 의원은 "유사한 사건에서 경찰청장 3명이 사과했다"면서 증인의 사과를 받으려 했지만 그는 끝까지 사과하지 않았다. 청문회의 무기력함에 대해 민주당 진선미 의원은 "참 답답합니다. 19대부터 집회시위에서 차벽 설치에 대한 끊임없는 문제제기가 있었는데 입장 차이만 확인하고 있으니 안타깝다"고 말할 정도였다. 청문회에서 경찰에 질의하는 국회의원이 안타깝다고 토로했으면 그 장면을 보는 백남기 농민 가족이나, 백남기 대책위, 그리고 국민들은 얼마나 더 안타까웠을까.

#장면 13-3

9월 24일 새벽부터 조용하던 서울대병원 중환자실이 긴박한 분위기로 급변했다. 갑자기 경찰이 병원 주변을 둘러싼 것이다. 서울대병원 중환자실로 통하는 연결통로에 경찰 200여 명, 장례식장 주변에도 250여 명이 배치됐다. 백남기대책위는 새벽 병원 주변 상황을 SNS에 긴박하게 중계하면서 "강제부검 시도를 막기 위해 서울대병원으로 모여 달라"고 호소했다. 백남기대책위는 9시 30분 긴급 성명까지 발표했다. 이 호소를 듣고 많은 사람이 달려왔다. 이들 대부분은 민중총궐기 대회에 참여했던 노동자·농민·학생·빈민·민중연합 당원들이었다. 인원은 금방 700명으로 늘었다. 이들은 영안실 안팎에 배치됐다.

2016년 9월 25일 오후 1시 58분 백남기 농민이 숨을 거뒀다. 서울대병원을 봉쇄한 경찰은 기자는 물론 환자의 보호자 출입까지 막았다. 방문객들의 "환자 보호를 어떻게 하나", "막는 이유와 기준이 뭐냐"는 격렬한 항의에도 경찰은 아랑곳하지 않았다. 이미 검찰은 백

---

93 이 사실은 2017년 10월 13일 행정안전위 국정감사에서 백남춘 의원이 공개해 뒤늦게 알려졌다.

2016년 9월 25일 백남기 농민이 숨지자 경찰이 서울대 병원에 난입 시신을 압수하려 하려는 상황에서 여성 중심의 민중단체 회원들이 '백남기 사수대'를 만들어 시신을 지켰다. ⓒ노동과 세계 변백선

남기 농민의 사인을 확인하기 위해선 부검을 해야 한다며 백남기 농민 시신의 압수영장을 발부받았다. 경찰은 압수영장을 들고 백남기 농민 시신탈취에 나섰다. 부검을 통해 사인을 조작한 전례를 경험한 백남기대책위는 시신 사수투쟁에 돌입했다.

25일 오후 3시쯤 경찰이 주차장 방향에서 중환자실로 진입하기 시작했다. 학생·시민들이 "어딜 들어 오냐 새끼들아"라고 소리치며 달려갔다. 경찰은 완강한 시민의 저지를 뚫지 못했다. 정문 쪽에서도 경찰이 진입하려는 것을 청년·학생들이 서로 스크럼을 짜고 온 몸으로 막고 있었다. 그들은 "살인경찰 물러가라"고 외쳤다.

그 시간 백남기 농민의 시신은 중환자실에서 영안실로 옮겨졌다. 김영호 전농 의장과, 정현찬 가농 회장, 박주민 의원과 민중당 김종훈 의원, 박석운 한국진보연대 공동대표 등이 뒤따랐다. 중환자실에서 영안실까지 거리는 멀었다. 백남기 농민은 앰뷸런스에 실렸다. 시신 탈취를 막기 위해 젊은 여성들이 '여성 사수대'를 만들어 스크럼을 짜고 앰뷸런스 앞을 경호했다. 현장에 있던 사월혁명회 한찬욱 사무총장은 "여성들이 서로 팔짱을 끼고 인간띠를 엮어 백남기 농민 사수대를 만들었다"고 말했다. 백남기 농민의 시신을 실은 앰뷸런스는 흰 마스크를 쓴 '여성사수대'의 경호를 받았다. 그중에는 신부, 수녀도 보였다. 이 장면은 아마 촛불혁명에서 가장 극명한 메시지를 준 장면으로 기록될 것이다. 백남기 농민 시신 탈취를 위한 경찰의 진입을 시민들이 온몸으로 막는 가운데 앰뷸런스는 천천히 영안실로 향했고 3시 30분쯤 안전하게 도착했다.

그러나 이것으로 끝난 것이 아니었다. 영안실에서 시신을 지켜야 했다. 백남기대책위는 몰려온 시민들을 위해 빈소 네 곳을 임대했지만 턱없이 모자랐다. 9월 26일 가을 날씨지만 밤에는 추웠다. 이날 일기예보에는 전 해상에 돌풍이 불고 천둥이 친다고 했고, 남부지역에는 이미 비가 오고 있었다. 이들은 비닐을 덮어 쌀쌀한 가을 추위를 이기며 영안실을 지켰다.

백남기가 병사라니 ··· 사인 조작을 막아라

마지막 기대였던 국회청문회에 대한 실망이었을까. 백남기 농민의 상태는 급격히 악화됐다. 9월 19일부터 급속히 상황이 악화된 백남기 농민은 그의 칠순인 9월 24일 마지막 고비를 맞고 있었다. 백남기 농민 가족들은 병원에서 무의미한 연명치료인 심폐소생술·혈액투석·약물투여(승압제 등) 등을 하지 않는 계획서를 작성했다. 2018년 2월 시행 예정인 연명의료결정법에 따른 것이다. 23일 병원은 모든 주사투약을 중단하고 가족에게 '주말을 넘기기 힘들 것'이라고 통보했다. 주말이라 해봐야 24일 토요일과 25일 일요일뿐이었다.

가족들은 9월 24일이 칠순이라 어떤 방법을 쓰더라도 칠순은 넘기고 돌아가시게 해야 한다고 생각했을 것이다. 24일 임종을 돕기 위해 세 신부가 병원 중환자실로 들어섰다. 백남기대책위는 이미 백남기 농민이 죽으면 부검을 실시하겠다는 경찰의 입장을 알고 있었다. 그러나 부검에 응할 수 없었다. 2005년 전용철, 홍덕표 농민이 죽었을 때도 부검해 사인이 경찰폭력이 아닌 지병이라고 주장했던 전례가 있었기 때문이다. 경찰이 중환자실과 장례식장 주변에 포진하는 것은 시신을 탈취, 부검을 해 진실을 숨기려 할 의도가 뻔했다.

백남기대책위는 즉각 경찰의 부검시도를 비난하는 입장을 발표했다. 백남기대책위는 "(부검시도는)국가폭력에 의한 살인이라는 사건의 본질을 흐트려 물타기 또는 은폐하기 위한 파렴치한 행위"라며 "가족과 대책위가 고발한 살인진압 경찰관들부터 엄정하게 수사하고 엄중한 법의 심판을 받게 하라"고 요구했다. 경찰도 백남기 농민의 상태를 정확히 알고 있었다. 경찰은 24일 밤부터 서울대병원을 봉쇄하기 시작했다. 조병옥 전농 사무총장은 "24일 저녁 9시 30분 쯤 이후부터 미아사거리 등에 경찰 병력 20개 중대가 배치되기 시작했다"면서 "장례식장 주변에도 정보과 형사 10여 명과 정복 경찰 50여 명이 배치됐다"고 말했다.

다음날 25일 오후 1시 58분 백남기 농민은 숨을 거뒀다. 힘들게 칠순을 넘은 백남기 농민이 그나마 칠순을 이 세상에서 보내게 했다는 것이 가족들에게 위안이었다. 그의 임종은 부인 두 딸과 아들 등 온 가족이 함께했다. 그러나 백남기 농민을 부검하려는 정부 당국의 기도는 치밀하게 준비되고 있었다. 백남기 농민의 죽음을 확인한 3년차 레지던트 권 씨는 딸 백도라지 씨에게 "사망 진단서를 발급할 건데 본인의 이름으로 나가기는 하지만 사망 원인, 병명 등에 대해서는 자신의 권한이 없다"면서 "신찬수(서울대병원) 부원장과 백선하 신경외과 교수 두 분이 협의한 내용대로 써야 한다"고 말했다. 공식 문건인 사망진단서를 의사 자신이 확인하고, 자신의 의료지식에 의해 쓰는 것이 아니라 '윗사람' 누구의 지시에 의해 써야 한다는 것은 상식적으로 의학적으로도 있을 수 없는 일이었다. 레지던트 권 씨는 '그래야 하지만 할 수 없음'을 미리 가족에게 양해를 구한 것이다.

2시 정각, 레지던트 권 씨는 사망진단서 최종 사망 종류란에 '병사'라고 기록했다. 이 서울대병원의 사망진단서는 두고두고 논란이 됐다. 결국 이는 시신에 대한 부검영장을 신청하는 빌미가 됐을 뿐 아니라, 가족이 연명치료를 거부해 치료를 다 받지 못하고 죽었다는 가족책임론의 빌미까지 됐다. 예상대로 검찰은 25일 오후 법원에 백남기 농민의 부검영장을 신청했다. 보통 객사, 의문사의 경우 수사상 정확한 사인을 가리기 위해 부검을 하지만 이렇게 사인이 명확하고 특히 병원에서 사망한 사람을 부검하는 경우는 드물다. 부검 사실이 알려지자 인도주의실천의사협의회(인의협)는 즉시(25일 2시 30분) 의견서를 냈다.

〈의견서〉

환자명 : 백남기 (남/ 69세)

본 환자는 2015년 11월 14일 경찰 살수차에서 분사된 물에 의한 압력으로 넘어지면서 의식소실 발생하여 서울대병원 응급실로 이송되었으며 검사결과 외상성 경막하출혈과 지주막하 출혈로 인한 뇌탈출증(대뇌낫밑탈출, 갈고리이랑탈출) 및 두개골, 안와, 광대 부위의 다발성 골절 확인되었으며, 신경학적 신체검사 및 영상검사 결과 예후가 매우 불량하다고 진단받고 초기에는 수술도 의미 없다고 설명 듣고 퇴원을 권유 받았다가 생명연장(life-saving) 목적의 수술(경막하 출혈제거술, 감압을 위한 두개골 절제술) 후 현재 317일째 중환자실 입원 중입니다. 수술 후 의식은 계속 혼수상태(coma)이고 자발호흡 없어 인공호흡기를 유지하고 있으며, 범뇌하수체 기능저하증, 폐렴, 진균혈증, 욕창, 연조직염, 폐색전증, 패혈증 등의 합병증이 반복되어 왔으며, 현재 신부전, 폐부종 등 다발성 장기부전까지 진행되어 중환자실에서 집중치료를 지속하더라도 더 이상의 생명연장은 불가능한 상태입니다.

본 환자의 발병 원인은 경찰 살수차의 수압, 수력으로 가해진 외상으로 인한 외상성 뇌출혈과 외상성 두개골절 때문이며 당시의 상태는 당일 촬영한 CT 영상과 수술 기록으로 확인할 수 있으며, 현재 본 환자는 외상 발생 후 317일간 중환자실 입원 과정에서 원내감염과 외상 상태 및 약물 투여로 인한 합병증으로 다발성 장기부전 상태이며, 외상 부위는 수술적 치료 및 전신상태 악화로 인해 변형되었을 가능성이 매우 높으므로 사망 선언 후 사인을 밝히기 위해 부검을 하는 것은 불필요하다고 판단됩니다. 또한 가족들이 부검을 원치 않고 있으며 이처럼 발병원인이 명백한 환자에게서 부검을 운운하는 것은 발병원인을 환자의 기저질환으로 몰아가려는 저의가 있는 것이 아닌가 하는 상식적인 의심을 하게 됩니다.

2016년 9월 25일
인도주의실천의사협의회
신경외과 전문의 김경일(면허번호 : 24336, 전문의번호 : 480)
신경과 전문의 이현의(면허번호 : 83028, 전문의번호 : 1349)
내과 전문의 이보라(면허번호 : 81876, 전문의번호 : 11485)

인의협 의견서 요점은 '환자의 발병 원인은 경찰 살수차가 가한 외상으로 인한 뇌출혈과 두개골절이며, 사인을 밝히기 위한 부검은 불필요하고, 부검 운운은 원인을 환자의 질환으로 몰아가려는 저의로 의심된다'는 것이다. 25일 밤 9시 백남기대책위와 인의협, 그리고 민변 변호사들이 백남기 농민 검시 결과를 설명했다. 검시 결과 "검안의가 육안으로 확인한 백남기 씨의 외상은 뇌골절과 안와골절, 광대부위 다발성 골절 등으로 뇌출혈로 인한 사망이 너무 분명하다"는 것이다. 이어 백남기 농민의 장녀 도라지 씨는 "사인이 명백한데 부검하는 것은 고인을 모독하는 것"이라며 "가족들은 부검을 원치 않는다"는 입장을 발표했다. 야당도 부검을 반대했다. 박경미 민주당 대변인은 "검찰의 부검은 경찰의 살인적 진압을 은폐하고 사망에 따른 책임을 회피하기 위한 것"이라고 주장했다. 장진영 국민의당 대변인도 "검찰은 오늘까지도 경찰의 과잉진압에 대한 수사에 전혀 의지를 보이지 않고 있다가, 백 농민이 위독해지자 부검 운운하고 있다"면서 "검찰이 국민의 생명을 앗아간 권력남용 사건마저 왜곡하려 한다면 검찰 개혁의 필요성을 스스로 드러내는 것임을 명심해야 한다"고 경고했다.

그러나 박근혜 정권은 집요하게 부검을 시도했다. 종로경찰서는 밤 11시 백남기 농민의 시신에 대한 압수수색 검증영장을 신청했다. 이유는 "정확한 사인을 확인하기 위해 부검의 필요성이 있다"였다. 여당인 새누리당도 "진실을 밝히자고 해놓고 정작 국과수 부검은 반대하는 것은 앞뒤가 맞지 않는 모순"이라며 "법원이 영장을 발부한 국과수 부검을 통해 실체적 진실을 밝히면 되는 문제"라고 동조했다. 새누리당은 특히 국회에서 "'빨간 우의' 가격설을 밝히기 위해서도 부검이 필요하다"고 주장했다. 여기서 '빨간 우의'는 백남기 농민이 쓰러진 직후 달려 든 빨간 우의를 입은 남자가 그를 부축하려 한 것이 아니라, 주먹으로 가격한 것이라는 황당한 주장이었다. 이 황당한 주장의 출처는 바로 일베였다. 이를 인용해 국회에서 발언하는 국회의원도 문제였다. 분명한 것은 이러한 일베의 탄생과 생존 여건은 박근혜 정권의 혐오, 증오, 저주라는 광란적인 정책의 산물이었다는 점이다.

백남기 농민이 숨진 당일 그렇게 긴박하게 움직였다. 한 인간의 시신을 놓고 이렇게 첨예한 다툼을 벌인 적이 또 있었을까. 사실 백남기 농민의 사인이 뭐냐는 문제는 과학의 문제이기 때문에 정치적 논리가 개입할 여지도 없고, 또 이렇게 싸울 일도 아니었다. 그러나 그 과학과 진실을 왜곡하려는 정치가 문제였다. 진실을 왜곡하려는 박근혜 정권에게 부검이라는 '왜곡 절차'를 거쳐야 했고, 이를 위해서는 백남기 농민의 시신이 필요했기 때문이다. 백남기 농민의 시신을 놓고 벌인 이날 투쟁은 촛불혁명 과정에서 또 하나의 중요 반전의 순간으로 기록될 것이다.

레지던트 권 씨가 작성한 사망진단서의 자세한 내용이 공개되면서 국민은 다시 충격을 받았다. 사망진단서 '사망원인'란에는 "(가) 직접원인: 심폐정지 (나) (가)의 원인: 급성신부전 (다)(나)의 원인: 급성경막하 출혈 (라)(다)의 원인: 빈란"으로 돼 있다. 그리고 최종 '사망종류' 란에는 '병사'로 기록된 것이다. 이 사망진단서는 의과대학생도 납득하지 못하는 수준이었다. 대한의사협회의 '진단서 등 작성·교부지침'에 심폐정지 등 사망 증세를 직접사인으로 쓸 수 없게 돼 있었다. 그러나 서울대병원은 "사망을 유발한 핵심 원인을 진단서에 사인으로 적시하느냐, 아니면 '신체적 최종 현상'을 기재하느냐에 달려 있다"면서 "급성신부전증으로 인한 심폐정지가 직접사인이 된 만큼 오류가 없다"는 입장만 반복했다. 사실 이는 입장이라기보다 억지에 가까웠다. 문제의 사망진단서를 작성한 레지던트 권 씨는 전화번호를 바꾸고 잠적해 버렸다.

피곤한 몸으로 밤새 서울대병원 영안실을 지키던 노동자·농민·학생들에게 희소식이 날아왔다. 새벽 2시 검찰이 다시 신청한 백남기 농민 시신 압수수색영장을 법원이 기각한 것이다. 법원은 단지 의무기록에만 압수수색 영장을 발부했다. 경찰을 비롯한 정권은 매우 부산하게 움직였다. 의외의 영장 기각에 대응방법을 찾아야 했기 때문이다. 그대로 법원 판결에 따를 것인지, 아니면 재청구 할 것인지는 매우 예민한 사항이었다. 경찰도 법원은 물론 야당과 의료계와 가족까지 반대하는 부검을 위해 충돌을 각오하고 시신을 확보하기 곤혹스러웠을 것이다. 정권적 차원의 지시가 없다면 경찰이나 검찰이 법원과 야당, 의료계의 상식에 이렇게 맞설 수는 없었다. 이미 검찰과 경찰은 이 사건과 관련해 청와대로부터 긴밀하게 지시받은 증거가 많다. 서창석 서울대병원장은 백남기 농민의 병세와 가족의 반응을 청와대 김재원 정무수석에게 수시로 알렸고, 김 수석은 서 원장 보고를 청와대는 물론 새누리당 지도부와도 공유했다.[94]

이 과정에서 사법부 역시 정의롭게 처신했다고 말하긴 어렵다. 26일 영장을 기각한 서울중앙지법 성창호 판사는 검찰과 경찰에 보낸 공문에서 "본 건에서 현 상태 부검의 압수수색 검증을 청구하는 이유를 보다 구체적이고 명확하게 설명하기 바란다"면서 "즉 부검의 주된 이유가 사망에 대하여 종래 제기된 살수차에 의한 충격 등 직접적 인과관계를 명확하게 하기 위함인지, 아니면 제3자에 의한 외력에 의한 충격 등이 사망 인과관계에 영향이 있음을 밝히기 위함인지 등을 명확하게 하기 바란다"고 적시했다. 또 성 판사는 "수사기관의 입장 뿐 아니라 유족 등 피해자 측의 입장을 구체적으로 반영하라"면서 "부검에 참여하는 것이 필요하거나 적절하다고 판단되는 유족이나 유족 쪽 전문가에 대한 의견을 내라"고 기록했다.[95]

이는 매우 애매하게 해석할 수 있는 판단이었다. 특히 일베 사이트에서 나돈 '붉은 우의'의 가격에 의한 사망인지를 확인하기 위한 부검은 승인하겠다는 의미로 해석될 수도 있었다. 법원은 유족의 입장을 듣고 반영하라고 유족 편을 드는 대목을 넣어 균형을 맞추는 듯 보였다.

결국 치열한 내부 검토와 청와대의 조율과 지시, 그리고 법원의 '힌트'까지 얻은 경찰과 검찰은 26일 오후 11시 30분 백남기 농민의 시신 압수영장을 다시 법원에 청구했다. 이번에는 백남기대책위에 비상이 걸렸

---

94 〈경향신문〉, 2017. 1. 2.
95 〈헤럴드경제〉, 2016. 10. 27.

다. 26일 오후 2시 30분 가족과 백남기대책위는 "아버지를 쓰러지게 한 것도 경찰인데, 돌아가신 이후에도 괴롭히는 것을 이해할 수 없다"라는 호소성 기자회견을 가졌다. 그리고 오후 4시 그동안 사용하던 '백남기대책위' 명칭을 '백남기 농민 국가폭력 진상규명 책임자 처벌 및 살인정권 규탄 투쟁본부'(백남기투쟁본부)로 바꿨다. '대책'에서 '투쟁'으로 강도를 높인 것이다.

그리고 9월 27일에도 유가족들은 "시신에 다시 경찰의 손이 닿게 하고 싶지 않다" 부검 철회 탄원 기자회견을 하고, 오후 1시에는 영장 재청구 관련 야 3당 기자회견을 유도했다. 오후 5시에는 "부검은 법률적으로, 의학적으로, 상식적으로, 도의적으로 파렴치한 행위"라는 요지의 백남기투쟁본부 긴급 호소문을 발표했다. 전국적으로 120개 시민분향소가 설치되는 등 지방의 지지를 이끌어 내기 위한 조치도 빠뜨리지 않았다. 서초동에서 벌어진 법적 투쟁도 치열했다. 9월 28일 새벽 2시 백남기 농민 변호인단은 부검영장 청구의 부당성을 입증하는 자료를 추가 제출했고, 이에 맞서 경찰과 검찰도 추가 소명자료를 제출했다.

그러나 법원은 '예상대로' 백남기 농민의 시신에 대한 압수영장을 발부했다. 그때가 밤 8시 30분쯤이었다. 이제는 법이 아닌, 물리력으로 백남기 농민을 지키는 방법밖에 없었다. 경찰이 공권력을 이용해 백남기 농민을 지키는 농민과 노동자·학생 그리고 보통시민을 밀쳐내는 일은 쉬운 일이었다. 서울대 병원장을 비롯해 담당 의사까지, 경찰과 검찰은 물론 법원까지 오케이 사인을 낸 합법적인 공무수행을 어떤 명분으로 막을 수 있겠는가. 게다가 그들은 신문사에 난입하고, 종교시설인 조계사에도 공권력 투입의 막바지까지 가서 결국 쫓아내게 만든 '막무가내' 박근혜 정권이었다.

"선배님들에게 의사의 길을 묻습니다"

백남기투쟁본부는 며칠째 밤샘작업으로 지쳐 있었다. 더이상 경찰의 진입을 몸으로 막고, 백남기 농민을 지킬 힘이 없었다. 그러나 이대로 주저 앉을 수도 없었다. 백남기투쟁본부는 마지막으로 국민에게 달려갔다. 백 남기 농민의 시신에 압수수색영장이 발부된 다음날인 9월 29일 오전 11시 백남기 농민 사망 국가폭력 규탄 시국선언'이 세종문화회관 중앙계단에서 열렸다. 별도의 광장도 얻지 못한 매우 '긴급하게' 마련된 시국선언이었 다. 시국선언에서 네 가지를 요구했다. 첫 번째는 정부는 지금이라도 백남 기 농민의 유가족들에게 진심을 다해 사죄하고 예의를 다해 조의를 표할 것, 두 번째는 백남기 농민을 죽음에 이르게 한 이들을 철저하게 조사하여 처벌할 것, 세 번째는 유족이 반대하는 부검 시도를 즉각 중단할 것, 네 번 째는 '국가폭력'을 중단하고, 특히 백남기 농민의 목숨을 앗아가는데 쓰인 물대포의 사용을 즉각 중단할 것을 요구했다.

선언에 동참한 3,542명 중에는 함세웅 신부와, 김상근 목사, 김중배 전 MBC사장, 백락청 전 서울대 교수, 양길승 6월 민주포럼대표, 김자동 임시정 부기념사업회 이사장, 이수호 전태일 재단 이사장, 도법 스님 등 대부분 1차 ~4차까지 이어진 민중총궐기에 참여했던 인사들이고, 민중당, 흑수저당, 노 동당, 농민당 등 민중세력들이었다. 여기에 천주교, 기독교, 불교, 원불교 등 많은 종교인도 함께했다. 그나마 다행인 것은 이 선언에 민주당 강병원, 강 창일 의원 등 83명, 국민의당 박지원 비대위원장을 포함해 23명, 정의당 심 상정 대표를 포함 6명, 민중당 윤종오 의원 등 2명이 참여한 것이다. 게다가 지금까지 민중총궐기투쟁본부, 백남기투쟁본부와 어느 정도 거리를 두던 최열(환경재단)과 환경운동연합 등 환경단체와, 경실련 임현진 공동대표와 고계현 사무총장, 흥사단 이윤배 이사장과 김전승 사무총장, 한국YMCA전 국연맹 이충재 사무총장과 유홍번 정책실장이 선언에 동참했다. 법조인과 문인과 영화인을 비롯한 많은 문화예술인도 동참했다.(전문 : 자료 23)

하지만 백남기투쟁본부가 절박하게 마련한 마지막 대국민 호소에도 민심은 달아오르지 않았다. 이 선언에 참여연대가 공식 참여치 않은 것이 증표였다. 경찰의 압수수색 압박은 점점 다가왔다. 경찰은 형식적인 공문을 계속 보내 유족 측과 협의를 충실히 하고 있다는 명분을 쌓아 갔다. 유족 측은 당연히 이에 응하지 않았다. 명분이 축적되면 경찰은 언제라도 백남기 농민 시신을 합법적으로 탈취할 수 있었다. 경찰은 백남기 농민의 시신에 대한 압수영장(부검영장)을 정확히 공개하지도 않았다. 백남기투쟁본부는 더 이상 버틸 힘이 없었다.

이런 극한 상황에서 신선한 반전이 일어났다. 그 주인공은 바로 학생이었다. 9월 30일 서울대 의대생 102명은 '선배님들에게 의사의 길을 묻습니다'라는 대자보로 출세와 보신에 급급한 선배와 세상에 경종을 울리며 나섰다. 자신의 실명을 모두 공개한 학생들은 "외상의 합병증으로 질병이 발생해 사망했으면 외상 후 아무리 오랜 시간이 지나더라도 사망의 종류는 외인사라는 것은 모두 저희가 법의학 강의에서 배운 내용"이라며 "직접 사인으로 심폐정지를 쓰면 안된다는 것은 국가고시 문제에도 출제될 정도로 기본적인 원칙이지만 버젓이 (백 씨의 사망진단서에) 기재되었고 사망의 종류는 외인사가 아닌 병사로 표기돼 있었다"고 지적했다. 학생들은 또 "서울대병원은 전문가 집단으로서 걸맞지 않은 태도를 보이고 있다"면서 선배에게 "직업적 양심이 침해받은 사안에 대해 침묵하지 말아 달라, 저희가 어떤 의사가 되어야 하는지 보여 달라, 저희는 선배님들께서 보여주신 길을 따르겠다"고 끝을 맺었다.(전문 : 자료 24) 대자보는 초보도 아닌 수준의 사망진단서에 대해 아무 말도 안하고 외면하는 서울대 병원 의사 선배를 일깨우는 죽비였다.

이 서울대 의대생의 용기는 긴 공명으로 이어졌다. 서울대 민주동문회는 다음날 '서울대학교 동문들이 역사의 부름에 응답합니다'라는 성명을 서울대병원 장례식장에 게시했다. 민주동문회는 "백주대낮에 경찰 물대포에 의해 쓰러지는 것을 목격한 증인과 증거물이 넘치는데 부검으로 사인 규명을 하겠다는 것은 세 살 아이가 봐도 낯 뜨거운 책임 회피"라고 질타했다. 이들은 또 서울대병원에 대해 "직업윤리도 양심도 저버리고 해바라기 의료기관이 되어 학생과 동문들이 고개를 들지 못하게 만들고 있다"고 비판했다. 10월 1일에는 서울대 의대 동문 선배 365명이 '선배 의사의 책임감으로 응답한다'면서 다음과 같은 성명을 냈다.

> 서울대학교 의과대학을 졸업한 저희 동문들은 최고의 교수님과 선배들로부터 의술을 배웠다는 자부심을 안고 각자의 분야에서 전문가로 활동해 왔습니다. … 그럼에도 불구하고 현재 상황은 우리의 믿음을 의심하게 합니다. 후배들이 지적했듯이 고 백남기 씨의 사망진단서는 통계청과 대한의사협회에서 제시한 원칙에서 어긋납니다. 외상의 합병증으로 질병이 발생하여 사망하였으면 '외인사'로 작성하도록 배웠습니다. … 서울대학교 병원에 간청합니다. 서울대학교 병원의 역사를 이어 온 의사로서의 전문성과 소명의식으로 학생

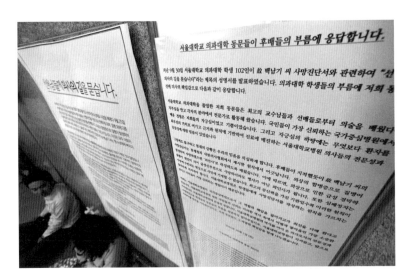

2016년 9월 30일 서울대병원 장례식장 입구에 서울대 의대 재학생 102명 이름으로 쓴 '선배에게 의사의 길을 묻습니다'라는 대자보와 10월 1일 의대 졸업생의 성명서가 하루 차이로 나란히 붙었다.
ⓒ 경향신문 정지윤

들과 동문들의 부름을 외면하지 말아주십시오. 서울대학교병원이 지켜왔고, 앞으로 지켜야 할 가치를 기억해 주십시오. 저희 동문들도 그 막중한 책임감을 함께 나누겠습니다.

백남기 농민의 사망진단서에 대한 분노는 의대생들의 성명으로 끝나지 않았다. 약대생, 한의대생을 넘어 국민 전체 분위기를 반전시켰다. 백남기투쟁본부의 절박한 호소에도 답답하리만치 움직이지 않던 여론이 꿈틀거렸다. 의사로 인의협 창설에 주도적으로 관여하고, 6월 민주포럼 대표인 양길승 녹색병원 이사장은 촛불현장에 한 번도 빠지지 않고 참여했다. 그는 "전체 촛불혁명 과정에서 바로 이 서울대 의대생들의 대자보는 중요한 변곡점이 됐다"고 증언했다. 정확한 평가다.

#장면 13-4

2017년 10월 1일 오후 3시 백남기 농민을 추모하고 노동탄압에 항의하는 노동자, 시민 3만여 명이 대학로에 모였다. 당초 대회 주최 측은 1만5천 명 정도가 참가할 것이라고 예상했지만 거의 2배 이상의 시민들이 백남기 농민 추모를 위해 나선 것이다. 민중총궐기투쟁본부와 백남기투쟁본부는 먼저 '노동개악–성과·퇴출제 폐기, 공공성 강화, 생명–안전사회 건설 범국민대회'를 열고, 이어 '백남기 농민 추모대회'를 열기로 계획했다.

박경득 의료연대본부 서울대병원 분회장(서울대병원노조 위원장)은 "백남기 농민 가족들은 공공병원인 서울대병원을 믿고 환자의 생명을 맡겼지만 서울대병원은 의료적 판단 위에 돈과 권력을 먼저 생각했다"며 "서울대병원에서 벌어진 백남기 농민 사태는 공공기관이 민중의 행복이 아닌 돈과 권력에 복종하면 어떻게 되는지 보여주고 있다"고 주장했다. 김주업 전국공무원노조 위원장은 "경찰행정의 성과주의는 국민의 생명과 안전이 아닌, 정권의 안전을 책임지라고 강요하는 것"이라며 "그것이 백남기 농민에 대한 국가 폭력으로 나타났다, 성과주의 정권 박근혜 정권에 의한 명백한 타살"이라고 질타했다.

정용건 성과·퇴출제 저지 공공성강화 시민사회공동행동 공동대표는 "공공노동자들의 총파업은 자본주의 사회에서 돈 없는 사람, 경쟁에서 낙오한 사람을 보호하기 위한 것"이라고 주장했다. 두니아제 자오슈 프랑스 공무원노조(CGT) 연대위원장은 "한국정부는 노동자의 정당한 교섭 요구를 거부하고, 노조 간부를 범죄자 취급하고, 노동권을 침해하고, 국제 기준을 위반하고 있다"면서 "이는 한국의 민주주의가 크게 후퇴하고 있다는 것을 보여주는 것"이라고 말했다.

이어 4시 30분부터 '백남기 농민 추모대회'가 시작했다. 먼저 무대에 오른 정현찬 가톨릭농민회 회장은 "물대포를 쏴 죽인 것도 분이 풀리지 않았는지 이 경찰이 또다시 당신의 시신을 난도질 하려 한다"면서 "우리는 반드시 당신을 지켜낼 것"이라고 말했다. 정 회장은 또 "당신이 평생을 살며 애타게 바라던 통일, 이 땅의 민주화를 위해 한 평생을 바쳤던 정신, 이 땅의 시민과 농업을 지키기 위한 당신의 그 정신을 살아있는 우리들이 꼭 해 내겠다"고 추도했다.

백남기 농민의 둘째 딸 민주화 씨가 상복을 입고 "진실을 밝히는 데에 비록 많은 시간이 걸리겠지만 그것은 아버지의 자식으로서 감당해야 할 몫이고, 이 암울한 시대의 몫"이라고 말했다. 유경근 416가족협의회 집행위원장은 "우리는 이 슬픔의 눈물을 분노의 행동과 연대의 행동으로 승화시켜야 한다"며 "나와 내 가족이 세월호에서 죽을 수 있고 물대포에 맞아 죽을 수 있는 이 현실을 바꿔야 한다"고 외쳤다.

대회를 마친 참가자들은 오후 5시 30분쯤 '백남기 농민 국가폭력 사건 진상규명'과 '책임자 처벌, 부검 반대, 특검 실시' 등을 외치며 종로까지 행진에 들어갔다. 오후 7시쯤 열리는 세월호 참사 900일 문화제와 합류하기 위해서였다. 마침 그 길에는 백남기 농민이 물대포를 맞고 쓰러진 종로구청 입구 네거리를 지나게 돼 있어 그곳에 헌화할 계획이었다. 그러나 경찰은 종로 1가 네거리를 차단하고 광화문광장 쪽 행진을 막았다. 집회에 참가한 민주당 이재정, 박남춘, 표창원 의원 등이 경찰을 설득했지만 소용이 없었다. 시위대는 바로 종로 1가 아스팔트 위에 국화꽃을 놓고 집회를 끝냈다.

"내가 백남기다. 나를 체포하라!"

분위기가 위기국면에서 우호국면으로 반전하는 순간에는 쐐기를 박는 '결정적인 행동'이 필요하다. 역시 이 결정적 행동에 나선 세력은 민중총궐기를 같이 했던 민중총궐기투쟁본부의 노동자·농민·학생·빈민 등 민중세력이다. 이들은 단순한 선언문 동참을 뛰어넘어 직접 사람을 동원할 수 있는 조직과 역량을 가졌다. 이들의 힘은 한순간에 만들어진 것이 아니다. 이들은 비슷한 정치·경제·사회적 공감대를 바탕으로 단결된 연대를 통해 오랫동안 이어진 것이다.

백남기투쟁본부는 민중총궐기투쟁본부와 함께 10월 1일 대규모 군중을 동원하는 '노동개악-성과·퇴출제 폐기, 공공성 강화, 생명-안전사회 건설 범국민대회'와 '백남기 추모제'를 준비했다. 이는 기울어져 가는 박근혜 정권의 경찰과 검찰에 대한 실력을 통한 마지막 저항이었다. 민중의 역량은 뛰어났다. 전국적으로 3만 명을 동원하는 대규모 집회를 성사시킬 수 있었다. 당초 주최 측은 1만5천 명만 모이면 성공이라 판단했지만, 서울대 병원 의사들의 '파렴치함'에 실망한 일반 시민이 대거 동참한 가운데 평화적으로 열렸다.

10월 1일 백남기 농민 추모집회는 3월 26일 제5차 민중총궐기에 이은 사실상 민중총궐기였다. 이날 구호에 나온 '내가 백남기다', '나를 체포하라'는 사실상 권력 불복종 운동이라고 할 수 있다. 연이은 서울대병원 의사들의 무책임과 엉뚱한 고집을 지켜 본 국민들이 크게 실망해 정권에 등을 돌리는 분위기였다. 국민은 '지식인'을 자처하는 의사들의 이 같은 기회주의적, 권력지향적, 출세주의적 태도에 환멸을 느낀 것이다.

백남기 농민의 사망진단서에 대한 논란이 계속 커지자 서울대는 10월 1일 '사망진단서 논란에 대한 서울대학교 병원-서울대학교 의과대학 합동 특별조사위원회'를 구성했다. 사망진단서 작성지침을 어긴 이유에 대해 조사하기 위해서다. 특위에는 대한의사협회 '사망진단서 작성지침'을 집필한 서울대학교 이윤성 교수를 위원장으로 오창완 분당서울대병원 교수(신경외과) 윤영호 서울대병원 공공보건의료사업단장, 이상민 교수(호흡기내과), 이하정 교수(신장내과) 등이 참여했다.

특별조사위는 이틀간 조사를 마친 3일 오후 서울대병원 의생명연구원에서 언론브리핑을 열었다. 특별조사위는 "백남기 농민에 대한 사망진단서는 사망진단서 작성 지침과 다르다"는 점을 다시 확인했다. 특별조사위는 직접사인 원인인 '급성신부전'의 원인, 즉 원 사인으로 '급성경막하출혈'로 쓰고 사망의 종류를 '병사'라고 기록한 부분 역시 "사망진단서 작성 지침과 다르다"고 지적했다. 이는 이미 의과대 학생들이 주장했고, 의사협회에서 확인했던 사실을 재확인한 것이다. 이 사실을 발표하는 서울대 이윤성 교수가 바로 대한의사협회 '사망진단서 작성지침'을 집필한 당사자였기 때문에 너무나 확신에 찬 설명이었다. 그는 마지막으로 "나보고 (사망진단서를)쓰라고 했다면 외인사로 썼을 것"이고 말했다. 이 자리에는 백남기 농민 주치의 백선하도 같이 자리했다. 이는 대단한 '용기'이자 '의문'이다. 그는 기자회견 내내 얼굴 표정도 별로 바뀌지 않았다.

백선하는 이 자리에서 백남기 농민의 원 사인은 물대포 직사에 대한 '급성경막하출혈'이 맞지만 "백남기 농민이 사망에 이르게 된 것은 사망 시점 6일 전부터 시작된 급성신부전이 빠른 속도로 진행됐기 때문"이라며 "급성신부전에 대한 적절한 치료가 되지 않아 심폐정지가 왔고 이것이 사망의 직접적 원인이라고 봤다"고 주장했다. 그는 "제대로 된 연명치료를 하지 못해 직접적 사인을 '심폐정지'로 기록하고 '병사'로 표시했다"고 말했다. 백선하는 백남기 농민이 7월 19일과 9월 6일 두 차례 급성신부전 증상으로 위독한 상황에 빠진 적이 있다고 밝혔다. 이때 체외 투석을 해야 하는데, 유족이 '고인께서는 평소 정상적 생활을 할 수 없을 정도가 되면 적극적으로 치료하지 말라는 유지가 있었다'고 반대해 못했다고 주장했다.

그런데 이날 특별조사위 설명회 결론은 '없다'였다. 서로의 입장만 재확인 했고, 문제의 사망진단서를 수정하지 않겠다고 결론 내린 것이다. 보고서는 "사망진단서 작성 지침과 다르게 작성된 것은 분명하다"면서도 "담당교수의 진술과 '진료 경과'에 따르면 사망진단서 작성을 포함한 모든 진료 과정에서 담당의사에게 어떠한 외압이나 강요는 없었고 담당교수는 오로지 자신의 의학적 판단에 따랐다"고 밝혔다. 마지막으로 이 특별조사위 위원장은 "사망진단서는 의사 개인이 쓰는 것이며 이를 강요할 수는 없다"며 "사망진단서를 다른 의료계 관계자들이 보고 비평할 수는 있으나 수정을 강요하는 것은 원칙에 어긋난다"고 설명했다. 결국 사망진단서는 수정할 수 없다는 것이다. 서울대병원은 더 이상 책임이 없다는 '교묘한' 궤변을 늘어놓은 것이다. 백선하는 끝까지 병사라는 자신의 고집을 거두지 않았다. 그 이유는 무엇일까. 아마 더 이상 물러설 퇴로가 없다고 판단했을 것이다. 여기서 사망진단서를 고치면 소신도 잃고, '자리'도 잃는다고 생각했기 때문 아닐까.

서울대와 서울대병원 특별조사위 발표와 백선하의 뻔뻔한 태도는 오히려 국민을 분노케 했다. 특히 백남기 농민 사망 책임을 유족에게 떠넘겼다는 비판이 거세게 일었다. 이는 '탁 치니, 억 하고 죽었다'는 30년 전 박종철 고문치사 사건 경찰의 발표보다 더 파렴치한 행위였다. 전국 의대생과 의사의 비난 성명에 이어 약대생과 약사로 비판 성명이 나왔다.

10월 5일 대한의사협회(의협) 공식 입장이 나왔다. 의협은 서울대병원 의료진이 작성한 사망진단서가 의협이 제시한 공식 진단서 작성 기준인 '진단서 등 작성·교부지침'에 비추어 문제점을 조목조목 지적했다. 의협은 백남기 농민 직접사인을 '심폐 정지'로 기재한 것에 "사망하면 당연히 나타나는 현상은 사망의 증세라고 할 수 있고, 절대로 사망원인이 될 수 없다"면서 "심폐 정지가 직접 사인이 될 수 없다"고 밝혔다. 그리고 의협은 "사망의 종류는 직접적인 사인으로 결정하는 게 아니라 선행 사인으로 결정해야 한다"고 분명히 했다. 즉 백 씨의 선행 사인인 '급성경막하출혈'이 사망 원인이라는 것이다. 사실상 아니 법적으로도 서울대병원의 사망진단서가 잘못됐다는 판정이었다.(전문 : 자료집 25) 그러나 서울대병원 서장석 원장과 주치의 백선하는 끝까지 침묵과 궤변으로 일관했다.

15일에는 서울대병원 노조가 특별조사위와 백 교수의 판단을 '궤변'이라며 대국민사과를 요구했다. 같은 의료현장에 있던 이들은 또 다른 사실을 폭로했다. 현정희 의료연대 서울지부장은 "문제의 사망진단서에 서울대병원 경영진이 관여한 정황이 한 둘이 아니다"면서 백남기 농민의 의료기록을 공개했다. 공개된 의무기록에는 사망진단서를 작성한 레지던트 권 씨가 '신찬수 부원장과 백선하 교수가 상의해 사망진단서를 작성했다'고 적혀 있었다. 또 사망 직전 의무기록에 '부원장 지시에 의한 승압제 투여'라고 기록한 사실도 폭로했다. 이는 백남기 농민의 마지막 치료 하나하나는 물론 문제의 사망진단서 작성에 부원장과 백선하가 개입했다는 것을 의미했다. 레지던트 권 씨는 이 '부당한' 지시를 의무기록 한쪽 귀퉁이에 남겨놓은 것이다.

서울대병원 노조에 따르면 신 부원장은 백남기 농민 유족들의 의무기록 발급 신청을 일일이 확인하고, 병원 기획조정실은 백남기 농민 사고 당일 응급실 자료를 확인한 것으로 드러났다. 박경득 노조분회장은 "문제의 사망진단서는 백선하 교수 개인이 작성한 것이 아니라 서울대병원 경영진이 관여했다고 볼 수밖에 없다"고 주장했다. 박 노조분회장은 또 "전 국민이 물대포에 의한 외인사임을 알고 있는 상황에서 노조는 서울대병원의 이름으로 된 엉터리 사망진단서를 수정하지 않는 병원의 입장이 견딜 수 없이 수치스럽다"면서 "서울대병원장은 지금이라도 사망진단서를 수정하고 국민들께 사과해야 한다"고 요구했다.

#장면 13-5

전농 회원이 보유한 트럭이란 트럭은 다 동원됐다. 10월 5일 농민들은 새벽부터 트럭 적재함에 얼마 전 추수한 쌀 나락을 싣고 서울로 향했다. 전라도, 경상도는 물론 강원도에서까지 올라왔다. 쌀 나락을 실은 포대에는 '쌀값 폭락 반대', '박근혜 퇴진'이라고 큼지막하게 적었다.

"백남기 농민을 살해하고 쌀값을 폭락시킨 박근혜 정권의 퇴진을 요구하는 분노의 나락을 탑재한 농민차량 대열이 한남대교 남단에 이르렀다. 경찰은 농민대회 장소로 행하던 농민들의 차량을 불법적인 도로봉쇄와 통행방해로 가로막았다. 남부지방의 태풍 피해에도 불구하고 아침 일찍부터 일어나 나락을 싣고 전국 방방곡곡에서 상경한 농민들은 경찰의 차단을 뚫고 서울 입성에 성공했으나 끝내 한강을 넘지 못했다.

경찰은 벼를 싣고 도심에 진입하는 것은 위법이라는 말도 안 되는 트집을 잡았다. 발생하지도 않은 불법 행위를 미리 예단하여 통행을 가로막는 것은 정당한 공무집행이 아니라는 농민들의 항의에도 아랑곳하지 않았다. 길을 열어달라는 농민들의 요구를 끝내 무시한 경찰은 어둑해지자 길을 열어주는 척하면서 대오를 분산시켜 후미에서 여성농민을 폭행하고 이를 만류하던 농민 9명을 연행하는 만행을 저질렀다. 어리석은 경찰들은 '농민들은 해 떨어지면 집으로 간다'는 구태의연한 자만심에 사로잡혀 있었다. 그러나 농민들은 해가 떨어져도 해산하지 않았고, 무차별적인 폭력연행에도 굴하지 않고 날밤을 새워 투쟁을 지속했다."[96]

쐐기 박은 전농의 한남대교 투쟁

설상가상 그해 가을 남해안에는 태풍이 불었다. 9월 28일 태풍 치바가 남해안을 스치고 지나면서 7명이 숨지고, 3명이 실종되는 적잖은 인명 피해까지 발생했다. 침수된 농경지에 대한 빠른 복구가 시급했다. 그러나 농민들은 백남기 농민의 시신을 탈취하려는 박근혜 정권의 의도를 그냥

---

96 이대종,《역사를 잇는 농민들, 전봉준투쟁단》, 도서출판 한국농정, 2017. pp.28~30

두고 볼 수가 없었다. 백남기투쟁본부는 11월 민중총궐기를 대비하던 전력을 미리 당겨쓰기로 했다. 10월 5일 세종로 정부청사 앞에서 '쌀값 대폭락, 백남기 농민 폭력살인 청와대 벼 반납투쟁 농민대회'를 열기로 했다. 그것은 쌀 나락을 싣고 정부청사와 청와대로 돌진하는 집중투쟁이었다. 이것이 바로 10월 5~6일 전농의 '한남대교 투쟁'이다.

　　경찰은 레커차를 동원해 쌀을 치우고, 트럭을 견인하려 했다. 하지만 농민들은 몸으로 이를 막았다. 농민과 경찰의 대치는 6일 오후 1시가 넘어서야 끝났다. 무려 20시간 대치를 계속한 것이다. 이 대치로 경부고속도로 2~4개 차로가 폐쇄되면서 5일 퇴근길과 6일 출근길이 큰 혼잡을 빚었다. 여기서 논란은 쌀이 시위용품인가 여부였다. 경찰은 쌀을 싣고 도심에 들어가는 것이 시위를 위한 것이라며 제지하고 압수하려 했다. 하지만 쌀이 시위용품이라는 경찰의 주장은 누가 봐도 수긍하기 어려웠다. 쌀은 소중한 생명용품으로 삶의 원천인 것이다. 전농은 "법원도 집회 참석을 가로막은 경찰의 행위를 불법적 직무집행으로 규정하고 있다"면서 "인권위 진정을 시작으로 모든 법적 대응에 나설 것"이라고 주장했다. 전농은 이 투쟁에 대해 이렇게 자체 평가하고 있다.

　　"이는 경찰의 불법 부당한 집회방해 행위에 맞선 농민들의 높은 투쟁 의지가 빚어낸 빛나는 승리였다. 한남대교 투쟁은 언론의 비상한 관심 속에 쌀값 폭락 문제를 국민적 관심사로 끌어올리는 데 기여했으며, 전농의 투쟁기풍을 더욱 전투적으로 일신하는 계기가 됐다."

　　10월 1일 민중총궐기투쟁본부가 만들어 낸 3만 명의 백남기 추모대회와 전농이 만든 10월 5일 한남대교 투쟁으로 분위기를 반전시킬 수 있었다. 이를 계기로 경찰의 대응이 눈에 띄게 소극적으로 바뀐 것을 읽을 수 있었다. 경찰은 10월 4일과 9일, 그리고 12일, 16일을 기한으로 네 차례나 백남기 농민의 시신에 대한 영장집행을 유족 측과 협의하자며 공문을 들고 왔다. 강제집행을 위한 명분 쌓기라는 평가도 있었지만 공문을 들고 오는 종로경찰서장의 힘이 점차 빠져가고 있음이 감지됐다.

그러나 부검영장 만료일 25일까지 한 치도 긴장을 늦출 수 없었다. 백남기투쟁본부는 13일 민변 변호사를 통해 법원의 부검영장 발부가 유족의 '사체처분권'을 침해했다며 헌법소원을 청구했다. 민변은 "법원의 영장 발부는 헌법 제10조가 보장하는 행복추구권과 인간으로서 존엄과 가치에서 파생되는 인격권 및 시체에 대한 자기결정권을 침해하고 있다"며 "헌법소원심판 청구는 고인과 유족의 존엄성을 지키고자 하는 최소한의 조치"라고 밝혔다. 민변은 부검영장의 효력을 헌법소원심판 사건 선고일까지 정지시켜달라는 가처분신청도 냈다. 경찰의 시신탈취를 막기 위해 할 수 있는 거의 모든 법적 조치를 다 한 것이다.

10월 16일에는 감옥에 있던 한상균 민주노총 위원장까지 힘을 보탰다. 그는 '상주 한상균이 백남기 어르신께 약속 드립니다'라는 메시지에서 꿈속에서 백남기 농민과 나눈 얘기를 소개했다. 그는 "민심을 더 모으고, 연대를 더 강하게 해서 백남기 어르신을 반드시 지켜내자"고 호소했다. 백남기투쟁본부는 15일부터 새로운 아이디어의 시위를 만들어 냈다. '백남기와 함께·시민지킴이단 참여 독려 릴레이'였다. 여러 인사들이 시민지킴이를 자처해 부검영장 만료시한인 10월 25일 23시 59분까지 240시간 동안 백남기 농민을 격려하는 동영상을 SNS에 올리는 행사였다. 여기에 21일에는 조국 서울대 교수가 '국가폭력과 인권'을 주제로 강연하고, 23일에는 영화 〈두 개의 문〉을 보고 김일란 감독과 대화하는 등 매일 저녁 강연과 영화 상영 프로그램까지 마련했다.

10월 17일 우리겨레하나되기운동본부 조성우 이사장이 '백남기와 함께' 시민지킴이로 나서 "백남기 선생을 지켜야 한다, 혹시 일어날지 모르는 무도한 일들을 막아내야 한다"고 말했다. 다음은 홍경의 시민지킴이 단원이 "발걸음을 더해 주고 여러분의 마음이 더해진다면 우리는 백남기 농민을 지킬 수 있다"고 호소했다. 이어 참여연대 정강자 공동대표의 "집회 및 시위의 자유는 기본권이다. 내가 백남기다, 우리가 백남기다"로 이어졌다. 그리고 하태훈 공동대표도 "집회시위의 자유가 확보되고, 이 땅에 물대포가 추방되는 일에 시민 모두가 동참해 주시면 좋겠다"고 말했다. 10월 18일에는 정의당 심상정 대표가 "부당한 외압으로 고인을 두 번 죽인 권력의 파렴치함을 단호히 단죄하자"고 말했고, 노회찬 원내대표도 "국가폭력으로 돌아가신 백남기 어르신을 함께 지켜나가자"고 말했다. 10월 19일에는 정청래 민주당 의원이 "사망원인까지 조작하려 하고 있다, 서울대병원 장례식장에서 시신탈취를 막는 행동에 동참해주실 것을 부탁한다"고 호소했다.

19일에는 함세웅 신부의 민주주의국민행동(민주행동)이 단체로 백남기 농민 지킴이에 가담했다. 함 공동대표는 이날 오후 1시 서울대 병원 장례식장 앞에서 기자회견을 열고 "진상 규명을 탄압하는 이 정권의 어처구니없는 대응 방식은 이미 세월호 참사에서 벌어졌던 오만무도한 작태를 그대로 뒤따르고 있다"면서 "누가 진실의 편이고 누가 거짓의 편인지도 이미 다 드러났다"고 주장했다. 함 공동대표는 또 "백남기를 지키는 일이 진실과 상식을 바로 세우고 우리 사회의 민주주의를 지켜내기 위한 가장 핵심적인 과제가 됐다"고 주장했다. 21일에는 공지영 작가가 "물대포로 살해한 정부가 이제 백남기 농민의 시신마저 훼손하려는 것에 시민으로서 심하게 분노하지 않을 수 없다"면서 "만약에 저들이 부검을 위해 진군해 온다면 그것은 정권의 마지막을 알리는 진군이 될 것이며 그들이 우리를 폭력적으로 진압하기 위해서 쏘는 최루탄 소리는 정권이 무너지는 폭음소리가 될 것"이라고 말했다.

10월 24일부터 백남기투쟁본부는 '부검저지를 위한 36시간 집중행동'에 돌입했다. 이날 오전 함세웅 신부와 백기완 선생, 전농 김영호 의장 등이 기자회견을 갖고 '지키자 백남기, 우리가 백남기다!'라고 외쳤다. 백남기투쟁본부 핵심인물인 가농 정현천 회장을 비롯해 박석운 한국진보연대 공동대표와 최종진 민주노총 위원장직무대행 등의 삭발식이 열렸다. 삭발한 이들은 서울대병원 영안실 앞에서 농성에 돌입했다. 백남기 농민의 시신을 지키기 위한 투쟁은 그만큼 처절했다. 이제 백남기 농민의 시신은 단순히 한 농민의 주검이 아니라 폭력 정권을 입증할 진실의 증거였다. 백남기 농민 시신을 지키기 위한 노력은 국가폭력을 은폐하려는 부당한 정권에 맞선 처절한 '증거 사수' 전쟁이었던 것이다.

결국 10월 17일 검찰은 유족이 고발한 백남기 농민 물대포 살수 경찰에 대한 수사결과를 발표했다. 고발한 지 2년 넘게 지난 수사결과 발표였다. 해당 경찰에게 살인미수죄를 적용했지만 책임자 처벌은 없었다. 이에 백남기투쟁본부는 "강신명 경찰청장에게 내린 무혐의 처분은 백남기 농민 사건의 진상규명 핵심을 빗겨나간 결과이자 가장 큰 오점"이라며 "직

2016년 10월 24일 백남기투쟁본부 대표단이 서울대 병원 영안실 앞에서 삭발단식에 돌입하면서 백남기 농민 부검 반대를 요구하고 있다. ⓒ노동과 세계 변백선

접지시가 없었다는 이유로 무혐의 처분을 받은 것은 납득할 수가 없다"고 비판했다. 백남기투쟁본부는 또 "차벽 앞에 그저 맨몸으로 서 있던 농민을 거대한 공권력이 물대포를 쏘아 죽음에 이르게 했고, 정권의 입맛을 맞추기 위해 과잉충성을 바친 공권력이 국민의 목숨을 빼앗았다는 것이 이 사건의 핵심"이라며 "지난 2년간의 백남기 농민 투쟁은, 공권력은 오로지 국민의 안전과 생명을 지키기 위해 존재해야 한다는 것을 각인시키는 싸움"이라고 말했다.

시간이 흐르면서 여론은 백남기 편으로 옮아갔다. 서울대병원에서 백남기 농민을 지키는 1천여 명 학생·시민·농민 등에게 성원이 몰렸다. 전국에서 컵라면과 즉석밥, 물과 음료수 등을 보내와 물품은 쌓아둘 곳이 없을 정도였다. 백남기투쟁본부는 페이스북에 "물품후원이 너무 많아 지금으로서는 보관조차 어려울 정도이니 새로운 상황이 발생하여 다시 요청드릴 때까지 물품후원은 참아주시길 부탁드립니다"라고 오히려 사정할 정도였다.

이런 상황에서 박근혜 정권의 비선문제가 터지기 시작했다. 비선실세 최순실 농단이 꼬리가 잡힌 것이다. 2016년 10월 24일 JTBC가 태블릿 PC 내용을 처음 보도했다. 그 다음날인 25일 박근혜는 대국민담화를 통해 이를 사과했다. 백남기 농민 시신의 영장 집행 마지막 날인 25일이 지났다. 경찰도 조용했다. 아마 심각하게 대응책을 논의했지만 최상층부 청와대의 대국민담화 때문에 여기까지 신경 쓰지 못 했을 것이다. 종로경찰서장은 28일 "검찰과 협의한 끝에 백남기 씨에 대한 부검을 위한 압수수색 검증영장을 재신청하지 않기로 결정했다"고 밝혔다. 경찰은 영장을 재청구하지 않는 이유로 유족이 부검을 반대하고, 영장을 재발부 받더라도 영장 집행 과정에서 불상사가 우려됐기 때문이라 설명했다. 경찰은 이 사건에서 손을 떼고 백 씨에 대한 변사사건은 내사 종결하기로 했다.

이 소식이 서울대병원 영안실에 전해지자 "동지를 지켜냈다, 우리가 승리했다"는 구호가 터져 나왔다. 백남기투쟁본부도 "이는 당연한 결정이며, 오히려 너무 늦었다"면서 "검·경의 부검영장 재신청 포기는 상식의 승리이자, 고인을 지키기 위해 나섰던 국민의 승리"라고 밝혔다. 이는 노동자·농민·학생 등 민중세력이 서울대 병원 의사들의 탐욕과 거짓에 맞서 30일 동안 투쟁 끝에 얻어낸 값진 승리였다. 10월 28일 경찰의 영장재청구가 없다는 것을 확인한 백남기투쟁본부는 짧지만 강한 다음과 같은 성명을 발표했다.

'검경의 부검영장 재신청 포기에 대한 입장'

검찰과 경찰이 백남기 농민에 대한 부검영장 재청구를 포기하였다. 당연한 결정이며, 오히려 너무 늦었다고 할 수 있다. 검경의 부검영장 재청구 포기는 '병사'니, '제3의 외력'이니 하며 진행된 사인 조작 시도에 맞선 상식의 승리이자, 고인을 지키기 위해 나섰던 국민의 승리이다. 우리는 고인을 끝내 지켜주신 국민들께 깊이 감사드린다. 이제 우리는 국민들과 함께 강신명 등 책임자 처벌을 위한 노력을 지속해 나갈 것이다. 이번 사건에서 경찰은 피의자이며, 1년 가까이 수사를 회피해 온 검찰은 수사의 자격이 없다. 우리는 국회에 조속히 특검 실시를 위해 나설 것을 촉구한다.

1년 가까이 백남기 농민을 지켜 낸 일등공신은 바로 전농을 비롯한 백남기투쟁본부였다. 그중 특히 전국적 조직을 가진 전농과 가톨릭농민회, 여성농민의 역할이 절대적이었다. 전농은 이 백남기 농민을 지키기 위한 서울대병원 투쟁을 이렇게 평가하고 있다.

10월 25일은 공수가 교대하는 운명의 날이 되었다. 백남기 투쟁 승리는 불법 무도한 박근혜 정권을 몰아내고 역사와 정의를 세우는 민중항쟁의 신호탄이 되었다. 그날 밤 박근혜는 TV에 출연하여 이른바 박근혜 최순실 게이트 해명 대국민 사과쇼를 진행했으나 오히려 분노한 민심에 기름을 붓는 격이 되었다.

백남기 농민을 지키는 한 달간의 투쟁은 많은 것을 남겼다. 무엇보다 대정부 투쟁에서 승리를 맛본 민중들의 가슴에 타오르기 시작한 투쟁에의 신심이 그 무엇으로도 끌 수 없는 불길로 타 번졌다. 반면, 수세에 몰린 박근혜의 몰락은 그 추한 몰골을 드러내며 걷잡을 수 없는 총체적 파국에 직면했다. 민중투쟁은 이제 실질적으로 도양하고 있었다. 민중총궐기를 앞둔 투쟁의 정점에서 전농은 급변하는 정세와 시대적 요구에 부응하는 새로운 투쟁방도를 모색해야 했다. [97]

세상이 바뀐 2017년 6월 15일 김연수 서울대병원 진료부원장은 기자회견을 자청해 "최근 자체 윤리위원회를 열어 고 백남기 씨의 사망진단서 수정에 대해 논의해 14일 해당 전공의가 사망진단서에서 사망의 종류를 외인사로 수정했다"면서 "사망의 원인도 기존의 '심폐정지'에서 '급성신부전'으로 수정했다"고 밝혔다. 서울대병원은 2017년 11월 17일 공식적으로 백선하를 보직 해임했다. 그러나 백선하는 끝까지 자신이 지시한 백남기 농민의 사인 '병사'를 바로잡지 않았다. 서울대병원 서창석 원장은 이후 의과대학 및 간호대학 학생들의 사퇴요구에도 끝까지 사퇴를 거부했다.

97 이대종, 앞의 자료, p. 36.

14

화이트칼라의 가세,
이대·퇴진행동

#장면 14-1

2016년 1월 25일 오후. 한 언론과 인터뷰를 마친 김중배 선생은 서대문 통술집에 모였다. 돼지갈비와 돼지목살에 김치찌개가 유명한 허름한 통술집이었다. 인근에 사무실을 둔 우리겨레하나되기운동본부 조성우 이사장, 문국주 6월민주항쟁 기념사업회 전 집행위원장, 그리고 보도지침을 폭로한 김주언 언론광장 공동대표도 함께했다. 조 위원장은 함세웅 신부의 민주행동에 공동대표, 문국주 전 집행위원장은 민주행동 조직위원장으로 주도적 역할을 하고 있었다.

돼지목살에 소주잔이 몇 순배 오고갔다. 당연히 최근 시국에 대해 말이 나왔다. 김중배 선생은 바로 직전까지 통합진보당 해산반대 원탁회의에서 활발하게 진보당 해산저지투쟁을 했지만 실패했다. 이날 김중배 선생은 저자와의 인터뷰에서 "전교조 법외노조화에서 시작해 통합진보당 해산, 역사교과서 국정화, 노동관계법 가두서명까지 보면 이것은 헌법정신 무력화, 역사 쿠데타, 노동 쿠데타"라며 "5·16이나 12·12처럼 꼭 총칼을 들어 급작스럽게 해야 쿠데타가 아니다. 마치 연탄가스 중독과 같은 쿠데타, 만성 쿠데타다"라고 강하게 박근혜를 비난했다.[98]

그때 좀 늦게 참여연대 이태호 정책위원장이 합석했다. 참여연대는 특유의 '연대 전략'으로 민중단체와 시민단체를 엮는 중요한 역할을 했다. 2013년 국정원시국회의 결성에 적극적이던 참여연대는 박근혜의 종북몰이 공세로 약간 관망하는 형국이었다. 이태호 위원장은 술자리의 대화 내용을 잠시 듣더니 "지금 통일·민중단체는 가만히 있어요, 가만히 있는 게 도와주는 것입니다"라고 말했다. 또 종북몰이에 빌미를 줄 수 있으니 자제하라는 얘기였다.

참석자 중 가장 나이가 어린 이태호 위원장이 이 말을 하는 순간 분위기는 싸늘하게 바뀌었다. 조성우, 문국주 두 사람은 서로 얼굴을 쳐다보며 말을 잇지 못했다. 이를 보고 있는 김중배 선생도 멋쩍은 표정으로 "헛~ 헛~" 헛기침을 하면서 말없이 소주잔을 들이켰다.

---

98 원희복의 인물탐구, '언론인 김중배', 〈주간경향〉, 2016. 2. 3.

이화여대 투쟁은 촛불항쟁이었나?

2016년 촛불혁명 국면에서 이화여대 학생투쟁을 민중항쟁에 포함시키느냐 마느냐는 논란이 있는 문제다. 적잖은 사람이 이화여대 투쟁이 박근혜 탄핵에 중요한 역할을 했다는 점을 들어 촛불혁명의 한 요소로 꼽고 있다. 물론 이화여대 사태에서 드러난 유명 여대 뒷문 입학, 이대 교수들의 반교육적 불법행위가 국민의 분노를 샀고 이것이 촛불혁명 중·후반기에 국민의 가세요인이 된 것은 사실이다. 촛불 후반기 퇴진행동은 이화여대 사태를 정권퇴진에 요긴하게 활용하기도 했다. 퇴진행동이 만든 백서《촛불의 기록》에도 이대투쟁이 언급돼 있다.

그러나 이대 사태가 촛불혁명에서 적잖은 역할을 했다고 하더라도 이화여대 사태의 본질은 촛불혁명과 거리가 멀다. 이화여대 사태 원인은 미래라이프 대학 문제다. 박근혜 정권은 다양한 방식의 대학교육 방법, 특히 경력단절 여성을 위한 교육 사업을 추진했다. 국가에서 수십억 원의 지원금을 주는 것은 물론 입학정원을 200명이나 늘려주는 대단한 특혜였다. 전국에서 많은 대학이 이에 응모해 10개 대학이 확정됐다. 이화여대는 미디어 콘텐츠를 기획·제작하는 뉴미디어산업 전공과 건강·영양·패션을 다루는 웰니스 산업 전공 등의 세부 전공이 있는 미래라이프 대학을 신설했다. 입학생은 이미 직장생활을 하는 사람이거나 경력단절을 위해 재교육이 필요한 사람을 대상으로 했다. 따라서 수능이나 학생부 논술 시험을 보지 않고 단지 재직 경력과 면접으로 선발했다. 강의도 평일이 아닌 주말 야간수업을 통해 학점을 따도록 했다. 한마디로 대학교 졸업장이 없는 고졸(혹은 이미 다른 대학졸업자) 직장인에게 배움의 길을 넓혀주고, 이화여대 졸업장까지 주는 것이 이 제도의 기본 취지다.

학생들이 이 사업에 반대한 이유는 크게 3가지다. 하나는 학교 내외의 공감대 없이 비민주적으로 추진했다는 것, 둘째는 학문의 탐구를 포기하고 산업화 과목만 집중한다는 것, 셋째는 이대가 직장인에게 등록금을 받고, 학위장사를 한다는 주장이다. 첫 번째 내부 토론 없이 비민주적으로 진행했다는 것은 이대 내부 문제로 촛불혁명 과정과 무관하다. 학문의 탐구를 포기했다는 두 번째 주장 역시 이미 1960년대 이전부터 대학에는 학문보다 경영·무역·디자인 등 실용학문이 훨씬 많았고, 2000년대 들어선 실용적인 산업화 과목이 일반적 흐름으로 자리를 잡았다.

결국 문제는 세 번째인 직장인에게 등록금을 받고 학위장사를 한다는 것이 핵심이다. 이는 시험이 아닌 돈으로 이화여대 졸업장을 딸 수 있다는 측면에서 문제라는 것이다. 이를 반대한 배경에는 고졸(아니면 다른 비명문대 졸업자) 직장 노동자는 주경야독을 통해 이화여대 졸업장을 받을 수 없다는 이대생들의 '선민의식'이 깔려 있다. 이는 학벌 순혈주의와 엘리트주의로 오히려 '반민중적'이라는 비판을 받을 수 있다. 실제 이화여대 투쟁에서 그런 지적이 줄곧 제기됐다. 이대생 상당수는 당당하게 얼굴을 내보이지 않았으며, 일부러 대중가요를 불러 민중운동세력과 다름을 강조했다. 특히 농성 중인 이대생들은 한 진보활동가를 투표로 농성에서 배제하기까지 했다. 이대생들은 노동자연대 회원들만 배제한 것이 아니라 세월호 팔찌, 무지개 배지, 일본군위안부 팔찌, 메갈리아 티셔츠 등의 착용도 배제했다.[99] 몇몇 이대생들이 광장으로 나왔지만 이대 안에서 농성하는 이대생 대부분은 노동자 연대는 물론 세월호 유족과, 위안부 할머니, 성소수자 등 진보적 연대에 관심이 없었다.

이런 점에서 이화여대 사태를 친민중적이라 보기 어렵다. 동문들이 미래라이프 대학 신설을 반대한 것도, '우리는 어려운 시험을 보고 이대에 합격해, 캠퍼스 낭만을 즐기며 졸업했는데, 시험도 안 본 직장 여성들이 돈으로 졸업장을 사겠다는 것을 용납할 수 없다'는 심리적 배경이 훨씬 컸다.

---

99 정선영, 이화여대 본관 점거 농성 조직자들의 '외부세력', '운동권' 배제를 어떻게 볼 것인가? 〈노동자연대〉, 2016. 9. 10.

그러나 이대 투쟁과정에서 적지 않은 소득이 나왔다. 그것은 최순실 딸 정유라의 특혜 입학과 특혜 학점이 폭로되면서 촛불혁명에서 적잖은 추동력이 됐다. 이대 사태에서 눈여겨봐야 할 것은 소위 지성의 본산이라는 대학의 불법 실태를 적나라하게 까발렸다는 점이다. 이는 대학 총장과 교수들, 소위 '지식층'의 실상을 적나라하게 보여준 것이다. 보통 국민이 촛불을 들고 분노한 것은 바로 이 때문이다. 촛불민중이 박근혜의 민주화 역주행에 '이게 나라냐'라는 분노에서 시작해, 백남기 농민의 병사를 주장하는 서울대 의사를 보면서 '이게 지도층이냐'라는 분노가 일었다. 국민들이 분노한 것은 바로 서울대 의사와 같이 지성인이라는 이화여대 교수들의 불법·편법에 분노한 것이다. 따라서 이화여대 사태에서 기억해야 할 점은 바로 그 '지식층'을 자처한 사람들의 진면목이다.

박영수 특검팀은 2017년 3월 6일 이화여대 사태에 대한 최종 수사결과를 발표했다. 그리고 최경희 이대 총장을 비롯해 남궁곤 입학처장, 김경숙 신산업대학장이 재판에서 입학특혜로 유죄 판결을 받았다. 법정에서 드러난 이들의 범죄행위는 지성인답지 않게 치졸했다. 사태를 간단히 요약하면 이렇다. 최순실에게 부탁을 받은 학장 김경숙은 입학처장 남궁곤에게 부탁하고, 남궁곤은 최경희 총장에게 보고하고 정유라를 특례입학 시키기로 공모했다. 남궁곤은 수시모집 면접고사장에서 정유라가 금메달을 지참한 채 면접을 보는 것을 허용하고 면접위원들에게 "승마 종목 특기생이 정윤회의 딸이다, 총장님이 무조건 뽑으라고 한다"고 말하고 계속해 면접위원들에게 두 손으로 손나팔을 만들어 "금메달입니다, 금메달"이라고 소리치는 방법으로 면접위원의 업무를 방해했다.[100]

결국 서류심사 전형에서 정유라는 하위권이었지만 면접에서 전체 1등을 차지해 턱걸이 입학했다. 물론 이 과정에서 체육특기자 모집요강 접

---

100 서울중앙지법 형사합의 29부 판결문, 2017. 6. 23.

수마감 기준 3년 이내인데, 지원 기준일 이후에 취득한 아시안게임 금메달 실적을 소급 적용한 문제도 지적됐다. 부정입학한 정유라에 대한 부정한 학점을 주는 것도 계속됐다. 정유라는 2학년 1학기에 거의 등교를 하지 않아도 학사경고를 면했고, 1학년 1학기 평점이 0.11에서 최순실이 학교를 찾은 이후 0.11 → 2.27 → 3.30으로 수직 상승했다. 정유라의 학점 조작에 개입된 교수는 최경희, 김경숙은 물론 이원준, 이인성, 유철균(소설가 이이화), 이경옥, 하정희 등이다. 이중 최경희, 김경숙, 이원준은 '운동생리학' 과목에 전혀 출석하지 않았는데도, 유철균은 강의에 출석하지 않고 오프라인 기말고사에 응시하지 않았는데도, 이경옥은 '코칭론' 출석도 않고, 시험도 보지 않고, 과제물도 제출하지 않았지만 정상적으로 학점을 줬다. 심지어 하정희는 적극적으로 'K-MOOC : 영화 스토리텔링의 이해' 과목에 대해 정유라의 아이디와 비밀번호를 통해 대리로 수강케 하고 중간 및 기말고사를 치르게 하는 치밀한 조작까지 한 것으로 재판에서 드러났다.

이들 총장과 학장, 그리고 교수들이 이렇게 치밀하고도 비교육적인 입학과 학점관리에 공범으로 나선 이유가 뭐였을까. 문제는 이 비리사슬이 사전에 경고되고 검증되지 않을 정도로 우리 대학의 관리 수준이 취약했다는 점이다. 게다가 최경희 총장, 김경숙 학장, 남궁곤 처장 등의 대학 보직자들은 이 같은 부정에 대해 국민 앞에서 거짓 변명으로 일관했다. 이들은 국회청문회에서 이런 사실과 서로의 공모 여부를 부인했지만, 재판에서 모두 사실로 인정돼 위증혐의로 유죄판결을 받았다. 유철균 교수는 2016년 12월 7일 국정조사 증인으로 채택돼 증인출석 요구서를 받았음에도 정당한 이유 없이 출석하지 않아 유죄가 선고됐다.

#장면 14-2

11월 2일 프레스센터 20층에서 비상시국회의가 열렸다. '국민은 요구합니다, 박근혜 퇴진'

이라고 쓴 단상 아래 참석자들은 '박근혜 퇴진', '이게 나라냐' 등의 손팻말을 들었다. 대부분 서로 잘 아는 사이였지만 일부 젊은 학생들이 새롭게 참석했다. 이날 비상시국회의에는 무려 1,553개 단체가 참여한 것으로 보고됐다.

먼저 최은혜 이화여대 총학생회장은 "정유라의 부정입학, 부정학점은 청와대까지 얽혀있는 문제로 밝혀지고 있다"면서 "최순실이 학내문제가 아닌, 안보문제까지 관여한 것으로 드러나고 있다"고 주장했다. 그는 또 "전국대학생 시국회의를 꾸려 11월 12일 민중총궐기에서 전국대학생 시국회의를 열 예정"이라고 말했다.

김금옥 여성단체협의회 회장은 "청년 학생들의 분노를 보면서 새로운 희망을 본다"고 격려했다. 노동계를 대표해 이상진 민주노총 부위원장도 "박근혜는 준엄한 퇴진 요구를 오늘 자로 거부했다, 그것은 전쟁을 의미한다"면서 "지금까지 한국사회를 지탱한 것은 국민의 평범한 일상이지, 박근혜의 정책이 아니었다"라고 주장했다. 이 부위원장은 또 "야당도 좌고우면하지 말고 명확히 야당의 입장을 밝히라"면서 "새누리당도 와해되는 이 시점에 더 이상 무엇을 지키려는가"라고 질타했다. 아울러 민주노총은 단위노조 시국회의를 열어 총파업을 결의할 것이라고 말했다.

백남기 농민 장례식을 앞둔 전병옥 전농 사무총장은 "어제 긴급 상무회의를 열어 박근혜 정권에 총력을 다 해 투쟁하기로 했다"면서 "전국 150개 분향소가 설치돼 있는데 전농이 90% 이상을 담당하고 있다. 이를 시·군·구 분향으로 전환할 것"이라고 말했다. 그리고 전 사무총장은 "야당에 대해 한마디 하지 않을 수 없다. '때리는 시어머니보다 말리는 시누이가 더 밉다'고 했는데 딱 그 꼬락서니"라고 질타했다. 세월호 유족들은 "박근혜 한 사람으로 인해 도탄에 빠졌다"면서 "국가의 폭력으로 국민이 아프지 않았으면 좋겠다"고 말했다. 박래군 416연대 공동대표는 "폭탄을 들고 청와대에 뛰어들고 싶다"면서 "언론들은 7시간에 대한 증거가 있다면 빨리 밝혀 달라, 특조위 조사방해 과정에서 어떻게 박근혜가 개입했는지 진상규명하고 책임자 처벌해야 한다"고 강조했다.

참석자들은 손팻말을 들고 "이게 나라냐, 박근혜 퇴진"을 외쳤다. 예술계를 대표해 송경동 시인이 "청와대가 블랙리스트 작성했다는 사실 하나만으로도 박근혜는 퇴진해야 한다"면서 "노동자, 민중이 중심이 되는 거국내각 수립이 이뤄져야 한다"고 주장했다. 안진걸 참여연대 사무처장은 "분노하고 행동하는 시민들의 모임이다. 비상 시국에는 촛불집회 같이 해 달라"면서 "이번 토요일 다 같이 자동차 경적을 울려보자, 11월 5일, 11월 12일 모여야 한 다"고 강조했다.

이날 정강자 참여연대 대표가 기자회견문을 읽었다. 정 대표는 "전국 시민사회단체, 각계 각층 국민모임들은 이 비상한 시국에 국민들의 마음을 하나로 모아가는 동시에 강력히 행 동하는 전국 비상시국회의(가칭)를 결성하여 한 목소리로, 타는 목마름으로 '민주주의여 만 세'를 외쳐보고자 한다"면서 "민중을 개돼지로 생각하는 저들에게 민중이 얼마나 역동적이 고 대단한가를 보여주자"고 말했다.

뒤늦은 시민사회단체의 가담

2013년 6월 보수와 진보를 망라한 284개 시민·민중단체가 연대했던 국정원시국회의는 사실상 유명무실하게 전락했다. 박근혜 정권의 종북몰 이와 혐오를 통한 분리 전략이 주효했던 것이다. 여기에 지향하는 바가 다 른 단체들의 느슨한 협의체로는 국민적 의사를 결집·증폭시키는 데 한계 가 있었다. 이후 이른바 이석기내란음모 사건으로 종북몰이의 빌미를 줬 다는 참여연대를 비롯한 시민단체 세력과 이들이 종북몰이에 겁먹고 사태 를 외면했다고 보는 민중단체 사이에 껄끄러운 앙금만 남았다.

앞서 1월 25일 서대문 통술집 모임에서 참여연대 이태호 위원장의 "민중단체는 가만히 있는 게 도와주는 것"이라는 식의 발언에 대해 조성 우 민주행동 공동대표는 나중에 "당시 이 위원장이 그렇게 얘기할 수밖에 없는 배경을 아니까 그냥 있었다"고 말했다. 박근혜의 종북몰이는 그 정도 로 위력적이었다. 그래서인지 민중단체가 주도한 2015년 11월 14일 제1차 민중총궐기부터 서울대병원에서 진행된 백남기 농민투쟁에 시민단체는 적극적으로 나서지 않았다. 참여연대는 민중총궐기투쟁본부에 가담하지 않고, 백남기농민대책위에만 참여했다. 여기서도 참여 강도는 미미했다.

참여연대를 비롯한 시민단체는 '장외투쟁'은 과격 이미지를 가져오며, 특히 해산된 진보당을 비롯한 통일운동단체와 노동조합 등 민중세력과 함께하면 오히려 단체의 이미지에 역효과를 낼 것이라 판단했다. 여론에 민감한 시민단체는 박근혜 정권의 종북 프레임이 두려웠을 것이다.

그러나 상황이 반전됐다. 4월 총선에서 야당이 승리하고, 백남기 청문회가 열렸다. 무엇보다 9월 25일 백남기 농민이 숨지고 '병사'라는 사망진단서에 국민이 분노했다. 광장에서는 이미 '박근혜 탄핵' 목소리가 높아졌다. 10월 24일 JTBC가 최순실의 태블릿 PC를 폭로하고, 박근혜는 25일 사과 성명을 냈다.

10월 28일 민주노총은 '박근혜 하야 촉구 성명'을 발표했다. 민주노총은 "자연인 박근혜와 그 일파들을 모두 구속수사 하는 것이 법의 형평이고 정의"라면서 "야당은 특검을 당리당략의 수단으로 삼지 말아야 한다"고 경고했다. 민주노총은 또 "국민의 요구는 단지 대통령 교체가 아니다"라며 "민중주체 민중참여의 새로운 민주주의, 재벌중심 경제체제 개혁, 양극화·불평등 해소, 완전한 노동3권 보장이야말로 거리에 나선 99% 민중의 절박한 요구"라고 주장했다.(전문 : 자료 26)

민중총궐기투쟁본부는 서울에서 대규모 세몰이 대신, 지역별 촛불집회를 이어가기로 했다. 28일 서울지역민중대회가 '퇴진 박근혜! 지켜내자 민주주의!'라는 구호로 종로 1가 영풍문고 앞에서 열렸다. 민중총궐기 서울지역본부에서 마련한 집회에서, 그것도 평일(금요일) 저녁 집회였지만 2천 명(경찰 추산 1천 명)의 촛불이 모였다. 민중총궐기투쟁본부 서울지역본부는 '박근혜 정권은 즉각 퇴진하라!'는 성명서를 발표했다. 성명서는 그동안 민중총궐기투쟁본부가 요구했던 사항 그대로였다. 여기에 최순실의 꼭두각시로 전락한 박근혜 정권의 무능이 추가됐을 뿐이다. 그리고 "야당들은 1년 넘게 남은 대선만을 바라보며 부자 몸조심으로 일관, 민중의 고통을 외면한 채 응당 해야 할 일들을 방기하고 있다"고 질타했다. 민중총궐기투쟁본부는 29일부터 박근혜 정권 퇴진을 위한 시민행동을 매주 주말 개최하며, 11월 1일부터 박근혜 정권 퇴진을 위한 비상시국행동에 돌입한 다고 선언했다. 그리고 "11월 12일 20만 민중총궐기를 성사하고, 박근혜 정권을 퇴진시킬 때까지 2차, 3차 총궐기를 계속 진행할 것"이라고 예고했다. 시위대는 조계사를 거쳐 청와대로 가려 했지만 경찰이 차벽으로 막아 광화문광장으로 갔다.

촛불시위는 다음날인 10월 29일 '모이자! 분노하자 #내려와라 박근혜'로 이어졌다. 서울 청계광장을 비롯한 전국적으로 벌어진 촛불시위였다. 사실 민중총궐기투쟁본부는 11월 5일 백남기 농민 장례식과 12일 제6차 민중총궐기에 매진하고 있는 상황에서 별도 행사를 준비할 여력이 없었다. 그러나 25일 박근혜 사과 후 처음 맞는 주말, 타오르는 국민적 촛불 요구를 충족시키지 않으면 안 됐다. 특별한 행사기획이나 인원동원 계획 없이 급하게 행사만 주최했다.

하지만 이날 촛불시위에는 서울에서만 3만 명 촛불시민이 모였다. 이날도 민중총궐기투쟁본부가 주최한 과거와 비슷한 흐름으로 행사가 치러졌다. 이 촛불집회 특징은 정치인의 대거 참여다. 이미 노회찬(정의당), 김종훈(민중연합당) 의원 등도 촛불에 참여하고 있었지만 이재명 성남시장은 단연 촛불이 만든 스타 정치인이었다. 이 시장은 "대통령은 나라의 지배자가 아니라 국민의 머슴이고 대리인일 뿐"이라며 "그런 그가 마치 여왕인 양 상왕 최순실을 끼고 대한민국을, 민주공화국을 우롱하고 있다"고 말했다. 이재명 시장은 이날 촛불참여를 통해 '박근혜 하야' 발언을 강하게 하면서 나중에 대선주자 반열에 오르는 계기가 됐다. 이밖에 민주당 표창원, 송영길, 박주민, 정춘숙 의원과 정의당 이정미, 김종대 의원 등도 이날 촛불을 들었다.

이날 촛불시위는 민중총궐기투쟁본부가 급하게 마련했지만 백남기 농민 병사 사망진단서에 대한 분노와 JTBC의 태블릿 PC 보도에 따른 박근혜의 사과로 촉발된 국민적 분노를 표출하는 장을 마련했다는 점에서 시의적절했다는 평가를 받았다. 나중에 만들어진 '박근혜정권퇴진 비상국민행동'(퇴진행동)은 이 행사를 제1차 범국민행동으로 규정했다. 하지만 이 촛불시위는 퇴진행동 설립(2016년 11월 9일) 이전으로 퇴진행동과 아무런 상관이 없는 촛불시위다.

퇴진행동은 10월 말 대세가 민중세력으로 옮아가고, 촛불이 자연스레 국민 전체에게 확산될 기미가 보이자, 시민사회단체가 민중단체에 '같이 하자'고 제안하면서 결성 움직임이 시작됐다. 시민사회단체는 11월 5일 백남기 농민 장례식과 11월 12일 제6차 민중총궐기의 공동주최를 요청했지만 민중단체는 처음엔 이를 거부했다. 전농을 중심으로 한 백남기투쟁본부의 한 관계자는 "참여연대를 비롯한 시민사회단체는 10월 말까지 민중총궐기에 참여하지 않다가 최순실 국정농단 사태로 분위기가 바뀌니까 민중총궐기에 참여하겠다는 의사를 표했다"면서 "그러나 우리는 예정된 계획이 있어 이를 거절했다"고 말했다.

이때까지 촛불혁명을 주도한 세력은 제1차부터 제6차까지 이어진 민중총궐기를 주도한 민주노총을 위시한 민중총궐기투쟁본부가 거의 절대적이었다. 그리고 전농을 비롯한 백남기투쟁본부가 두 번째 세력이고, 세월호 희생자 연대 모임인 416연대, 그리고 함세웅 신부를 위시한 민주화와 국정 역사교과서 반대 원로들의 모임인 민주행동 등 4개 연대가 반박근혜 투쟁 대열을 형성했다. 이 4개 연대단체는 계획된 시민사회단체연대의 동조투쟁 제안을 받고 내부 논의 결과 긍정적 결론을 내렸다. 반박근혜 투쟁전선에 될 수 있으면 많은 힘을 모으는 것이 중요했기 때문이다. 10월 28일 열린 1차 간담회에서 민중총궐기투쟁본부, 백남기투쟁본부, 416연대, 민주행동 4개 단체와 시민사회단체연대 등 5개 연대단체 관계자가 만나 다음과 같이 합의했다.

각 단체 연대마다 약간의 입장차는 존재하나 대체적으로 현 시국의 중대성,

국정농단 사항의 심각성을 고려하여 대통령 직무정지, 하야, 퇴진, 사퇴 등으로 모아낼 수 있음을 확인함.

• 대규모 시국선언 등 공동행동이 필요하며, 그 과정에서 박근혜 정부 실정으로 일어난 현안 해결도 중요하다는 의견을 나눔.

• 11월 2일 시국회의를 열어 향후 조직구성 및 의지를 모아가기로 함[101]

2018년 6월 펴낸 퇴진행동 공식 백서에도 "대통령 하야는 공감하지만 시민사회연대회의가 하야를 내걸고 활동하는 것에 이견이 있었다"고 기록하고 있다. 이는 이때까지 시민사회연대는 광장의 '대통령 하야' 요구에 미온적이었음을 명시한 것이다.[102] 10월 30일 열린 2차 간담회에서 박근혜 퇴진, 진상규명, 책임자처벌을 공동행동의 주요 기조로 하기로 결정했다. 또 거국중립내각 구성에 대한 반대 입장을 발표하고, 시국회의를 5개 연대단체 이름으로 제안하기로 합의했다. 이로써 지금껏 민중단체 위주의 박근혜 정권 투쟁에 시민사회단체가 가세하는 대열이 만들어졌다. 이때부터 경실련의 경우 전국 협의회가 대부분 참여하고, 환경운동연합 등 환경단체와 민주언론운동연합 등 언론운동 단체가 가담하게 된다. 참여연대는 지역(광양, 금산, 당진, 대구, 익산, 진주 등) 단체가 참가했다.

그러나 이 연대도 완벽하게 단일한 대오는 아니었다. 그전까지 계획된 집회는 각자 치를 수밖에 없었다. 10월 29일 촛불시위가 바로 그것이다. 민중총궐기투쟁본부가 갑자기 마련한 이 촛불은 모든 역량을 집중하지 않고 지방에서 인력도 동원하지 않은 촛불이었다. 그러나 자발적인 참여 시민이 많아 전국적으로 5만 명이 모였다. 서로 성격이 다른 두 세력은 11월 1일 3차 비상시국모임에서 비로소 공동 기자회견문과 특별회견문을

101 박근혜 정권 퇴진 비상국민행동 보도자료, 2016. 11. 9.
102 박근혜 정권 퇴진 비상국민행동(퇴진행동) 기록기념위원회, 《박근혜 정권 퇴진 촛불의 기록 1》, 2018, p.64

채택하기로 합의했다. 이에 따라 11월 2일 오전 11시 프레스센터 20층에서는 박근혜-최순실 국정농단 사태에 즈음한 비상시국회의가 열렸다. 일단 민중단체와 시민사회단체가 연대하는 모습을 과시하기 위해 앞쪽에 시민단체 관계자들이 자리를 잡았다.

11월 2일 비상시국회의에서는 '특별결의문'도 채택됐다. 앞서 기자회견문이 보편적 시민사회단체의 참여를 전제로 한 보편적 요구였다면, 특별결의문은 기존 민중총궐기투쟁본부가 지속적으로 요구했던 노동법 개악과 백남기 농민 살해 특검, 세월호 진실규명, 친일·독재미화 교과서 철회 등이 명시돼 있다.(전문 : 자료 27)

박근혜 정권 퇴진을 위해 지금까지 싸웠던 민중단체에 시민사회단체가 가세한 것이다. 앞서 동조투쟁 논의에서 보듯이 전국비상시국회의(준)는 엄밀한 의미에서 민주노총과 구 통합진보당 중심의 민중총궐기투쟁본부, 전농 중심의 백남기투쟁본부, 세월호 희생자 416연대, 그리고 함세웅 신부의 민주행동 등 4개 연대단체에 시민사회단체연대가 가세한 형태다.

하지만 이날 행사에 민중총궐기투쟁본부와 백남기투쟁본부 등 이른바 민중세력은 의도적으로 전면에 서지 않았다. 이화여대 학생과 참여연대 등 시민단체를 앞세운 것은 보수정권과 언론이 만든 과격 이미지를 희석시키기 위함이었다. 이날 시민사회단체와 연대는 2013년 7월 284개 시민·민중단체가 연대한 국정원시국회의를 복원하는 성격도 있지만 차원은 크게 달랐다. 주도세력은 지금껏 촛불혁명을 끌고 온 민중세력이었기 때문이다. 노동자·농민·빈민·통일 등 민중세력에 일반 시민사회단체가 가담하는 것은 촛불혁명의 확산이라는 측면에서 발전적 진화였다. 비교적 온건한 이미지의 시민·사회단체의 가세로 민중총궐기투쟁본부의 '투쟁적' 혹은 좌파 이미지가 완화되면서 보다 많은 시민이 촛불광장에 참여할 수 있었기 때문이다.

#장면 14-3

백남기 장례식을 하루 앞둔 4일 서울대병원 장례식장에서 추모의 밤 행사가 열렸다. 앞줄에 김영호 전농 의장, 정현찬 가농 회장, 그리고 민주노총 최종진 위원장 직무대행, 박석운 한국진보연대 공동대표가 검은 상복을 입고 왼손에는 촛불을, 오른손은 치켜들며 〈임을 위한 행진곡〉을 불렀다.

김주온 녹색당 운영위원장은 "녹색당도 가장 낮은 곳에서 함께 하겠다"면서 "우리는 친구이고, 우리는 서로의 용기다"고 말했다. 이갑용 노동당 대표는 "백남기 열사의 뜻에 따라 열심히 싸우겠다"고 각오를 다졌다. 김창한 민중연합당 상임대표는 "수많은 민중이 백남기가 되어 일어나고 있다"면서 "남은 일은 저희에게 맡기고 편히 쉬시라"고 애도했다. 백남기 농민의 막내딸 민주 씨는 가족을 대표해 "사랑하는 아빠, 잘 자요, 나도 그만 울고 잘 살게요"라며 눈물을 흘렸다. 마지막으로 박석운 한국진보연대 공동대표는 "내일 장례식은 박근혜 정권을 확실히 사망시키고, 12일에는 끝장을 내는 통 큰 동력을 만들자"고 말했다. 이어 이소선 합창단이 〈함께 가자 우리 이 길을〉을 조용히 불렀다.

백남기 장례식 … 20만 촛불이 추모하다

2016년 11월 5일 백남기 농민 장례식이 열렸다. 9월 25일 숨진 지 꼭 41일 만에 치러지는 장례식이다. 그동안 경찰의 시신탈취를 막기 위한 처절한 몸싸움, 그 과정에서 강한 인상을 남긴 '여성 사수대'의 스크럼 경호 … 백남기 농민은 얼마 만에 안식을 찾는 것인가. 그나마 민주사회장으로 치러진 것이 위안일까. 5일 아침 8시 서울대병원 1층 안치실에서 발인식이 진행됐다. 유가족이 모두 참석한 가운데 백남기투쟁본부 활동가 등 30여 명이 곁을 지켰다. 발인은 천주교식으로 신부들이 부르는 추모 찬송가에 이어 고인을 기리는 기도가 이어졌다. 그리고 천천히 관이 운구차에 실렸다. 영정을 든 사위가 앞에 섰고, 유가족이 뒤를 따랐다.

오전 9시 서울 명동성당에서 열린 장례미사는 천주교 서울대교구장 염수정 추기경의 주례로 천주교 광주대교구장 김희중 대주교와 전국교구 우리농촌살리기 운동본부, 가톨릭농민회 담당 사제단이 공동으로 집전했다. 일부 참석자들은 염 추기경이 진작 백남기 농민 죽음에 관심을 가지지 않은 것을 한탄했다. 이날 영결식에는 문재인 전 민주당 대표, 심상정 정의당 대표, 김창한 민중연합당 대표 등이 참석했다. 김희중 대주교의 강론이 가슴에 꽂혔다. 그는 "우리 먹거리에 대한 정당한 대가를 바라는 고인의 외침이 참혹하게 살수차에 의해 죽을 정도로 부당한 요구였나"라고 반문하며 "국민의 생명과 재산을 최우선으로 보호해야 할 국가가 이렇게 해도 되는가, 아직까지 누구도 책임지지 않고 있다"고 말했다. 김 대주교는 또 "수많은 노동자, 농민의 외침이 무시당했고, 우리가 그 목소리를 무관심하게 외면한 결과다. 민심은 천심이다"라고 말했다.

장례미사가 끝나고 장례 행렬은 노제가 열리는 종로구청 입구 사거리로 향했다. 1톤 트럭에는 백남기 농민의 큰 영정이 실렸고, 곡을 하는 상여꾼과 풍물패가 뒤를 따랐다. 뒤에는 젊은이 10명이 붉은 천에 '생명 평화일꾼 백남기'라고 쓴 큰 영정을 들고 다음에는 흰색 국화꽃으로 장식된 백남기 농민의 영구가 따랐다. 뒤를 이어 백남기 농민의 가족과 전농, 가농 등 백남기농민투쟁위 동지들이 '백남기 농민을 지켜주신 국민 여러분 감사합니다'라는 검은색 플래카드를 들고 걸었다. 풍물패와 함께 '국가폭력 끝장내자 살인정권 물러나라', '책임자를 처벌하라 특검을 실시하라', '책임자를 처벌하라', '특검을 실시하라' 등이 적힌 80여 개의 만장을 든 시민들이 뒤를 따랐다.

명동성당에서 광화문까지 교통을 통제하는 경찰들의 표정에는 알 수 없는 비장함이 흘렀다. 특히 11시 35분 장례행렬이 노제 장소인 종로구청 사거리에 도착하자 경찰의 표정은 더욱 착잡해졌다. 그냥 아스팔트 바닥에 앉아 노제를 치렀다. 사회자가 "어제 박근혜 대통령이 담화 발표하며 사과한다고 했다, 백남기 선생 장례식을 앞두고 박근혜 무너지는 소리가 들렸다"면서 "그러나 그게 사과인가, 백남기 농민에 대한 사과, 노동개악으로 죽어가는 노동자들에 대한 사과, 쌀값 폭락으로 하루하루 어렵게 살아가는 농민에 대한 사과가 없었다"고 외쳤다. 이어 무용가 이상은 씨의 진혼 춤과 구슬픈 곡이 한참 이어졌다. 소리꾼 정유숙 씨와 춤꾼 이삼헌 씨의 추모공연도 진행됐다. 박석운 상임 장례위원장은 조사에서 "흉악무도한 그들은 단 한 마디 진정한 사과와 진실규명과 책임자 처벌을 일절 거부했다"면서 "살인 정권을 몰아내고 책임자를 남김없이 처벌하고, 반드시 민주주의와 통일의 세상을 만들겠다, 하늘에서도 가호를 부탁드린다"고 애도했다.

오후 2시 백남기 농민 운구행렬은 광화문 광장에 들어섰다. 이미 광화문 광장에는 20만 명이 자리 잡고 있었다. 이곳에는 문재인 전 대표, 박원순 서울시장, 이낙연 전남지사와 추미애 민주당 대표를 비롯해 여러 국회의원이 참석했다. 민주당 추미애 대표는 "헌정질서를 마비시키고, 민주주의를 무너뜨린 무도한 집권세력은 오히려 국가폭력을 비호하며 백남기 농민의 죽음을 능욕했다"고 추도했다. 국민의당 박지원 비상대책위원장 겸 원내대표도 "다행히 온 국민의 노력으로 부검영장 집행을 막아내고 이제 고인을 영면의 길로 떠나보내게 됐다"며 "특검으로 백남기 선생의 사인을 밝히는 것은 우리의 몫"이라고 강조했다. 박원순 시장은 "이것은 국가의 이름으로, 공권력의 이름으로 자행된 범죄행위"라고 비판했다. 백남기 농민의 딸 도라지 씨는 "아버지께 내년 기일에는 승리의 소식을 전해드리고 싶다"고 말했다. 백남기 농민은 영구차에 옮겨졌다. 광화문 광장에는 그를 떠나보내는 것이 아쉬운지 한참이나 정체됐다. 사회자가 "통로를 좀 열어달라"고 사정했다. 백남기 농민은 고향 전남 보성으로 가서 하룻밤을 묵고, 6일 보성과 광주에서 노제를 지낸 후 망월동 5·18묘역에 안장됐다.

이어 같은 장소에서 '모이자, 분노하라, 내려와라' 촛불집회가 열렸다. 촛불집회는 백남기투쟁위, 민중총궐기투쟁위 등과 시민단체연합이 함께한 퇴진행동이 공동으로 주최했다. 이날 전국적으로 동시다발 집회가 열려 30만 명이 참여한 것으로 집계됐다. 퇴진행동은 이를 제2차 범국민행동(촛불집회)으로 규정하고 있다. 하지만 민중총궐기투쟁본부는 이미 11월 1일부터 매일 청계광장 촛불집회에 돌입한 상태였다. 이즈음 광화문과 청계광장 일대에서는 이미 SNS를 통해 자연스레 모인 사람들의 소규모 촛불시위가 계속 이어졌다.

논쟁의 연속이던 두 세력의 연대

민중단체와 시민단체 연대도 지속적으로 추진됐다. 11월 5일 행사를 마친 두 세력은 연대 모임의 명칭과 조직에 합의해 '박근혜 정권 퇴진 비상 국민행동'(퇴진행동)으로 정했다. 그리고 부분·지역별 대책위를 폭넓게 조직해 11월 9일 정식 발족하기로 합의했다. 아울러 향후 운동의 기조는 각계각층이 퇴진운동에 동참하게 하고 보수야당도 퇴진 입장을 갖도록 압박하고 견인하기로 했다. 퇴진행동 결성 준비모임은 11월 7일에 이어 8일에도 모임을 가졌다. 그리고 11월 12일 민중총궐기(6차)를 민중총궐기투쟁본부와 퇴진행동이 공동으로 주최하는 것에 합의했다.

2016년 11월 9일 오후 2시 30분 서울 정동 프란치스코 교육회관 4층 강당에서 민중세력과 시민사회단체 세력이 결합하는 퇴진행동 결성식이 열렸다. 이날 발표한 연대사 첫 대목은 '이게 나라인가!'라는 한상균 위원장의 말로 시작됐다. 연대사는 "박근혜 퇴진이라는 국민의 명령을 수행하기 위해 오늘 우리 1,500여 개 단체는 '박근혜 정권 퇴진 비상 국민행동'의 발족을 선언한다"면서 "박근혜 정권은 즉각 퇴진해야 한다. 대통령은 자신이 임명한 각료들과 함께 즉시 물러나야 한다. 이 사태를 방치 조장해 국민을 모욕한 새누리당은 해체해야 한다"고 요구했다. 퇴진행동은 특히 "국민은 루비콘 강을 건넜는데, 국민을 선도해야 할 야당이 오히려 국민 뒤에서 눈치나 보며 강가에 서성이고 있다"면서 "야당이 하지 않겠다면, 국민이 할 것이며, 우리가 할 것이다! 야당이 지금처럼 국민의 요구를 방기한 채,

국민이 만들어놓은 이 국면에 열매나 따먹겠다고 달려든다면 국민이 용서치 않을 것"이라고 야당을 질타했다.(전문 : 자료 28) 그리고 다음과 같은 구호를 외쳤다.

모이자, 11월 12일, 100만 민중총궐기로! 범국민행동으로!
국민의 힘으로 박근혜 정권을 몰아내자!
박근혜 정권을 퇴진시키고, 지난 4년간 벌어진 이 정권의 적폐를 일소해 나가자!
박근혜를 몰아내고, 세월호의 진실을 인양하자!
박근혜를 몰아내고, 백남기 농민에 가해진 국가폭력의 책임자를 처벌하자!
박근혜를 몰아내고, 친재벌 반민중 노동개악, 공공부문 성과 퇴출제를 막아내자!
박근혜를 몰아내고, 사드 배치와 위안부 야합, 한일군사정보협정 분쇄하자!
박근혜를 몰아내고, 전쟁위기 막아내고, 대화와 협력으로 한반도 평화를 실현하자!
박근혜를 몰아내고, 친일독재미화 역사교과서 국정화를 막아내자!
박근혜를 몰아내고, 지진 지역 원전가동을 멈추고, 가습기살균제 사태를 해결하자!
박근혜를 몰아내고, 개방농정, 살농정책을 농업 살리기 정책으로 전환하자!
박근혜를 몰아내고, 노점탄압, 정책, 여성과 소수자에 대한 차별을 중지시키자!
박근혜를 몰아내고, 장애등급제 부양의무제 폐지하라!
박근혜 정권 몰아내고, 중소상인 살려내라!

박근혜 정권 몰아내고, 물 전기 가스 교육 의료 민영화, 기업규제완화 저지하자!

박근혜 정권을 몰아내고, 민주, 민생 평화가 숨쉬는 새로운 나라를 건설하자!

　퇴진행동의 발족은 '연대사'라는 표현에서처럼 민중세력과 시민사회단체의 연대였다. 이날 외친 구호를 보면 친재벌·반민중 노동개악, 독재미화 역사교과서, 살농(殺農)정책, 노점탄압, 한반도 평화 등 민중세력의 전통적 요구사항이 강하게 반영됐다. 이는 퇴진행동에 민중단체의 입김이 크게 작용하고 있음을 입증하는 것이다. 두 세력의 연대는 성공적이었지만 겉으로 드러난 것처럼 매끄럽고 또 화학적 연대는 아니었다. 그것은 그동안 촛불혁명을 이끌어 온 민중세력과 뒤늦게 뛰어든 시민세력 간의 '입장차이'와 '시각차이'다. 두 단체는 내부적으로 적지 않은 의견충돌을 겪었다. 시민단체는 민중단체를 '과격하다'고 비판했고, 민중단체는 시민단체가 '너무 안이하다'고 생각했다. 특히 시민단체는 민중단체가 촛불을 정치투쟁의 장으로 활용하는 것에 문제를 제기했다. 그 결과는 11월 3일 열린 4차 비상시국회의 모임에서 드러났다. 백남기 농민 장례식에 이은 집회를 같이 주최하기로 합의하고도 웹 대자보는 따로 제작하기로 한 것이 그 예다. 그 이유에 대해 민주노총 이영주 사무총장은 저자와의 인터뷰에서 이렇게 말했다.

　"시민단체들은 '민중총궐기'라는 단어를 빼라, 2015년 폭력 이미지를 연상시킨다는 거였다. 그러나 우리는 '한상균 위원장이 감옥에 있고, 백남기 농민이 죽었다, 우리에게 민중총궐기는 지금 진행 중인 현실인데 그 단어를 뺄 수 없다'고 버텼다. 우리는 분명히 '퇴진' 자를 넣어야 한다고 입장을 밝혔는데도, 다음날 또 문제를 제기해 회의를 다시 반복했다. 시민사회단체는 10월 말까지 '박근혜 퇴진'이라는 단어를 쓰지 말자고 했다. 그런데 이미 광장에서는 퇴진을 외치고 있었다. 결국 웹 대자보 등에 '민중총 궐기'라는 단어를 참여 단체들이 알아서 크기를 정해 넣기로 했다. 시민사 회단체와 함께 한 3개월 동안은 그런 논쟁의 연속이었다."

실제 민중총궐기는 물론 퇴진행동의 회의와 언론 브리핑은 모두 민주 노총에서 열렸다. 이 사무총장은 "우리는 사무실 13층을 다 내줬다"고 말할 정도였다. 퇴진행동에서도 민중총궐기투쟁본부가 실제 촛불을 주도했던 것이다. 그러나 대부분의 언론은 시민사회단체 측 입장 위주로 보도했다. 이즈음 상황을 시인 송경동이 〈우리안의 폴리스라인〉이라는 시에서 잘 표현했다. 송경동은 2016년 문화예술인 시국선언을 주도하고, 광화문에서 텐트촌을 이끌며 촛불혁명 선두에서 뛴 '전사'이다. 그는 2016년 12월 24일 광화문에서 열린 〈궁핍현대미술관〉 개관식에 게시한 시에서 "이제 그만 그 거대한 무대를 치워주세요/ 우리 모두가 주인이 될 수 있게/ … 이제 그만 연단의 마이크를 꺼주세요/ 모두가 자신의 말을 꺼낼 수 있게/ … 전체를 위해 노동자들 목소리는 죽이라고, 소수자들 목소리는 불편하다고 말하지 말아주세요/ 그렇게 내가 비로소 말할 수 있을 때/ 내가 나로부터 변할 때/ 그때가 진짜 혁명이니까요"라고 했다. 이 시에서 '전체를 위해 노동자의 목소리를 죽이라고, 소수자들 목소리는 불편하다고 말하지 말라'는 대목은 뒤늦게 촛불에 가담해 노동·통일세력의 목소리를 죽이라는 시민단체의 요구에 불편한 심기를 내보인 것이다.

100만 촛불을 기록한 11월 12일도 확실한 결합은 아니었다. 12일 오후 4시 시청 앞 서울광장에서 민중총궐기대회를 열고, 이어 7시 광화문광장에서 퇴진행동과 함께 주최하는 시민촛불집회가 이어졌다. 서울광장에서는 이소선 합창단의 민중가요, 광화문 광장에서는 대중가수 이승철과 전인권이 등장했다. 11월 12일 대중가수가 처음으로 촛불광장에 합류한 것은 바로 시민단체의 가세로 이뤄진 상징적 변화다. 민중단체는 이를 제6차 민중총궐기로, 시민사회단체는 제3차 범국민행동으로 각자 기록하고 있다.

퇴진행동 기록기념위원회는 2017년 5월 28일 광화문광장에서 '촛불 1주년 대회'를 열고 "부패한 박근혜 정권을 퇴진시킨 23번의 촛불집회는 모두 시민들의 힘으로 가능했다"고 자축했다. 그러나 엄밀히 따지면 2017년은 촛불 1주년이 아닌 2주년이다. 최소한 백남기 농민이 경찰의 물대포에 맞은 2015년 11월 14일은 기록으로 꼽아줘야 하지 않을까. 기록기념 위원회 관계자는 이를 "전사(前史)로 기록할 것"이라고 말했다. 하지만 이것이 단순한 전사일까. 이런 시대구분은 유감이 아닐 수 없다. 아무도 박근혜와 맞서지 않을 때 제1차 민중총궐기부터 제6차 민중총궐기까지 촛불투쟁을 이어간 세력을 퇴진행동 기록기념 위원회가 중요하게 기록하지 않는 것은 문제다. 퇴진행동이 이러니 국민 대부분도 단지 JTBC의 태블릿PC 보도 이후 촛불만 의미를 부여하고 있다. 이에 따라 촛불혁명은 '최순실의 국정농단'만 동인으로 기억하고 있다. 이것은 촛불혁명의 진정한 의미를 축소 왜곡하는 심각한 오류다.

물론 시민사회단체의 가세도 과소평가하지 않는다. 사월혁명회 한찬욱 사무국장은 "시민단체는 민중단체들이 생각하지 못한 친시민적이고 발랄한 아이디어로 군중을 모았고, 이것은 자발적인 후원으로 이어졌다"고 말했다. 분명 시민사회단체와의 연대는 환경, 예술, 언론 등의 다양한 단체가 박근혜 퇴진 전선에 가담하면서 촛불시위가 더욱 풍부하고, 친시민적 행사로 발전할 수 있었다.

15

**촛불민심에 역행하는
야당 정치권**

#장면 15-1

2015년 11월 5일 오후. 해가 질 무렵 어둑해지는 서울 도심 한 뒷골목에 낯익은 사람들이 모여 웅성거렸다. 바로 세종문화회관 옆 골목으로 광화문 지하철역으로 이어지는 곳이다. 지나는 사람이 많은 곳이지만 세종문화회관 정면이 아니어서 조명이 그리 밝지 않아 평소에도 좀 어두운 편이었다.

민주당 초선의원 국회의원 ○○○, ○○○, 그리고 재선 ○○○ 의원도 보였다. 대여섯 의원들이 잡담을 하거나, 멀리서 진행되는 촛불집회를 바라보고 있었다. 그들은 지나가는 시민들의 인사에 반갑게 인사하면서도 착잡함이 얽힌 복잡한 표정을 지었다. 한 의원이 '문재인 전 대표는 세종문화회관 지하 카페에서 시민들과 인증 샷을 하고 있다'고 전했다. 그들은 바로 이날 오후 4시부터 1시간여 진행된 백남기 농민 장례식에 참석했던 민주당 국회의원들이었다. 그들은 백남기 농민 장례식에는 참석했지만 '당론'이 장외투쟁이 아니라는 이유로 촛불현장에 합류하지 못하고 집회장소를 떠나 어정쩡하게 구경만 했던 것이다.

이미 촛불광장에서는 '박근혜 하야, 퇴진' 목소리와 손팻말이 범람할 때 원내 제1당 민주당과 야당을 자처한 국민의당은 '장외투쟁은 없다'는 입장만 반복했다. 민주당 우상호 원내대표는 10월 28일 "장외로 안 나간다, 촛불집회에 불참한다"고 공언했다.[103] 국민의당 박지원 비대위원장 겸 원내대표도 "아직 정치권에서 촛불집회에 나서선 안 된다는 생각"이라고 말했다.

촛불 과실만 따려 하는 야당 정치권

촛불혁명 과정에서 제1야당 민주당의 역할은 컸다면 컸다. 국정감사와 국정조사, 특히 최순실 국정농단 특검을 통해 박근혜 정권의 수족을 잘라버린 역할은 높이 평가해야 한다. 그러나 촛불혁명 내내 정치권, 특히 야당이 촛불혁명에 적극적이었다고 말할 수는 없다. 30년 전인 1987년 6월 항쟁의 주도세력은 정치해금 인사들이 중심이 된 정치인들이었다. 김영삼

---

103 〈연합뉴스〉, 2015. 10. 28.

과 김대중으로 상징되는 정치인들은 정치 돌풍의 주역이었으며, 민주헌법 쟁취 국민운동본부라는 직선제 헌법쟁취 기구의 실질적 주체였다. 87년 정국을 주도하던 학생과 재야 지식인도 대부분 '양 김' 라인에 있었다. 물론 각 부분에서 성장한 민주화운동 진영과 넥타이부대라는 이름으로 가세한 시민이 직선제 민주헌법을 쟁취했다. 그러나 정치적 의존성이 컸던 시민·재야세력은 양 김의 단일화 실패를 막지 못한 채 정권교체에 실패했다.

30년 전 6월 항쟁을 학생과 정치권이 주도했다면 2016년 촛불혁명에서 야당 정치세력은 한 번도 촛불을 주동적으로 이끌지 못했다. 제1야당 민주당은 막강한 박근혜 정권의 위세에 눌려 국정조사나 국정감사 등에서 결정적인 사실을 밝혀내지 못했다. 오히려 박근혜 정권의 종북몰이에 수세적으로 자기 검열을 하고, 자기 결백을 주장하는 데 시간을 보냈다. 그래서 민주당은 바닥에서부터 국민의 지지를 얻지 못했다. 박근혜가 그렇게 민주주의를 역주행하고, 국정을 농단해도 민주당은 한 번도 중간 선거에서 이기지 못한 것이 그 반증이다. '선거의 신'이라는 소리를 듣는 박근혜 정권 앞에서 무력하기만 했다. 2016년 20대 총선에서 누구도 예측하지 못한 여소야대를 만든 것도 민주당이 잘해서라기 보다 민중의 끈질기고 지혜로운 정치투쟁과 선거참여에 의한 것이다.

원내 제1당 민주당과 국민의당은 2016년 10월 29일까지 박근혜 하야를 촉구하는 대규모 집회가 전국적으로 벌어지는 상황에서도 "지도부 차원의 장외투쟁은 없다"는 입장을 고수했다. 민주당 우상호 원내대표와 국민의당 박지원 비대위원장은 10월 28일까지 '박근혜 하야 반대' 입장이었다. 민주당 손금주 수석대변인은 "대통령의 임기가 1년 남짓 남은 상황에서 헌정이 중단되면 불필요한 정쟁이 일어나고 국력이 소모될 것"이라며 "촛불집회에서는 대통령 하야와 탄핵 주장이 나올 것인 만큼 지금 단계에서는 당 차원의 참석은 바람직하지 않다"고 말했다.

이러한 모호한 태도에 퇴진행동은 "국민의 분노가 폭발하고 있음에도, 야당은 서푼어치 이해득실만 따지며 대의를 방기하고 있다"면서 "국민은 루비콘 강을 건넜는데, 국민을 선도해야 할 야당이 오히려 국민 뒤에서 눈치나 보며 강가에 서성이고 있다"고 질타했다. 야당은 박근혜 사퇴, 탄핵보다 마지막까지 국회에서 선출한 총리가 국정을 수행하고, 박근혜 대통령은 외치를 담당하게 하는 타협안을 견지했다. 비교적 우호적인 시민단체 마저 "야당이 하지 않겠다면, 국민이 할 것이며, 우리가 할 것"이라며 "야당이 지금처럼 국민의 요구를 방기한 채, 국민이 만들어놓은 이 국면에 열매나 따 먹겠다고 달려든다면 국민이 용서치 않을 것"이라고 경고할 정도였다.

사실 한번 들어가면 빠져나오기 어렵다는 장외투쟁에 제1야당이 가담하는 데 부담감이 따랐을 것이다. 국정 혼란을 부추긴다는 여당의 역공에 두려움을 가졌을 것이다. 민주당은 1년밖에 남지 않은 박근혜 정권을 중도에 끝내고 뜻밖의 최순실 사태로 승산이 높아진 대선계획을 흐트러뜨리고 싶지 않았을 것이다. 이는 민심을 수렴하고, 이를 정치권에서 조정·해소해야 할 정당 본연의 임무보다 정권획득에만 몰두한 것이다. 그렇다고 벌어지는 장외투쟁을 만류한 것도 아니다. 아니 만류할 능력도 없었다. 왜냐하면 이미 6차에 걸친 민중총궐기와 100만 촛불은 정치권의 지시나 요구와 무관하게 타오르고 있었기 때문이다.

민중총궐기투쟁본부와 백남기투쟁본부는 민주당이 가장 어려울 때 박근혜 권력과 맞섰고, 또 전국적 조직을 동원한 정치투쟁으로 여소야대를 만드는데 1등 공신이었다. 하지만 야당은 정치적 과실만 따 먹었지 지위에 걸맞는 책임 있는 행동에는 미흡했다. 정치권에서는 민중연합당이 민중총궐기투쟁본부와 계속 함께 해왔고, 정의당이 일부 장외집회에 참여하고 행진에 동참했다.

사실 미온적이고 기회주의적인 민주당 태도는 박근혜 하야투쟁 훨씬 이전부터 시작됐다. '몸 사리기' 차원이라기보다 아예 처음부터 '확실한 신념'이 없었다. 대선 직후 민중단체의 민중소송에서 미온적인 태도를 보인 것은 대선 불복 논란에 휩싸이지 않으려는 의도로 이해할 수 있다. 그러나 2015년 노동법 개악 문제를 둘러싼 노동계와 민주당의 엇박자는 심각한 사례다. 박근혜 정권은 '침체된 경제에 활력'이라는 명분으로 줄곧 쉬운 해고와 비정규직 양산을 내용으로 하는 5대 노동법안(근로기준법·고용보험법·산재보험법·기간제법·파견법)개정을 추진했다. 이에 한국노총조차 반대했고, 민주노총은 총파업과 민중총궐기로 대응했다.

2015년 12월 1일 문재인 대표는 국회 앞에 노숙 농성 중인 민주노총을 찾아 "이번 정기국회는 물론 임시국회에서도 5대 노동법안 저지가 당론"이라며 "임시국회가 열리더라도 저지 입장을 견지할 것이며, 이는 내년 총선까지 변함없는 입장이 될 것"이라고 약속했다.[104] 이때는 11월 14일 박근혜 정권의 노동법 개악에 반대하는 제1차 민중총궐기 이후로 한상균 민주노총 위원장이 조계사에 피신해 '저항' 중이던 상황이었다. 그런데 바로 그날 밤인 12월 2일 새벽 2시 우상호 원내대표가 여야 합의로 노동법을 처리하기로 전격 합의해 버렸다. 이는 박근혜 정권과 싸우던 민주노총과 비정규직 노동자를 배신하는 행위라고 할 수 있다.

이에 민주노총은 12월 2일 성명을 내고 "대표와 당의 공언을 이처럼 손바닥 뒤집듯 가볍게 뒤집는다니 매우 개탄스럽다, 이러고도 신뢰를 바란단 말인가"라며 "결국 의회정치 속성 운운하며 무기력한 절충으로 노동개악 입법을 처리한다는 투항선언"이라고 비판했다. 2일 오후 2시 여의도 국회 앞 국민은행 옆에서 연 '노동개악 법안 저지 결의대회'에서 김욱동 민주노총 부위원장은 "이 야합을 깨줄 것을 호소했지만 새정치민주연합은 또 다시 비수를 꽂았다"면서 "87년 노동자 투쟁 때도 어느 정치세력에 기대하고 투쟁하지 않았다. 2015년 우리 힘으로 다시 투쟁을 조직하자"

---

104 〈뉴스타파〉, 2015. 12. 3.

고 강조했다. 이날 조상수 공공운수노조 위원장도 "노동자 국회의원이 국회 3분의 2가 되기 전까지 입법 투쟁은 숙명"이라고 말했다. 정치권에 기 델 것 없이 스스로 지켜나가야 한다는 의미다. 민주노총은 다음과 같이 야당의 문제를 조목조목 지적하기도 했다.

"노동개악을 반대한다던 야당 새정치민주연합은 내년 총선을 앞두고 지역구 예산 따기에 몰두한 나머지 노동개악 관련법을 임시국회에서 합의 처리 한다고 발표했다. 민주노총과 만나 노동개악을 저지하겠다고 약속하고는 채 몇 시간도 지나지 않아 전 국민을 비정규직으로 내모는 노동개악 관련법 통과를 '합의처리'라는 공수표를 받고 넘겨준 것이다. 이것이 야합이 아니면 무엇을 야합이라 하겠는가! 야합은 여기에 그치지 않는다. 의료, 교육, 공공서비스의 영리화와 민영화의 물꼬를 트는 서비스산업발전기본법도 이번 정기국회에서 야합 처리하려 하고 있으며, 박근혜 정부 들어 민주주의를 파괴하는 데 앞장섰던 국정원의 권한을 확대하는 테러방지법도 합의해 주고 말았다.

조계사에 피신한 한상균 위원장도 이 합의에 대해 "임시국회를 열어 노동개악 입법 처리를 시도한다니 믿음은 결국 실망으로 귀결됐다. 이제 우리 노동자가 총파업 투쟁으로 일어설 때"라며 "여당은 밀어붙이고 야당은 무기력하니 민주노총이 막아야 한다"고 독려했다. 이에 새정치민주연합은 "이번 또는 12월이라는 말이 없는 만큼 연내 처리는 아니다"라고 궁색한 답변을 했다. 문재인 전 대표도 5대 노동법 중 노동자에게 피해가 큰 기간제법과 파견법 2개만 저지하고, 나머지 3개 법안은 통과시키겠다는 의미라고 해명했다.

비단 이뿐만 아니다. 미온적인 야당을 대신해 박근혜 정권과 맞서던 한상균 위원장이 경찰에 체포되는 과정에서 야당의원은 단 한 명도 같이 하지 않았다. 이에 한 미디어 전문지는 "야당이 노동개악 문제로 전면에서 싸우고 있는 한상균 위원장의 체포와 공권력 조계사 투입 문제에 대해 소극적인 대응을 했다는 비판의 목소리가 존재한다"면서 "최소한 조계사 경내에 야당 의원 한 명이라도 파견해 상황을 보고하고 공권력 투입 반대에 대한 상징적인 모습을 보였어야 했다는 목소리가 나온다"고 보도했다.[105]

이런 야당에 대한 서운함은 2015년 12월 19일 열린 제3차 민중총궐기에서 민중투쟁본부의 성명에 그대로 묻어 나온다. 제3차 민중총궐기는 12월 10일 한상균 위원장의 경찰 체포에 항의하는 민중총궐기였다. 이는 한 위원장의 체포과정에 야당의 협조가 전무했음을 반증하는 것이다.

> 싸우지 않는 야당, 새누리당과 차이가 없는 보수 야당은 박근혜 정권의 폭주를 가능케 한 원인이다. 우리는 더 이상 민중의 생존을, 위기에 빠진 민주주의와 평화를 보수 야당에 맡길 수 없으며, 정권의 폭주에 저항하는 척 야합하는 들러리 보수야당에 기대하지 않고 박근혜 새누리당에 맞서 노동자, 농민, 빈민을 중심으로 민중진보정치를 실현할 것이다.

민주당이 촛불정국에서 민심의 흐름을 잃고 우왕좌왕했던 것은 이뿐만 아니다. 2016년 백남기 농민 국회청문회를 약속했고 총선 후 제1당이 됐지만 이를 지키지 않았다. 결국 여성농민들이 당사 점거 농성으로 뒤늦게 불과 하루 만의 청문회를 열었지만 성의는 없었다. 촛불혁명 막바지인 2016년 10월 28일 정의당이 박근혜 하야투쟁에 돌입하자, 우상호 원내대표는 "실제로 하야가 발생하면 더 큰 혼란이 올 것"이라며 몸을 사렸다.

촛불시위 막바지까지 흔들린 민주당

민주당이 결정적으로 비난을 받은 것은 박근혜 탄핵 막바지이자, 제

---

105 〈미디어오늘〉, 2015. 12. 10.

6차 민중총궐기를 바로 앞둔 상황에서였다. 우상호 원내대표는 11월 7일 "야3당이 요구하는 책임총리를 수용하면 퇴진요구는 없다, 장외투쟁도 없다"고 발언했다. 11월 8일 우상호 민주당 원내대표는 JTBC 인터뷰에서 "대통령이 국정에서 손을 뗀다는 약속을 하면 굳이 퇴진운동까지 하지 않겠다는 것이 기본 제도권 야당의 입장"이라며 "광장은 광장의 방식으로 이야기하고 또 국회는 국회의 방식으로 문제를 해결해야 한다"고 말했다. 이에 손석희 앵커가 '(박근혜가) 외치는 해도 상관이 없다는 입장인가'라는 질문에 우 원내대표는 "정상회담은 아무래도 나라의 정상이 하셔야 되지 않겠나. 그리고 국군 통수권자는 헌법이 보장한 권한 아니겠나. 여러 가지 위기관리나 정상회담 정도는 하셔야 될 것이다"라고 말했다.[106]

우상호 원내대표의 이런 발언은 촛불광장에서 큰 비난을 받았다. 특히 박근혜에게 군 통수권을 가지고 외교수반의 역할을 계속해야 한다는 주장에 대해 누리꾼들은 "혼이 비정상인 환자 박근혜를 국가의 얼굴마담을 시키겠다는 게 제정신인가?"라고 비난했다. 게다가 야3당이 추천하는 총리를 수용하면 '모든 장외투쟁도 중단할 수 있다'는 말은 공수표에 불과했다. 왜냐하면 민주당을 비롯한 야3당은 제6차 민중총궐기와 제3차 범국민행동을 주도하는 세력이 아니었기 때문이다. 국회 추천 총리를 수용하겠다는 박근혜의 말은 11월 12일 열리는 100만 민중총궐기의 힘을 빼려는 청와대의 마지막 전략이었다. 그러나 야당은 이를 간파하지 못하고 계속 말려들었다. 이에 민중총궐기투쟁본부는 야당에게 다음과 같이 공식 경고했다.

---

106 JTBC, 2016. 12. 8.

'박 대통령-국회의장 면담에 대한 입장'

박근혜 대통령이 정세균 국회의장을 만나 "국회에서 총리를 추천하면 수용하겠다"는 입장을 밝혔고, 국회의장은 야3당 대표와 만나 이를 논의할 예정이다.

1. 박근혜 대통령은 퇴진해야 한다.

이미 박근혜 대통령은 지난 과정을 통해 통치능력도, 자격도 없음을 스스로 증명하였다. '박근혜-최순실' 국정농단 사태뿐 아니라 세월호 참사, 한일 위안부 야합, 사드 강행, 노동개악, 개방농정과 살농정책, 노점탄압, 원전 강행, 여성과 소수자에 대한 차별, 그리고 백남기 농민에 가한 국가폭력 등 대통령이 물러나야 할 이유는 셀 수 없이 많다.

이러한 박근혜 대통령의 자격을 왜 1년 4개월이나 유지해줘야 하는가? 그 장기간의 국정 공백과 민주, 민생, 평화의 파괴를 어찌 감당하려 하는가? 살만한 야당 의원들이야 버틸 수 있을지 모르겠지만, 국민들은 먹고살기 힘들고, 전쟁 날까 두렵고, 폭압에 숨이 막혀 하루도 견디기 어렵다. 또한 그에게 어떻게 외교와 국방을 맡길 수 있으며, 총리에게 내치를 위임하겠다는 그 약속을 어떻게 믿을 수 있단 말인가? 이 와중에도 국방부는 한일 군사정보협정 체결을 강행하고 있지 않은가! 이번 제안은 박근혜 정권이 물러나는 척 하며 기회를 엿보는 꼼수에 불과하며, 결코 수용할 수 없다.

2. 민주당, 국민의당에 경고한다.

국민이 퇴진 국면을 열었음에도 국회 과반 의석을 가진 두 야당이 함께 싸우기는커녕 눈치나 보며 국민들의 주변만 기웃거리고, 그러면서도 국민 투쟁의 열매만 따먹으려 잔머리나 굴리고 있다. 이러한 야당을 국민이 야당으로, 수권 정당으로 인정해 줄 것이라 생각하면 큰 오산이다. 민주당과 국민의당에 경고한다. 만약 야2당이 국민의 뜻을 거스른 채 박근혜 대통령의 임기를 보장해주고 그에게 외교와 국방을 넘겨주는 식으로 야합한다면, 국민은 야2당을 '새누리당의 2중대, 3중대'로 간주하고 박근혜 정권과 함께 퇴진 대상으로 규정, 더 큰 항쟁을 전개할 것임을 명심해야 할 것이다.

3. 모이자, 11월 12일! 100만 민중총궐기로 박근혜 정권을 퇴진시키자!

대통령의 꼼수와, 야당의 눈치 보기를 끝낼 힘은 오직 우리, 국민에게 있다. 오는 11월 12일 민중총궐기에 백만 국민이 집결, 국민의 분노를 보여주자. 반드시 박근혜 정권을 퇴진시키고 국민의 힘을 모아 민주, 민생, 평화가 숨쉬는 새로운 나라를 건설하자!

2016년 11월 8일
민중총궐기투쟁본부

민심을 한발 앞서 선도해야 할 정치권이 계속 촛불민심의 현장과 어긋나는 행보를 보이며, 오히려 촛불혁명 진로에 발목을 잡은 것이다. 하야를 요구하는 민심과 달리 민주당은 탄핵 막바지까지 야당 총리를 요구하며 박근혜와 계속 흥정하고 있었다. 이미 이재명 성남시장과 박원순 서울시장 등은 법대로 탄핵을 촉구하고 있었다. 게다가 "야당 추천 총리만 받아들이면 하야 투쟁도 없어진다"는 대목에 막상 하야투쟁을 하던 전농 전남지부는 '야당에게 경고한다'는 성명을 발표했다. 성명은 "야당은 지금 박근혜 정권에 산소호흡기를 대주고 민중투쟁에 초를 치고 있다"면서 "야당은 똑바로 들어라, 권력의 단맛이 좋거든 차라리 그들 편에 대놓고 서라"라고 비난했다.

11월 9일 민주노총은 박근혜 탄핵국면에서 오히려 민심을 교란하는 민주당에 대해 조목조목 비판하는 성명을 발표했다. 민주당 행위가 오히려 박근혜 정권의 생명을 연장하는 행위라는 것이다. 민주노총은 "광장과 거리로 쏟아져 나오는 민심을 교란하지 말라"면서 "벼랑 끝에 몰린 불법 대통령을 구하는 신의 한 수가 민주당이 된다면 분노한 민중에게 해체의 대상이 될 것"이라고 경고했다. 다음은 성명 전문이다.

더불어민주당은 더불어박근혜당이 될 것인가?
경고한다. 박근혜 퇴진 민심을 교란하지 말라

'박근혜는 퇴진하라'는 국민의 요구가 하나로 모아지고, 12일 100만 민중총궐기가 예고되고 있는 지금, 국회 제1야당인 더불어민주당의 태도가 갈수록 어이없고 한심하다. 8일, 아직도 대통령인 박근혜가 정세균 국회의장을 만나 국회가 여야합의로 총리추천을 하면 수용하겠다는 입장을 밝혔다. 살기 위한 출구전략을 뻔뻔하게 제시한 것이다. 기가 막힌 것은 범죄 피의자의 제안에 호응하는 더불어민주당의 입장이다. 우상호 원내대표는 JTBC 뉴스에 나와 "대통령의 2선 후퇴, 국회추천 총리에게 내각조각권과 정책결정권 부여, 외교와 군통수권은 박근혜 대통령이 수행"이 확약된다면 정권퇴진운동을 하지 않겠다며 대통령의 구체적 입장표명을 요구하였다. 민의를 제대로 대표하라고 여소야대, 제1야당 만들어 주었더니 이제와 딴 살림 차리겠다는 망발이다.

9일, 더불어민주당 최고위 회의에서도 "대통령의 존재는 인정하나, 직무수행은 인정할 수 없다. 2선 후퇴에 대한 대통령의 선제적 의지, 국민에 대한 진정한 사과가 있기 전에 총리 권한 문제, 총리추천 문제 등을 논의할 수 없다"라고 결정했다고 한다. 박근혜가 2선 후퇴 의지를 구체적으로 밝힌다면 총리추천을 할 수 있고 대통령의 존재를 인정하겠다는 것으로 우상호 원내대표의 입장을 재확인한 것이다. 어이가 없다.

국회의사당에 앉아 청와대와 수신호를 주고받으며 정치적 야합을 위한 수읽기에 몰두하는 제1야당의 태도는 민심을 교란하고 거리의 민주항쟁을 이용하려는 못된 술책이다. 우상호 원내대표는 '광장은 광장의 방식으로 이야기하고, 국회는 국회의 방식으로 문제를 해결해 가야한다'고 했다. 국회는 민의와 따로 노는 특권집단인가 묻고 싶다. 식물대통령을 만들어 놓고 외교권과 군통수권은 준다는 것이 가당키나 한 일인가. 국민은 깨끗이 청소하고 새롭게 시작하길 요구한다. 대통령은 당장 내려와야 한다. 민의를 대변한 새로운 내각이 구성되어야 하고, 민중들의 참여가 보장되어야 한다. 불법정권과 비선실세 권력에 의해 추진된 모든 악법과 정책들은 폐기되어야 하고 은폐된 진실은 밝혀져야 한다.

더불어민주당은 더 이상 광장과 거리로 쏟아져 나오는 민심을 교란하지 마라. 더불어민주당은 누구와 더불어 갈 것인지 묻는 국민들의 경고를 무겁게 받아들여야 한다. 벼랑 끝에 몰린 불법 대통령을 구하는 신의 한 수가 더불어민주당이 된다면 분노한 민중에게 해체의 대상이 될 것이다.

야당 정치권에 대한 비판은 민중총궐기투쟁본부만의 생각은 아니었다. 11월 10일 민주화와 통일원로는 물론 시민단체 관계자 207명이 박근혜의 즉각 퇴진을 요구했다. 특히 이들은 개성공단 폐지와, 사드 배치 졸속 결정, 남북 교류 차단, 전작권 전환 무기 연기, 일본군 '위안부' 피해자에 대한 졸속 처리, 한일군사정보보호협정 체결 등 박근혜 정권에서 외교·통일 분야에서 실정이 가장 크다고 주장했다. 진보는 물론 중도적 인사까지 서명한 이 성명은 민중총궐기투쟁본부의 주장을 뒷받침했다.(전문 : 자료 29)

민주진영과 민중총궐기투쟁본부의 비판에도 불구하고 민주당의 엇박자는 계속 이어졌다. 11월 12일 민중총궐기투쟁본부와 시민사회단체의 100만 촛불로 박근혜 즉시 퇴진을 확인했음에도, 민주당은 마지막까지 박근혜 정권과 흥정을 계속했다. 심지어 11월 14일 새벽 추미애 대표는 박근혜-추미애 단독 영수회담을 제안하고, 청와대의 동의까지 받았다. 추 대표는 그때까지 "구색 맞추기 영수회담은 의미가 없다"는 입장에서 갑자기 단독 영수회담을 제안한 것이다. 추 대표는 "지금 상황이 매우 엄중하다"며 "민심에 대한 정확한 전달, 난국에 대한 해법을 열어놓고 얘기해야 할 때가 아닌가 하는 판단에서 제안했다"고 말했다. 사실 추 대표의 이날 회담 제의는 전날 당 최고위원·중진 연석회의, 참모회의에서 논의된 결과였다.

막바지 탄핵위기에 몰린 박근혜는 11월 2일 수습책으로 김병준 국민대 교수를 총리후보자로 지명했다. 그는 노무현 정부의 청와대 정책실장을 역임했다. 그리고 11월 3일 김대중 정권의 동교동계 한광옥 비서실장을 임명해 국민의당과 코드를 맞췄다. 이에 야3당은 인준을 거부하기로 하고 국회에서 지명한 인물의 총리인준을 요구하던 중이었다. 그런데 민주당 혼자 단독 영수회담에 합의한 것이다. 추 대표의 이런 돌출적 정치행보는 박근혜 정권의 생명을 유지하는 것은 물론 야3당 공조에도 어긋나면서 합법적 탄핵추진 대오는 크게 흔들렸다.

퇴진행동은 즉각 성명을 발표해 "민주당의 소위 '영수회담' 개최 요구와 그 취지에 대해 이해할 수 없으며, 이 의미 없는 회담의 중단을 요구한다"면서 "회담을 중단하지 않고 추 대표가 국민의 명령을 왜곡하는 합의를 하고 올 경우 박근혜 정권뿐 아니라 민주당 역시 동반 퇴진의 대상이 될 것임을 엄중히 경고한다"고 밝혔다. 퇴진행동은 또 "지금 민주당이 해야 할 일은 눈치 보기나 이해타산이 아니라 국민의 정권 퇴진 요구를 받들어 퇴진 당론을 확정하고, 퇴진을 위한 실질적 조치를 취하는 것"이라고 요구했다.(전문 : 자료 30)

결국 단독영수회담은 그날 저녁에 열린 의원총회에서 거부되고 말았다. 의원들은 영수회담은 탄핵을 요구하는 민심을 거스를 뿐 아니라, 야권 공조를 깨뜨린다는 이유에서 반대했다. 결국 박근혜-추미애 단독영수회담은 발표 10시간 만에 철회됐다. 한 시간, 한 걸음이 중요한 시점에서 민주당은 계속 엇박자를 내면서 오히려 상황을 어긋나게 만들었다.

그렇다면 민주당은 왜 광장의 촛불을 이끌지 못하고 미온적으로 대처했을까. 11월 18일 추미애 민주당 대표는 최고위원회에서 "최종적으로 (군이) 계엄령을 준비하고 있다는 정보가 돌고 있다"고 말했다. 막바지에 몰린 박근혜가 군대를 동원할 것을 우려했던 것이다. 실제 이때는 극우단체가 '계엄령을 선포하라', '계엄령이 답이다'라고 공공연히 요구하던 시기였다. 민주당 국방위원 이철희 의원이 11월 국방부에 위수령 폐지를 검

토하는 서면 요청을 했다는 점에서 이즈음 민주당 기류를 읽을 수 있다.[107]

107 SBS, 2018. 3. 20.

16

최후의 일격-
100만 촛불과 전봉준투쟁단

#장면 16-1

2016년 11월 12일 전태일 열사 정신계승 '2016 전국노동자대회'이자 제6차 민중총궐기
가 열리는 날, 서울에 초겨울 비가 예고됐다. 1년 전인 2015년 11월 14일 2015 전국노동
자대회이자 첫 민중총궐기가 열린 날도 서울에는 스산한 초겨울 비가 내렸다.

1년 전에도 그랬지만 이번에도 광화문으로 통하는 지하철역 몇몇 통로를 전경이 봉쇄했다.
시민들이 "왜 통로를 봉쇄하느냐"는 항의에 경찰은 아무 대꾸도 못 했다. 1년 전과 다른 점
은 서울메트로 노조원들의 감동적인 안내 방송이었다. 지하철 5호선 광화문역에 이르자
"촛불이 켜져 있는 광화문역입니다. 이번 역에서 내리는 분들은 몸조심 하시고, 대한민국
을 위해 힘써 주시기 바랍니다"라는 승무원의 안내방송이 나왔다.

11월 12일 촛불은 민중총궐기투쟁본부가 주최하는 '백남기 한상균과 함께 민중의 대반격
을! 박근혜 정권 퇴진! 가자 2016년 민중총궐기'가 시청 앞 서울광장에서 먼저 열리고, 이
어 민중총궐기투쟁본부와 퇴진행동이 공동 주최하는 '모이자! 분노하자! #내려와라 박근
혜! 범국민행동'이 광화문광장에서 연거푸 열리도록 계획됐다. 집회는 이전과 마찬가지로
각기 다른 곳에서 사전집회를 마치고 서울광장에 집결하는 방식으로 진행됐다. 대학로·종
로·청계천·서대문 일대에서 부문별 대회를 마친 노동자·농민·청년·학생·빈민·여성·장애
인들이 서울광장으로 모여들었다. 한상균 민주노총 위원장은 옥중서신으로 "2선 후퇴·거
국내각은 민심이 아니며 죄를 지은 자는 죗값을, 불법 정권에 부역한 자들은 합당한 처벌을
받아야 한다"고 말했다. 416가족협의회 전명선 위원장과 백남기 농민의 딸 백도라지 씨,
김충환 사드배치철회 성주투쟁위 공동위원장의 투쟁사가 이어졌다.

다음은 청와대를 포위하는 행진순서였다. 일부는 조직 깃발을 들고 행진에 나섰지만 시청
앞에서 광화문까지 군중이 밀집해 있어 행진을 할 수 없었다. 군중들은 자리에서 퇴진함성
과 '박근혜는 퇴진하라'는 구호로 대신했다. 6시 30분 "박근혜는 퇴진하라"는 구호가 1분
간 길게 서울 밤하늘에 울려 퍼지고 윤민석이 새로 작곡한 〈하야가〉가 이어졌다.

원래 이곳 서울광장에서 행사를 마치고 광화문광장으로 이동해 7시 30분부터 시작하는
'모이자! 분노하자! #내려와라 박근혜! 범국민행동'에 합류하도록 돼 있었다. 그러나 세종대
로가 사람으로 꽉 차 움직일 수 없을 정도였다. 인파는 남쪽으로는 남대문, 동쪽으로는 종

로 3가, 서쪽으로는 서대문 서울역사박물관, 북쪽으로는 세종대왕 동상 앞까지 인파가 들어찼다. 중간 을지로 입구와 청계천 입구에도 인파가 메웠다. 사람들은 그냥 그 자리에서 광화문 광장의 중계영상만 바라봤다.

드디어 100만 촛불이 드러났다. 100만 촛불은 2008년 광우병 70만 촛불 이후 가장 큰 촛불이었고, 역대 기록을 모두 경신한 집회였다. 1987년 6월 항쟁 당시 7월 9일 이한열 열사 장례식 때 모였던 100만 인파를 역대 최대 군중집회로 꼽지만 사실 그때보다 군중이 훨씬 많았다. 경찰도 "건국 이래 처음으로 광화문 8차선 도로를 모두 열었다"고 말했다. 게다가 11월 12일 집회는 지방에서도 동참, 부산 3만5천 명, 광주 1만 명, 대구 4천 명, 제주 5천 명 등 전국 10여 개 지역에서도 6만 명이 집결했다고 주최 측이 밝혔다. 퇴진행동은 지역에서 10만 명이 참가한 것으로 집계했다. 민주노총은 전체 조합원 80만 명 중 15만 명을 전세버스 등으로 동원했다.

광화문 광장에서는 예능인 박제동의 사회로 행사가 진행되고 있었다. 고등학생, 대학생, 그리고 정대협 윤미향 대표, 세월호 416연대 대표 등의 발언이 이어졌다. 그리고 중간에 가수 이승환, 정태춘, 조PD 등의 공연도 가미됐다. 행사는 밤 10시까지였지만 새벽 1시가 넘어서까지 계속됐다. 수천 명의 시위 참가자들은 행진 한계선인 경복궁역 앞에서 경찰과 대치했다. 촛불이 청와대 인근 경복궁역 앞까지 진출한 것도 이번이 처음이었다. 대치 시간이 길어지면서 경찰과 시민 일부가 탈진해 병원으로 후송되기도 했다. 일부 시위대는 쌀쌀해진 날씨에도 불구하고 광화문광장에서 밤샘 집회에 들어가기도 했다.

집회를 마친 시민들은 귀갓길을 서둘렀다. 3호선 종로3가역에서는 "집회에 참여하신 분 모두 수고하셨습니다. 집회에는 참여하지 못했지만 승객 여러분들을 목적지까지 안전하게 모셔다 드리겠습니다. 감사합니다"라는 안내방송이 나왔다. 지친 몸으로 귀가하는 시민들의 입가에 잔잔한 미소가 흘렀다.

사상 최대 100만 민중이 모이다

촛불혁명을 민중이 주도하고 있다는 것을 입증할 방법은 11월 12일 2016 전태일 열사 정신계승 전국노동자대회이며, 제6차 민중총궐기이자,

2016년 11월 12일 '2016 전태일 열사 정신계승 전국 노동자대회'이자 제6차 민중총궐기가 시청 앞
서울광장에서 열리고 있다. 이 집회에 참여한 100만 민중은 이어 퇴진행동과 공동 주최한 범국민행동
에 함께 했다. ⓒ노동과 세계 변백선

제3차 범국민행동이었다. 그것은 '백남기, 한상균과 함께 민중의 대반격을!'-박근혜 정권퇴진 2016 민중총궐기!에 얼마나 많은 민중을 이끌어 내느냐로 판가름나게 돼 있었다. 민주노총은 제1차 민중총궐기와 마찬가지로 인원 동원에 총력을 기울였다. 제1차 민중총궐기 13만 명보다 많은 15만 명의 조합원을 동원할 계획을 세웠다. 80만 조합원의 20%에 가까운 조합원을 모으는 역대 최대 동원 계획이었다. 이번에도 민주노총은 치밀한 세부계획을 세웠다. 공공운수노조 3만5천 명, 공무원노조 2만 명, 금속노조 1만5천 명, 서비스연맹 1만5천 명, 건설연맹 1만 명, 전교조 1만 명, 보건의료노조 5천 명, 화섬연맹 3천 명, 사무금융연맹 2천 명, 민주일반연맹 1천 명, 대학노조 1천 명을 동원하는 계획을 세웠다. 이밖에 교수노조, 비정규교수노조, 정보경제연맹, 여성연맹, 언론노조, 지역본부 등을 동원하면 15만 명이 가능하다는 계산이 나왔다. 여기에 전농을 비롯한 전여농 등 농민 3만 명을 동원하겠다는 것은 더욱 큰 힘이 됐다.

집회는 민중투쟁본부가 주최하는 '백남기 한상균과 함께 민중의 대반격을! 박근혜 정권 퇴진! 가자 2016년 민중총궐기'와 민중투쟁본부와 퇴진행동이 공동 주최하는 '모이자! 분노하자! #내려와라 박근혜! 범국민행동'이 연거푸 열리기로 계획됐다. 이미 민중총궐기투쟁본부와 백남기투쟁본부가 주최하는 촛불시위는 매일 계속되고 있었다. 특히 주말 촛불집회는 전국적으로 국민들의 자연스런 일상이 되고 있었다. 촛불집회에 참여치 않던 야당 민주당은 당 차원의 장외투쟁은 정하지 않고, 의원의 참석은 개인 의사에 맡긴다는 입장으로 한발 물러섰다.

11월 8일 민주노총은 서울광장을 출발해 네 가지 경로로 청와대 바로 200미터 옆 효자동 주민센터 앞까지 행진하겠다고 신고했다. 현행 집시법에는 청와대 100미터 이내 집회·시위를 금지한 것에 비추어 최대한 가까이 행진하겠다는 것이다. 경찰은 안전사고와 교통소통을 이유로 불허했다. 이에 투쟁본부 측은 가처분신청을 제출해 법원은 11월 12일 집행정지

가처분 신청 일부를 받아들여 네 가지 경로로 경복궁역까지 행진하는 것을 허용했다. 재판부는 "집회 시위가 금지될 경우 불법집회·시위로 보여서 자발적으로 참여하는 국민의 표현의 자유가 위축될 수 있다", "집회 1주일 전에도 유사한 성격의 집회를 개최했으나 교통 불편 등으로 인한 큰 혼란 없이 집회가 평화적으로 마무리됐다", "집회로 인해 교통 불편이 예상되나 집회·시위의 자유를 보장함에 따른 것으로 수인해야 할 부분이 있고, 이 사건 처분으로 보호하고자 하는 교통 소통의 공익이 집회·시위의 자유를 보장함에 비해 크다고 보기 어렵다"는 이유로 행진을 허용했다. 처음으로 청와대 바로 앞까지 갈 수 있게 된 것이다.

11월 11일 민주노총 중앙집행위원회는 다음과 같은 4개의 '총파업 지침'을 결정했다.

1. 민주노총 소속 전 사업장은 11월 중 박근혜 퇴진을 위한 총파업 투쟁에 돌입하며, 이를 위해 모든 사업장은 즉각적인 총파업 태세에 돌입한다.
2. 민주노총은 11월 총파업 투쟁을 시작으로 파상·순회-무기한 전면파업 등을 전개하며, 구체적인 총파업 방침은 위원장에게 위임한다.
3. 민주노총 소속 전 사업장은 11월 14일부터 퇴근 도심행진과 지역별 촛불대회 결합 등 총파업 지침을 적극 수행한다.
4. 민주노총은 농민, 빈민, 학생, 시민 등 각급 기층 민중의 공동투쟁을 적극 조직한다.

11월 12일 드디어 전태일 열사 정신계승 2016 전국노동자대회가 열렸다. 이날은 2015년 11월 14일 1차 민중총궐기 이후 민주노총 등 민중세력이 독자적으로 주도한 집회로는 마지막 제6차 민중총궐기의 날이기도 했다. 오후 2시 시청광장에서 전국노동자대회가 열렸다. 같은 시각 남대문에서 3만 명이 참여하는 '쌀값 대폭락 백남기 농민 폭력살인 박근혜 정권

심판 전국농민대회'가 열렸다. 100여 명의 농민은 상복을 입고 '쌀값 대폭락, 박근혜 퇴진하라'고 적힌 대형 상여를 메고 나왔다. 농민들은 시청 앞에서 박근혜 정권을 상징하는 허수아비 화형식까지 열었다.

그리고 청계광장에서 빈민대회, 대학로 마로니에 공원에서 청년학생 총궐기, 대학로 이화사거리에서 시민대회, 오후 3시 탑골공원에서 청소년 시국대회가 각각 열렸다. 이들은 시청 앞 서울광장에 집결했다. 오후 2시 서울광장에서 열린 노동자대회에서 '박근혜 퇴진 민주노총 11월 중 총파업'에 돌입할 것을 선포했다. 이들은 △오늘 100만 민중총궐기는 불법권력이 이기느냐, 민중이 이기느냐의 판가리 항쟁이다 △민주노총은 역사와 민중이 요구하는 박근혜 퇴진 민중항쟁의 가장 앞에 설 것이다 △민주노총은 박근혜가 퇴진하지 않고 버틸 경우 11월 중 전 조직 총파업 돌입 선포한다 △민주노총 총파업은 청년학생 동맹휴업, 자영업자 동맹 철시, 청소년, 청년학생, 시민들과 함께 거대한 국민파업, 동맹파업으로 만들어 박근혜 정권을 끌어 내릴 것을 결의했다. 특히 민중총궐기대회에서 △백남기 농민 국가폭력 책임자처벌 △한상균 위원장 석방 △세월호 참사 진상규명과 책임자 처벌 등 3가지를 요구했다. 그리고 제1차 민중총궐기 때 요구를 약간 수정한 '13대 요구안'을 발표했다. 13대 요구안은 다음과 같다.

1. 일자리노동

- 노동개악·성과 퇴출제 폐기, 구조조정 중단
- 최저임금 1만 원 실현
- 위험의 외주화 중단
- 모든 노동자 '노조 할 권리' 보장

2. 농업

- 쌀 수입 중단, 대북 쌀 교류
- 기초농산물 국가수매제와 최저가격 및 농산물 값 보장

- 대기업·LG 농업 진출 중단

3. 빈곤

- 노점단속·강제퇴거 중단, 순환식 개발 시행
- 장애등급제·부양의무제 폐지, 장애인권리보장법 제정
- 복지축소 중단, 복지예산 확대

4. 청년학생

- 재벌 곳간 열어 청년-좋은 일자리 창출 요구
- 직업교육훈련생 차별 철폐와 노동법 교육 의무화
- 대학구조조정 반대

5. 여성

- 혐오, 성차별, 성폭력으로부터 안전한 사회건설
- 국가책임 보육, 교육 강화
- 여성의 빈곤화, 비정규직 철폐

6. 민주주의

- 공안탄압 중지, 국가보안법과 테러방지법 폐지, 국정원 해체, 양심수 석방
- 공영방송 정상화, 언론공정성 실현
- 한국사교과서 국정화 저지, 역사왜곡 중단

7. 인권

- 차별금지법 제정, 이주민·장애인·성소수자 차별 및 혐오 중단
- 국가인권위 독립성 확보, 정부 및 지자체 반인권행보 중단
- 물대포 사용 및 차벽 설치 중단

8. 자주평화

- 한반도 사드배치 반대
- 대북적대정책 폐기, 한미일 삼각군사동맹 중단! 일본의 군국주의 무장화 반대!

9. 한일 위안부합의 무효화 재협상 추진

- 소녀상 철거 저지
- 일본 정부의 군 위안부 강제연행 책임인정과 공식 사과, 법적 배상

10. 세월호

- 신속하고 온전한 세월호 인양
- 특검 의결 책임자 처벌
- 진상규명 안전사회 건설

11. 생태환경

- 신규 핵발전소 건설 저지, 노후 핵발전소 폐기
- 가습기살균제 참사 진상규명과 법 제도 개선
- 국립공원 케이블카 건설 계획 폐기
- 4대강 수문개방-청문회 개최

12. 사회공공성

- 모든 서민에게 사회안전망 강화
- 철도, 가스, 의료, 민영화 추진 중단
- 권력형 낙하산 근절

13. 재벌책임강화

- 상시지속업무 정규직 전환-하청노동자 직접교섭 참여 등 재벌 사용자 책임 이행
- 재벌 사내유보금 환수로 좋은 일자리 창출·복지 확대

이날 2016 전국노동자대회사를 최종진 민주노총 위원장 직무대행이 낭독했다. 그는 2015년 4·24 노동개악 저지 선제 총파업부터 11·12 민중총궐기, 그리고 4·13 총선에서 정치투쟁을 거론하면서 "민주노총의 투쟁이 박근혜 정권 퇴진을 위한 민중항쟁을 만들어 냈다"고 강조했다. 그리고 그는 "5% 지지율 식물대통령이 되었지만 퇴진과 구속을 피하기 위해 끝

까지 버티고 있다"면서 "민주노총은 박근혜 퇴진이 전제되지 않는 현 시국에 대한 어떤 해법도 국민기만에 불과함을 분명히 밝힌다"고 주장했다. 그는 또 "야당은 거리로 쏟아져 나오는 박근혜 퇴진 투쟁에 모든 것을 던지지 않고 있다"면서 "자기 역할을 하지 못한 야당, 믿을 수 없다"고 질타했다.(전문 : 자료31)

이어 한상균 위원장 옥중 서신을 정혜경 민주노총 부위원장이 읽었다. 한 위원장은 징역 3년형을 선고받고 1년여 수감생활을 하는 중이었다. 그러나 그는 일주일에 한두 번 면회를 통해 민주노총의 투쟁방법을 일일이 지도하고 있었다. 한 위원장은 "불법권력에 부역한 자들이 한 명 한 명 들어오고 있다. 최순실, 안종범, 정호성, 차은택이 들어왔다"면서 "박근혜를 체포하고 구속하라! 박근혜도 예외일 수 없다"고 일갈했다. 한 위원장은 또 "야당과 대권주자들에게 민주노총 위원장으로 요구한다"면서 "너희들은 싸우고 열매는 우리가 가져가겠다는 정치적 사욕을 버리라 요구한다. 국민들은 거리로 나와 국민과 함께 어깨 거는 지도자를 요구한다"라고 말했다.

'2016 민중총궐기 투쟁 선언문'이 낭독됐다. '백남기 한상균과 함께 민중의 대반격을! 박근혜 정권 퇴진! 가자, 민중 총궐기로!'라는 제목의 이 투쟁선언문은 사실상 민중총궐기투쟁본부의 마지막을 장식하는 선언문이다. 박근혜의 국정농단은 물론 노동자, 농민, 빈민, 청년 비정규직 문제를 넘어 종북몰이와 사드배치, 재벌문제까지 폭넓게 문제를 지적하고 있다. 민중의 요구는 '박근혜 즉각 퇴진, 구속 수사, 책임자 처벌'이었다. 나중에 이뤄진 것이지만 새 정부 들어 많은 부분이 이 민중의 요구대로 진행됐다.

선언문은 특히 "해고되어야 할 것은 노동자가 아니라 박근혜 정권이고, 진압당해야 할 것은 박근혜 정권을 비호하는 새누리당이며, 경계해야할 것은 무능한 보수야당"이라고 비판했다. 이들은 또 "진짜 주인은 이 나라의 민중이다. … 박근혜를 퇴진시키고 민중이 승리하는 내일을 만들자. … 민중총궐기로 박근혜 정권 퇴진시키고 모든 노동자 민중이 이 땅의 주인이 되자"고 주장했다.(전문 : 자료 32)

11월 12일 제6차 민중총궐기 행사는 다양한 언론보도를 통해 보도됐지만, 행사 전체를 이해하기 어렵다. 게다가 퇴진행동과 공동주최하는 제3차 범국민행동과 겹쳐있어 종합적인 행사 내용을 파악하기 어렵다. 언론보도만 보면 이날 민중총궐기의 진정한 의미를 알기 어렵다. 따라서 주최 측의 행사계획서를 통해 이날 집회를 이해하는 것이 빠르고 또 정확하다.

□ **백남기 한상균과 함께 민중의 대반격을! 박근혜 정권 퇴진!**
가자 2016년 민중총궐기

• 일시 및 장소 : 2016년 11월 12일(토) 16:00, 서울시청 광장

• 주최 : 민중총궐기투쟁본부

• 대회 순서

1) 본대회

합창/ 영상 상영

합창 공연 : 이소선 합창단 '단결한 민중은 패배하지 않는다'

투쟁사1 : 민주노총 한상균 위원장 메시지 낭독(민주노총 정혜경 부위원장)

투쟁사2 : 세월호 참사(전명선 위원장), 백남기 선생 희생(백도라지), 사드반대(김충환 사드배치철회 성주투쟁위 공동위원장)

공연 : 전국 노동자 노래패 협의회

선언문 낭독

행진 시작/ 청와대 에워싸기 행진 5:00~7:30/ (사실상 시행되지 못 함)

〈100만 공동행동〉

1. 18:30 : 100만의 박근혜 퇴진 함성

* 모든 방향에서 행진참가자 전체가 동시에 함성.(1분 동안-3차례)

2. 18:33 : 불빛시위

* 참가자 전체 핸드폰 라이트, 촛불, 횃불 등을 켜고 〈하야가〉 노래 부르기

3. 18:38 : 100만의 분노 (구호 제창)

"박근혜는 퇴진하라", "즉각 하야. 구속수사" 반복해서 1분간 제창.

□ 모이자! 분노하자! #내려와라 박근혜 3차 범국민행동

• 일시 및 장소 : 2016년 11월 12일 (토) 19:30~21:30

• 주최 : 민중총궐기투쟁본부, 박근혜정권퇴진 비상국민행동

• 17시~19시 열린 문화난장/ 김제동과 함께하는 사전 행사/ 공연팀: 이승환,
  정태춘, 조PD, 연영석, 우리나라, 스카웨이커스

• 19:30~21:30 본 집회

발언1 : 대학생 발언/ 서강대 총학생회장 장희웅, 공주교대 총학생회장 송민
호, 박근혜 퇴진을 위한 부산대 총회 초동 발의자 박소라

발언2 : 공공 노동자 발언/ 서울대병원 노조분회장 박경득

발언3 : 고등학생 발언/ 성심여고 학생들

발언4 : 한일위안부합의 야합, 한일군사협정 관련 발언/ 정대협 윤미향 대표

발언5 : 박근혜-최순실 게이트 관련/ 민변 김종보 변호사

발언6 : 가족 단위 참가자 발언

발언7 : 지방 참가자 발언/ 부장원(총궐기 제주위원회), 오규섭(대구 참여연대 대표)

발언8 : 세월호 관련/ 정세경 416연대 상임운영위원

발언9 : 본 집회 마무리 발언(향후 계획 발표) 최종진(민주노총 위원장 직무대행), 염형
철(시민사회단체연대회의 운영위원장)

21:30~자유발언

23:00~박근혜 퇴진 광화문 캠핑촌 1박2일/ 문화난장, 시민자유발언, 솥뚜껑프
로젝트 등 진행

행사 정리

    11월 12일 집회는 정확하게 민주노총이 주도한 2016 전태일 열사 정신계승 전국노동자대회이며, 민중총궐기투쟁본부가 주도한 제6차 민중총궐기이자 퇴진행동과 함께한 제3차 범국민행동이다. 이날 집회에는 주최측 추산 106만 명, 경찰추산 26만 명이 참여했다. 모두 1987년 6월 항쟁 이후 대한민국 역사상 가장 많은 사람이 참여한 시위로 기록하는 것을 주저하지 않았다. 당일 거의 모든 TV뉴스는 사상 최대의 촛불시위를 계속 보도했고, 일부 방송은 밤늦게까지 이날 행사를 생중계하기도 했다. 이튿날 거의 모든 언론은 평화적으로 치러진 11·12민중총궐기를 신문의 1면으로 보도했다. 언론의 논조도 매우 우호적이었다. 언론전문지인 〈기자협회보〉는 당시 언론보도에 대해 이례적으로 다음과 같은 특집 기사를 내보냈다.

    〈경향신문〉은 "100만 명이 촛불을 들었다. 민주주의 후퇴에 분노해서, 불공정한 세상에 화가 나서, 나라 꼴이 말이 아니어서 나왔다"며 "아이들도 미래를 걱정하며 광장에 모였다. 100만의 가슴에 차오른 슬픔과 부끄러움은 주먹으로 뭉치지 않았다. 오로지 단호한 요구로 하나 되었다. '퇴진하라'"라고 보도했다. 〈서울신문〉 "100만 명이 갖는 의미는 단순하지 않다. 대한민국 전체 국민 약 5,167만 명의 2%가 한날한시에 한 곳에 모여 한 목소리를 냈다"고 보도했다. 〈중앙일보〉와 〈한국일보〉도 비슷한 사진을 1면에 게재했다. 〈중앙일보〉는 소설가 황석영 씨가 1960년 4·19혁명에서의 친구의 죽음을 되새기며 "80년 광주 도청 앞에서, 87년 6월의 시청 앞 광장에서 어떤 이들은 피를 흘렸고 어떤 이들은 세월을 살아냈다. 이들 수많은 동시대 사람들이 쏟아져 나온 거리에서 나는 그들과 함께 착잡함과 뭉클함이 교차하는 심정으로 '박근혜 퇴진'을 외쳤다"고 썼다.
    〈한국일보〉는 "밤의 어둠보다 더한, 이 땅의 정의와 진실을 가린 국정농단과 정경유착의 흑암이 짙게 깔린 12일 100만 개의 시민 촛불이 광화문 일대에 타올랐다"면서 "작은 불꽃 하나하나가 한데 어우러져 솟구친 거대한 외침은 칠

혹에 갇힌, 침묵으로 일관하는 청와대를 향해 국민은 박근혜 대통령의 퇴진을 원한다고 준엄하게 꾸짖었다"고 보도했다. 일부 신문은 촛불의 바다에 갇힌 청와대의 모습에 주목했다. 〈국민일보〉는 박근혜 대통령 퇴진을 촉구하는 100만 촛불집회 행렬이 12일 밤 서울 율곡로를 따라 청와대 주변을 에워싸고 있는 모습을 1면 사진으로 전했다. … 〈조선일보〉도 비슷한 사진을 1면에 게재했다. 〈조선일보〉는 "박근혜 대통령과 정치권에는 이번 주가 파국을 막기 위한 결단과 선택의 마지막 기회가 될 전망이다"라고 보도했다.

또 다른 미디어 전문지인 〈미디어오늘〉은 특별판 호외를 발행했다. 〈미디어오늘〉은 당시 언론보도를 이렇게 소개했다.

박근혜는 이미 끝났다. JTBC가 최순실이 쓴 것으로 추정되는 태블릿 PC를 입수해 공개한 게 10월 24일. 최순실이 대통령 연설문을 미리 받아보고 고친 정황이 드러났다. 다음날 〈한겨레〉는 최순실이 날마다 30cm 두께의 대통령 보고서를 받아봤다는 미르재단 관계자의 인터뷰를 내보냈다. 진실은 참담했다. … 박근혜는 JTBC 보도 이후 20시간 만에 대국민 사과를 했다. … 국정 운영이 전면 중단된 상태에서 박근혜가 1년 4개월이나 대통령 자리를 지키고 있는 것은 아무 의미가 없을 뿐만 아니라 매우 위험천만하다. 거국 중립내각은 해답이 될 수 없다. … 역사는 오늘을 1960년 4·19 혁명에 이은 민주주의 혁명으로 기록할 것이다. 11·12 혁명, 우리는 오늘 새로운 역사를 쓴다. [108]

바로 1년 전 같은 단체가 주최한 제1차 민중총궐기에 대해 '폭력성'만 부각하던 언론의 태도에서 180도 달라졌다. 1년 전 민중총궐기에서도 경찰의 불법적인 차벽과 폭력적인 물대포만 없었다면 시위군중이 폭력성을

---

[108] 〈미디어오늘〉, 2016. 11. 14.

보였을까. 당시에도 시위 군중은 불법 차벽을 끌어내기 위해 밧줄을 걸었을 뿐이었다. 그런데 언론보도는 그때와 달라졌다. 시위양상이 바뀐 것일까, 아니면 정치상황이 바뀐 것일까.

#장면 16-2

2016년 11월 15일 백남기 농민이 물대포에 맞고 쓰러진 지 만 1년이 되는 날. 전남 해남에서 '박근혜 퇴진'이라는 구호와 백남기 농민의 사진, 그리고 동학 전봉준 얼굴이 그려진 깃발을 단 트랙터가 시동을 걸었다. 전농 회원들이 전봉준투쟁단을 만들어 '농정파탄, 국정농단!, 박근혜 퇴진! 가자 청와대로!'라는 구호를 외치며 농기계 상경투쟁에 돌입한 것이다.

바로 전봉준투쟁단 대장정의 시작이었다. 다음날인 16일 경남 진주시청 앞에서는 '국정농단 범죄자 박근혜 퇴진 진주농민시국선언 및 농기계 몰고 청와대로!' 출정식이 열렸다. 전봉준 투쟁단은 해남에서 출발한 서군과 진주에서 출발한 동군으로 나누어져 있었다. 목표는 서울 청와대였다. 대형 트랙터를 앞세우고 뒤에는 트럭에 쌀 나락을 실은 전봉준투쟁단은 동학농민혁명의 본거지인 전북에 들어서면서 폭발력을 발휘하기 시작했다. 전봉준 장군의 고향이자 활동 주무대였던 정읍과 고창을 지나면서 강력한 트랙터 대오가 만들어졌다.[109]

저 먼 강원도 횡성에서도 농민들이 트랙터를 몰고 서울로 향했다. '박근혜 퇴진' 플래카드를 단 트랙터들이 국도를 줄지어 행진하는 모습은 장관이었다. 전봉준투쟁단 행진은 전남에서 전북으로, 경남에서 경북으로, 다시 충북, 충남, 경기로 이어지는 릴레이식으로 진행됐다. 11월 19일 전봉준투쟁단은 전북도청 앞에서 전북도민 총궐기대회를 함께했다.

전봉준투쟁단은 낮에는 행진, 밤에는 집회를 거듭하며 서울로 올라왔다. 길 옆 농민들은 박수를 치고 손을 흔들며 환영하고, 먹거리를 나눴다. 상경하는 전봉준투쟁단에 도시민들도 환호했다. SNS를 통해 고조된 관심은 언론으로 전이됐다. 수천 대의 트랙터가 서울로 진격

---

109 역사를 잇는 농민들, 전봉준 투쟁단, pp.48~49

하고 있다는 언론보도가 잇따르고, 시민들이 투쟁단의 서울 입성을 손꼽아 기다리는 진풍
경이 연출됐다. 각계각층의 성금이 답지하고, 각종 후원이 쏟아졌다. 전농이 개설한 '경찰
집회금지 통고 집행정지 가처분 촉구 서명'에는 25~26일 단 이틀 만에 2만7천여 명이 응
원 댓글과 함께 서명에 동참했다.

'전봉준'이 서울에 입성하다

박근혜 정권은 끝까지 생존을 모색했다. 퇴진행동은 2016년 11월 19
일 '모이자! 광화문으로! 밝히자! 전국에서! 박근혜 퇴진 4차 범국민행동
을 열었다. 그러나 박근혜는 검찰수사에 불응하며 흔들림 없이 국정을 수
행하겠다고 공언했다. 개각을 단행하고, 한일군사정보보호협정에 서명하
고 친일·독재미화 국정교과서 작업도 멈추지 않았다. 민중총궐기투쟁본
부와 퇴진행동은 5차 범국민행동을 준비했다. 이번에는 대학생들의 동맹
휴업과, 민주노총의 총파업까지 가세하는 민중총파업을 통해 국민저항권
을 과시하고 박근혜 정권에 최후의 일격을 가할 계획을 세웠다.

2016년 11월 19일 전농이 조직한 전봉준투쟁단 트랙터 시위대가 '박근혜 퇴진' 플래카드를 달고 전
북도청 앞에서 합류하고 있다. ⓒ오은미

이 최후의 일격에서 상징은 농민인 전봉준투쟁단이다. 전농과 전여농은 농기계를 동원한 대규모 청와대 진격 투쟁을 준비했다. 이미 11월 15일 전남 해남에서 동군(서군대장 이효신·전농 부회장)이 출발하고, 16일 경남 진주에서 서군(동군대장 최상은·전농 부회장)이 출발했다. 이들은 25일 서울에 들어와 정부청사 옆 세종로공원에서 전국농민대회에 참여하고, 26일 서울에서 열리는 제6차 범국민행동 대회에 합류하기로 했다.

전봉준투쟁단은 서울로 가까이 올수록 국민의 관심을 끌었다. '전봉준투쟁단, 동학혁명 당시 결기 그대로 가자, 청와대로!', '300만 농민이 곧 백남기다', '진격의 트랙터', '트랙터를 몰고 청와대로 향하는 모습은 매드맥스를 연상케 한다', '부활한 동학농민군, 농기계 이끌고 청와대로 9일째 진격 중' 등의 언론보도가 이어졌다. 11월 24일 열흘 만에 경기도 안성에서 전봉준투쟁단 동군과 서군이 합류했다.

단일 대오를 형성한 전봉준투쟁단은 25일 서울을 향해 출발했다. 이날 서울에서 전국농민대회가 예정돼 있었기 때문이다. 그러나 안성공설운동장을 출발한 전봉준투쟁단은 경찰의 강력한 저지에 막혔다. 날이 어두워지면서 농민들은 즉석에서 기자회견을 갖고 경찰을 규탄했다. 일부 트럭은 경찰의 저지를 뚫고 경부고속도로 안성IC 앞까지 진출했다. 운 좋게 경부고속도로를 타고 죽전휴게소까지 간 농민도 있었다. 그러나 경찰은 양재IC를 차단하고 전봉준투쟁단의 서울 진입을 막았다. 일부 농민들은 트럭을 갓길에 세워두고 걸어서, 다른 교통편을 이용해 서울로 들어왔다. 경찰은 도로교통방해를 이유로 견인차를 동원해 트럭을 견인하고, 농민 36명을 연행했다.

연행을 몸으로 막는 과정에서 부상당하는 농민이 속출했다. 급기야 전봉준투쟁단 총대장인 김영호 전농의장이 경찰의 채증 카메라에 머리를 맞아 피를 흘렸다. 현장에 있던 민주당 표창원 의원과 정의당 이정미, 윤소하 의원이 경찰에 항의했다. 국회의원의 항의와 김영호 의장의 피투성이

사진이 SNS를 통해 퍼지자 경찰의 강제진압은 주춤해졌다. 농민들은 연행한 농민의 석방을 요구하며 경부고속도로 3개 차선을 점거하고 농성에 들어갔다. 시간은 자정을 넘겼다. 투쟁단은 양재IC 아스팔트 위에 은박지를 깔고 노숙투쟁으로 이어졌다. 투쟁단은 아예 솥단지를 걸고 뜨거운 국물로 허기를 달래며 장기투쟁에 돌입했다. 이 소식을 들은 시민들의 격려방문과 물품지원이 이어졌다. 전농의 10월 한남대교 투쟁에 이은 경부고속도로 양재IC투쟁이었다.

전농은 이를 '해가 떨어져도 끝나지 않는 솥단지 거는 투쟁'으로 기록하고 있다. 일부 농민들은 경찰의 2중 3중 차단을 피해 서울 입성에 성공, 세종문화회관에서 밤을 지새웠다. 그리고 다음날인 11월 25일 광화문 정부중앙청사 옆 세종로공원에서 열린 '박근혜 퇴진촉구 농민결의대회'에 참석했다. 그리고 11월 26일 200만 촛불이 광화문에서 타올랐다.

12월 5일 민주노총에서 전봉준투쟁단 김영호 총단장 기자회견이 열렸다. 3일 국회에 박근혜 탄핵안이 발의됐지만 3분의 2가 찬성해야 하기 때문에 가결 여부는 불투명했다. 헌정중단을 원치 않는 정치권은 촛불의 힘에 마지못해 끌려가고 있었기 때문이다. 국회에 최대한 촛불의 압력을 가할 필요성이 제기됐다. 이 상황에서 전농은 전봉준투쟁단을 다시 동원했다. 김영호 총단장은 "전봉준투쟁단이여, 한강을 넘자"고 선언했다.

(12월 8일) 평택에 머물던 대장 트랙터에 다시 시동이 걸리고 전국 각지에서 트랙터들이 상경했다. 전봉준 투쟁단은 평택에서 대오를 형성하고 서울로 진격을 시작했다. 지방에서 올라온 트랙터들이 수원 외곽 모처에서 수원 시내 진격투쟁을 벌였다. … 다급해진 경찰이 수원종합경기장 부근 1번 국도 전차선을 차단하고 저지선을 구축했다. 차가운 겨울비가 내리고 있었다. 대치는 밤새 이어졌다. 이튿날 아침 날이 밝자 비도 개었다. 지난 1차 궐기는 불법무도한 폭력경찰의 방해로 한강을 넘지 못했다. 기필코 한강을 건너 서울에 입성

하겠다는 투쟁의 결의를 단단히 다진다. 목적지는 박근혜 탄핵소추 결의안이 상정된 국회다.[110]

경찰은 대장트랙터만 통과시키는 것으로 타협안을 냈다. 대장트랙터만 출발하고 농민들은 버스를 타고 뒤따랐다. 경찰은 다시 시흥 말미고개에서 트랙터를 제지했다. 따르던 농민들과 경찰의 몸싸움이 벌어졌다. 경찰이 물러섰다. 대장트랙터는 다시 국회를 향해 달렸다. 연도의 시민들이 손을 흔들었다. 앞서가던 일반 승용차들이 대장트랙터 길을 열어주고 오히려 호위하는 모습을 보이기도 했다.

드디어 국회의사당이 보였다. 여의교 북방에서 다시 경찰의 저지선에 막혔다. 이번에는 농민과 시민들이 합세해 경찰을 밀어냈다. 여의도 문화공원을 우회해 국회정문으로 향하는 순간, 다시 경찰의 저지선에 맞닥뜨렸다. 이번에는 경찰이 온몸으로 트랙터의 진입을 막았다. 대장트랙터는 더 이상 나갈 수가 없었다. 그런데 바로 그때, 여의도 사방에서 트랙터가 나타났다. 수원에서 막혀 못올라 오던 다른 트랙터들이 경찰을 피해 여의도에 진입한 것이다.

여의도 이곳저곳에서 전봉준투쟁단의 트랙터가 질주하자 경찰 저지선이 흔들리기 시작했다. 경찰은 이곳저곳에 저지선을 치면서 옮겨가기 바빴다. 드디어 전봉준투쟁단의 트랙터는 국회 앞에 도착했다. 따르던 '박근혜 퇴진'이라는 가슴팻말을 든 전봉준투쟁단은 시민들의 열렬한 환호를 받았다. 오후 2시 여의도 국회 앞에 '숨겨둔' 탑차가 등장했다. 전봉준투쟁단은 대형 탑차에 이미 트랙터를 싣고 여의도에 도착해 있던 것이다. 큰 전봉준투쟁단 깃발을 든 트랙터 위에 오른 김영호 총대장이 여의도 국회입성을 선언했다. 트랙터 앞에서 춤을 추고, 시민들은 기념사진을 찍었다. 그

---

110 앞의 자료, PP.72~74

시간 국회는 박근혜 탄핵안을 가결하고 있었다. 국회 가결소식을 들은 전봉준투쟁단은 환호를 질렀다.

이튿날인 12월 10일 전봉준투쟁단은 제7차 범국민대회에 참석했다. 전봉준투쟁단은 여의도 입성 기념으로 떡을 준비해 촛불시민에게 나눠줬다. 이날 전봉준투쟁단 김영호 총대장은 "썩은 나라를 바로 세우기 위해 농민들이 떨쳐 일어났다"면서 "민중이 주인이 되는 세상을 만들때까지 전봉준 투쟁단은 멈추지 않을 것"이라고 말했다.(전문 : 자료 33)

이후 전봉준투쟁단은 헌법재판소의 박근혜 탄핵안 심의가 이뤄지는 동안, 제3차 궐기(2017년 2월 23일~3월 7일)를 갖는다. 국민적 기대치를 최대로 끌어 올리고 긴장감을 유지하는 것이 중요했기 때문이다. 이에 2월 23일 충남 당진에서 제3차 궐기를 선포하고 전국에 트랙터 집결 투쟁을 시작했다. 300여 대의 트랙터와 500여 대의 농민트럭이 이 투쟁에 같이했다. 결국 헌법재판소는 3월 7일 박근혜 탄핵안을 인용했다.

2016년 12월 9일 경찰의 저지망을 뚫고 여의도에 입성한 전봉준투쟁단 트랙터 앞에서 김영호 총대장이 인사말을 하고 있다. ⓒ김지은

17

무너지는 박근혜 체제

#장면 17-1

2016년 12월 9일 서울 여의도 국회 본회의장. 본회의에 상정된 안건은 '대통령(박근혜) 탄핵소추안' 단 1건이었다. 오후 3시 2분 정세균 국회의장의 개회 선언과 의안 상정에 이어, 김관영 국민의당 원내수석부대표가 탄핵소추안 공동발의자 171명을 대표해 탄핵 제안이유를 읽었다.

"첫째, '국정을 사실상 법치주의가 아니라 최순실 등의 비선조직에 따른 인치주의로 행함으로써 법치국가 원칙을 파괴하고 … 둘째, 공직사회를 자기 사람으로 채운 뒤 마음껏 이권을 챙기고 국정을 농단하고 … 셋째, 사기업에게 금품 출연을 강요하여 뇌물을 수수하거나 최순실 등에게 특혜를 주도록 강요하고 … 넷째, 언론을 탄압하고, 언론 사주에게 압력을 가해 신문사 사장을 퇴임하게 만들고 … 다섯째, 세월호 참사가 발생한 당일 오전 8시 52분 소방본부에 최초 사고접수가 된 시점부터 중앙재난안전대책본부를 방문한 오후 5시 15분경까지 약 7시간 동안 제대로 위기상황을 관리하지 못하고 그 행적은 아직도 밝혀지지 않고 … "

김 의원은 마지막으로 다음과 같이 발언했다.

"우리는 지금 역사의 중심에 서 있습니다. 박 대통령에 대한 탄핵소추는 손상된 헌법질서의 회복을 위한 첫걸음이자 민주주의 복원을 위한 대장정의 시작입니다. 국회는 탄핵을 통해 상처받은 국민의 자존심을 치유해 내야 합니다. 대통령 탄핵은 '헌정의 중단'이 아니라 헌법적 절차를 준수하는 '헌정의 지속'이며 이 땅의 민주주의가 엄연하게 살아 숨 쉰다는 것을 보여주는 산 증거가 될 것입니다. 존경하는 선배·동료 의원 여러분! 지금 국회 앞에서 외치고 있는 국민들의 함성이 들리십니까? 우리는 오늘 탄핵가결을 통해 부정과 낡은 체제를 극복해 내고 새로운 대한민국을 만들어 내야 합니다. 오늘 표결을 함에 있어 사사로운 인연이 아닌 오직 헌법과 양심, 역사와 정의의 기준으로만 판단하셔서, 부디 원안대로 가결하여 주실 것을 간곡하게 호소드립니다. 우리는 역사 앞에서, 우리의 후손 앞에서 떳떳해야 합니다. 의원님들께서 현명한 선택을 해 주실 것으로 믿습니다. 감사합니다."

곧장 투표에 들어가 오후 3시 54분, '투표 종료' 선언과 함께 개표가 이뤄졌다. 오후 4시 10분 정세균 국회의장은 "총 299명이 투표에 참여해 가 234표, (이때 의석과 방청석에서 '와~'하는 함성소리가 났다. 방청석에는 세월호 유가족 등 40여 명이 있었다) 부 56표, 기권 2표, 무효 7표로 대통령 박근혜 탄핵소추안은 가결됐음을 선포합니다"라며 의사봉을 두드렸다.

끝까지 반전을 모색한 박근혜

2016년 10월 25일 오후 2시 30분 박근혜는 청와대 춘추관에서 대국민담화를 발표했다. 전날 JTBC의 "박근혜 연설문 등 청와대 자료가 최순실에게 유출됐다"는 태블릿PC 보도에 관해 해명하는 자리였다. 박근혜는 "최순실 씨는 과거 어려움을 겪을 때 도와준 인연으로 지난 대선 때 주로 연설이나 홍보 등의 분야에서 개인적인 의견이나 소감을 전달해 주는 역할을 했다"고 관계를 시인했다. 그러나 박근혜는 "취임 후에도 일정 기간 동안은 일부 자료들에 대해 의견을 들은 적도 있으나 청와대의 보좌 체계가 완비된 이후에는 그만두었다"고 주장했다.

최순실의 국정농단은 2016년 7월 26일 TV조선 '청와대 안종범 수석 문화재단 미르 500억 모금 지원' 보도가 첫 보도였다. 9월 27일 〈한겨레〉는 최순실의 이화여대 특혜입학 사실을 보도됐다. 하지만 이때까지 최순실이 박근혜와 직접 관련됐다는 사실은 확인되지 않았다. 박근혜는 9월 22일 수석비서관 회의에서 "비상시국에 난무하는 비방과 확인되지 않는 폭로성 발언들이 우리 사회를 뒤흔들고 혼란을 가중시킨다"고 반박할 정도였다.

박근혜와 최순실의 연결고리를 확인한 보도는 10월 24일 JTBC 보도였다. 이 보도와 관련해 청와대는 내부적으로 긴박하게 움직였다. 바로 이 보도가 있기 직전 박근혜는 국회시정연설에서 '임기 내 국민의 여망을 담은 헌법 개정안을 마련하겠다'는 선언을 했다. 느닷없는 개헌카드는 최순실 국정농단 분위기를 반전시킬 의도였던 것이다. 박근혜의 이 제1차 대국민담화로 사실상 박근혜 체제는 금이 가기 시작했다. 한 번 추가 기울어지자 검찰은 특별수사본부를 설치해 수사에 돌입했다. 박근혜는 10월 30일 이원종 비서실장과 문제의 안종범 정책기획수석, 우병우 민정수석을 비롯해 문고리 3인방인 이재만 총무, 정호성 부속, 안봉근 국정홍보 비서관을 경질했다.

박근혜는 또 11월 2일 '김병준 총리 카드'를 제시하고 11월 3일 청와대 비서실장에 과거 DJ정권 동교동계인 한광옥 씨를 임명해 야당에 코드를 맞추며 마지막 재기를 모색했다. 하지만 검찰은 10월 30일 독일에서 귀국한 최순실을 긴급 체포하고 11월 3일 구속했다. 11월 2일에는 안종범 전 수석이 긴급 체포됐다. 박근혜 청와대의 한 몸이던 안 전 수석이 구속되면서 청와대는 속속 무너지기 시작했다.

이런 상황에서도 박근혜는 마지막까지 버티기를 계속했다. 11월 4일 제2차 대국민담화는 바로 그런 배경에서 나왔다. 제2차 대국민담화에서 박근혜는 "내가 이러려고 대통령을 했나 하는 자괴감이 들 정도로 괴롭기만 하다"는 유명한 말을 남겼다. 이는 동정심을 끌어내기 위한 전략적 성격이 짙었다. 박근혜는 제2차 대국민담화에서 제1차 담화와 달리 '대통령직 중도 사퇴'라는 표현을 쓰지 않았다. 오히려 박근혜는 "대통령의 임기는 유한하지만, 대한민국은 영원히 계속돼야만 한다"면서 "국정 혼란과 공백 상태를 막기 위해 진상 규명과 책임 추궁은 검찰에 맡기고 정부는 본연의 기능을 하루속히 회복해야 한다"고 주장했다.

국방부는 3월 헌재 결정을 앞두고 자체적으로 계엄령과 위수령을 검토했다. 기무사가 작성한 '전시 계엄 및 합수업무 수행방안(2017. 3)' 문건에는 △현 상황 평가 △탄핵 결정 선고 이후 전망 △위수령과 계엄령 선포 요건과 절차 △계엄사 편성 및 운용 △향후 조치 등이 언급돼 있다.

문건은 "일부 보수진영에서 계엄 필요성 주장하나, 국민 대다수가 과거 계엄에 대한 부정적 인식을 갖고 있어 계엄 시행 시 신중한 판단 필요"라고 전제하고 있지만 "국민의 부정적 인식을 고려해 초기 위수령을 발령하고 상황악화 시 경비계엄에서 비상계엄으로 확대할 것"이라고 절차를

제시하고 있다.[111]

특히 문건에는 이 계획을 국방부와 육본 등 관계기관에 제보하고 '의명' 즉 명령을 내리면 즉각 시행준비에 들어가겠다고 보고했다. 결국 문건대로 위수령이나 계엄령은 시행되지 않았지만 박근혜 정권이 군까지 동원하는 최후의 반전까지 검토했음을 의미한다.

바로 이즈음 국회 특히 야당이 추천한 인물로 총리를 임명하는 정치적 거래가 오가고 있었다. 민주당은 박근혜의 즉각 퇴진, 탄핵보다 야당이 총리를 임명해 내치를 담당하고, 대신 박근혜의 임기를 보장하는 정치적 흥정을 하고 있었다. 물론 민주당의 이 정치적 흥정은 민중과 민주화 원로, 시민들의 거센 비판을 받고 하루 만에 철회됐다. 11월 5일 백남기 농민 영결식과 11월 12일 제6차 민중총궐기의 100만 촛불은 박근혜 정권의 마지막 숨통을 끊는 결정타였다. 법원도 청와대 인근까지 촛불행진을 허용하는 등 시국 분위기는 급격하게 반박근혜로 모아지고 있었다.

결국 11월 14일 국회는 '헌법대로' 아니, 민중의 요구대로 박근혜의 탄핵소추 논의를 시작했다. 17일에는 '박근혜 정부의 최순실 등 민간인에 의한 국정농단 의혹사건 규명을 위한 특별검사의 임명 등에 관한 법률'(최순실 특검법)이 국회를 통과했다. 11월 20일 검찰의 중간수사 발표는 더욱 국민을 분노하게 만들었다. 특검은 최순실의 국정농단을 도운 안종범 전 수석과 정호성 전 비서관을 구속하면서, 박근혜를 '공동정범'으로 적시했다. 이제 법대로라면 박근혜도 사법처리에서 벗어나기 어려웠다.

여기에 11월 25일 전국농민대회에서 전봉준투쟁단의 농기계 투쟁과 26일 서울 150만, 전국적으로 190만이 결집한 촛불시위는 사실상 박근혜 체제의 종지부를 찍고 민중승리를 선언하는 자리였다. 11월 27일 보수 진영의 원로까지 박근혜의 하야를 촉구했고, 새누리당 친박의원마저 명예로

---

111 국군기무사, '전시 계엄 및 합수업무 수행방안', 2017. 3.

운 퇴진을 건의하기로 결정했다. 이제 박근혜는 재기가 불가능한 고립무원으로 빠져들었다. 박근혜에 대한 국민적 지지율은 역대 어느 대통령도 기록하지 못한 최하위 5%대를 밑돌고 있었다.[112]

드디어 11월 29일 박근혜는 제3차 대국민담화를 발표했다. 박근혜는 "제 대통령직 임기 단축을 포함한 진퇴 문제를 국회의 결정에 맡기겠다"면서 "여야 정치권이 논의해 국정의 혼란과 공백을 최소화하고 안정되게 정권을 이양할 수 있는 방안을 만들어 주면 그 일정과 법 절차에 따라 대통령직에서 물러나겠다"고 발표했다. 새누리당은 질서 있는 퇴진으로 '2017년 4월 퇴진과 6월 조기 대선'을 당론으로 채택했다. 그러나 야3당과 무소속 의원은 12월 3일 법대로 대통령탄핵소추안을 발의했다. 이는 광장의 촛불민심이 압박한 결과였다. 더욱 늘어난 촛불민심은 새누리당 비주류도 탄핵소추 표결에서 자유투표로 돌아서게 만들었다.

12월 9일 국회는 탄핵소추안을 표결해 찬성 234명, 반대 56명, 기권 2명, 무효 7명으로 가결했다. 현직 대통령에 대한 탄핵소추안이 두 번째로 가결된 것이다. 이날 국회의 탄핵소추 의결서는 오후 7시 3분 청와대에 전달됨으로써 박근혜의 대통령 직무는 정지됐다. 박근혜 대통령 직무가 정지된 이후에도 민중총궐기투쟁본부와 퇴진행동이 공동주최하는 촛불시위는 계속 이어졌다.

"대통령 박근혜를 파면한다"

탄핵소추안이 국회에서 가결되자 박근혜는 청와대에서 두문불출했다. 2017년 1월 23일 국립현충원에 참배한 것이 거의 유일한 외출이었다. 박근혜는 2017년 1월 25일 한 보수 인터넷언론에 출연해 "최순실 사태, 거

---

112 한국갤럽 '박근혜 대통령 11월 첫 주 정례조사' 2016. 11. 4.(긍정 평가는 전주 대비 12%포인트 하락했고, 부정평가는 89%로 전주 대비 15% 포인트 상승했다.)

짓말이 산더미처럼 쌓인 것"이라며 보수 세력에 마지막 호소하는 모습을 보였다. 그러나 박근혜는 2월 7일 특검 출석을 거부하고, 2월 26일 헌법재판소 최종변론 출석도 거부했다. 이제 국민적 관심은 박근혜 탄핵을 결정할 헌법재판소에 모아졌다.

헌재심리가 계속되는 가운데 범국민행동은 다음과 같은 촛불집회를 이어갔다. 촛불집회의 날짜와 주제는 다음과 같다.

제7차 범국민행동(12월 10일) 안 나오면 처들어 간다, 박근혜 정권 끝장내는 날

제8차 범국민행동(12월 17일) 박근혜 즉각 퇴진 공범처벌·적폐청산 행동의 날

제9차 범국민행동(12월 24일) 끝까지 간다! 박근혜 즉각퇴진! 조기탄핵! 적폐청산! 하야크리스마스

제10차 범국민행동(12월 31일) 박근혜 즉각퇴진! 조기탄핵! 적폐청산! 송박영신/광화문 100만, 지역 10만4천, 총 110만4천 명 참여. 10차까지 연인원 1천만 명 돌파

제11차 범국민행동(2017년 1월 7일) 박근혜는 내려오고 세월호는 올라오라-세월호 참사 1,000일·박근혜 즉각 퇴진·황교안 사퇴·적폐청산/1월 9일 경찰의 촛불집회 참가인원 축소왜곡 행위에 대해 항의공문 전달

제12차 범국민행동(1월 14일) 즉각 퇴진! 조기탄핵! 공작정치주범 및 재벌총수 구속!

제13차 범국민행동(1월 21일) 내려와 박근혜! 바꾸자 헬조선! 설맞이 촛불

제14차 범국민행동(2월 4일) 2월에는 탄핵하라 박근혜 2월 탄핵, 황교안 사퇴, 공범세력 구속, 촛불개혁 실현 ※ 2월 5일 : 촛불 100일 맞이 '100일 촛불은 우리 사회를 바꾸었습니다' 발표

제15차 범국민행동(2월 11일) 천만 촛불 명령이다! 2월 탄핵, 특검연장 박근혜·황교안 즉각 퇴진 신속탄핵 촉구

제16차 범국민행동(2월 18일) 탄핵 지연 어림없다 박근혜·황교안 즉각 퇴진! 특검연장! 공범자 구속

제17차 범국민행동(2월 25일) 박근혜 4년, 이제는 끝내자!

제18차 범국민행동(3월 1일) 박근혜 구속 만세! 탄핵 인용 만세! 황교안 퇴진! 3.1절 맞이 박근혜 퇴진

제19차 범국민행동(3월 4일) 박근혜 없는 3월, 그래야 봄이다! 헌재 탄핵 인용! 박근혜 구속! 황교안 퇴진![113]

#장면 17-2

2017년 3월 10일 오전 헌법재판소 대심판정. 갑호 비상령이 내려 헌재 주변에는 경찰의 삼엄한 경비가 이뤄졌다. 대심판정에는 전날 배포한 비표를 단 사람만 입장할 수 있었다. 오전 11시 이정미 소장직무대행을 비롯한 8명의 재판관이 입정했다. 자리에 앉는 김이수 재판관의 입가에 가는 미소가 흘렀다. 이정미 재판관이 판결문을 읽기 시작했다.

"지금부터 2016헌나1 대통령 박근혜 탄핵사건에 대한 선고를 시작하겠습니다. 선고에 앞서 이 사건의 진행경과에 관하여 말씀드리겠습니다. 저희 재판관들은 지난 90여 일 동안 이 사건을 공정하고 신속하게 해결하기 위하여 온 힘을 다하여 왔습니다. 지금까지 대한민국 국민들께서도 많은 번민과 고뇌의 시간을 보내셨으리라 생각합니다.

… 대한민국 국민 모두 아시다시피, 헌법은 대통령을 포함한 모든 국가기관의 존립근거이고, 국민은 그러한 헌법을 만들어 내는 힘의 원천입니다. 재판부는 이 점을 깊이 인식하면서, 역사의 법정 앞에 서게 된 당사자의 심정으로 이 선고에 임하려 합니다. 저희 재판부는 국민들로부터 부여받은 권한에 따라 이루어지는 오늘의 선고로 더 이상의 국론분열과 혼

---

113 박근혜정권 퇴진 비상국민행동, 보도자료, 2017. 5. 24.

란이 종식되기를 바랍니다. 또한, 어떤 경우에도 법치주의는 흔들려서는 안 될 우리 모두가 함께 지켜 가야 할 가치라고 생각합니다.

지금부터 선고를 시작하겠습니다.

… 먼저, 이 사건 탄핵소추안의 가결절차와 관련하여 흠결이 있는지 살펴보겠습니다. 소추의결서에 기재된 소추사실이 구체적으로 특정되지 아니하였다는 점에 대하여 보겠습니다. 헌법상 탄핵소추사유는, 공무원이 그 직무집행에서 헌법이나 법률을 위배한 사실이고 여기서 법률은 형사법에 한정되지 않습니다. 그리고 탄핵결정은 대상자를 공직으로부터 파면하는 것이지 형사상 책임을 묻는 것은 아닙니다. 따라서 피청구인이 방어권을 행사할 수 있고 심판대상을 확정할 수 있을 정도로 사실관계를 기재하면 됩니다. 이 사건 소추의결서의 헌법 위배행위 부분이 분명하게 유형별로 구분되지 않은 측면이 없지 않지만, 법률 위배행위 부분과 종합하여 보면 소추사유를 특정할 수 있습니다.

… 피청구인의 이러한 행위가 헌법과 법률에 위배되는지를 보겠습니다. 헌법은 공무원을 '국민 전체에 대한 봉사자'로 규정하여 공무원의 공익실현의무를 천명하고 있고, 이 의무는 국가공무원법과 공직자윤리법 등을 통해 구체화되고 있습니다. 피청구인의 행위는 최서원의 이익을 위해 대통령의 지위와 권한을 남용한 것으로서 공정한 직무수행이라고 할 수 없으며, 헌법, 국가공무원법, 공직자윤리법 등을 위배한 것입니다. 또한, 재단법인 미르와 케이스포츠의 설립, 최성원의 이권 개입에 직·간접적으로 도움을 준 피청구인의 행위는 기업의 재산권을 침해하였을 뿐만 아니라, 기업경영의 자유를 침해한 것입니다. 그리고 피청구인의 지시 또는 방치에 따라 직무상 비밀에 해당하는 많은 문건이 최서원에게 유출된 점은 국가공무원법의 비밀엄수의무를 위배한 것입니다.

… 결국 피청구인의 위헌·위법행위는 국민의 신임을 배반한 것으로 헌법수호의 관점에서 용납될 수 없는 중대한 법 위배행위라고 보아야 합니다. 피청구인의 법 위배행위가 헌법질서에 미치는 부정적 영향과 파급효과가 중대하므로, 피청구인을 파면함으로써 얻는 헌법수호의 이익이 압도적으로 크다고 할 것입니다. 이에 재판관 전원의 일치된 의견으로 주문을 선고합니다.

주문 피청구인 대통령 박근혜를 파면한다.

… 이것으로 선고를 마칩니다."

결국 민중이 승리하다

　헌정사상 최초로 현직 대통령을 파면하는 순간이다. 민중이 요구하던 박근혜 하야, 합법적인 탄핵이 마침내 이뤄진 것이다. 그는 탄핵 이틀만인 12일 청와대를 나와 삼성동 사저로 돌아갔다. 그는 서울 삼성동 자택 앞에서 태극기를 흔드는 박사모에게 "시간이 걸리겠지만 반드시 진실은 밝혀질 것으로 믿고 있다"고 말했다. 3월 21일 특검은 박근혜의 출석을 요구했다. 그러나 박근혜는 재단 강제모금과 뇌물수수 등 13개 혐의 대부분을 부인했다. 3월 27일 검찰은 박근혜의 구속영장을 청구했고, 3월 31일 서울중앙지법 강부영 영장전담판사는 "주요 혐의가 소명되고, 증거 인멸의 우려가 인정된다"고 영장을 발부했다.

　박근혜가 구속됐다. '박근혜 하야, 박근혜 구속'이라는 신기루만 같던 요구가 현실화 된 것이다. 불과 1년 전 이즈음 박근혜는 일본과 '최종적이고 불가역적' 위안부 협상을 이뤄낸 자신감을 가진 인물, 개성공단을 하루 아침에 닫아 버린 결단의 인물, 노동관계법 입법을 촉구하는 가두서명으로 일사불란하게 재계의 관제 서명운동을 벌이게 한 인물, 막무가내 공천학살을 하면서도 '선거의 여왕' 소리를 듣던 인물이었다. 그렇게 막강하게 건재했던 그를 불과 1년 만에 청와대에서 끌어내 감방에까지 넣은 것이다. 아무도 생각하지 못한 그 극적 반전의 신기루에 도전했던 그들은 누구였는가. 당시 박근혜와 맞서 투쟁한 사람들은 누구였는가.

　해고와 비정규직에 내몰리던 노동자, 신자유주의 농업정책에 신음하던 농민, 친일·독재 미화 국정교과서로 가르쳐야 하는 교사, 자신의 신념을 세우려다 탄압받은 진보정당 당원들, 세월호 참사의 진실을 규명하려는 부모들, 분신과 구속을 겪으며 온몸으로 쓴 민주화 역사를 쓴 민주화운동가들이 바로 그들이었다.

18

에필로그·저자의 말

#1

2015년 11월 14일 오후 경향신문 노동조합원인 필자는 서울 시청 앞 서울광장에 있었다. 부슬부슬 내리는 초겨울 비를 맞으며 일회용 우의를 걸치고 바닥에 주저앉아 민중총궐기에 참여했다. 어두워지면서 촛불이 켜지고 … 집으로 돌아가기 위해 세종문화회관 광화문역으로 향하는 길은 차단과 차벽의 연속이었다. 경찰은 막무가내로 통행을 막았다. 바로 그 시간, 그곳에서 300미터 떨어진 종로구청 사거리에서 백남기 농민이 물대포에 맞고 쓰러졌다.

#2

2017년 5월 24일 프레스센터에서 퇴진행동 해단식이 열렸다. 2천여 시민·민중단체가 연대한 퇴진행동은 박근혜를 퇴진시킨 세력으로 떠올랐고, 해단식은 그 성스러운 임무를 마치고 영광을 나누는 자리였다. 퇴진행동은 경과보고를 하면서 2016년 10월 29일 집회를 제1차 촛불로 규정했다. 순간 필자는 "그렇다면 2015년 11월 14일부터 여러 차례 들었던 촛불은 무엇인가, 한겨울 서울대 병원 앞에서 백남기 농민의 쾌유를 빈 촛불은 무엇이었나"라는 의문이 들었다.

#3

박근혜는 탄핵되고 구속됐다. 그리고 문재인 대통령이 탄생했다. 2017년 5월 중순 나름 진보적 언론인 모임이 있었다. 참석자들은 이번 촛불혁명이 아무런 희생자가 없는 명예혁명이요, 성숙한 시민혁명이라고 말했다. 필자는 "백남기 농민이 물대포에 맞아 숨지고, 분신한 사람도 여럿이다"면서 "농민이 물대포에 맞아 숨진 것은 이한열이 최루탄 맞고 숨진 것보다 훨씬 의미가 크다"고 말했다. 그리고 필자는 한 마디 더 "먹물 기자들은 노동자·농민 등 못 배운 사람을 외면한다"고 비판했다. 박석운 민주언론시민연대 공동대표는 필자의 지적에 공감했다.

#4

2017년 7월, 20년 넘게 경실련에서 일했던 고계현 사무총장은 "이번 촛불광장에서 시민단체는 초라하고 왜소했다"라고 고백했다. 그는 촛불 내내 경실련 깃발을 들고 광장에 섰으며 퇴진행동에서도 중요한 역할을 했다. 그는 "이제 시민단체 외곽에 평범한 시민과 회원이 존재하지 않는다"고 말했다. 회비를 내는 후원회원은 있지만 행동하지 않는다는 것이다. 시민단체가 입장을 정리할 시간, 시민은 이미 밴드·카톡·트위터·페이스북 등 SNS에서 논의를 끝내고 필요하면 행동에 돌입하기 때문이다.

#5

2017년 9월 9일 저녁 서울 광화문광장. 새로운 정권이 들어서고 한국방송(KBS)과 문화방송(MBC)이 파업하는 '돌마고[돌아오라! 마봉춘(MBC) 고봉순(KBS)의 준말] 불금파티' 자리에 유경근 416가족협의회 집행위원장이 연단에 올랐다. 그는 "팽목항에서 나를 두 번 죽인 건 여러분들의 사장이 아니고 현장에 있던 바로 여러분들이었다"고 일갈했다. 바닥에 주저앉은 방송사 직원들은 침통한 표정으로 이 비난을 들었다. 낯익은 한 KBS 기자는 고개를 떨궜다. 독설을 날린 유경근 집행위원장은 "세월호와 함께한 민주노총 조합원에게 감사한다"며 단상에서 넙죽 엎드려 큰절까지 했던 인물이다. 많이 배우지 못한 노동자·농민·빈민들에게 큰절까지 했던 그는 왜 고학력 방송사 직원들을 '기레기'라고 힐난했을까.

촛불혁명은 누가 주도했나?

이 책은 필자가 현장에서 지켜본 위 다섯 장면의 문제의식에서 시작됐다. 일선기자로 촛불 현장에 그것도 매우 초기부터 현장에 있던 것은 평생을 통해 가장 운 좋은 기회였다. 틈틈이 촛불혁명의 주동자를 만나고 그들의 선언문, 주장과 증언을 하나하나 정리하는 작업은 '기레기'가 되지 않으려는 생각에서였다.

이번 촛불이 혁명이냐 아니냐는 논란은 정치학자들이 토론하고 후대 역사학자들이 규정할 것이다. 하지만 1960년 4·19학생혁명, 1978년 6·10 시민혁명에 비추어 보면 이번 촛불혁명은 분명 혁명이다. 청와대에 있던 대통령을 3개월 만에 끌어내 수갑을 채우고 법정에 서게 했다. 파란의 우리 현대사에서 이렇게 극적인 전례가 있는가? 우리 헌법 전문에 명시한 4·19학생혁명도 부정선거 주범인 이승만을 법정에 세우지는 못 했다. 이 촛불혁명은 앞으로 많이 연구되고 평가될 것이다.

하지만 1년 만에 촛불혁명에서 벌어진 사실이 간과되고 있는 것은 진정한 촛불의 의의를 축소·왜곡하는 것이다. 촛불 이후 나온 책과 자료집은 거의 대부분 2016년 10월 24일 JTBC의 태블릿PC 보도로 인한 '최순실의 국정농단'을 촛불의 시작으로 기술하고 있다. 심지어 촛불을 주도한 퇴진행동이 만든 백서의 시대 구분조차 그럴 정도다. 퇴진행동이 만든 백서 《촛불의 기록》(2권)에는 민주노총의 민중총궐기를 '촛불혁명의 마중물'이라고 표현했지만, 이는 백서의 본류가 아닌 말미 '각계각층 행동' 대목에 일부로 기록하고 있을 뿐이다.

물론 최순실 국정농단이 촛불혁명의 중요 동인임을 부인하지 않는다. 하지만 그보다 더욱 근본적이고, 실제적인 요인이 촛불혁명 현장에 있었다. 그것은 친일·독재미화 역사교과서와 종북몰이를 통한 정당해산과 같은 극도의 민주주의 퇴행이었다. 그리고 쉬운 해고와 비정규직에 내몰리던 노동자와 신자유주의적 농정에 신음하던 농민, 무분별한 도시개발에 저항한 철거민이 있었다. 게다가 자식이 죽은 진실을 알고싶어 했던 세월호 가족의 피끓는 열망이 있었다. 그들의 뜨거운 열망과 집요한 투쟁이 바로 박근혜 정권을 무너뜨린 주인공이다.

혁명에서 누가 혁명의 과실을 따먹었는가보다 누가 왜 주도했는가가 훨씬 중요하다. 4·19는 학생이 주동했고, 6·10은 시민이 주동했다면 이번 촛불혁명은 바로 이들, 자신의 현실적 문제에 직면한 노동자·농민·교사·빈민·학생·통일운동가들 소위 민중세력이었다. 이들은 30년 전 6월 항쟁에서 볼 수 없었던, 6월 항쟁을 통해 성장하고 결집한 세력이다. 비록 그들은 많이 배우지도, 사회적으로 존경받지도 못했지만 노동조합이라는 조직력과 자금을 갖추고 있었다. 기성언론에서도 외면한 그들은 SNS를 통해 새로운 세력으로 성장했다.

자신에게 우호적인 언론매체를 갖지 못한 그들은 스스로를 자랑하지 못하고, 자신의 업적에 대한 평가를 '운명적'으로 받아들인다. 아니 이것은 그들의 문제라기보다 사실을 기록하고 평가해야 하는 사람들의 문제다. 아마 먹물들은 노동자 농민과 같은 '무지렁이'가 세상을 뒤집었다는 것을 한사코 인정하고 싶지 않을 줄 모른다. 그 이유는 이번 촛불혁명 과정에서 적나라하게 드러난 소위 먹물들의 기회주의적 속성을 숨기고 싶었기 때문이리라.

그 먹물들이란 '기레기' 소리를 들으면서도 부끄러움을 몰랐던 언론인들, 한 자리를 얻어 역사 왜곡에 앞장선 유명 역사학 교수들, 부당한 공권력을 피해 온 사람을 내쫓은 종교인들, 부정입학과 학점을 남발한 유명 여대 교수들, 물대포에 맞아 숨진 사람을 끝까지 병사라고 우긴 대학병원 의사들, 청와대 눈치를 보고 심지어 '거래'하려 했던 대법원과 헌법재판소의 법률가들, 마지막까지 몸을 사리며 기회를 엿보던 야당 정치인들이 그들이다. 이 기록은 그 '먹물들'의 파렴치함을 고발하는 측면도 있다. 이는 다시는 그러지 말자는 다짐이기도 하다.

촛불혁명 추동세력이 노동자·농민 등 민중세력이었음을 명확히 밝히는 것이 일부 보수·극우세력의 '좌파 프레임' 주장에 빌미를 줄 수 있다는 우려도 있다. 그러나 이런 우려 역시 종북몰이 광풍이 낳은 두려움의 결과가 아닐까. 그런 보수·극우세력의 주장에 사실과 진실로 맞서는 것이 근본적 문제해결 방법이라 믿는다.

기자가 사실과 진실의 이야기를 쓰는 사람이라면, 역사가는 그 이야기의 인과관계를 엮는 사람이라고 한다. 필자는 촛불혁명과정에서 벌어진 많은 사건을 민중적 관점에서 사건의 인과관계를 꿰었다. 그런 관점에서 이 책은 '촛불민중혁명사'라고 불러도 무방하다. 물론 촛불혁명에 대한 다른 관점도 많고, 그렇게 기술한 것도 의미 있다. 하지만 아무도 기록하지 않는 이 관점 역시 후대에 중요한 사료가 될 것이라 믿는다.

2018년
서울 정동에서 남산을 바라보며
원희복

자료집

자료1. 18대 대선부정선거 진상규명시민모임 성명서(2013.1.31.)

자료2. 국정원 선거개입 규탄 200개 시민단체 724명 시국선언(2013.6.5.)

자료3. 국정원시국회의 전국 연석회의 공동결의문(2013.7.25.)

자료4. 천주교정의구현사제단 전주교구 시국선언문(2013.11.22.)

자료5. 민주화운동기념사업회 이사장 불법임명 거부 국민대책위원회 성명(2014.5.16.)

자료6. 민주수호 통합진보당 강제해산 반대 범국민운동본부 출범 대국민호소문 (2013.11.27.)

자료7. 통합진보당 정당해산 심판청구 철회와 민주주의 수호를 위한 '1천인 시국선 언'(2014.1.14.)

자료8. 원탁회의 민주수호 시국선언(2014.11.6.)

자료9. 민주주의국민행동 창립 선언문(2015.6.10.)

자료10. 민주노총 4·24총파업 투쟁 결의문(2015.4.24.)

자료11. 2015년 세계노동절 연대 선언문(2015.5.1.)

자료12. 민중총궐기투쟁본부 발족 선언문(2015.9.22.)

자료13. 11·14 민중총궐기 노동자·농민·빈민 대표 호소문(2015.10.)

자료14. 역사교과서 국정화 저지 및 11·14 민중총궐기·시민대회 참여 호소 시민사 회 원로·대표 선언(2015.10.16.)

자료15. 제1차 민중총궐기 민주노총 기자회견문(2015.11.14.)

자료16. 제1차 민중총궐기 전교조 결의문(2015.11.14.)

자료17. 제1차 민중총궐기 민주주의국민행동 대회사(2015.11.14.)

자료18. 한상균 민주노총 위원장-현 시국 및 거취관련 입장발표문(2015.11.27.)

자료19. 제2차 민중총궐기 대회사(2015.12.5.)

자료20. 제3차 민중총궐기 소요문화제 선언문(2015.12.19.)

자료21. 제4차 민중총궐기 대회사(2016.2.27.)

자료22. 제5차 민중총궐기 대회사/총선공동투쟁본부 12대 요구 쟁취 위한 전면적 총 선투쟁 선언/(2016.3.26.)

자료23. 백남기 농민 사망 국가폭력규탄 시국선언문(2016.9.29.)

자료24. 서울대 의대생 102인 성명(2016.9.30.)

자료25. 고 백남기씨 사망진단서 논란 관련 대한의사협회 입장(2016.10.5.)

자료26. 박근혜 하야촉구 민주노총 성명(2016.10.28.)

자료27. 비상시국회의 특별결의문(2016.11.2.)

자료28. 박근혜 정권퇴진 비상국민행동 연대사(2016.11.9.)

자료29. 박근혜 하야촉구 평화통일인사 시국선언(2016.11.10.)

자료30. 비상국민행동 기자회견문(2016.11.14.)

자료31. 2016년 전국노동자대회 및 제6차 민중총궐기 대회사(2016.11.12.)

자료32. 2016 민중총궐기 투쟁 선언문(2016.11.12.)

자료33. 제7차 범국민대회 전봉준투쟁단 총대장 연설문(2016.12.10.)

자료1. 18대 대선부정선거 진상규명시민모임 성명서

국정원의 선거개입은 명백한 부정선거이고, 18대 대선은 선거무효다

18대 대선을 열흘 정도 앞두고, 국정원 최정예 정보요원이 인터넷 여론을 조작하는 현장이 발각되었다. 이는 명백한 형사처벌 대상임에도 불구하고 경찰과 선관위는 자신들의 역할을 망각하고, 적절한 조치를 취하지 않았다. 국정원 최정예 정보 요원이 안에서 문을 걸어 잠근 채 증거를 인멸할 수 있는 시간만 벌어 준 셈이다. 게다가 대선을 앞두고 실시된 후보자 토론회가 끝나자마자 대선에 개입했다는 증거를 찾지 못했다고 발표함으로 '국정원의 대선 개입 의혹'으로 사건의 파장을 줄이는데 일조했다.

그러나 1월 31일 보도에 따르면, 국정원 최정예 정보요원 김 씨는 진보성향의 인터넷 사이트인 '오늘의 유머' 게시판에 11개의 아이디를 이용해 91건의 글을 올렸고, 주로 정치 사회 쟁점을 다루면서 정부와 여당을 일방적으로 편들거나 야당 및 야당 후보를 비판하는 내용이었다고 한다. 북한군 병사의 이른바 '노크 귀순'을 두고 정부 및 군 당국이 뭇매를 맞고 있을 때는 정부와 군에 대한 비판 글 대신 자신이 추천한 요리·연예 관련 글이 주요 화면에 노출되도록 활동함으로 여론을 조작한 일도 있었고, '박정희', '박근혜', '문재인', '안철수' 등이 등장하는 대선 관련 글에 모두 100여 차례 찬반을 표시했다는 사실도 밝혀졌다.

우리는 명백하게 드러난 국정원의 대선 개입이 국정원 최정예 요원 김 씨의 단독 행동으로 판단하지 않는다. 왜냐하면 김 씨가 여론 조작을 위해 활동한 시간이 평일이고 주말에는 활동하지 않았기 때문이다. 이는 적발된 김 씨가 국정원의 지시를 받고 근무 중에 여론조작을 했다는 증거로 볼 수 있으며, 이러한 국정원의 여론조작은 김 씨 한 사람에 국한되었다고 볼 수 없기 때문이다. 우리는 국정원이 최정예 요원들을 다수 동원하여 대선에 개입했을 것으로 추정한다.

그러므로 이제 국정원의 '대선 개입 의혹'은 의혹이란 딱지를 땐 '국정원의 대선 개입'으로 규정한다. 아울러 이에 대한 부실한 수사와 수사 결과 발표 시점을 볼 때 경찰 역시 대선에 깊숙이 개입했다고 볼 수밖에 없고, 4대강 감사 결과를 대선 이후에 발표함으로 여당 후보에게 유리하게 한 감사원 역시 대선에 개입했다고 판단할 수밖에 없다.

어떠한 선거든 중립적인 입장에 서야 할 국가기관이 여러 형태로 깊숙하게 개입했다고 판단되는 18대 대선은 명백한 부정선거이고 18대 대선은 무효이며 아울러 새누리당 박근혜 후보의 당선도 무효임을 선언한다.

2013년 1월 31일
18대 대선부정선거 진상규명시민모임

자료2. 국정원 선거개입 규탄 200개 시민단체 724명 시국선언
국가정보원의 정치개입, 선거개입은 민주공화국의 정체성을 부정하는 중대 사태! 검찰은 진상을 엄정하게 규명하고 정부와 국회는 국가정보원 개혁에 나서야 한다.

지난 시기 우리의 질곡의 현대사를 돌아보자. 민주주의를 갈구하는 투쟁은 분단이라는 조건 속에서 늘 친북 이적의 멍에를 뒤집어써야 했다. 많은 사람들이 죽고 투옥되었다. 친북 이적의 낙인을 찍어 민주주의를 압살하는 군사정권이 계속되는 동안 중앙정보부와 국가안전기획부와 같은 정보기관들은 본래의 제 소임은 마다하고 정권을 보위하는 첨병임을 자임했다. 정보기관은 무소불위, 공포의 대명사였다.

평화적 정권교체와 민주주의의 진전에 따라 정보기관이 국내 정치에 개입해서는 안된다는 명제가 국민적 공감대를 형성한 것은 이러한 역사적 맥락에서 당연한 귀결이다. 그런 명제가 지난 이명박 정권에서 간단히 무너졌다. 정보기관은 다시 정권을 보위하는 친위대로 재편되었고, 국내정치 개입과 사찰, 공작이 일상화되었다. 지난 대선 무렵의 국가정보원 직원의 인터넷 댓글을 통한 대선개입 사태 및 박원순, 반값등록금 관련 문건들에서 나타나는 작태들은 정권보위대로 변질된 국가정보원을 징표하는 구체적 사례들이다. 종북 척결은 국가정보원의 그러한 정권 보위적 작태를 정당화한 핵심적 프로파간다가 되었다. 민주공화국을 표방한 헌법질서는 정보기관의 상시적인 정치개입으로 흔들리고 있다.

무엇을 어떻게 할 것인가?

무엇보다도 일련의 국가정보원 사태가 가지는 의미의 중대성을 공감하는 것이 시급하다. 한쪽은 이 문제가 박근혜 정권의 정통성을 건드릴 수 있다는 점에서, 다른 한쪽은 이 문제의 거론이 자칫 대선불복의 인상을 줄 것이라는 점에서 이 문제를 거론하는 것을 주저하는 분위기가 역력하다. 그러나 이번 국가정보원 사태는 민주공화국을 표방한 대한민국 헌법질서의 근본을 건드리는 문제이다. 대한민국이 다시 군부독재 따위의 반민주적 시대로의 회귀를 용인할 것인가라는 관점에서 이 문제에 접근해야 한다.

그렇다면 이제 할 일은 명확해진다. 우선 검찰은 일련의 국가정보원 사태의 진상을 엄정하고도 낱낱이 규명하여야 한다. 밝혀진 결과에 따라 정치개입의 기획과 실행에 가담한 책임자는 지위고하를 막론하고 그에 상응하는 처벌도 뒤따라야 함은 물론이다. 두 가지 우려가 있다. 첫째, 검찰이 이번 사태의 중대성을 외면하고 밝혀진 행위의 개별적 측면에만 주목하여 나무만 보고 숲은 외면하고 있다는 우려다. 이번 사태는 국가정보원 직원들의 개인적 일탈이 아니라 정권적 차원에서 국가정보원을 국내정치와 선거에 활용한 조직적이고 체계적인 국기문란행위이다. 둘째, 국가정보원의 내부 제보자에 대한 처벌의 우려이다. 본말의 전도요, 강도를 체포한 시민을 강도에 대한 폭행죄로 처벌하는 격이다. 이러한 우려들이 단순한 우려에 그칠 것이라 믿는다.

검찰에 의하여 밝혀질 진상의 토대 위에서 국회와 정부는 국가정보원의 정치개입을 근본적으로 근절시킬 수 있는 정책대안을 마련하고 집행하여야 한다. 철저하게 대북 및 해외 정보의 수집으로 직무범위를 한정하고 정보기관답게 수사권은 폐지되어야 한다. 악마적 종북 프레임을 국내정치에 활용하고자 하는 일체의 시도도 아울러 중단되어야 한다.

과거의 나는 새도 떨어뜨린다는 공포정치 시대로 회귀할 것인가? 아니면 정보기관이 제 소임을 다하는 진정한 민주국가로 진화할 것인가? 우리는 지금 갈림길에 서 있다. 그 갈림길에서 우리의 선택은 분명하다. 국가정보원을 개혁하여 정보기관이 제 소임에 충실하는 진정한 민주국가로 나아가게 하는 우리의 투쟁은 오늘도 내일도 계속된다.

2013년 6월 5일
시국선언참가자일동(시국선언 공동연명 각계인사 및 참여자 724명/ 참여단체 200개)

자료3. 국정원 정치공작 대선개입 진상 및 축소은폐 의혹 규명을 위한 시민 사회 시국회의 전국 연석회의 공동결의문

우리들은 국정원의 정치공작과 대선개입의 진상을 철저히 규명하고 그 책임자에게 온전히 책임을 묻기 위해 전국 각지에서, 여러 부문과 일터에서, 온라인과 오프라인 공간에서 시국선언과 촛불집회, 그밖에 다양한 풀뿌리 실천에 적극적으로 참여해왔던 시민과 사회단체들입니다.

전국연석회의에 참여한 우리는 이 사건이 국정원이 특정 정파의 입장에 서서 적군이 아닌 국민을 상대로 심리전을 펼친 사건으로써 민주공화국인 대한민국과 국민의 주권, 그리고 이를 명시한 헌법에 대한 중대한 공격임을 재확인했습니다. 이 사건에서 진실과 정의를 바로 세울 수 없다면 시민의 자유도, 대의제 민주주의도, 공권력에 대한 신뢰 역시 바로 세울 수 없을 것입니다.

따라서 국정원이 자행해온 정치공작과 대선개입의 진상과 축소은폐 의혹을 명확히 밝혀 그 책임자를 성역 없이 처벌하고, 철저한 개혁을 통해 근본적인 재발 방지 대책을 마련하는 일에는 보수와 진보, 사상과 정견의 차이가 따로 있을 수 없습니다.

그러나 누구보다 먼저 진상규명, 책임자 처벌, 재발방지대책 수립 등에 앞장서야 할 박근혜 대통령은 "나는 그 사건과 무관하다"는 식으로 대통령의 역할을 무책임하게 포기하며 정략적 자세를 드러내는가 하면, 국민들 앞에 무릎 꿇고 사죄하며 책임자 처벌과 전면적 개혁을 수용해야 할 국정원은 국회 2/3의 동의를 얻어야만 공표가 가능한 2007년 남북정상회담 대화록을 무단으로 공개, 정국의 방향을 자기들 뜻대로 움직이려는 제2, 제3의 정치개입에 나서고 있어 국민의 실망과 분노는 나날이 커지고 있습니다.

뿐만 아니라 새누리당은 특위 위원 구성문제를 구실삼아 20일가량 국정조사를 사실상 거부했으며, 국민의 기대 속에 마침내 열린 첫 번째 기관보고에서도 국정원 불법행위 조사의 취지를 망각하고 국정원의 행위를 두둔하는 모습을 뚜렷이 드러냈습니다. 남아 있는 오직 하나의 희망은 역사의 고비마다 민주주의를 지켜온 위대한 우리 국민들입니다. 검찰의 수사결과 발표 이후 진리를 갈구하는 대학생들이 시국선언에 나섰고, 그것은 각계각층으로 퍼져 나갔습니다. 서울에서만도 5천 명으로 시작한 촛불집회는 매주 거듭하면서도 식지 않고 확산되고 있으며, 각 지역에서도 주중과 주말 가리지 않고 촛불집회가 몇 주째 지속되고 있습니다. 오늘 우리는 이러한 국민적 열망을 모아 국민적 요구를 완전하게 성취하는 그날까지 함께하기 위해 전국연석회의를 거쳐, 아래와 같이 밝힙니다.

1. 우리는 지금 우리 사회와 국가의 가장 중요한 과제는 국정원 정치공작 대선 개입의 전모를 정확하게 밝히고 바로잡는 일이며, 이를 위해서는 철저한 국정조사가 선행되어야 한다는 점을 분명히 강조합니다. 하지만 검찰 수사를 통해서도 확인된 국정원의 불법행위조차 인정하지 않고 국정원의 행위는 정상적인 대북심리전 활동이라고까지 주장하는 새누리당 소속 국정조사 특위 위원들의 주장에 대해 매우 유감을 표하지 않을 수 없으며, 국정원 불법행위의 진상을 밝히는데 협조할 것을 촉구합니다.

2. 우리는 지난 대선 시기 박근혜 당시 후보가 "이번 사건은 국정원 여직원 감금과 여성인권 유린이며, 만일 증거가 없다면 책임질 것인가"라고 말한 것을 국민이 기억하고 있습니다. 이제 우리는 국정원의 대선 개입이 명백히 드러난 지금, 당시 발언에 대해 박근혜 대통령이 책임 있게 입장을 표명할 것을 요구합니다. 또한 국정의 최고 책임자로서 이번 사건의 진상규명과 책임자 처벌, 재발방지 등에 앞장서지 않은 채, 국회에 모든 책임을 떠넘기고 있는 점과 국정원 스스로 개혁하라고 방치하고 있는 등 매우 무책임한 태도로 일관하고 있는 것에 대해 매우 유감이며, 보다 분명하고 책임 있는 태도를 취할 것을 촉구합니다.

3. 우리는 국민적 열망을 무시하고 국정원 사태에 대한 시민행동을 전혀 다루지 않고 있는 주요 언론사들의 불공정한 태도에 대해 깊은 유감을 표명하며, 한국의 민주주의를 위해서 그리고 국민적 관심 사안에 대한 사실보도를 위해서 국정원 사건의 올바른 해결을 촉구하는 시민들의 활동을 공정하게 보도할 것을 촉구합니다.

4. 우리는 사죄와 반성은커녕 2007년 남북정상회담 대화록 무단 공개, "노무현 전 대통령의 발언은 NLL 포기가 맞다"는 대변인 성명 등 정보기관의 활동범위를 넘어서서 적극적으로 국내 정치사안에 개입하며 '국정원이 지배하는 나라'를 획책하는

남재준 국정원장의 즉각 해임과 해체 수준의 전면적인 국정원 개혁을 촉구합니다.

5. 우리는 "대선 전에 정상회담 대화록을 입수해서 읽어봤다"고 발언하고 12월 17일 부산유세에서 토씨 하나도 틀리지 않고 국정원이 보유한 2007년 남북정상회담 대화록을 낭독한 김무성 의원의 사례, 권영세 의원의 녹취발언을 종합적으로 고려할 때, 지난 대선 전 국정원이 보유하고 있던 자료가 특정 정당의 선거운동에 활용되고 있었다고밖에 볼 수 없으며, 이 또한 국정원의 정치개입 행위인 만큼 이것의 진상도 국정조사를 통해 반드시 규명되어야 함을 촉구합니다.

6. 우리는 작년 12월 16일 경찰의 조작된 중간수사결과 발표를 목전에 두고 경찰의 수사발표를 예고한 새누리당과 청와대 대변인의 발언 내용, 그리고 경찰의 심야 중간수사결과 발표 직후 바로 발표된 국정원 입장 등을 고려했을 때, 경찰의 중간수사결과 발표 과정도 경찰의 독립적인 판단이 아니라 여권과 국정원과의 교감 속에 나온 것이라고밖에 볼 수 없으며, 따라서 이 점에 대해서도 반드시 국정조사를 통해 규명할 것을 촉구합니다.

7. 우리는 이미 검찰이 기소한 원세훈 전 국정원장과 김용판 전 서울경찰청장 이외에도 불법행위에 가담한 국정원 간부들과 직원, 그리고 최현락 경찰청 수사국장 등 경찰관들에 대해서도 전원 엄중 처벌할 것을 촉구합니다.

8. 전국연석회의에 함께 한 우리는 전국 곳곳에서 분출하고 있는 진실과 정의의 요구들을 실현하고 민주주의를 지켜내기 위해 보다 완강하고 끈질기게 활동할 필요성에 공감했습니다. 전국연석회의를 계기로 형성된 대오를 통해 전국단위의 소통과 협력의 끈도 강화해나갈 것입니다. 우리는 전국의 현장으로 돌아가 동시다발 촛불집회를 개최할 것입니다. 특히 국정조사가 막바지에 이를 8월 10일에서 15일 사이에는 전국 각지와 해외를 망라하여 동시다발 촛불집회를 진행함으로써, 진상규명을 향한 국민적 열망과 압력을 집중적으로 표출할 것입니다. 만일 철저한 진상규명과 책임자 처벌이 이루어지지 않을 경우, 전 국민적인 투쟁은 결코 멈추지 않을 것입니다.

2013년 7월 25일
국정원공작 전국연석회의 참가자 일동

자료4. 천주교정의구현사제단 전주교구 시국선언문

불법·부정선거 규탄과 대통령 사퇴를 촉구하며

"이미 환하게 켜진 진실을 그릇이나 침상 밑에 둘 수는 없다. 숨겨진 것은 드러나고 감추어진 것은 알려져 훤히 나타났다.(루카 8:14~15)"

지난 18대 대선 때 국정원 직원들이 인터넷 사이트에 조직적으로 지금의 대통령에게 유리한 댓글을 올렸다는 사실이 만천하에 드러났다. 이것도 모자라서 국방부의 국군 사이버사령부는 국정원의 '심리전 지침'을 받아 선거에 불법적으로 개입했으며, 보훈처는 안보교육을 통해서 개입하는 등 18대 대선은 국가 기관이 조직적으로 개입한 불법 부정선거임이 명확해졌다.

경찰과 검찰은 국정원을 비롯한 국가기관의 불법적 대선 개입을 소신 있게 수사하던 담당자들을 직무에서 배제시키고, 증거를 조작하고 인멸하려는 시도를 했다. 집권여당은 국가기관의 불법적인 대선 개입의 여론을 돌리기 위해서 근거 없이 남북정상 대화록을 공개하고, 서해북방한계선 대화록을 유출시켰다. 동시에 정부와 여당은 그들의 주장을 그대로 옮기는 언론을 통해서 국면전환용 사건들을 크게 보도하면서 국민의 여론과 요구에 물타기를 지금도 시도하고 있다.

지난 봄부터 만천하에 드러난 불법, 부정 대통령선거의 진상을 규명하고, 책임자를 처벌하고, 이 사건의 중심인 대통령이 모든 책임을 지고 국민 앞에 사과하고 재발을 방지하도록 촉구하는 시국미사와 시국기도회, 시국선언이 지금까지도 이어지고 있다. 우리 천주교 전주교구도 지난 8월 26일, 152명의 사제가 국정원의 대선개입을 규탄하고 책임자를 처벌하라는 시국선언에 서명하고 시국미사를 통해서 우리의 요구를 천명한 바 있다. 하지만 이 사태의 직접적이고 총체적인 책임을 지고 있는 대통령은 자신과는 아무런 관계가 없는 것으로 청와대 뒤에 앉아서 국민과 대화하거나 이해를 구하는 노력은 하지도 않았다. 오히려 지금까지도 국가기관의 불법 대선 개입 사건에서 발뺌을 하면서 책임을 다른 사람들에게 전가하고 진실을 규명하거나 사과하는 모습조차 하지 않고 있다.

이미 환하게 켜진 진실을 그릇이나 침상 밑에 둘 수는 없다. 숨겨진 것은 드러나고 감추어진 것은 알려져 훤히 나타났다.(루카 8: 14~15) 국민들의 자유로운 의사 표명을 하는 선거를 불법과 부정한 방법으로 국가기관을 동원해 무시한 것은 민주주의 국가에서는 있을 수 없고, 독재국가에서나 가능한 일이다. 따라서 진실을 요구하는 수많은 국민들의 요구를 묵살하고 고집불통의 독재 모습을 보이는 대통령은 이미 대한민국 국민이 선택한 대통령이 아님을 스스로 인정하는 것으로 볼 수밖에 없다.

우리는 다시 한 번 간곡히 촉구한다.

-대통령은 국가기관의 불법 대선개입의 총책임을 지고 국민 앞에 사과하라.

-대통령은 정의롭고 공정한 진상규명을 통해서 책임자를 처벌하라.

-이 모든 책임은 대통령에게 있으므로 사퇴를 표명하라.

우리의 이 촉구가 들어지지 않으면 "그가 그들의 말을 들으려고 하지 않거든 교회에 알려라. 교회의 말도 들으려고 하지 않거든 그를 다른 민족 사람이나 세리처럼 여겨라."(마태 18:15-17)는 성경의 말씀처럼 대통령의 사퇴를 촉구하는 시국기도회와 시국미사를 계속할 것이며, 더 이상 대한민국의 대통령이 아님을 선언할 것이다.

"들을 귀가 있는 대통령은 들어라."

2013년 11월 22일
천주교정의구현 전주교구 사제단

자료5. 민주화운동기념사업회 이사장 불법임명 거부 국민대책위원회 성명
또다시 불법 임명된 민주화운동기념사업회 이사진을 반대한다

온 국민이 세월호 희생자를 애도하는 가운데 어제 안전행정부의 민주화운동기념사업회 임원 임명은 박근혜 정권의 편법과 비정상의 극치를 보여주고 있다. 지난 2월 안행부는 이미 후보에서 탈락한 박상증 씨를 낙하산 이사장으로 임명하였다. 이번에는 지난해 임원추천위원회와 이사회 의결을 거쳐 정당하게 추천된 이사 명단 전체를 무시하고 이른바 뉴라이트 또는 박상증 씨의 개인적, 종교적 친분관계로 연결된 사람들을 이사와 감사로 발표하였다. 임을 위한 행진곡을 5·18 민주화운동 기념곡으로 제정하라는 국회의 권고조차 무시해 버린 정부가 이번에는 민주화운동 전체를 희롱하고 있는 것이다. 또한 박근혜 대통령은 최근 공공기관의 낙하산 인사 근절을 천명했음에도 불구하고 또 다시 낙하산 임명을 강행함으로써 국민을 기만하고 있다.

'민주화운동기념사업회 이사장불법임명거부 국민대책위원회'는 박상증 씨를 이사장으로 인정할 수도 없거니와, 임원추천위원회와 이사회 의결을 거친 추천이라는 최소한의 절차적 정당성조차도 갖추지 못한 이사와 감사 임명 또한 무효임을 선

언한다. 편법과 비정상이 바로 한 달 전에 세월호 참사를 불러왔음을 벌써 잊은 것인가? 세월호 구조실패의 책임을 지고 물러가야 마땅한 안행부 장관이 이러한 난국을 틈타 불법적으로 임원 임명을 강행한 것은 결코 있을 수 없는 일이다.

우리는 지금까지 89일 동안 지속해온 이사장실 점거농성을 계속할 것이며, 제 민주단체와 시민사회와의 연대 속에 반대투쟁을 더욱 강화해 나갈 것이다. 또한 우리는 민주적 의사를 무시한 채 진행되는 이번 5·18 기념행사처럼 6월 항쟁 기념식 등 정부가 주최하는 허울뿐인 행사들을 단호히 배격하며 참가하지 않을 것이다. 이에 우리는 다음과 같이 요구한다.

1. 박근혜 대통령은 이번 민주화운동기념사업회 임원의 낙하산 불법인사를 국민 앞에 사과하라.

2. 안행부는 이번 임원 불법임명을 철회하고, 적법한 절차를 거쳐 이사장과 이사, 감사를 임명하라.

3. 안전행정부 장관은 그 책임을 지고 사퇴하라.

2014년 5월 16일
민주화운동기념사업회 이사장불법임명거부 국민대책위원회

자료6. 민주수호 통합진보당 강제해산 반대 범국민운동본부 출범 대국민호소문
통합진보당과 민주주의를 지켜주십시오

불의에 분노하고 민주주의를 사랑하는 국민 여러분.

박근혜 정부가 들어선 이래 헌정사상 초유의 일이 벌어지고 있다. 박근혜 정부는 제2야당인 통합진보당을 위헌정당으로 몰아 헌법재판소에 해산심판을 청구하는 일을 자행했다. 마치 군사작전을 연상하듯이 기습적으로 감행된 진보당에 대한 위헌정당 해산 심판으로 한국사회가 온통 위기에 빠졌다. 통합진보당 해산심판 청구는 국면전환 카드 수준이 아니라 독재정치로 본격 진입하는 무서운 신호이다.

12월 28일 이석기 내란음모 사건이 터졌을 때 누구나 박근혜 정권의 국면전환 카드라고 입을 모았다. 그리고 이를 빌미로 정당해산 얘기가 흘러나왔을 때 모두 설마라고 얘기했다. 그러나 박근혜 정부는 국민들의 상식을 보란 듯이 비웃으며 진보장 정당해산 심판청구를 강행했다. 실로 민주주의의 마지노선이 무너진 순간이다. 통합진보당 해산심판 청구는 단순히 국가기관의 총체적 부정, 관권 선거에 대한 위기를 탈출하려는 국면전환 카드에 그치는 것이 아니라 사회전체를 자신의 의지대로 종속시키려는 확고한 의도의 반영이다.

또 통합진보당 해산청구는 모든 시민단체를 언제든 강제로 해산할 수 있다는 토대를 마련하는 발판이다. 법무부가 통합진보당 강령이 위헌이라며 제시한 민중이 주인이 되는 사회나, 한반도 평화협정 체결 등은 지난 수십 년간 시민사회가 줄기차게 주장했던 사안이라는 점에서 만에 하나 이런 강령이 위헌으로 판결된다면 이는 새누리당이 추진하고 있는 시민사회강제해산법과 묶여 모든 시민사회를 향해 날아갈 것이다.

둑이 무너지면 온 마을이 잠기듯 지금 통합진보당 해산을 함께 막아내지 못하면 국민 모두가 탄압과 통제의 대상이 될 것이다. 통합진보당에 대한 지지여부와 견해 차이를 떠나 대척점에 서서 싸우고 있다는 것은 국민 모두 잘 알고 있다. 통합진보당 강제 해산을 힘 모아 막아내지 못하면 박근혜 정권에 대해 어떠한 비판의 목소리도 제대로 내지 못하고 숨죽여 살게 될 것이다. 통합진보당 해산을 저지하는 일은 우리 국민이 피땀 흘려 쌓아 온 민주주의를 지키는 것이다. 오늘 출범하는 범국민운동본부는 국민을 기만하고 헌법을 부정하고 민주적 기본질서를 기만하는 박근혜 정부의 독재부활 시도에 맞서 통합진보당 해산을 저지하고 국민의 민주주의를 되찾기 위해 나갈 것이다. 국민 여러분 함께 합시다. 그리고 함께 승리합시다.

(구호) "통합진보당 강제해산 기도 즉각 중단하라, 내란음모 조작이다 구속자를 석방하라! 민주주의 탄압하는 박근혜 독재 심판하자"

2013년 11월 27일
민주수호 통합진보당 강제해산 반대 범국민운동본부

자료7. 통합진보당 정당해산 심판청구 철회와 민주주의 수호를 위한 '1천인 시국선언'

민주주의 파괴하는 진보당 강제 해산 즉각 중단하라

국정원과 육군 사이버사령부 등 국가기관의 총체적 불법 대선 개입으로 인해 민주주의 근간이 송두리째 훼손되고, 국정원이 노무현 전 대통령과 제1야당 대선후보를 겨냥하여 남북정상회담 대화록을 무단 공개하는 국기문란을 자행하였다. 국가기관의 불법 대선개입에 촛불민심이 들불처럼 일어나자 김대중 내란음모 사건 이후에 33년 만에 통합진보당을 겨냥하여 내란음모 사건을 터뜨리더니, 이어 전교조를 법외노조로 탄압하고, 급기야 원내정당인 통합진보당을 위헌정당으로 몰아 헌정사상 초유의 정당해산 심판 청구를 강행했다.

박근혜 정권의 민주주의 역주행으로 인해 대한민국의 민주주의가 유신시절 공포정치, 공안통치로 회귀하는 게 아니냐는 우려가 확산되고 있으며 노암 촘스키를 비롯한 세계 석학과 외국 언론 등 세계 곳곳에서 한국의 민주주의 후퇴를 질타하는 목소리가 거세지고 있다. 박근혜 정부의 통합진보당 해산심판 청구는 정당의 합법적인 가치와 주권자인 국민의 선택을 정면으로 부정하는 반민주적 폭거이다.

박근혜 정부는 통합진보당 강령에 담긴 '진보적 민주주의'와 '일하는 사람들이 주인된 세상'이라는 표현이 민주적 기본질서에 위배되며 소위 '알오'에 의한 내란음모사건을 통합진보당과 연계하여 위헌정당 해산심판을 청구했다. 이러한 진보적 민주주의는 미국 르주벨트 대통령은 물론 과거 여운형 선생 등 국내에서 다양하게 사용된 것으로 북한식 사회주의와는 전혀 관계가 없으며 땀 흘려 일하는 노동자, 농민, 서민의 정치를 실현한다는 전 세계 진보정당들의 공통된 주장으로서 우리 헌법의 국민주권주의와도 전혀 배치되지 않는 내용이다.

한편 내란음모의 사건의 주체로 지목된 소위 '알오'의 명칭 결성시기, 조직 구성 등 어느 것 하나 확인된 것이 없어 기소조차 하지 못한 채 더욱이 현재 재판 중인 시인 사안을 정당해산 근거로 삼는 것 자체가 헌법에 규정된 무죄추정의 원칙에 정면으로 부정하는 것일 뿐 아니라 이를 통합진보당 정당 활동으로 연결시키는 것 또한 과도한 추정이고, 심각한 일반화의 오류다.

오늘 시국은 4·19혁명과 5·18민주화운동, 87년 6월 항쟁을 거쳐 국민이 일구어 온 대한민국의 민주주의가 정치적 반대자를 배척하는 독재정치, 1인 철권통치로 무너질 수 있는 엄중한 시국이다. 통합진보당 강제해산을 막는 것은 특정 정당에 대한 지지와 반대를 뛰어넘어 우리 국민이 피땀으로 일구어 온 민주주의를 지키는 문제이며, 소위 '이적단체 강제 해산법'에서 보듯이 시민단체로까지 확대될 정치적 기본권 침해를 막아내는 시금석이 될 것이다.

이에 우리는 1인 철권통치로 굴절된 지난 역사가 다시는 반복하지 않아야 하며 공동체의 파괴로 이어질 민주주의 훼손과 퇴행을 더 이상 방치할 수 없다는 절박한 심경으로, 통합진보당 강제해산 시도에 단호히 반대하며 모든 민주양심세력과 함께 손잡고 민주주의를 지키는 길에 나설 것이다. 박근혜 정부가 지금이라도 통합진보당 해산심판 청구를 즉각 철회하고 차이를 인정하고 함께 공존하는 민주주의 기본 정신으로 돌아올 것을 간절한 마음을 담아 촉구한다.

박근혜 정부가 끝내 비판 세력을 배제하고, 탄압으로 일관하는 독재 시절의 공안 통치로 회귀한다면 결국에는 국민의 강력한 저항에 직면하게 될 것임을 엄중히 경고한다. 민주주의 염원을 담아 '통합진보당 정당해산 심판청구 철회와 민주주의 수호를 위한 1천인 시국선언'을 발표한다.

2014년 1월 14일
통합진보당 정당해산심판청구 철회와 민주주의수호를 위한 1천인 시국선언

자료8. 원탁회의 민주수호 시국선언
헌법 정신과 정치적 다원주의를 부정하는 통합진보당 강제해산 반대한다

민주주의의 핵심은 정치적 다원주의에 있다. 대한민국 헌법은 정당 설립의 자유와 복수정당제를 보장하고 있다. 어떤 정당이라도 민주적 기본질서를 전복하기 위한 수단으로 폭력을 사용하거나 폭력사용을 주장하지 않는 한, 설사 주류 정치세력과 그 정치적 견해가 다르다 할지라도 용인되어야 하고 강제해산 당하지 않아야 한다는 것이 우리 헌법의 기본 정신이자 정치적 다원주의의 핵심이다. 때문에 우리는 박근혜 정부가 통합진보당에 대한 정당해산심판을 청구한 것은 정치적 다원주의와 민주주의 본질을 훼손하는 행위라고 판단한다.

우선 박근혜 정부가 정당한 근거 없이 통합진보당 해산심판을 청구하였음이 재판 과정에서 낱낱이 드러났다. '북한과 연계된 지하혁명조직이 통합진보당의 당권을 장악하여 내란을 음모하였다'는 이른바 이석기 의원 내란음모사건은 정부가 통합진보당 해산청구를 하게 된 주요 근거였다. 하지만 얼마 전 서울고등법원은 지하혁명조직의 존재도 인정하지 않았고 내란음모는 무죄로 판결했다. 심지어 검찰은 법원에 북한과의 연계를 입증할 증거도 제출하지 못했다. 아직 대법원 판결을 남겨두고 있지만, 사실심이 종결된 이번 서울고등법원의 판결에 의해 정부의 통합진보당 정당

해산 심판청구의 주요 근거는 사실상 부정된 셈이다.

다음으로 통합진보당의 강령과 주요 정책은 우리 헌법 정신을 계승하고 있다. 정부는 '자주와 평등', '평화통일', '진보적 민주주의'와 같은 통합진보당의 강령을 문제 삼고 있다. 하지만 통합진보당의 강령은 3·1운동(1919)과 4·19혁명(1960)을 계승하고 6월 항쟁(1987)에 기초해 제정된 우리 헌법정신과 합치됨은 물론이고, 6·15공동선언(2000)에서 밝힌 남북 간의 공존공영의 정신과도 어긋나지 않는다고 본다.

그리고 박근혜 정부의 통합진보당 해산심판청구는 국제기준에도 위배된다. '민주적 제도와 근본적 권리, 헌법재판과 통상적 재판, 선거·국민투표 및 정당 문제'에 대한 국제 기준을 만드는 것으로 평가되는 베니스위원회 법을 통한 민주주의를 위한 유럽위원회(The European Commission for Democrcy through Law)의 관련 지침에 의하면, "정당이 민주적 기본질서를 전복하기 위한 수단으로 폭력을 사용하거나 폭력 사용을 주장하는 경우에만 정당해산이 정당화"될 수 있고, 또 "개별당원의 행위가 아니라 정당 그 자체가 위헌적 수단을 쓴다는 충분한 증거가 있을 때만 가능하다"고 한다. 그렇다면 의회주의적 방법으로 선거를 통한 집권을 그 목적으로 삼고 있는 통합진보당에 대한 정당해산 심판청구는, 바로 이런 국제적 기준에도 합치되지 않음이 명백하다.

한편 우리는 정부가 통합진보당 해산심판청구를 추진하게 된 정치적 배경에 대해 주목하고자 한다. 정부가 '국가정보원 등 국가기관에 의한 총체적 불법 대선개입'의 진상을 은폐하기 위한 물타기 차원의 일환으로, 이번 통합진보당 해산심판청구를 추진한 것이 아닌가라는 의구심을 떨칠 수 없기 때문이다. 무엇보다 우리는, 통합진보당 강제해산이 필연적으로 민주주의에 대한 치명적인 공격으로 이어질 것을 우려한다. 정부는 이미 재판 과정에서 '미군 장갑차에 깔려 사망한 두 여중생 효순이 미선이 촛불(2002)'부터 '한미FTA 반대'와 '광우병 촛불시위(2008)', '해군기지를 건설 중인 강정평화대행진(2012)'에 이르기까지 우리 국민의 자주, 평화, 민주적 열망이 표출된 국민투쟁을 마치 북한의 지령에 의한 것인 양 강변하고 있다.

만일 통합진보당을 헌법재판으로 해산시키고 나면, 비슷한 논리로 그 칼끝은 다른 진보정당으로 확대될 것이고, 또 더 나아가 비슷한 지향을 가진 시민사회단체 전반으로 향할 위험이 있다. 그 마지막 차례는 평범한 우리 국민 모두일 수 있다. 이런 면에서 보면 현 정부가 제거하려는 것은 단지 통합진보당만이 아니라 우리 사회의 진보를 위한 모든 노력과 민주주의에 대한 사회적 합의 그 자체일 수 있다. 지금 대한민국은 민주공화국이라는 헌법정신을 지킬 수 있는가, 아니면 정치적 다원주의가 부정되고 민주주의의 본질이 훼손당하는 암흑의 시대로 돌아갈 것인가 하는 중대한 갈림길에 서 있다. 바로 이런 이유로 통합진보당의 정치적 견해에 찬성하는지 여부와 관계없이, 우리는 통합진보당에 대한 정당해산 심판청구를 반대하는 것이다.

박근혜 정부에 요구한다. 통합진보당에 대한 정당해산청구를 즉각 철회하라. 정치적 반대자에 대한 탄압으로 오해받을 수 있는 조치를 중단하고 민주공화국의 헌법수호에 나서라.

헌법재판소에 요청한다. 이 사건 청구는 기각되어야 마땅하다. 정당의 존립과 흥망성쇠는 유권자인 국민이 직접 판단해야 할 몫이라고 본다. 우리는 헌법재판소가 정치적 다원주의에 기초한 민주주의를 수호하는 데 앞장서 줄 것을 기대한다.

국민들께 호소드립니다. 민주정치를 지키는 과제는 통합진보당 당원에게만 맡길 문제가 아니라 바로 주권자인 우리 국민들 전체의 몫입니다. 또한 지난 시기 엄혹했던 군사독재 정권의 폭압을 뚫고 오늘의 민주체제를 만들어 왔던 것도, 우리 국민들의 피와 땀이 바로 그 원동력이었습니다. 민주주의를 지키는 일에 함께 동참해 주실 것을 간곡히 호소 드립니다.

2014년 11월 6일
통합진보당 강제해산 반대와 민주주의 수호를 위한 원탁회의

자료9. 민주주의국민행동 창립선언문

오늘 우리는 민주·민생·평화의 새 시대를 열어 갈 민주주의국민행동의 출범을 온 겨레 앞에 엄숙히 선언합니다.

우리의 선열들은 1894년의 동학농민혁명부터 일본제국주의자들의 압제와 폭정에 맞서 2천만 겨레가 독립과 해방을 외친 3·1운동에 이르기까지 자주와 평등을 위해 뜨거운 투쟁을 펼쳤습니다. 학생을 중심으로 한 민중의 힘으로 이승만 독재를 물리친 1960년의 4월 혁명, '신군부'라는 군사깡패들의 총칼에 맞서 목숨을 걸고 싸운 1980년의 광주민중항쟁, 박종철·이한열 열사의 죽음이 도화선이 되어 전두환 군사독재를 응징한 1987년의 6월 항쟁은 선열들의 숭고한 이념과 정신을 이어받은 기념비적 사건들입니다.

그러나 해방 70주년이 되는 2015년 6월 현재 조국과 민족의 현실은 참담합니다. 4월 혁명으로 이루어진 민주체제는 박정희 일파의 5·16 쿠데타로 무참하게 무너졌고, 김대중·노무현 정부시기에 적지 않은 성과를 거둔 민주화와 남북 평화공존의 토대는 이명박·박근혜 정부 7년 동안에 완전히 허물어지고 말았습니다. 1970년대 아버지 박정희의 유신독재를 세습한 현직 대통령 박근혜는 민주주의를 유린하는 한편 갈라진 민족의 화해나 공존과는 정반대 길로 치달으면서 가난하고 소외된 국민들을 남의 나라 사람 보듯이 하고 있습니다.

지난해 4월 16일 세월호 참사로 3백여 명의 고등학생들과 시민들이 정부의 무능과 직무유기 때문에 수장을 당했는데도 대통령이라는 사람은 아들을 잃은 아버지가 한 번만 만나달라며 한 달 넘게 단식을 이어가는 동안 그의 울부짖음을 완전히 외면하는가 하면 청와대 들머리에서 노숙하는 유족들에게 단 한 마디 사과나 위로도 하지 않았습니다.

국가기관의 대선개입 의혹의 진상을 밝히라며 국민들이 촛불을 들고 나서자 국가정보원이 남북정상회담 회의록을 불법적으로 공개하는가 하면, 검찰이 현직 국회의원을 내란음모 혐의로 구속하며 공안정국을 조성했습니다. 비선실세 국정개입이라는 권력암투 의혹이 불거지자 대통령이 직접 나서 이른바 '종북 콘서트' 논란을 빚어내는 한편 헌정사상 초유의 정당해산을 강행하기도 했습니다. 헌법재판소가 소설 같은 상상력과 근거 없는 추론을 바탕으로 헌정쿠데타를 자행한 것이나 다름없는 일입니다. 심지어 '서북청년단'과 폭발물 테러까지 나타났습니다.

최근에는 '성완종 리스트'를 통해, 2012년 대통령선거에서 새누리당 후보 박근혜 캠프의 핵심 인물들이 부정한 자금을 받은 혐의가 드러났는데도 박근혜는 단 한 마디 해명이나 사과를 하지 않았습니다. 그는 오히려 적반하장으로 노무현 정부가 성완종을 두 번 사면한 지엽적 사건이 마치 정치권 오염의 진원지라는 듯이 야권을 공격했습니다.

박근혜 정부는 부자들의 세금은 줄이고 서민의 세금만 늘리며 국민의 고혈을 짜내고 있습니다. 그뿐만 아니라, 친일독재를 미화하는 국정교과서를 만들려고 획책하는가 하면 건국절 논란을 통해 헌법에 명시된 독립운동의 정통성마저 부정하고 있습니다. 지금 한국사회에서 민주공화국은 자취를 감추고 불통과 독선의 권력이 역사의 시계를 거꾸로 돌리고 있습니다.

지난 5월 20일 메르스 감염자가 처음으로 발견된 이래 '초동 대처'에 실패한 박근혜 정권의 무능과 독선, 후안무치한 책임 회피는 극에 이르렀습니다. 제2의 '가쓰라·태프트 밀약'이라고 불리는 미·일 방위협력지침 '개악'에는 항의조차 못 하고 주한미군이 오산공군기지에 사전 협의 없이 탄저균을 들여와도 대통령이라는 사람은 입을 굳게 다물고 있습니다.

현재 대한민국을 지배하는 세력의 중심에는 친일파와 그 후손들, 이승만 정권 이래 박정희-전두환-노태우로 이어지는 독재를 세습한 보수정치집단, 남북의 분단을 영속화하면서 평화통일을 저해하는 수구 보수세력, 국민의 경제적 평등을 외면하고 강대국에 끌려가는 신자유주의 추종자들이 자리를 잡고 있습니다. 특히 친일세력은 지금도 반민주·반통일·신자유주의 세력과 함께 한국사회를 벼랑 끝으로 몰아가고 있습니다. 그들을 척결하지 않는다면 민주화와 민족의 자주성 확립, 민생의 안정과 평화통일은 결코 이루어질 수 없습니다.

지금처럼 박근혜 정권과 수구 보수세력이 4월 혁명과 부마항쟁, 광주민중항쟁과 6월 항쟁의 정신을 유린하는 행태를 계속하는데도 주권자들이 방관한다면 한국사회는 일본처럼 극우세력이 50년 넘게 정치를 지배하는 나라, 미얀마처럼 극소수 독재집단이 파쇼적 통치를 하는 나라로 전락할 가능성이 큽니다. 우리 국민은 민주주의가 위기에 처한 순간마다 떨쳐 일어나 부정하고 무능한 정권을 심판하고 나라를 바로 세운 자랑스러운 역사를 가지고 있습니다. 그 국민들은 이름 없는 평범한 사람들이었습니다.

해방 70돌을 맞이하는 바로 지금 평범한 주권자들이 다시 일어서야 합니다. 국정원을 비롯한 국가기관들이 저지른 명백한 부정선거에 힘입어 5년의 임기를 부여받은 박근혜를 법과 주권자의 이름으로 응징해야 마땅합니다. 정권이 함부로 망가뜨릴 수 없는 튼튼한 민주공화국을 세워야 합니다. 정통성도 합법성도 없는 정권을 어떻게 해서라도 유지하려고 민주주의를 짓밟고, 무능을 감추기 위해 서민의 고혈을 짜내며, '통일대박' 따위 허황한 구호를 외쳐대는 정권이 더 이상 발 디딜 수 없는 나라를 만듭시다.

극소수의 가진 자들이 아니라 대다수의 평범한 사람들이 더 행복하고 평화롭게 살 수 있는 국가를 건설해야 합니다. 삶의 벼랑 끝에 몰린 비정규직 노동자들이 고공농성을 하지 않아도 되는 나라, 외국 군대의 기지 건설을 위해 평화로운 마을이 철거당하지 않는 나라, 가장 중요한 주권인 전시작전권을 외세에 바치지 않는 나라, 젊은 이들이 삶의 벼랑으로 내몰리지 않는 나라를 만듭시다. 청소년들에게 1등 지상주의와 승자독식이라는 비인간적 관념을 주입하면서 교육이 아니라 '사육'을 강요하는 사회를 더 이상 방치할 수는 없습니다. 민주주의국민행동은 한국 사회운동의 중심축이 되어 정치개혁과 사회개혁을 위해 창조적이고 미래 지향적인 활동을 펼쳐 나가겠습니다.

민주주의국민행동의 구체적 목표는 다음과 같습니다.

첫째, 2017년 대통령선거를 통해 민주주의, 민생 안정, 남북의 평화공존과 통일을 지향하는 정부를 세우기 위해 여러 시민단체, 기층 민중단체, 풀뿌리조직 등과 결합하거나 연대한다.

둘째, 정당 창당을 목표로 하지는 않지만, 민주정권 수립을 위해 노력하는 모든 정치세력과 연대하거나 제휴한다.

셋째, 1960년의 4월 혁명 이래 민주·민생·평화를 위해 헌신해온 원로들, 박정희 유신독재정권과 전두환·노태우 군사정권 시기에 갖은 고난을 무릅쓰고 반독재 투쟁을 벌인 장년 세대, 지금 박근혜 정부의 무능과 독선 때문에 생존을 위해 몸부림치고 있는 젊은 세대를 아우르는 조직을 운영한다.

우리는 앞으로 노동자와 농민, 도시서민과 지식인·종교인, 사회적 약자와 소수집단 등 민주·민생·평화라는 가치를 공유하는 개인과 단체들이 민주주의국민행동에 참여해서 민주정부, 평화적 통일을 앞당기는 정부를 수립하는 대장정에 함께하기를 간절한 마음으로 촉구합니다. 나라와 겨레를 파탄으로 몰고 가는 박근혜 정권을 타파하고 민주·민생·평화의 새 시대를 이루기 위해 민주주의국민행동의 군건한 대오에 동참해 주시기를 국민 여러분께 간곡히 호소합니다.

2015년 6월 10일
민주주의 국민행동

자료10. 민주노총 4·24총파업 투쟁 결의문

투쟁의 깃발이 올랐다. 오늘 총파업과 향후 투쟁은 노동착취 박근혜 정권의 부패와 무능에 결정적 타격을 가할 것이며, 총파업을 지지하는 국민과 함께 정권퇴진 투쟁을 위해 내달리는 함성의 깃발이 될 것이다. 이제 투쟁의 포문을 열자!

2천만 전체 노동자의 임금과 고용안정을 빼앗고 위협하는 박근혜 정권은 이미 공격을 감행했다. 노사정위원회는 파탄 나고 정부의 노동시장 구조개악 음모가 폭로됐지만, 재벌 배 불리기에 혈안인 박근혜 정권은 단협 강제시정 등 직권을 남용하며 강행추진 방침을 밝히고 있다.

일반해고 요건을 완화하고 취업규칙을 멋대로 개악하는 등 '해고는 쉽고, 임금은 낮게, 비정규직은 더 많이 양산'하려는 노동시장 구조개악은 향후 20년 노동조건을 규정할 엄청난 사건이다. 또한 공무원연금을 삭감하고 공적연금을 후퇴시켜 국민의 노후를 재벌의 연금시장 먹잇감으로 내던지려는 박근혜 정권이다. 정부는 노동자-서민 착취정책을 당장 폐기하라.

파업에 나선 우리는 최저임금 1만 원을 요구한다. 700만 저임금 노동자와 그 가족들에게 고작 1백만 원 최저임금으로 살라는 것은 국가의 폭력이다. 최저임금이 최고임금이 된 착취적 현실에 분노한다. 최저임금 1만 원이 희망이다. 국가는 저임금 노동자들에게 '생존' 그 이상의 '생활'을 보장할 의무가 있다. 4인 이하 사업장이라는 이유로, 또 특수고용노동자라는 허울을 씌워 노동법의 보호로부터 배제시키는 것은 자본의 논리일 뿐이다. 만인이 법 앞에 평등하다면, 모든 노동자에게 노동법을 보장하라. 노동조합을 가질 권리를 보장하라! 이 쟁취과제를 위해 오늘 총파업은 시작일 뿐이다.

박근혜 정권에게 경고한다. 우리는 오늘 총파업으로 2015년 투쟁을 시작한다. 5월 1일 노동절엔 서울로 집결한다. 10만 노동자가 모여 '투쟁!'을 외치고 당신의 '퇴진!'을 요구할 것이다. 총파업은 파상적 투쟁의 시작이다. 더 치열하게 조직할 것이며, 5월로 6월로 우리의 투쟁은 계속될 것이다. 관권 부정선거로 탄생한 정권, 노동자들의 심장, 민주노총에 난입한 정권, 탐욕이 응축된 세월호로 304명 꽃 같은 목숨을 몰살시킨 정권, 정권 실세들의 부정부패 악취가 온 세상에 진동하는 정권, 그 중심에 선 박근혜 대통령은 정통성도 이 나라를 통치할 자격도 없다. 꺼내는 말마다 거짓이고 무책임과 해외도피로 점철된 정권은 노동자에게 결국 재앙이었다. 박근혜 정권 퇴진하라!

오늘 4·24총파업으로 우리는 2015년 투쟁의 포문을 열었다. 멈출 수 없는 우리의 투쟁을 위해 우리는 다음과 같이 결의한다.

하나, 노동시장 구조개악 폐기! 공적연금 강화! 투쟁에 함께할 것을 결의한다!

하나, 저임금노동자의 희망, 최저임금 1만 원 쟁취를 위해 투쟁할 것을 결의한다!

하나, 노동자는 하나다. 모든 노동자의 노동기본권 쟁취 그날까지 투쟁할 것을 결의한다!

하나, 부정선거 부정부패, 노동탄압 박근혜 정권 퇴진을 위해 투쟁할 것을 결의한다!

2015년 4월 24일
전국민주노동조합총연맹

자료11. 2015년 세계노동절 연대 선언문
연대의 손 맞잡고, 끝내자! 박근혜!

우리는 125년 전 노동자들이 장시간 노동을 거부하고 주 8시간 노동을 외치며 거리로 나섰던 그때와 마찬가지 심정으로 이 자리에 섰다. 오늘, 125주년 세계노동절은 노동자뿐만 아니라 인간답게 살고자 투쟁하는 우리 모두의 날이다. 더 이상 굴종의 삶을 살지 않겠다는 힘찬 다짐을 선언하는 날이다.

박근혜 정부는 한반도 평화 위협하고 식량주권 포기하는 TPP 가입 중단하라!

박근혜 정권은 12개국과의 떼거리 FTA협정인 환태평양경제동반자협정(TPP)에 가입하려 하고 있다. 중국을 배제하고 미국, 일본을 중심으로 한 TPP는 한반도와 동아시아 평화를 위협할 것이다. 수출 증대와 GDP 증가, 고용 확대 같은 장밋빛 전망도 거짓이다. TPP 가입의 가장 큰 피해자는 농민이다. 예외 없는 관세철폐를 기본으로 하는 무역협정이 맺어지면 쌀개방, 농축산물 개방으로 우리 농업은 무너진다. 수입개방으로 유전자조작식품, 방사능오염식품, 광우병 쇠고기가 우리 식탁을 위협할 것이다. 우리는 먼저 투쟁에 나서고 있는 농민과 함께 TPP 가입을 저지하기 위해 투쟁할 것이다.

가난하다고 죽을 수는 없다! 빈민 생존권 보장하라! 장애인 권리 보장하라!

백주대낮에 용역깡패들이 거리 노점을 뒤엎고 노점상을 구타하는 처참한 상황이 벌어지고 있다. 가족의 생계가 달린 노점 마차를 부수는 행정대집행은 다름 아닌 노점상 생존권 행정대집행이다. 단속과 폭력에 시달리지 않고 그저 맘 편히 장사하고픈 바람밖에 없는 노점상의 요구가 과한 것이란 말인가? 가족이 있다는 이유로 기초생활수급자도 될 수 없어서 가난 속에 죽음을 택하는 이들이 너무 많다. 그리고 수

많은 장애인들이 시설에 갇혀 평생을 지내고 있다. 고기 등급처럼 매겨지는 장애등급제 때문에 활동보조인을 못 구한 장애인들이 화재에 목숨을 잃고 있다. 박근혜 정권은 반인권, 부정의 정권이다. 박근혜 정권은 가난한 사람들을 위한 최소한의 사회 안전망도 파괴하고 있다. 우리는 외친다. 가난하다고 죽을 수는 없다!

거짓과 부정 그리고 부패비리의 몸통, 박근혜는 퇴진하라

세월호 참사 1년이 지난 지금도 세월호 가족들은 슬퍼할 기회마저 갖지 못한 채 거리에 나섰다. 박근혜 정권은 오로지 진상규명과 안전사회 건설을 염원한 국민들의 간절한 요청을 탄압으로 짓밟았다. 세월호특별법은 쓰레기 대통령령 때문에 휴지 조각이 될 위기에 처했다. 박근혜 정권은 무엇이 두려운가? 4·16 1주기에 맞춰 해외로 도망간 대통령이 세월호 선장과 무엇이 다른가? 지킬 것이 거짓밖에 없는 대통령은 필요 없다!

2015년 대한민국, 노동자, 농민, 빈민, 장애인, 여성, 이주민, 성소수자, 청년. 가난하고 차별받는 사람들, 힘없는 사람들이 생존의 낭떠러지로 내몰리고 있다. 박근혜 정권은 재벌의 이익만을 옹호하고 부자 감세와 서민 증세를 거듭해왔다. 쥐꼬리 퇴직금으로 창업한 상인들도, 박근혜 정권은 "증세 없는 복지"를 약속했지만 "복지 없는 증세"만 계속되고 있다. 박근혜 정권은 침몰 직전인 우리 삶을 구조할 의지가 없다. 노동자, 서민 다 죽이는 박근혜 정권 물러나라!

이렇게 살 수는 없다. 304명의 세계가 바다 속으로 송두리째 빨려 들어갔는데 일상으로 돌아가라고 등 떠미는 나라에서 살 수는 없다. 국가폭력과 불법, 무법이 난무하는 나라에서 죽은 듯이 살 수는 없다. 민주주의와 인권이 짓밟히고, 약한 자를 향한 증오와 멸시가 판치는 사회에서 살 수는 없다. 경쟁만 부추기는 사회, 내가 먼저 살아남아야만 살 수 있는 세상을 우리는 더 이상 견딜 수 없다.

사람이 사람답게 사는 세상을 위해 연대하자. 힘을 모으자. 저마다의 이유를 갖고 하나로 뭉치자. 지킬 것은 거짓밖에 없는 쓰레기 정권을 향해 우리는 오늘, 연대의 손을 맞잡고 선언한다.

끝내자 박근혜!

2015년 5월 1일
세계노동절 연대선언 참가자 일동

자료12. 민중총궐기투쟁본부 발족 선언문
모이자 서울로! 가자 청와대로! 뒤집자 세상을!

오늘 우리는 나날이 더해가는 박근혜 정권의 폭정에 맞서, 이 땅의 민주, 민생, 평화를 쟁취하기 위한 민중의 총궐기를 호소하기 위해 이 자리에 섰다. 지난해 294명의 생명을 앗아갔던 세월호의 비극이 올해 메르스 사태로 재현되어 36명의 생명이 또다시 스러졌다. 세월호 참사 당시 단 한 명도 구조하지 못했던 이 정권은, 무책임한 대응과 병원 공개 거부로 또 다른 세월호 참사를 만들어내고야 말았다. 결국 변한 것은 아무것도 없으며, 민중의 안전과 생존에는 눈꼽만큼의 관심도 없는 이 정권의 본질이 또다시 드러났다.

이 정권의 '묻지 마 대미 추종'과 '대북 적대정책'은 이 땅의 정의와 평화를 실종시켰다. 이 정부는 광복 70년과 '한일수교 50주년'을 대등한 위치에 놓고, 전범이자 지난 지배자였던 일본의 재무장과 집단적자위권 행사를 사실상 찬성하였으며, 한일 군사협정 체결로 한일 군사동맹을 꾀하고 있다. 또한 이 정부는 남북대결정책 고수와 흡수통일 노골화로 이 땅에 전쟁의 긴장을 높이고 있으며, 사드 배치를 추진하며 이 땅을 미국의 대중 군사대결의 전초기지로 만드는 위험천만한 행태를 보이고 있다.

작금의 경제위기는 금융화, 규제완화, 공공부문의 민영화(사유화), 노동유연화(고용불안정화) 등 신자유주의 경제정책을 통해 민중의 부를 빼앗아 소수에게 결집시킨 대가였으며, 따라서 위기의 해법은 빼앗긴 부를 민중에게 돌려주는 것이었다. 그러나 박근혜 정권은 오히려 수출, 부동산, 의료-철도-가스-물 민영화, 노동 유연화를 더욱 강화하며 재벌과 부자들의 배를 채우는 방향으로 나아갔으며, 그것도 모자라 이제는 임금피크제로 전체 노동자의 임금을 삭감하고, 일반해고 도입으로 모든 노동자를 비정규직으로 만들며, 비정규직 사용기한을 2년에서 4년으로 연장해 노예계약을 연장시키려 하고 있다.

이는 경제 위기의 고통을 노동자 민중에게 전가하고, 안 그래도 사측의 불법, 탈법이 난무하는 노동시장을 무법천지로 만들어, 노동자를 노예로 만들겠다는 것에 다름 아니다. 박근혜 정권은 한·호주, 한·캐나다, 한·중 FTA를 밀어붙이고, 이제는 환태평양경제동반자협정(TPP) 가입까지 강행하고 있다. 그리고 이를 위해 협상 한 번 제대로 해보지 않고 쌀 시장을 관세화 해 전면 개방하였고, 그러면서도 쌀 시장 개방으로 이제 수입할 의무가 사라진 밥쌀용 쌀 수입은 그대로 지속하고 있다. 그 결과 쌀 값은 폭락하고, 국내 식량주권의 절대적 비중을 차지하는 쌀 농업이 위기에 처했으며, 이 나라 농민의 생존권은 마지막 벼랑에 섰다.

재개발, 도시정화라는 이름 아래 자행되고 있는 빈민에 대한 탄압도 쉼 없이 지속되고 있다. 노점상, 철거민들을 사지로 내모는 이 정권의 만행은 제2, 제3의 용산 참사를 예비하고 있다. 건설자본에게 먹거리를 제공하려는 이 정권의 노력은 이제 설악산 등 국립공원에 케이블카를 설치를 추진하는 지경에 이르렀고, 민중의 거센 반대에도 불구하고 노후 원전 재가동과 신규 원전 건설이 지속되고 있다.

이 땅의 청년들은 실업자로, 알바로, 비정규직으로 내몰려 저임금과 고강도 노동에 시달리고 있으며, 폭등한 집값과 전세가, 과도한 월세는 이들을 3포, 5포, 7포 세대로 내몰고 있다. 이렇게 연애, 결혼, 출산, 내 집 마련, 대인관계도 모자라 꿈과 희망까지 포기해야 하는 상황에 내몰린 청년들은, 이제 이 나라를 '헬조선', '망한민국'이라 부르며 "이 땅을 떠나고 싶다"고 절규하고 있다.

민중의 현실이 이렇게 참혹함에도 진실은 가려지고, 민의는 왜곡되며, 민주주의는 실종되었다. 정권의 실정에 맞서야 할 거대 야당은 싸우려 들지 않고 제 앞가림에만 급급하고, 선거를 통해 의석을 배출한 진보정당은 '종북몰이'에 의해 강제 해산당했다. 사법부는 권력의 입맛에 맞는 편향적 판결을 일삼고, 언론은 최소한의 부끄러움조차 없이 정권의 저열한 나팔수가 된 지 오래이며, 정보기관은 국민을 해킹하고, 진실을 말하려는 이를 위협하고 있다. 이렇듯 보호해 줄 곳도, 함께 싸워줄 곳도, 진실을 알려줄 곳도 없는 이 암담한 현실, 쌓이고 쌓여 폭발 직전에 이른 민중의 분노는, 이제 민중 스스로 궐기하여 빼앗긴 권리를 되찾을 거대한 투쟁을 요구하고 있다.

이에 우리는, 빼앗긴 안전과 평화, 민주주의와 민생을 되찾고자 하는 민중의 굳은 의지를 받아 안고 오늘 민중총궐기투쟁본부를 발족하며 11월 14일 민중총궐기 대회 개최를 선언한다. 우리는 11월 14일 10만 명을 목표로 하는 민중 총궐기를 통해, 박근혜 정권과 재벌들이 추구하는 반민중 정책에 대한 민중의 분노를 보여줄 것이다. 대회는 노동자대회, 농민대회, 빈민대회, 청년학생대회, 장애인대회 등 각계각층의 부문대회를 개최한 뒤, 본대회로 집결하는 방식으로 진행할 것이다.

우리는 민중총궐기로 가는 과정에서 노동개악 저지투쟁, 각계각층의 민중총궐기 선언운동, 재벌 사내유보금 환수운동 등을 전개할 것이며, 100만 유인물 배포 등 대규모 홍보 사업, 지역농활과 현장순회, 지역별 민중대회 등을 통해 민중을 만나고,

전 국민적 "청와대로 가자" 운동을 통해 민중의 분노를 모아낼 것이다.

이 땅의 모든 민중이여, 모이자, 서울로! 가자, 청와대로! 뒤집자, 세상을!

2015년 9월 22일
민중총궐기투쟁본부

자료13. 11·14 민중총궐기 노동자·농민·빈민 대표 호소문

이명박근혜 정권 들어선 지 8년. 이 8년이라는 시간이 지나며 우리 사회는 형식적이나마 남아있던 민중의 생존과 민주주의를 어디서도 찾아보기 어려운 시대가 되어버렸습니다. 강자는 약자를 짓밟으며 약자들로 하여금 노예와 같은 굴종의 삶을 살 것인지 죽음을 택할 것인지의 선택을 강요하고 있습니다.

그렇습니다. 이미 이 사회는 날카로운 이빨과 발톱을 지닌 맹수만이 우글거리는 동물의 왕국이 되어버렸습니다. 얼마 뒤면 형식적으로나마 남아있는 민주주의의마저 사라질 것이며, 서민들을 위해 만들어졌던 복지, 사회안전망, 공공성 등의 사회적 협약들도 휴짓조각이 되어 사라지게 될 것입니다.

우리 국민들의 아들딸들이 그토록 처참하고 억울하게 차가운 바닷속에 잠겨갈 때 그들은 구조를 외면했습니다. 오히려 적반하장으로 국민과 유족을 상대로 거짓말은 물론 조용히 있으라고 겁박하기 급급했습니다. 진실규명을 외면하는 불의한 정권에 분노하고 있지만 권력의 패악질은 더욱 기승을 부리고 있습니다.

노사의 중재자 역할을 해야 할 정부는 자본의 마름을 자처하며 더 쉬운 해고, 평생 비정규직화를 노동개혁이라는 포장으로 선전하며 2000만 노동자에게 노예각서를 쓰라 강요하고 있습니다. 농민은 어떻습니까? 개방농정으로 백척간두에 놓인 농민을 더 죽이지 못해 안달입니다. 심지어 정부는 의무가 사라진 밥쌀마저 수입해 농민들의 목줄마저 끊어버리겠다고 덤벼들고 있습니다. 가족의 삶을 위해 차린 노점상을 폭력으로 짓밟고 부숴버리고 있습니다. 감당하기 어려울 만큼의 빚을 내서 차린 가게를 재개발이라는 명목으로 가차 없이 철거하고 빈손으로 떠나라 합니다.

국민 여러분! 이제 우리가 할 일은 거리로 나서지 않고는 버틸 수 없는 상황입니다. 모여야 합니다. 모여서 이 썩은 세상을 뒤집어야 합니다. 우리 사랑하는 자식들에게는 희망을 주고, 이 땅의 민주주의와 정의가 살아있음을, 사람 사는 세상이 되도록 모여야 합니다. 11월 14일입니다. 이 땅의 모든 노동자, 농민, 빈민, 여성, 장애인, 청년, 학생, 시민들이 모두 모여 우리의 분노를 청와대를 향해 확실히 보여줍시다. '못 살겠다 갈아엎자'는 각오로 11월 14일 서울로 모여주시기를 다시 한 번 간곡히 호소드립니다.

2015년 10월
전국민주노동조합총연맹 위원장 한상균/ 전국농민회총연맹 의장 김영호/
전국여성농민회총연합 회장 강다복/ 전국노점상총연합 의장 조덕휘/
민주노점상전국연합 위원장 김현우 드림

자료14. 역사교과서 국정화 저지 및 11·14 민중총궐기·시민대회 참여 호소 시민사회 원로·대표 선언
역사쿠데타 민주파괴 민생파탄 박근혜 정권 심판하자!

대한민국에서는 지금 "무능하고 불의한 위정자들이 민생을 도탄에 빠뜨린다"는 역사적 진실이 재현되고 있다. 우리는 상위 10%에 전체 소득 절반이 집중되는 불평등의 땅 대한민국에서 부패하고 무능한 권력자들이 국민 위에 군림하는 세상을 뒤집고, 생존권을 지키기 위해 일어선 노동자, 농민, 빈민을 비롯한 민중의 투쟁을 뜨겁게 지지한다.

박근혜 정권이 민중의 삶을 얼마나 고단하고 궁핍하게 만들었는지는 2015년 대한민국을 달군 '헬조선'이라는 말이 여실히 보여주고 있다. '지옥 같은 대한민국'의 박근혜 정권은 재벌들의 곳간을 채우기 위해 쉬운 해고로 노동자들을 벼랑 끝으로 내몰고, 비정규직의 노동기본권마저 박탈하려 하고 있다. 농산물 가격은 갈수록 떨어지는데 TPP 가입 추진도 모자라 밥쌀용 쌀까지 수입해 농민들의 생업을 위협하고 농업을 말살하려 들고 있다. 사시사철 철거와 노점 단속 위협에 시달리는 빈민들, 장애등급제와 부양의무제 때문에 인간답게 살 기본적 권리마저 박탈당한 장애인 등 사회적 약자들의 삶은 비참하기 짝이 없다.

박근혜 정권은 민생을 이토록 파탄에 몰아넣고도 모자라 천년만년 가진 자들의 세상을 만들겠다는 헛된 야욕으로 역사쿠데타까지 획책하고 있다. 일찍이 역사적 평가가 완료된 '인혁당 사법살인'에 대해 "법원의 판결이 두 가지"라며 "역사의 평가에 맡기자"더니, 정작 그 역사의 평가마저 왜곡 조작해 아버지 박정희의 친일반민족 행위와 군사쿠데타, 그리고 독재를 은폐하거나 미화하려는 천인공노할 범죄를 저지르고 있다.

한국사교과서 국정화는 단순히 과거 미화와 왜곡으로 그치는 문제가 아니다. 과거 친일·독재 수구정권이 저질렀던 수많은 비리와 인권탄압 등의 범죄행위를 되풀이하겠다는 대국민 선전포고다. 이에 우리는 오는 11월 2일 한국사교과서 국정화 방침 행정예고가 끝나 확정 고시되지 않도록, 이를 저지하기 위해 온 국민이 힘을 모아주시기를 호소드린다. 우리는 국민 여러분들께 한국사교과서 국정화에 반대하는 서명운동, 교육부에 의견서 제출, 매일 저녁 촛불집회에 동참해주실 것을 부탁드린다. 또한 바로 내일, 10월 17일 4시, 한국사교과서 국정화 저지 국민대회로 힘을 모아주실 것을 간곡히 호소 드린다.

나아가 우리는 참혹하고 참담한 민중의 삶을 더 이상 두고 볼 수만은 없다. 민주주의와 민생을 되살리기 위해 온 국민이 떨쳐 일어나자. 진실이 가려지고, 민의는 왜곡되며, 민주주의는 실종된 대한민국을 국민의 힘으로 바로 세우자!

우리 국민은 민주주의를 억압하고 민중을 수탈하는 독재에 맞서 불의한 정권을 심판하고 나라를 바로 세워온 자랑스러운 역사를 가지고 있다. 그 자랑스러운 역사를 이어갈 11월 14일 민중총궐기를 적극 지지하며, 세대와 지역, 계층을 초월해 민주주의와 민생을 지키기 위한 투쟁에 모두 함께하기를 호소한다. 또한 박근혜 정권에 대한 국민들의 심판 의지를 하나로 모으고 행동으로 보여주기 위해 각계각층이 참여하는 '시민대회'를 개최할 것을 제안한다. 11월 14일 시민대회와 민중총궐기를 계기로 불의한 권력을 심판하고, 민주주의와 민생, 평화를 되살리기 위한 범국민운동의 대장정을 힘차게 시작하자!

2015년 10월 16일
민주주의국민행동

자료15. 제1차 민중총궐기 민주노총 기자회견문

주먹 불끈 쥐고 13만 민중총궐기에 나선다, 정치파업 불법협박 두렵지 않다. 구속 각오로 총파업, 2차 총궐기 이끌 것

노동자, 농민, 빈민, 청년학생 등 재벌세상의 기득권 아래 빼앗기고 신음하는 민중들이 오늘 마침내 민중총궐기에 나섭니다. 13만, 이 거대한 군중은 대통령 박근혜가 무슨 짓을 했는가를 목격한 시대의 증언자들입니다. 소위 노동개혁은 쉬운 해고와 비정규직 확산시키는 노동개악입니다. 쌀 수입 확대와 TPP(환태평양경제동반자협정)는 농민생존을 위협하는 농업말살 정책입니다. 폭압적인 노점단속과 폭등하는 전월세 강탈은 도시빈민의 일터를 빼앗고 있습니다.

어제 정부부처가 발표한 합동담화는 국민을 향한 엄포와 왜곡으로 점철된 탄압입니다. 정부에게 서민경제는 뒷전입니다. 양극화 대책에 무능한 정부는 아무런 반성도 없이 국민총생산만 자랑합니다. 재벌은 글로벌 돈방석에 앉았지만, 비정규직은 넘쳐나고 노동자의 절반은 200만 원 이하의 임금을 받는 현실은 국민총생산이 결코 평등의 수치가 아님을 말해줍니다. 정부는 재벌을 위해 나쁜 일자리를 만들며 노예노동을 강요합니다. 노동개혁은 이 참담한 현실을 더 확대할 뿐입니다.

박근혜 희망펀드에 노동개악 뒷돈을 찔러 준 것 외에 재벌기업들이 한 게 무엇입니까. 오히려 기업들은 노동개악을 통해 세액공제, 세무조사 면제 등 온갖 지원을 받습니다. 반면 노동자는 더 쉽게 해고당하고 임금도 깎이며 비정규직으로 떠돌게 됩니다. 노동재앙의 빗장을 열기 위해 정부는 청년들의 절망을 악용했습니다. 청년고용은 거짓 명분일 뿐, 청년고용 증대를 위한 명확한 보장은 전혀 없습니다.

비정규직 노예노동을 2년 더 연장시키고 금지된 파견고용을 대폭 확대하면서 비정규직 고용개선이라 말하는 노동부 장관의 연기력이 놀라울 지경입니다. 눈곱만큼 실업급여를 늘린 것을 대단한 사회안전망으로 과장하면서, 왜 수급조건을 까다롭게 개악한 것은 말하지 않는 것입니까. 오랫동안 노동계가 요구한 출퇴근 재해인정을 노동개악의 구색을 맞추려 이제서야 겨우 수용하면서 무슨 대단한 혜택인 양 선전하는 모습도 비양심입니다.

잘못된 사실로 여론을 호도하고, 살고자 몸부림치는 노동자를 매도하는 건 정부입니다. 민중총궐기는 폭력행위를 하려는 것이 아니라, 민생난의 책임과 민주주의에 대해 묻고 있는 것입니다. 노동개혁 안 하면 딸, 아들이 희망을 포기한다고 겁박하는 정부엔 분노가 치밉니다. 반성부터 해야 할 '헬조선 정부'가 이미 7포세대로 살고 있는 청년들에게 할 소리가 아닙니다. 노동개혁을 안하면 청년들이 희망을 포기하는 것이 아니라, 노동개혁을 한다면 오히려 딸, 아들은 실업과 비정규직을 전전하고 정규직 전환의 희망은 평생 사라집니다.

민중의 단결, 총궐기야말로 세상에 희망을 불어넣는 절박한 숨구멍입니다. 정부는 노동개악을 당장 중단해야 합니다. 중단하지 않는다면 민중총궐기의 분노와 기세를 노동현장에서 다시 목도할 것입니다. 민주노총은 취업규칙 개악과 성과해고 행정지침이 발표되거나 국회에서 개악법안 통과가 시도될 시, 즉각 총파업으로 대응할 것입니다. 그 시기는 12월 초가 될 것으로 예상합니다. 또한 비슷한 시기 2차 총궐기도 조직해낼 것이며, 그때는 전국 각지에서 정권심판을 외칠 것입니다.

정치파업은 노동자들의 권리입니다. ILO(국제노동기구)는 노동자의 직접적인 관심사인 경제정책 및 사회정책에 대한 해법을 추구하는 것도 파업의 권리에 포함된다고 규정합니다. 보수적인 한국 대법원조차 노동정책이나 노동법 등에 관한 파업이라도 그 전격성과 손해의 막대함을 검토하여 불법성을 판단해야 한다고 보고 있습니다. 노동자가 잘못된 노동정책에 반대하는 것을 금지하며 정치파업에 무조건 불법 딱지를 붙이는 건, 구악이며 독재의 유산입니다. 2014년 이탈리아에서 노동법 개악 반대 총파업을 주도한 이탈리아노총(CGIL) 사무총장 수산나 카무쏘(Susanna Camusso)는 또다시 파업을 구상하며 자유롭게 돌아다니고 있습니다. 박근혜 파시즘의 정치파업 협박은 두렵지 않습니다. 저는 전체 노동계급을 대신해야 할 민주노총 위원장으로서 정치총파업, 그 권리선언의 길에 또다시 구속을 각오하고 나설 것입니다.

민주노총은 장시간노동 단축 논의를 강력히 촉구합니다. 가장 유력한 일자리 창출 방안이지만, 기업의 부담이 따른다는 이유로 정부가 가장 먼저 배제했던 일자리 창출 방안, 노동시간단축을 더 이상 미룰 수 없습니다. 한국의 세계 최장시간노동은 취업자의 과로와 청년실업의 모순, 산재사망 1위, 창의력의 빈곤, 가족관계의 소외 등 이루 다 말할 수 없는 사회적 병폐를 낳았습니다. 장시간노동 단축과 더불어 비정규직을 정규직화하고 공공서비스를 강화해 복지와 일자리를 확충해야 합니다. 이것이 진정한 개혁이며 우리 사회가 합의할 수 있는 유일한 대안입니다.

어제 정부는 총궐기에 나선 노동자들에게 "주먹을 휘두를 자유는 코앞에서 멈춰야 한다"고 말했습니다. 폭력은 정부가 저지르고 있습니다. 보수언론과 자본이 노동자에게 집단구타를 가하고 정부가 목에 칼을 들이대고 있는데, 우린 멈출 수 없습니다. 더 불끈 주먹을 쥐고, 정권의 오만한 콧날이 뭉개지도록 반격할 것입니다. 투쟁!

2015월 11월 14일
전국민주노동조합총연맹 위원장 한상균

자료16. 제1차 민중총궐기 전교조 결의문

역사쿠데타와 교육노동파탄정책을 총력투쟁으로 분쇄하여 참교육과 민주주의를 지켜낼 것이다!

박근혜 정권의 탄압에 신음하는 온 나라 민중이 총궐기하는 오늘, 우리 전교조 교사들은 탄압받는 민중의 일원이자 역사를 바꿀 주체로서 이 자리에 섰다. 반민주 정권의 폭압과 폭거에 대한 거대한 분노는 대반전의 에너지가 되고 있으니, 이 사회의 역주행을 멈추고 새로운 전망을 열어젖히려는 민중의 몸부림이 뜨겁다.

박근혜 정권은 1929년 일본제국주의에 맞선 학생독립운동을 기념하는 '학생의 날'에 때를 맞추어 '제2 유신 역사쿠데타'를 감행하고 말았다. 한국사교과서 국정 고시는 교육을 정치권력의 시녀로 부리겠다는 노골적인 선언이자 민주주의 파괴 선포이다. 정치권력은 부패권력과 악덕자본의 지배를 영속화하기 위해 미래세대의 역사 의식을 제멋대로 조종하려 들고 있다. 교육의 자율성, 전문성, 중립성이 짓밟히고 교육이 정치권력에 능욕당하고 있다.

역사쿠데타에 동원되는 수법 또한 충격적이다. 혈세를 쏟아부은 일방적인 TV 광고를 비롯해 온갖 거짓 선전이 난무하고 심지어 비밀 추진팀까지 은밀하게 가동되었다. 국정화에 반대하면 모조리 '적'으로 몰아붙이는 저열한 협박이, 이를 비판하는 입에는 재갈을 물리는 공포의 탄압이 자행되고 있다. 흡사 군사정권 시절을 떠올리게 하는 광기 서린 행태는 국민들의 마음에 깊은 상처를 내고 있다.

전제군주조차 사관의 역사서술에 관여하지 않는 법이거늘, 대통령이 나서서 역사기술의 방향을 직접 지시하고 국방부마저 교과서 집필에 참여하겠다고 나서니 참으로 통탄할 노릇이다. 곡학아세하는 거짓 학자들과 총칼을 두른 호위무사들이 협잡해 만드는 친일독재미화 역사왜곡 교과서가 아이들의 책상에 놓이는 것을 우리는 가만히 두고 볼 수 없다.

정권은 교육의 내용을 지배하는 한편, 정권이 원하는 교육을 교사들에게 강제하기 위해 교육노동에 대한 철저한 통제를 획책하고 있다. 이제 '시행령 정치'를 넘어 훈령과 규칙까지 제멋대로 뜯어고치는 행정권 남용으로 교원평가 훈령 제정을 강행하는 중이다. 근무성적평정과 성과급을 통합한 '교원업적평가'를 도입해 교직사회를 경쟁과 갈등과 분열의 정글로 만들려 한다. 임금·인사의 연계와 천박한 성과주의의 강화는 교원 임금 삭감과 손쉬운 교사 해고를 의도한 작업들이다. 이로써 교사들을 국가권력의 강력한 통제 안에 가두어, 그릇된 정책들에 대한 교사들의 비판과 저항을 봉쇄하겠다는 것이다.

일찍이 전교조를 해충에 비유했던 박근혜 대통령은 우리를 국민이 아닌 적으로 간주하고 있다. 전교조를 법 밖으로 밀어내려는 집요한 공격 역시 권력의 교육지배에 걸림돌이 되는 존재를 아예 제거해버리겠다는 속셈에 따른 것이다. 따라서 교육노동파탄정책을 파탄내고 전교조 법외 노조화 공작을 분쇄함으로써 교육노동자들을 노예처럼 부리려는 정권의 기획을 물거품으로 만들고 교육계 내부로부터 샘솟는 변화의 동력을 보존, 강화할 시점에 우리는 서 있다.

역사쿠데타가 춤추고, 정치권력이 교육을 침탈하고, 민주주의가 뒷걸음치고, 참교육이 눈앞에서 능멸당하고 있는 오늘, 전교조가 가야 할 길은 자명하다. 참교육의 뜨거운 심장과 교육노동의 당당한 기개로 온갖 탄압을 견디고 오늘에 이른 전교조는 그 어느 때보다 강고한 단결과 강력한 투쟁으로 위기를 돌파할 것이다. 우리는 권력의 간교한 탄압에 한 치도 흔들리지 않고 맞서 싸우겠다. 그리하여 총체적 파국을 막고 시대의 어두운 터널을 빠져나올 돌파구를 열어 우리 사회에 희망의 빛을 가져올 것이다. 교육을 지키고 민주주의를 수호함은 역사가 전교조에 부여한 임무이다. 이를 온 힘을 다해 수행함으로써 후대에 부끄럽지 않고 역사 앞에 자랑스러운 전교조가 되겠다.

박근혜 정권에게 말한다. 자신만이 올바른 혼을 가졌고 자기를 비판하면 혼이 비정상이라고 폭언하는 독재자는 민중의 회초리로 혼이 나게 되어 있다. 정상적인 사람들은 이 나라가 정권의 것이 아니라 민중의 것이라는 것을 안다. 민중을 짓밟는 권력은 필멸한다는 것이 역사의 자명한 이치다. 정권은 파국과 자멸을 모면하려거든 오늘 민중총궐기에 대한 탄압을 당장 거두고 온 나라에서 표출되는 비판의 목소리를 겸허하게 들어라.

정부는 들어라!

1. 지난 3일의 한국사교과서 국정 고시는 이미 과속 중인 개정 교육과정마저 추월함으로써 법적 정당성마저 상실했으므로 원천무효이다. 한국사교과서 국정 고시를 스스로 철회하라!

1. 한국사교과서 국정화 반대 교사 시국선언에 대한 적반하장격의 고발을 스스로 철회하라!

1. 현재 추진 중인 교원평가 훈령 제정은 법치주의에 어긋난 것이니 당장 중단

하라!

1. 교사를 노예처럼 부리고 지배하기 위한 속셈을 버리고 임금-인사 연계 정책을 포기하라!

1. 비판 세력에 재갈을 물리려는 전교조 법외 노조화 조치를 스스로 거두라!

우리는 결의한다!

1. 박근혜 정권의 반민주·반노동·반교육 정책에 총력투쟁으로 맞설 것을 결의한다!

1. 교육의 자율성, 전문성, 중립성을 침해한 한국사교과서 국정제를 백지화시키기 위해 시민들과 연대하여 강력한 투쟁을 전개할 것을 결의한다!

1. 임금·인사 연계, 교원평가 훈령 제정 등 교육노동파탄정책을 투쟁으로 분쇄할 것을 결의한다!

1. 법외 노조화 탄압에 맞서 참교육 전교조를 기필코 사수할 것을 결의한다!

1. 박근혜 정권의 역사왜곡과 노동개악에 맞서 11월 20일 연가투쟁을 힘차게 조직할 것을 결의한다!

1. 역사를 바꾸고 나라를 바로 세우는 민중총궐기의 노정에 끝까지 함께 할 것을 결의한다!

> 2015년 11월 14일
> 민중 총궐기의 날 민중총궐기 전국교사결의대회 참가자 일동,
> 전국교직원노동조합

자료17. 제1차 민중총궐기 민주주의국민행동 대회사

역사쿠데타 저지! 세월호 진상규명! 민주민생수호!

오늘 범시민대회의 주제는 민주주의국민행동이 제안하는 아름다운 공동체 건설, 민주주의 실현과 통일공동체 실현을 위한 우리들의 큰 꿈이 첫 번째 지향입니다.

두 번째는 지난해 304명의 세월호 참사의 희생자들과 사랑하는 우리 학생들과 부모님들의 아픔을 마음속에 간직하면서 이 시대를 잘 진단하고 우리가 해야 할 일을 찾기 위해 오늘 이 자리에 함께합니다. 정부는 세월호 진상규명을 위해서 노력하지 않고, 은폐하고, 왜곡하고 감추기 위해서 갖은 나쁜 짓을 저지르고 있습니다. 우리

모두 양심의 이름으로, 인간의 이름으로, 시민의 이름으로 이들을 꾸짖고 꼭 진상을 밝히고 우리들의 역사적 책무를 다하도록 함께 다짐하는 자리가 되어야겠습니다.

세 번째는 역사쿠데타 저지를 위해서 우리 국민들이 모두 뜻을 모아야 합니다. 우리는 현실 속에서 역사를 기술하면서 불의한 박근혜 정권의 음모를 잘 알고 규탄해야 합니다. 저는 1971년 이곳에서 멀지 않은 장충동에서 그 당시 대통령 후보였던 김대중 후보가 했던 이야기를 기억합니다. 그 당시 박정희는 3선 개헌을 하고 정권을 민주적으로 이양하겠다고 입으로는 이야기했습니다. 그러나 마음속으로는 영구집권을 꿈꾸면서 국민들을 속였습니다. 그때 김대중 후보는 "지금 대통령을 바꾸지 못하면 박정희는 영구집권 할 것입니다. 이것을 알아야 할 것입니다"라고 외쳤습니다. 그런데 45년이 지난 오늘, 박근혜가 똑같이 국민을 속이고 역사를 왜곡하면서 장기집권을 계획하고 꿈꾸고 있습니다.

우리는 역사 현실을 우리의 사고를 통해서 잘 진단해야 합니다. 내가 어디에 살고 있는지, 청와대 권력자들과 새누리당, 거짓말 하는 정치인들이 무슨 음모를 꾸미고 있는지 음모를 잘 파악해야 합니다. 그것을 저지하기 위한 바른 처방을 위해 우리가 모였습니다. 그 처방을 제대로 할 때 바로 민주주의가 이룩되고 세월호 참사의 진상이 제대로 규명될 수 있습니다. 박근혜 정권은 늘 정직하자고 하면서 거짓을 이야기합니다. 이런 거짓의 본질과 행태를 잘 꾸짖어야 합니다. 그런데 거짓 언론들이 이런 거짓을 여과 없이 국민들에게 전달해 우리의 머리를 썩게 하고 있습니다.

인류의 보편적인 가치, 정의, 진리, 연대적인 가치를 함께 해주시면 좋겠습니다. 세월호 참사의 희생자들, 생활고에 허덕이는 많은 노동자 농민들, 일자리를 구하지 못하는 청년학생들, 이들의 고통을 마음속에 품으면서 기도드립니다. 그리고 지난날 일제시대에 나라의 독립을 위해 몸 바친 선열들, 민주주의를 위해 희생된 모든 민주동지와 선배들, 통일을 위해 애쓰신 모든 분을 마음에 품고 세상 곳곳에서 희생되고 있는 많은 분들을 비롯해 모든 아픔을 나눌 수 있는 보편적 가치가 민주주의와 인권, 민생수호를 위한 우리들이 지향해야 할 가치입니다.

오늘 저는 민주주의국민행동의 일원으로서 우리 시민들과 정치권과 새누리당과 박근혜, 불의한 정권을 타파하는데 뜻을 같이하는 모든 분들께 호소하고 싶습니다. 우리가 해야 할 일은 나라의 독립을 찾기 위해서 좌우 독립운동가들이 함께 모였던 신간회의 일치운동, 또 이승만 독재정권을 타파했던 4·19 정신, 박정희를 타파하고 전두환 신군부를 타파했던 1987년 6월 항쟁정신을 가지고 내년과 내후년에 있을 국회의원 선거와 대통령 선거에서 선거를 통해 이 위정자들을 바꿔 내야합니다. 선거혁명을 해야 합니다. 선거혁명을 위해서는 우리가 야권대연합을 위한 범국민운동을 펼쳐야합니다.

야권대연합을 위한 범국민운동본부를 설치할 것을 제안하면서 정치권의 모든 분들, 박근혜, 새누리당, 친일파, 독재자, 분단세력을 타파하는 모든 세력이 뜻을 모아 함께하기를 오늘 참석하신 모든 분과 전국에서 오신 국민들께 호소드리고 싶습니다. 우리의 뜻 꼭 이룩하고 싶습니다. 제가 요새 역사를 쓰고 있습니다. 저는 2015년에 살지 않고 2050년에 살고 있습니다. 2050년에 역사는 이렇게 기록됩니다. "박근혜 그 여인, 참 독하고 거짓말 잘하고 나쁜 여인이었다" 이것이 역사입니다.

2015년 11월 14일
민주주의국민행동 상임대표 함세웅

자료18. 한상균 민주노총 위원장-현 시국 및 거취 관련 입장 발표문

부처님의 자비로 하루하루를 보내고 있습니다. 조계사에 몸을 의탁한 지 12일째입니다. 잘못된 정부정책을 반대하여 집시법, 도로교통법 등 실정법을 위반했다는 이유로 중대범죄자(?)가 되어 경찰의 표적이 되었습니다. 그래서 부득이 조계사에 잠시 몸을 피신하고 의탁했습니다.

제가 조계사에 머무른다는 이유로 수백 명의 경찰병력이 상주하는 등 큰 불편과 고통을 감내하고 계신 조계사 신도님들과 스님들에게 거듭 죄송하고 감사드립니다. 조계사에 머물며 부처님 말씀을 새기며 참회와 성찰을 하고 있습니다. 분명히 말씀드립니다. 제가 행한 행동으로 감당해야 할 책임이 있다면 피하지 않겠습니다. 그러나 정부의 잘못된 노동정책이 불러올 상상할 수 없는 고통스러운 현실 앞에서 개인 한상균이 아닌 민주노총 위원장으로서 저의 거취문제와 더불어 현 시국에 대한 입장을 밝히고자 합니다.

1. 11·14 13만 국민들은 무엇을 요구하였는가?

11월 14일 민중총궐기가 폭력시위와 과잉진압 논란으로만 부각되는 것은 잘못입니다. 13만의 국민이 서울에 모인 이유는 무엇입니까? 폭력시위를 하기 위해 이렇

396

게 많은 시민들이 생업을 접고 모였겠습니까? 그렇지 않습니다. 8만 명의 노동자들은 소위 노동개혁은 재벌의 배만 불리는 노동재앙이기에 폐기할 것을 요구하였습니다. 2만 명의 농민들은 농민들을 죽음으로 몰아넣고 있는 반농업 정책을 중단할 것을 요구하였습니다. 1만 명의 빈민들은 무대책의 노점상, 빈민 철거정책 중단과 생존권 보장을 요구하였고, 수천 명의 학생들은 박근혜 대통령이 그렇게 걱정해 마지않는 청년실업문제 해결과 좋은 일자리, 최저임금 1만 원 실현을 통한 헬조선 탈출을 위해 친자본 친재벌정책을 바꿀 것을 요구하였습니다.

또한 수만 명의 시민들은 특정 정권에 의한 역사왜곡을 막기 위해 한국사교과서 국정화 반대와 세월호 진상규명, 민주주의 파괴 중단을 한 목소리로 요구하였습니다. 한마디로 박근혜 정부의 반노동, 반민주, 반민생 정책에 대한 절박하고 절절한 국민들의 목소리이고 요구였습니다.

2. 사상 최악의 폭력시위였습니까?

군사독재정권에 항거하는 시위과정에서 실정법 위반은 불가피했고 다반사였습니다. 권력을 보호하는 데만 엄격히 적용되는 법질서는 국민들에겐 올가미일 수밖에 없음을 역사는 보여주었습니다. 다르지 않습니다. 11월 14일 정부는 민심의 표출을 막기 위해 광화문 주변을 차벽으로 꽁꽁 포위하여 심지어 일반인의 통행조차 가로막았고, 최루탄 이후 시위진압 장비로 등장한 살수차에 강력한 최루액을 투입하여 고압으로 내리꽂는 강력한 물대포로 진화하여 등장하였습니다.

차벽을 시민들이 밧줄로 묶어 끌어당긴 것 등은 누가보아도 명백한 실정법 위반입니다. 부정하지 않습니다. 그런데 지금 종편 방송이 앵무새처럼 편집하여 내보내는 화면처럼 14일의 시위 양상이 과연 그 이전 어떤 집회와 비교해 폭력적이고 과격한 시위였습니까? 그렇지 않습니다. 20만 리터의 물대포와 600대 이상의 경찰차벽, 그 결과로 사경을 헤매는 백남기 농민을 비롯한 수많은 부상자의 속출은 사상 최악의 폭력적 시위진압이었습니다. 집회시위의 자유를 사실상 원천봉쇄해놓고 어떻게 민주주의를 말할 수 있습니까?

국가권력의 폭력을 전제하지 않고 개별 국민의 실정법 위반 행위만을 부각하는 것이 과연 올바른 입장입니까? 공권력의 폭력은 누가 책임지고 있습니까? 정부가 그렇게 떠들어대는 폭력시위(?) 참가자들은 구속과 수배, 벌금 등 모든 책임을 스스로 감수하고 있습니다. 국민은 책임지고 있는데 국가는 단 하나의 책임조차 인정하지 않고 있습니다. 이것이 진실입니다.

3. 왜, 공안정국을 조성합니까?

정부는 민중총궐기가 끝나자마자 기다렸다는 듯 검거, 수배, 구속 등 공안탄압 광풍을 조장하고, 독재정권에서도 없었던 민주노총 사무실을 기습적으로 압수수색 하였습니다. 대통령이 직접 나서 시위대를 IS와 다를 것 없다고 발언하고, 집권여당 의 내로라하는 인사들의 입에서 시위대는 총으로 쏴야 한다는 막말이 나오는가 하 면, 누가 보아도 명확히 확인된 물대포에 의한 백남기 농민을 시위대에 의한 것일 수 있다고 주장합니다. '광기'라는 말로밖에 설명할 수 없는 왜곡된 막말이 차고 넘쳐 열거하기도 힘들 정도입니다. 지구상 어디에 13만 국민을 IS테러집단으로 간주하는 대통령이 있단 말입니까. 누가 보아도 백남기 농민 살인진압의 책임을 덮기 위한 폭 력시위 여론몰이입니다.

또한 민주노총을 집중적으로 탄압하여 쉬운 해고 비정규직 확산, 노동개악을 밀어붙이겠다는 의도가 분명합니다. 나아가 역사교과서 국정화 등 정부정책에 반대 하는 모든 국민들에게 공포심을 심어주려는 계산이기도 합니다. 공안탄압으로 정부 의 실정을 가릴 수 없습니다. 공안정국을 조성해 잘못된 정책을 강행하기 위한 명분 으로 삼으려 하는 것은 국민이 인정치 않을 것입니다.

4. 2차 민중총궐기 및 국민대행진은 평화적으로 진행합니다.

저는 이미 조계종 화쟁위원회에 2차 민중총궐기의 평화행진 보장, 정부와 대화, 노동개악 중단에 대한 중재를 요청하였고, 화쟁위원회의 중재 결정과 결과를 존중할 것입니다. 12월 5일 2차 민중총궐기는 제가 조계종 화쟁위원회 중재요청에서 이미 밝혔듯이 정부의 폭력적 시위진압과 공안탄압에 반대하면서 평화적 기조로 진행할 것입니다. 2차 민중총궐기와 더불어 평화적인 국민대행진이 함께 진행되고, 이날 불 교는 물론 천주교, 개신교 등 종교인들도 대거 참여할 것이라 밝히고 있습니다. 2차 민중총궐기는 단순한 평화시위와 국민대행진의 날이 아니라 1차 총궐기에서 가로막 힌 노동자, 농민, 빈민, 청년, 시민들의 요구가 무엇인지 이 정부에 분명히 요구하는 날이기도 합니다. 국민들은 달을 가리키는데 정부와 언론의 관심은 손가락만 보는 우를 범하지 않길 바랄 뿐입니다.

박근혜 대통령은 적어도 2차 민중총궐기 전까지 살인적 물대포에 쓰러진 백남 기 농민에 대한 책임규명과 그 책임자인 강신명 경찰청장의 파면조치를 해야 합니 다. 이것이 대통령이 할 수 있는 최소한의 조치입니다. 그런데 대통령은 공권력의 부 당한 행사에 대해 돌아보기는커녕 한상균을 못 잡는다고 경찰을 질책했다 하니 참으로 안타까울 따름입니다. 경찰은 한상균을 잡기 위해 광분하여 조계사에 몰려있을 것이 아니라 백남기 선생에 대한 최소한의 예의와 도리, 책임을 다해야 하는 게 우선입니다. 어떻게 병원 한 번 가지 않을 수 있단 말입니까?

5. 노동개악 법안 및 지침 발표계획 폐기를 요구합니다

민주노총은 2015년 내내 정부의 반노동정책 폐기를 요구해왔습니다. 역대 정부에서 수많은 반노동정책, 노동법 개악이 진행되어 왔지만 지금 추진하는 정책이 가장 참혹하고 재앙적 내용이라는데 전문가들조차 이견이 없을 정도입니다. 오죽하면 정부가 추진하는 노동개악이 강행될 경우 그 미래는 노동지옥이라고 진단하겠습니까?

과장된 주장이 결코 아닙니다. 해고가 자유로워지면 안정된 일자리는 불가능합니다. 비정규직 일자리가 넘쳐 나는 나라에서 정규직 일자리마저 자유로운 해고로 불안정해진다면 도대체 이 나라 노동자들은 어디에서 안정된 일자리와 안정된 생계대책을 마련하란 말입니까? 지금의 비정규직 문제도 너무나 심각하다는데 이견이 없음에도 비정규직을 더 많이 만들어 내는 비정규직법 개악을 하는 이유는 또 무엇입니까? 현행법은 2년 노예생활을 하면 자유인 될 수 있는데 이 법을 4년까지 노예로 고용할 수 있도록 바꾸면서 비정규직을 위한 법이라고 우기는 정부의 뻔뻔한 주장과 선동에 할 말이 없습니다. 두말할 것도 없이 절대로 용납할 수도 인정할 수도 없는 노동개악입니다.

노사정합의의 당사자인 한국노총조차 반대하고 있지 않습니까? 민주노총은 정기국회와 임시국회에서 노동개악을 강행하려고 한다면 총파업으로 막아낼 것입니다. 총파업이 실정법상 불법이라도 국민들은 박수를 치며 응원할 것이라 믿습니다. 정부는 노동자 해고법, 평생 비정규직법을 개혁이라고 할 것이 아니라 세계 최장의 노동시간 단축을 통한 청년일자리 창출, 809조 원에 달하는 재벌의 사내유보금으로 정규직 좋은 일자리 창출, 최저임금 1만 원으로 저임금 노동자 생활보장, 상시지속업무 비정규직 철폐와 정규직 일자리 전환이라는 진짜 노동개혁을 해야 합니다.

6. 화쟁위 중재를 받아들이면 즉시 자진출두 하겠습니다.

저의 죄명은 누구보다 제가 잘 알고 있습니다. 민주노총 위원장으로 노동자들에게 재앙이 될 노동개악을 막기 위해 총파업을 결정하고 지휘한 죄, 정부의 잘못된 정책, 국민의 목소리를 듣지 않는 불통정부에 순종하지 말고 단호히 싸우자고 선동한 죄, 14일 민중총궐기 때 차벽조차 넘지 못하고 그 앞에서 최루 물대포를 맞은 죄, 각종 집회와 시위에서 신고되지 않은 도로를 걸어 다닌 죄가 그것입니다.

이것이 1급 수배자 한상균의 죄명입니다. 부끄럽습니다. 아직 그 아무것도 해결하지 못했는데 이렇게 조계사에 피신해 있는 현실이 그렇습니다. 노조활동과 이런 정도의 실정법 위반으로 대역죄인 취급받는 이 나라의 현실이 또 부끄럽습니다. 대통령의 말 한마디에 정당, 검찰, 경찰, 법원이 이리 신속하게 복종하는 태도에 놀랍고 부끄럽습니다.

저의 조계사 피신을 두고 신도 분들 그리고 조계사 내에 이견이 있음을 듣고 있습니다. 그런데 감히 말씀드립니다. 개인 한상균이라면 조계사와 신도 분들에게 걱정과 불편을 끼칠 자격이 없습니다. 그러나 지금 이곳엔 노동재앙 위기에 처한 전체 노동자들의 운명이 피신해있음을 신도 분들 그리고 국민들께서 알아주시길 호소드립니다. 저를 품어주신 부처님의 뜻도 그러하리라 믿습니다. 저는 지금 국회에서 논란 중인 노동법 개악시도가 중단된다면 그리고 정부가 해고를 쉽게 하는 등 노동개악 지침발표를 강행하지 않는다면 기꺼이 자진출두 할 것입니다. 어차피 인신구속은 피할 수 없습니다. 그러나 80만 조합원이 직접 선출해 준 위원장으로의 책임과 역할. 단 한 가지 공약이라도 지키고 싶습니다. 아니 지켜야 합니다. 바로 노동개악을 막아내는 것입니다. 구체적인 신변과 거취문제는 12월 5일 평화적인 국민대행진이 보장된 후 밝히도록 하겠습니다.

조계사와 신도 분들이 저의 처지와 뜻을 깊고 넓은 아량으로 품어주시길 바랄 뿐입니다. 자진출두 의사를 분명히 밝힌 사람을 두고 감히 부처님의 법당에 경찰병력 투입검토라는 망발이 나오는 것은 이해할 수도 인정할 수도 없습니다. 있어서는 안 될 일입니다. 저는 부처님 앞에 화합과 이해, 포용과 자비를 바라는 간절한 마음으로, 백남기 선생의 쾌유와 민주주의 회복, 노동자의 권리회복을 위한 정진과 기도를 드리고자 합니다. 끝으로 민주노총 조합원 동지들께 전합니다. 위원장 한상균을 걱정하지 마십시오. 저보단 서울대병원에 계신 백남기 농민의 쾌유만 생각해주십시오. 감사합니다.

2015년 11월 27일
조계사에서 민주노총 위원장 한상균

자료19. 제2차 민중총궐기 대회사

오늘 우리는, 박근혜 정권의 총체적 탄압과 집회 저지시도를 뚫고 기어이 다시 모여 2차 민중총궐기를 성사하였다!

집회 금지, 차벽 설치, 살인 물대포, 소환과 수배, 언론을 동원한 '불법-폭력-종북'몰이, 각종 저질 폭언과 '평화'를 운운하며 집회를 길들이려는 각종 시도 등 지난 3주간 분노한 민심을 억압하고, 기만하고, 회유하기 위한 정권과 지배세력의 벌거벗은 폭력 속에서도, 분노한 민중은 지난 11월 14일과 오늘의 대규모 결집을 이뤄내고야 말았다. 민중이 궐기하며 세상이 흔들리자, 겁먹은 저들은 각종 무리수를 쓰며 민중의 요구를 거부하고 탄압하기 위해 더욱더 날뛰고 있다.

박근혜 정권과 재벌은 13만 총궐기로 드러난 분노한 민심이 쉬운 해고와 평생 비정규직, 임금 삭감을 내용으로 하는 노동개악을 반대한다는 사실을 확인하였음에도 막가파식으로 노동개악 밀어붙이려 하고 있다. 박근혜 대통령은 수십 차례 국민들을 벼랑 끝으로 내모는 노동개악을 밀어붙이라고 강요하고 있고, 새누리당은 "민주노총이 없었다면 벌써 3만 달러를 넘어 선진국에 진입했을 것"이라는 거짓말로 헌법이 보장하는 노동자의 대표조직을 공격하고 말살하려 하고 있다.

노동개악을 반대한다던 야당 새정치민주연합은 내년 총선을 앞두고 지역구 예산 따기에 몰두한 나머지 노동개악 관련법을 임시국회에서 합의처리 한다고 발표했다. 민주노총과 만나 노동개악을 저지하겠다고 약속하고는 채 몇 시간도 지나지 않아 전 국민을 비정규직으로 내모는 노동개악 관련법 통과를 '합의처리'라는 공수표를 받고 넘겨준 것이다. 이것이 야합이 아니면 무엇을 야합이라 하겠는가! 야합은 여기에 그치지 않는다. 의료, 교육, 공공서비스의 영리화와 민영화의 물꼬를 트는 서비스산업발전기본법도 이번 정기국회에서 야합 처리하려 하고 있으며, 박근혜 정부 들어 민주주의를 파괴하는 데 앞장섰던 국정원의 권한을 확대하는 테러방지법도 합의해 주고 말았다.

농민의 생존권을 요구하며 민중총궐기에 나섰던 백남기 농민이 살인 물대포에 맞아 중태에 빠졌음에도 대통령은 사과의 말 한마디가 없고, 경찰청장은 아직도 자리를 보전하고 있으며, 관련자들은 아무런 처벌 없이 오늘 또다시 시위에 참가한 국민들을 조준하고 있다. 말도 안 되는 세상을 만들어 놓고 말도 못하게 국민들의 입을 틀어막겠다는 것이다.

쌀값을 올려준다던 대통령은 개 사료 값만도 못하게 폭락한 쌀값에 대해, 생존을 위한 밥쌀용 쌀 수입 금지 요구에 모르쇠로 일관하고 있고, 추가 쌀 개방으로 이어질 TPP 가입에 박차를 가하고 있다. 농민이 죽어가건 말건 이 정권과 야당은 아무런 검증도 없이 한중FTA 비준안을 야합 처리하였으며, 알량한 지원기금 몇 푼을 성과라며 국민을 기만하고 있다.

노점 탄압 중단과 순환식 개발을 요구하는 빈민의 외침도 외면받았다. 지난 3주간 목포, 성주, 아라뱃길 등에서 노점 탄압이 강화되고, 투기건설자본의 배를 불리기 위한 강제철거가 계속 자행되고 있다. 지금 이 순간에도 서울 마포구 순화동에선 법으로도 금지되어 있는 겨울 철거가 진행 중이다. 어디 그뿐인가. 일부 지자체에서 추진되던 '청년수당'은 이 '헬조선' 정부와 여당에 의해 '범죄'로 규정되어 가로막히고 있으며, 국립공원 케이블카 계획도, 신규 원전건설 중단과 노후 원전 폐기의 요구도 이 정권에 의해 철저히 외면받고 있다.

친일 독재를 미화하기 위한 역사교과서 국정화도 여전히 강행되고 있으며, 정부 스스로 고시강행 전 여론에 밀려 집필기준과 집필위원을 낱낱이 공개하겠다고 하더니 손바닥 뒤집듯 말을 바꿔 집필위원조차 공개하고 있지 않다. 일본의 재무장과 한반도 재침시도 용인 역시 지속되고 있으며, 단 한 명도 구조하지 못한 세월호 참사의 진상규명을 위한 세월호 특조위의 활동도 정부 각본 여당 주연의 무력화 시도에 가로막혀 305명이 스러져갔던 참사의 진실 규명에 단 한 걸음도 다가서지 못하고 있다.

이 나라의 대통령이라는 자는 민중의 분노가 표출되고 있는 지난 11월 14일 무슨 성과가 있는지 알다가도 모를 '외교 놀음'을 무려 열흘 넘게 하고 돌아온 뒤, 정권의 실정에 대해 분노한 국민을 IS로 매도하는 상식 이하의 언행으로 국민을 경악시켰다. 살인 진압에 대한 단 한마디, 백남기 농민에 대한 단 한 마디도 없이, 집회 주최 측 중 통합진보당의 해산을 반대한 단체가 많다는 얼토당토않은 이유로 '종북'으로 몰고 '체제전복세력'으로 규정하며, 공안탄압의 고삐를 죄고 있다.

이런 자를 어찌 대통령이라 할 수 있으며, 대통령 자격이 있다 할 것인가! 국민이 반대하는 역사교과서 국정화를 밀어붙이고 민주주의를 파괴하며 민생을 돌볼 의사가 없이 공안탄압이나 일삼을 요량이라면 그냥 물러나는 게 좋을 것이다. 우리의 투쟁은 이제 시작이다. 박근혜 정권의 반민주, 반민생, 반평화 폭정에 맞서, 더 큰 투쟁을 만들어가자. 1, 2차 민중총궐기의 성과를 모아, 이제 민중의 분노를 전국으로 확산시켜 나가자. 12. 19 대규모 전국 동시다발 제 3차 민중총궐기 등 국민행동을 전개하고, 노동 개악 강행 시도에 맞선 민주노총의 총파업에 발맞춰 투쟁을 지속해 나가자!

또한 우리는 더 이상 민중의 생존을, 위기에 빠진 민주주의를 보수야당에 맡길 수 없다. 박근혜 정권과 새누리당을 심판함과 동시에, 싸우지 않는 야당, 정권의 노동 개악, 한중FTA 강행에 야합하는 들러리 보수야당에 맞서, 노동자, 농민, 빈민 등 민중이 중심이 된 진보 민중정치를 시작하자!

정권의 폭압은 그 정권의 마지막이 다가오는 징조이며, 어둠은 새벽이 다가오기 직전 가장 짙다. 다 같이 힘을 모아, 백남기 농민을 살려내고, 살인 정권, 반민주 정권, 반민생 정권 박근혜 정권을 퇴진시키기 위해 끝까지 투쟁해 나가자!

백남기를 살려내라!!

살인진압 규탄한다!!

공안탄압 중단하라!!

노동개악 저지하자!!

박근혜는 물러나라!!

2015년 12월 5일
민중총궐기 투쟁본부

자료20. 제3차 민중총궐기 소요문화제 선언문

오늘은 12월 19일, 박근혜 대통령이 당선된 지 3년째가 되는 날이다. 세월은 화살과 같다는 말이 인구에 회자되지만, 이 정권의 3년은 길고 긴 고통으로 점철된 악몽의 3년이었다. 이 정권의 지난 3년은 공약파기 3년, 민생파괴 3년이었다.

선거 당시 박근혜 대통령은 경제민주화와 복지를 강화하고, 노동자에게 해고요건을 강화하고 비정규직 차별을 해소하겠다고 공약하였다. 그러나 경제민주화는 취임 6개월 만에 시늉만 하다 파기되었고, 수많았던 복지 공약들은 축소, 후퇴, 폐기되었으며, '해고요건 강화'와 '비정규직 차별 해소'는 고사하고 '쉬운 해고'와 '전 국민의 비정규직화'를 골자로 하는 노동 개악만이 강행되고 있다.

선거 당시 박근혜 대통령은 농민들에게 쌀값을 21만 원으로 올려주겠다고 공약하였다. 그러나 지난 3년 이 정권은 끝없는 '묻지마 FTA'와 농민을 죽이는 개방 농정으로 일관한 끝에, 지금 쌀값은 13만 원, 90년대 수준까지 폭락하여 개 사료 값만 못하게 되어버렸다. 박근혜 정권에서는 인권도 곤두박질쳤다. 보수언론과 단체들이 투쟁에 앞장서는 여성, 장애인, 이주민, 성소수자들을 희생양 삼는 낙인과 혐오는 끔찍할 지경이다.

이 정권 하면 떠오르는 '세월호 참사' 역시 현재진행형이다. 사고 당시 단 한명도 구조하지 못했던 이 정권은, 참사의 진상규명을 위해 국민이 요구한 특별법을 누더기로 만들고, 이마저 쓰레기 시행령으로 무력화였으며, 그것도 모자라 특별조사위원회 예산을 3분의 1로 토막 내고, 기한을 축소하고, 여당 추천위원들이 조사활동을 보이콧 하며 진상 규명을 가로막는데 온 힘을 쏟고 있다. 참사를 막는 대신 진상규명을 막는 이 정권은 결국 제2의 세월호 사건인 '메르스 사태'를 야기하였고, 이 나라가 민중의 안전에는 눈꼽만큼의 관심도 없는 나라임을 또다시 증명하였다.

이 정권의 지난 3년은 불통의 3년, 민주 파괴 3년이었다. 이 정권은 대선 당시 국정원과 사이버사령부의 대선 개입이 드러나고 부정의혹이 제기됐음에도 책임 있는 조치를 취하지 않았으며, 정권의 위기를 모면하기 위해 국민의 선택으로 국회에 의석까지 갖고 있는 통합진보당을 '종북'으로 몰아 해산하였다. 이번 민중총궐기 과정에서는 헌법에 보장된 집회와 시위의 자유를 침해하며 집회를 금지하였고, 차벽을 설치했을 뿐 아니라 살인 물대포로 백남기 농민 등 집회 참가자를 중태에 빠뜨렸다.

벌써 한 달이 넘어가고 있지만 이에 대해 처벌은커녕 사과 한마디 없다. 박근혜 정권하에서는 정부의 정책을 반대하는 집회에 참여하는 것만으로 테러리스트가 되고 언제 또 살인 물대포에 제2, 제3의 백남기 농민 같은 비극적 사태가 생길지 모른다. 또한 2천만 노동자의 생존권을 지키려 한 한상균 민주노총 위원장을 체포하고 얼토당토않은 '소요죄'를 적용하겠다고 날뛰고 있다. 급기야 이제는 집회 자체를 원천봉쇄하기 위한 마구잡이 집회 금지까지 남발하며 민주주의의 근간을 흔들고 있다.

이 정권의 지난 3년은 친일과 반북 대결, 평화 파괴의 3년이었다. 한반도 평화프로세스와 통일 대박을 운운하던 이 정권은 남북관계를 개선하는 대신 대북 적대정책을 강화하고, 무분별한 대미 추종으로 일본의 자위대의 한반도 진입을 용인하는 친일행위까지 마다하지 않았다. 이에 따라 이 나라는 언제 강대국 간의 분쟁이 전쟁으로 확대될지 알 수 없는 불안하기 짝이 없는 곳이 되어가고 있다. 또한 미국은 100kg만으로 300만 명을 감염시킬 수 있다는 탄저균 실험을 1,000만 시민이 살고 있는 서울 용산기지에서 15차례 감행했다고 한다. 미국에서는 탄저균의 위험을 잘 알기 때문에 사람이 살지 않는 사막에서 실험을 하면서 말이다. 더 놀라운 사실은 한국 정부에도 이러한 사실을 알리지 않았다는 것이다. 미국의 한국민 우롱은 여기에 그치지 않는다. 지난 오산기지에서 탄저균 반입 사실이 밝혀졌을 때에도 미국 정부는 지금까지 한 차례만 탄저균 실험을 했다고 거짓말을 했다. 이러한데도 국민의 안전을 최우선으로 해야 할 대통령은 미국 정부에 항의 한마디 하지 않고 국민들께 사죄의 한마디도 없다.

민주주의도, 민생도, 평화도 없는 이 '헬조선'의 폐허 속에서, 이 정권은 이제 '쉬운 해고', '평생 비정규직'을 골자로 하는 노동 개악을 날치기-강행하려 시도하고 있다. 13만 군중의 결집에도, 살인 진압에 대한 국민의 분노도 아랑곳없이 노동개악을 강행하고 있다. 그렇다면 우리가 돌려줄 것은 더 강력한 투쟁과, 더 많은 결집과, 중단 없는 투쟁뿐이다!

우리는 박근혜 정권이 노동개악을 강행한다면, 민주노총의 총파업과 함께하는 전면적인 대중 투쟁과 4차 민중총궐기를 통해 날치기 무효화와 정권 심판 투쟁에 나설 것이다. 우리는 또한 백남기 농민의 살인진압 책임자를 처벌하고 박근혜 대통령이 무릎 꿇고 사죄 할 때까지 투쟁을 멈추지 않을 것이다.

싸우지 않는 야당, 새누리당과 차이가 없는 보수 야당은 박근혜 정권의 폭주를 가능케 한 원인이다. 우리는 더 이상 민중의 생존을, 위기에 빠진 민주주의와 평화를 보수 야당에 맡길 수 없으며, 정권의 폭주에 저항하는 척 야합하는 들러리 보수야당에 기대하지 않고 박근혜 새누리당에 맞서 노동자, 농민, 빈민을 중심으로 민중진보 정치를 실현할 것이다.

> 2015년 12월 19일
> 민중총궐기 투쟁본부

자료21. 제4차 민중총궐기 대회사

매서운 겨울이 지나고, 봄이 오고 있다.

참으로 매서웠던 이 겨울의 혹한 속에서도, 혹한보다 더 매서운 박근혜 정권의 폭압 속에서도, 세월호 농성장을, 백남기 농민 농성장을, 소녀상 농성장을 기어이 지켜내고야 만 우리는, 변함없는 이 정권의 폭압과 집회 방해를 뚫고, 또다시 이 자리에 모여 4차 민중총궐기를 성사하였다!

세월호 참사, 메르스 사태, 통합진보당 강제해산, 친일독재 미화를 위한 역사교과서 국정화, 노동 개악, 밥쌀 수입 강행과 묻지 마 개방정책, 의료 민영화와 공공부문 사유화, 서비스산업발전법이라는 이름 아래 자행되는 친재벌 규제완화, 대북 적대정책에 따른 전쟁 위기 … 지난 3년간 이 정권이 자행한 수많은 만행에 민중의 분노는 하늘을 찌르고 있다.

지난 13만 민중총궐기를 통해, 정권의 폭압에도 완강히 진행된 2차, 3차 민중총궐기를 통해 이러한 민중의 분노는 명명백백히 드러났다. 그러나 이 정권은 분노한 민중을 보며 성찰하고 제 과오를 수정하기는커녕, 살인 물대포로 백남기 농민을 사경에 빠뜨리고, 집회 금지, 차벽 설치, 폭력 탄압 등 자신들의 헌법 위반, 제 눈의 들보는 외면한 채 한상균 민주노총 위원장을 구속하고 가당치도 않은 '소요죄'를 운운하는 적반하장으로 일관하고 있다.

총궐기 당일부터 민중에 대해 전쟁을 선포한 박근혜 정권은, 연초 상위법인 근로기준법의 취지를 전면 부정하는 '불법 정부지침'을 통해 일반 해고를 기어이 강행하고야 말았으며, 비정규직 사용기한 연장과 파견직 무차별 확대를 밀어붙이고 있다. 또한 대선 당시 농민에게 약속한 쌀값 보장 약속을 파기하고, 쌀값이 개 사료 값 수준으로 폭락했음에도 밥쌀 수입을 강행한 데 이어, 올해 '묻지 마 TPP' 가입을 통해 또다시 쌀을 개방하려 시도하고 있으며, 노점 탄압과 강제철거, 일부 지자체가 마련한 청년 수당에 대한 악의적 음해, 영리병원 설립 강행과 기업활력제고 특별법이라는 또 다른 규제완화, 장애인들에 대한 무시와 방치를 지속하며 민중을 벼랑 끝으로 내몰고 있다. 원전 정책도, 설악산 케이블카 등 환경 파괴를 통한 민생 위협에도 변함이 없다. 더 나아가 박근혜 정권은 반성 없는 일본과의 억지 화해를 강요하는 미국의 의사에 맹종하여, 위안부 할머님들의 고통과 민족의 자존심을 단돈 100억 엔에 팔아먹는 친일 반민족 폭거를 자행한 데 이어, 북한의 인공위성 발사를 빌미로 이전 정권들이 감히 엄두도 내지 못했던 개성공단마저 폐쇄, 이 땅 평화의 마지막 안전핀을 기어이 뽑아내었고, 사드 배치를 강행하며 최대 교역국 중국의 군사적, 경제적 보복에 이 땅 민중을 노출시켰다.

그리고 이것만으로 모자랐던지, 이 정권은 이제는 미군 특전단을 동원한 소위 '참수작전'을 포함한 유례없는 대규모의 전쟁 연습을 감행하며 일촉즉발의 정세를 만들고 있다. 전쟁의 긴장이 높아지는 데 대한 민중의 우려와 분노에 대해 민중을 보호해야 할 대통령이라는 자는 오히려 "이제 시작"이라고 말하고 있다. 우리 민족, 우리 민중 누구도 원하지 않는 전쟁마저 불사하겠다는 이 정권의 망동에 한반도가 다시 백척간두에 섰으며, 전쟁의 먹구름이 몰려오고 있다.

이렇듯 박근혜 정권의 반민주, 반민생, 전쟁불사 폭주가 계속되고 있음에도, 이 땅에는 정권에 맞서 싸우는 제대로 된 야당이 없다. 정권의 패악에 맞서 민중의 분노를 대변해야 할 야당은 여당의 폭주에 싸우려 들지 않는 것도 모자라, 이제는 야당 대표라는 자가 "북한의 궤멸"을 운운하고, 또 다른 야당의 선대위원장이라는 자는 "개성공단 폐쇄를 찬성한다"는 망발을 거리낌 없이 내뱉고 있다. 그리고 현재 '테러 방지'를 운운하며 '전 국민사찰법' 테러방지법이 강행되고 있음에도, '필리버스터 쇼'를 한 지 며칠 되지도 않아 아니나 다를까 '중재안'을 운운하고 있는 것이 이 나라 야당의 참담한 모습이다.

이렇게 박근혜 정권이 반민주, 반 민생, 반 평화 폭주를 지속하고, 무기력 야당이 계속 이를 방치하는 이상, 이 땅의 민생과 평화를 지킬 방법은 민중 스스로의 투쟁뿐이다! 참으로 많은 투쟁이 우리 앞에 놓여 있으나 그 근원은 하나이다! 세월호도, 메르스 사태도, 노동개악도, 농민 죽이기도, 빈민 탄압도, 의료민영화와 공공부문 사유화도, 위안부 야합도, 개성공단 폐쇄와 사드배치도, 전쟁 위기도, 테러방지법도, 그 근원에는 박근혜 정권이 있다!

이에 우리는, 2016년 올해를 박근혜 정권을 심판하고 끝장내기 위한 민중총궐기의 해로 만들 것이며, 오늘 4차 민중총궐기에 이어 오는 3월 26일 범국민대회를 개최, 분노한 민중의 힘을 보여줄 것이다. 모이자! 민중 총궐기로! 광장을 가득 메우고, 민중의 함성으로 천지를 진동시키자! 투쟁으로, 투쟁으로, 박근혜 독재정권 끝장내고, 민중의 새 세상을 기어이 안아오자!

2016년 2월 27일
민중총궐기 투쟁본부

자료22. 제5차 민중총궐기 대회사/총선공동투쟁본부 12대 요구 쟁취 위한 전면적 총선투쟁 선언

박근혜 정권의 반민주, 반민생, 반평화, 반통일 폭정이 계속되고 있는 가운데 국민의 대표를 뽑는 총선이 다가오고 있다. 우리는 정권의 폭정과 거수기 여당, 싸우지 않는 1야당, 1야당의 구태를 답습하는 2야당으로 이뤄진, 민중을 배제하는 이 땅의 제도권 정치에 맞서 다가오는 총선에서의 승리를 결의하기 위해 이 자리에 섰다.

세월호 참사, 메르스 사태, 통합진보당 강제해산, 친일독재 미화를 위한 역사교 과서 국정화, 노동 개악, 밥쌀 수입 강행과 묻지마 개방정책, 의료 민영화와 공공부문 사유화, 서비스산업발전법 등 친재벌 규제완화, 대북 적대정책에 따른 전쟁 위기 … . 박근혜 정권 3년간 그 어느 하나만으로도 정권의 진퇴를 물어야 하는 반민주, 반민 생, 반평화, 반통일 폭정이 하루의 쉼도 없이 자행되어 왔다.

지난해 13만 민중총궐기를 통해, 정권의 폭압에도 완강히 진행된 2차, 3차, 4차 민중총궐기를 통해 정권의 폭정에 대한 민중의 분노가 명명백백히 드러났다. 하지만 이 정권은 반성과 성찰은커녕, 살인 물대포로 백남기 농민을 사경에 빠뜨리고 집회 금지, 차벽 설치, 폭력 탄압 등 자신들의 불법은 모르쇠로 일관하고 있다. 반면 저들 은 경찰력을 조계사에 투입하고 한상균 민주노총 위원장 등 지도부를 구속하고, 600 여 명을 소환하는 등 참가자들에 대한 극심한 공안탄압을 지속하고 있다.

민중총궐기 당일부터 민중에 대해 전쟁을 선포한 박근혜 정권은 연초 상위법인 근로기준법의 취지를 전면 부정하는 '불법 정부지침'을 통해 일반 해고를 기어이 강 행하고야 말았으며, 비정규직 사용기한 연장과 파견직 무차별 확대를 밀어붙이고 있 다. 또한 대선 당시 농민에게 약속한 쌀값 보장 약속을 파기하고, 쌀값이 개 사료 값 수준으로 폭락했음에도 밥쌀 수입을 강행한 데 이어 올해 '묻지마 TPP' 가입을 통 해 또다시 쌀을 개방하려 시도하고 있다. 노점 탄압과 강제철거, 일부 지방자치단체 가 마련한 청년 수당에 대한 악의적 음해, 영리병원 설립 강행과 기업활력 제고 특별 법이라는 또 다른 규제완화, 장애인들에 대한 무시와 방치를 지속하며 민중을 벼랑 끝으로 내몰고 있다. 원전 정책도, 설악산 케이블카 등 환경 파괴를 통한 민생 위협에 도 변함이 없다. 이 정권의 소위 '위기 대책' 그 어디에도 민중은 없으며, 오직 경제위 기의 고통을 민중에게 전가하여 재벌과 가진 자들만을 살리겠다는 탐욕으로 가득 차 있다.

더 나아가 박근혜 정권은 반성 없는 일본과의 억지 화해를 강요하는 미국의 의 사에 맹종하여 위안부 할머님들의 고통과 민족의 자존심을 단돈 10억 엔에 팔아먹는 친일 반민족 폭거를 자행했다. 북한의 인공위성 발사를 빌미로 이전 정권들이 감히 엄두도 내지 못했던 개성공단마저 폐쇄, 이 땅 평화의 마지막 안전핀을 기어이 뽑아 내었다. 이것만으로 모자랐던지, 이 정권은 사드 배치를 강행하며 최대 교역국 중국의 군사적, 경제적 보복에 이 땅 민중을 노출시켰으며, 지금까지도 미군 특전단을 동원한 소위 '참수작전'을 포함한 유례없는 대규모의 전쟁 연습을 감행하며 일촉즉발의 정세를 만들고 있다. 전쟁의 긴장이 높아지는 데 대한 민중의 우려와 분노에 대해 민중을 보호해야 할 대통령이라는 자는 오히려 "이제 시작"이라고 말하고 있다. 우리 민족, 우리 민중 누구도 원하지 않는 전쟁마저 불사하겠다는 이 정권의 망동에 한반도가 다시 백척간두에 섰으며, 짙은 전쟁의 먹구름이 가시지 않고 있다.

이렇듯 박근혜 정권의 반민주, 반민생, 전쟁불사 폭주가 계속되고 있음에도 이 땅에는 정권에 맞서 싸우는 야당이 없다. 지난 10년 가까이 입으로는 개혁과 진보, 민주주의와 민생을 참칭하면서 결정적 순간에는 여당과 야합하며 민중을 기만해 온 야당은 이제 '북한 궤멸'과 '개성공단 폐쇄 찬성'을 운운하고, 쇼에 불과했던 테러방지법 반대 필리버스터조차 강제로 중단시키며, 노동자에게 정치 참여 자제를 요구하는 자를 당의 얼굴로 세우고 전권을 부여함으로써 스스로 야당임을 부정하였다. 또한 1야당을 극복하겠다며 분당한 새 야당은, 정책과 노선에서 아무런 차별성 없이 1야당의 구태를 반복하며, 이 엄중한 민주·민생·평화 파괴 국면에서 아무런 일도 하지 않고 있다.

민중을 억압하는 정권과 민중을 기만하는 야당들에 맞서, 이제 이 땅의 민주주의와 민생, 평화를 지키는 방법은 민중 스스로의 투쟁뿐이다! 투쟁만이 이번 총선을 승리로 이끄는 유일한 길이다! 우리는 총선 과정에서 전국 각지에 출마하는 민중 후보들과 함께, 민중 스스로의 투쟁으로 이 정권의 폭정을 저지하고, 2016년 올해를 기어이 박근혜 정권 심판의 해로 만들어 이 땅의 민주와 민생, 평화를 지켜낼 것이다.

기억하자! 분노하자! 심판하자!

노동개악 저지하고, 민중생존권 지켜내자!

세월호 참사 진상규명, 책임자를 처벌하자!

전쟁불사 대북 적대정책 저지하고, 한반도 평화 실현하자!

백남기 농민 살인폭력 진압 책임자를 처벌하라!

민중의 총궐기로 박근혜 정권 심판하자!

> 2016년 3월 26일
> 노동개악 중단! 민중생존권 보장! 재벌체제 타파! 한반도 평화 실현! 국가폭력 규탄!
> 2016 총선 투쟁 승리 범국민대회 참가자

자료23. 백남기 농민 사망 국가폭력규탄 시국선언문
국민이 준 힘으로 더 이상 국민을 짓밟지 말라!

작년 11월 14일 시위에 참여했다 경찰의 물대포를 맞고 쓰러졌던 일흔 살 백남기 농민께서 317일간의 투병 끝에 안타깝게도 지난 9월 25일 세상을 떠나셨습니다. 백남기 농민의 죽음은 공권력에 의한 명백한 타살입니다. 백남기 농민께서 경찰의 물대포에 의해 돌아가셨다는 것은 온 국민이 알고 있는 사실입니다. 그리고 그 책임이 정부와 경찰에게 있다는 것 또한 분명합니다. 그러나 백남기 농민과 가족들은 300일이 넘는 시간 동안 정부로부터 단 한마디 사과도 듣지 못했습니다. 책임자 처벌이나 재발방지를 위한 노력도 찾아 볼 수 없었습니다.

심지어 사인이 명백하고, 유족이 부검을 원치 않고 있음에도 검찰과 경찰, 법원은 기어이 부검을 강행하겠다고 합니다. 이는 법률적으로도, 의학적으로도, 상식적으로도, 도의적으로도, 용납될 수 없는 행위이며 사인의 은폐 왜곡하려는 시도가 아닌지 의심하지 않을 수 없습니다.

이런 상황은 직업과 나이, 성별, 처지가 다른 우리 모두의 마음을 더욱 슬프고 아프게 만들었습니다. 이 참담한 죽음 앞에, 우리는 고인의 명복만을 빌고 있을 수는 없습니다. 우리 모두는 한마음 한뜻으로 정부에 다음 세 가지를 요구합니다.

첫 번째로, 정부는 지금이라도 백남기 농민의 유가족들에게 진심을 다해 사죄하고 예의를 다해 조의를 표해야 합니다. 300일 넘게 정부의 책임자들은 과연 무엇을 위해 이렇게도 모질게 국민을 대하는 것입니까? 대통령을 비롯한 정부 책임자들에게는 권력과 자리를 지켜야 한다는 의지 말고는 단 한 푼의 양심도 없는 것입니까? 그래도 한 번 더 '사람의 모습', 국민을 보호해야 할 책임을 가진 이로서의 자세를 요구합니다.

두 번째로, 정부는 백남기 농민을 죽음에 이르게 한 이들을 철저하게 조사하여 처벌함으로써 결과에 대한 책임을 질 것을 요구합니다. 검찰은 오늘까지도 경찰의 과잉진압에 대한 수사에 대해 전혀 의지를 보이지 않고 있습니다. 과잉진압에 대한 수사는 방기한 채, 백남기 농민께서 숨을 거두시자마자 부검부터 하겠다고 나서는 검찰에게 공정한 수사를 기대할 수 없습니다. 특별검사를 통해서라도 공정하고 엄정한 수사와 책임자 처벌이 이어져야 합니다.

마지막으로, 정부는 국민이 준 힘으로 국민을 짓밟는 '국가폭력'을 중단하고,

특히 백남기 농민의 목숨을 앗아가는데 쓰인 물대포의 사용을 즉각 중단할 것을 요구합니다. 1987년 고 이한열 열사께서 최루탄에 맞아 쓰러진 것을 계기로 87년 6월 18일을 '최루탄 추방의 날'로 지정하였고 여러 해 후에 결국 최루탄은 이 땅에서 추방되었습니다. 최루탄처럼 매우 위험한 경찰장비라는 것이 증명된 물대포 사용도 즉각 중단할 것을 촉구합니다.

유엔 평화로운 집회결사의 자유 특별보고관과 인권옹호자 특별보고관 등은 백남기 농민의 죽음을 애도하며 유족의 뜻에 반하는 부검을 실시하지 말 것과 철저한 진상조사를 촉구하는 성명을 발표했고 유럽노총, 국제노총, 국제인권연맹 등도 국가폭력에 대한 책임을 회피하는 정부 당국을 규탄하는 성명을 발표했습니다. 이처럼 국제사회도 우리들과 한 목소리를 내고 있습니다.

시민 여러분께도 당부 드립니다. 백남기 농민의 명복을 다 함께 빌어주시고, 잘못한 이들이 사죄하고 책임질 이들이 책임질 수 있도록 그리고 다시는 이런 일이 발생하지 않도록 관심과 힘을 모아주실 것을 간곡히 부탁드립니다.

우리의 요구

하나. 백남기 농민 죽음에 대한 정부의 책임 있는 사죄를 해야 합니다.

하나. 특검 등을 통한 철저한 수사와 책임자 처벌을 해야 합니다.

하나. 유가족이 반대하는 부검 시도를 즉시 중단해야 합니다.

하나. 국가폭력을 종식시키고 물대포 완전히 추방해야 합니다.

2016년 9월 29일
고 백남기 농민 사망 국가폭력 규탄 시국선언 참여자 일동

자료24. 서울대 의대생 102인 성명

선배님들께 의사의 길을 묻습니다

고 백남기 씨는 지난해 11월 시위 도중 경찰의 물대포를 맞고 쓰러져 혼수상태로 사경을 헤매다 9월 25일 사망하였습니다. 환자가 사망하였을 때 사망의 종류는 선행 사인을 기준으로 선택하게 되며, 질병 외에 다른 외부 요인이 없다고 의학적 판단이 되는 경우만 '병사'를 선택합니다. 외상의 합병증으로 질병이 발생하여 사망하였으면 외상 후 아무리 오랜 시간이 지나더라도 사망의 종류는 '외인사'입니다. 이것은

모두 저희가 법의학 강의에서 배운 내용입니다. '물대포'라는 유발 요인이 없었다면 고 백남기 씨는 혼수상태에 빠지지 않았을 것이므로 고인의 죽음은 명백한 '외인사'에 해당합니다.

그러나 고 백남기 씨 사망 직후 언론에 보도된 서울대병원 사망진단서의 내용은 저희가 배운 것과 달랐습니다. 직접사인으로 '심폐정지'를 쓰면 안 된다는 것은 국가고시 문제에도 출제될 정도로 기본적인 원칙이지만 버젓이 기재되었고, 사망의 종류는 외인사가 아닌 '병사'로 표기되어 있었습니다. 이러한 오류는 의학적, 법적으로 명백했던 고인의 사인을 모호하게 만들었습니다. '변사자 또는 변사의 의심 있는 사체의 경우'에만 필요한 부검의 영장이 사망진단서의 오류를 이유 삼아 청구되었습니다.

전문가란 오류를 범하지 않는 사람이 아니라 오류를 범했을 때 그것을 바로잡을 수 있는 사람이라고 생각합니다. 아직 학생인 저희의 눈에 이토록 명백한 오류를 선배님들께서도 인지하고 계셨으리라 짐작합니다. 그러나 서울대병원은 이 오류에 대해 전문가 집단으로서 걸맞지 않은 태도를 보이고 있습니다. 저희는 이토록 명백한 오류가 단순한 실수인지, 그렇다면 왜 이를 시정할 수 없는 것인지 궁금합니다. 만약 단순한 실수가 아니라면 어떤 이유에서 이런 논란이 빚어지게 되었는지 해명을 듣고 싶습니다.

고 백남기 씨는 서울대병원의 환자였습니다. 그 무엇보다도 환자를 우선으로 하라는 것이 저희가 선배님들께 받은 가르침이었습니다. 인류, 종교, 국적, 정당, 정파 또는 사회적 지위 여하를 초월하여, 오직 환자에 대한 나의 의무를 지키겠노라고 히포크라테스 선서는 이야기합니다. 사망진단서는 환자와 유족을 위한 의사의 마지막 배려라고 저희는 배웠습니다. 전문가 윤리를 지켜 오신 선배님들께서 이 사안에 대해 관심을 가져주셨으면 좋겠습니다. 저희가 소명으로 삼고자 하는 직업적 양심이 침해받은 사안에 대해 침묵하지 말아 주시기를 간절히 청합니다. 저희가 어떤 의사가 되어야 하는지 보여주십시오. 저희는 선배님들께서 보여주신 길을 따르겠습니다.

2016년 9월 30일
서울대학교 의과대학 학생 102인

자료25. 고 백남기 씨 사망진단서 논란 관련 대한의사협회 입장

우리 협회가 2015년 3월 발간한 〈진단서 등 작성·교부지침〉 최신판은 의료현장에서 필요한 각종 진단서의 올바른 작성방법을 제시한 지침이다. 故(고) 백남기 씨 사망진단서와 관련해 〈진단서 등 작성·교부지침〉을 기준으로 논란이 되는 부분을 지적하고자 한다.

첫째, 직접사인을 '심폐정지'로 기재한 점이다. 사망진단서에서 가장 흔한 오류 가운데 하나가 직접사인으로 죽음의 현상을 기재하는 것이다. 사망하면 당연히 나타나는 현상은 사망의 증세라고 할 수 있고, 절대로 사망원인이 될 수 없다. (진단서 등 작성·교부지침 52~53쪽)

둘째, 사망의 종류를 '병사'로 기재한 점이다. 〈진단서 등 작성·교부지침〉에 따르면 사망의 종류는 직접적인 사인으로 결정하는 게 아니라 선행 사인으로 결정해야 한다. 고인의 경우 선행 사인이 '급성 경막하 출혈'인데 사망의 종류는 '병사'로 기재돼 있다. 외상성 요인으로 발생한 급성 경막하 출혈과 병사는 서로 충돌하는 개념이다. 사망원인(死因, COD;Cause of Death)은 "왜 사망하였는가"에 해당하고, 의학적인 이유이며, 사망원인에 해당하는 진단명은 한국표준질병·사인분류를 따라야 한다(의료법 시행규칙 제9조 제3항). 또한 세계보건기구(WHO)가 정의한 바에 따르면, 사망원인이란 사망을 유발했거나 사망에 영향을 미친 모든 질병, 병태 및 손상과 모든 이러한 손상을 일으킨 사고 또는 폭력의 상황을 말한다. (진단서 등 작성·교부지침 40쪽)

이번 사건을 통해 의료현장의 각종 진단서가 공정하고 충실한 근거를 갖추며, 무엇보다도 진실을 바탕으로 작성돼야 한다는 기본 원칙이 충실히 지켜질 수 있기를 바란다.

2016년 10월 5일
대한의사협회

자료26. 박근혜 하야촉구 민주노총 성명

대통령의 자리에 앉아 있었으나 진짜 대통령이 아니었다. 대통령의 자격으로 수많은 연설을 했으나 자신의 말과 글이 아니었다. 국정을 명분으로 수많은 인사를 단행했으나 실질적인 인사권자가 아니었다. 외교관계는 물론 남북관계마저 최순실의 손을 거쳤다. 대통령 권력놀음에 국민의 혈세는 탕진되었고 재벌의 검은돈이 흘러넘쳤다. 바야흐로 최순실-박근혜가 대한민국을 침몰시키고 있다. 유례를 찾을 수 없는 이 희대의 사태를 무슨 이름으로 불러야 할지조차 혼란스럽다. 최순실게이트인가? 아니다. 박근혜 게이트인가? 아니다. 박근혜와 최순실이 공모한 헌법파괴 범죄다.

두려운 것은 두 명의 주인공이 만들어 온 막장행각의 전모가 아직 덜 밝혀졌다는 것이다. 그러나 분명하게 밝혀진 것이 있다. 재벌자본이 미르-K재단에 800억 원을 선뜻 헌납한 이유가 노동개악 추진강행의 대가였음이 밝혀졌다. 재벌회장들을 청와대로 불러 미르-K재단 자금헌납을 요청했다고 하니 더 말해 무엇 하겠는가. 명백한 뇌물공여죄에 해당한다. 뇌물공여의 대가로 자행되고 있는 불법 노동개악, 성과퇴출제는 그 자체로 원인무효이다.

국민들은 낯 부끄러워 더 이상 뉴스를 보고 싶지 않을 지경이라고 한다. 샤머니즘 정권이란 말도 나오고 있다. 풍문이 하루만 지나면 사실로 확인되는 현실이니 밝혀야 할 일이다. 대통령 지지율은 10%대로 가라앉았고, 대통령이 스스로 하야 하거나 국회가 탄핵을 추진해야 한다는 여론이 69%에 달하고 있다. 놀라운 것은 나라만 생각한다는 사람이 나라를 이 지경으로 만들어 놓고도 아직도 그 자리에 눌러 앉아 있다는 것이다.

무슨 말이 더 필요한가. 하야하라. 대통령의 사과는 그 자체로도 거짓이었고 사과문조차 사법처리의 대상인 우병우가 작성했다고 한다. 거짓이 거짓을 낳고 있는 것이다. 검찰은 뒷북 압수수색을 하고 있으나 증거은폐나 하지 말라는 것이 국민의 목소리다. 성난 민중의 분노의 하야요구를 가볍게 여기지 마라. 마리 앙투아네트의 운명을 반면교사로 삼아야 할 것이다.

우리는 특검이 불법 권력의 수명을 연장시키는 절차가 되어서는 안 된다는 것을 분명히 밝힌다. 하야는 최순실-박근혜의 국정농단 헌법파괴 범죄를 낱낱이 규명하기 위한 전제이다. 자연인 박근혜와 그 일파들을 모두 구속수사 하는 것이 법의 형평이고 정의이다. 야당은 특검을 당리당략의 수단으로 삼지 말아야 한다. 지금 국민들이 야당에 요구하는 것은 특검정쟁이 아니라 하야요구를 분명히 하고 거리로 나선 국민과 함께하는 것이다.

우리는 지난 역사에서 정치권력은 바뀌어도 자본권력은 더 커져온 것을 잘 알고 있다. 뇌물자금 모금책인 전경련은 해체되어야 하고 청부 노동개악을 자행한 재벌자본을 반드시 처벌해야 한다. 그렇기에 봇물 터진 '하야하라' 국민의 요구는 단지 대통령 교체가 아니다. 민중주체 민중참여의 새로운 민주주의, 재벌중심 경제체제 개혁, 양극화·불평등 해소, 완전한 노동3권 보장이야말로 거리에 나선 99% 민중의 절박한 요구다.

2016년 10월 28일
전국민주노동조합총연맹

자료27. 비상시국회의 특별결의문

박근혜 정권의 반민주, 반민생, 반평화, 국민안전위협으로 벼랑 끝에 놓인 국민들의 요구는 절박하다. 이러한 요구는 시급히 해결되어야 한다. "외롭고 슬픈 우리 대통령님을 도와 달라"며 떠난 정무수석이 있고, "대한민국과 박근혜 대통령을 위해 기도해 달라"는 새누리당 최고위원이 있다. 이런 엽기적이고 모욕적 발언이 아직도 남발되는 이유는, '아직도 쥐꼬리만한 권력을 쥐고 있는' 자신들의 대통령에게 아부해서 무언가를 기대하기 때문일 것이다.

하지만 지금 위로받고 치유 받아야 할 이는 '비선 최순실 씨와 어울려 국정을 농단하고, 부정부패를 모의했던 박근혜 대통령'이 아니다. 박근혜 정권은 출범부터 헌정을 파괴하며 민주주의를 위기로 내몰고, 민생을 파탄시켰으며, 평화를 위협했다. 이로 말미암아 돌아가신 이의 장례를 치르지 못하고 병원을 지키는 이들, 직장으로 돌아가지 못하고 거리를 헤매는 이들, 지진의 공포 속에서 원전을 걱정해야 하는 기막힌 운명의 국민들이다. 헬조선을 떠나지 못하고, 하루하루를 고통 속에서 버티는 국민이야말로 연민과 동정을 받았어야 한다. 그래서 이 괴기스런 상황을 만든 대통령의 퇴진이야말로 혼란을 수습하는 첩경임이 분명하고, 여전히 국민을 안중에도 두지 않는 이들의 몰락이야말로 정치를 바로 세우는 출발이 될 것이다.

하지만 이들 과정에서도 결코 방치할 수 없는 긴급한 현안들이 있다. 국가의 안위를 위협하고, 국민을 위험에 빠뜨리고, 시민들의 일상을 불가능하게 만드는 폭탄들은 제거되어야 한다. 시민사회의 결단으로, 국회가 앞장서며 하루빨리 대책을 마련해야 할 것이다. 이에 비상시국회의 참가자들은 박근혜대통령의 퇴진과 함께, 이들 문제의 해결을 위해 각자의 역할을 촉구하고자 한다.

고 백남기 농민의 살인 진상 규명 위해 특검을 도입하라!

백남기 농민이 경찰 물대포를 맞고 쓰러진 지 317일, 돌아가신 지 38일이 지났다. 하지만 그 어떤 진상 규명도, 책임자 처벌도, 공식 사과도 아직 이뤄지지 못했다. 공권력은 국가폭력에 의한 사망이라는 명백한 증거를 훼손하고 사인을 왜곡하기 위해 부검까지 시도했다. 따라서 경찰과 검찰은 수사의 주체가 아니라 대상이며, 오로지 특검을 통해 진실을 추구할 수밖에 없다. 이에 국회는 시급히 특검을 도입해야 하며, 우리 사회는 고인을 살해한 물대포를 추방하고, 고인이 염원했던 쌀농사를 보호하기 위한 대책을 마련해야 한다.

박근혜의 '세월호 7시간'을 수사하고 세월호 특별법을 제정하라!

헌정파괴의 범위와 기간이 미치지 않는 곳이 없음이 드러나고 있다. 세월호 참사 당시 사라진 대통령의 7시간에도 박근혜와 최 씨 일가가 연루되었을 것이라는 정치권과 언론의 제기가 끊임없이 나오고 있다. 304명의 희생자를 두고 벌어진 박근혜-새누리당-최씨 일가 등의 농간은 한 점 의혹 없이 밝혀져야 한다. 9명의 미수습자가 아직도 바다 아래 있다. 박근혜 정부의 정략적 목적에 따라 표류하고 있는 세월호 인양은 더 이상 지체되어서는 안 된다. 세월호 특조위는 지난 9월 강제 해산당했다. 국회는 즉시 독립적인 수사권과 기소권을 가진 특별조사위원회를 재구성해야 한다.

775억에 거래한 청부정책, 노동개악은 무효다!

재벌에게 돈을 받고 만들어 준 '쉬운 해고, 성과-퇴출제'는 무효다. 최순실 가문에 돈벼락을 내려주기 위한 국정농단 게이트의 일환이며, 절차에 하자가 큰 불법이다. 특히 공공부문 성과-퇴출제 강행은 공공서비스의 시장화와 공공부문 민영화로 연결되면서 사회공공성 강화에 역행하므로 즉각 중단되어야 한다. 재벌에게 돈벌이를, 노동자에게 해고의 죽음을 강요하는 구조조정은 불공평하며, 친재벌-반노동의 악마 정책을 우리는 받아들일 수 없다. 모든 노동자는 '노조 할 권리'를 보장받고, 위험의 외주화는 금지되어야 한다. 상시지속업무는 정규직 전환이 의무화되어야 하고, 하청노동자에 대한 원청 재벌의 책임은 법으로 강제되어, 저임금 비정규직의 무권리 노동은 사라져야 한다.

한반도를 갈등으로 몰아넣는 사드배치 중단하고, 한일 정부의 위안부 문제 합의는 폐기되어야 한다. 사드 배치는 대북, 대중 봉쇄를 위한 한미일 삼각 MD와 동맹의 전면적 강화조치로, 한반도와 동북아의 군사적 갈등을 격화시키고, 우리의 주권과 평화를 훼손할 뿐이다. 함께 추진하겠다는 한일군사정보보호협정은 일본 재무장을 뒷받침하고 한미일 MD 완성으로 귀결될 가능성이 크다. 동북아의 평화와 국가의 이익을 위협하는 사드 배치와 한일군사정보보호협정은 중단되어야 한다.

또한 박근혜 정부의 대표적인 외교 실책인 "일본군성노예 문제 한일 정부 간 합의"는 폐기되어야 한다. 범죄를 감춰주는 장치에 불과한 '화해와 치유재단'도 즉각 해산해야 한다. 이를 위해 국회는 국정조사를 열어 이 잘못된 합의가 나오게 된 배경, 합의의 수준을 넘어 소녀상 철거 시도 등 '일본군성노예 역사 지우기'에 매달려온 이유를 명확하게 밝혀야 한다.

'친일, 독재미화' 역사 교과서는 당장 중단되어야 한다.

역사교과서 국정화 시도는 시대착오적이고 퇴행적이며, 국민의 반대가 압도적인 사안이다. 더구나 당초 집필진과 집필기준을 공개하겠다던 교육부의 방침이 올 초 비공개로 바뀌면서, 대혼란과 갈등이 벌어지고 있다. 더구나 박근혜 대통령이 국정교과서를 추진하면서 발언한 "자기 나라 역사를 모르면 혼이 없는 인간이 되고, 바르게 역사를 배우지 못하면 혼이 비정상이 될 수밖에 없다"는 내용은 '비선 실세' 최순실 씨의 종교적 주술과 연결되어 있으리라는 의혹까지 불러일으키고 있다. 역사는 결코 독점되거나 조작되어서는 안 된다.

지진 위험 지역 원전 가동을 멈추고 비상 점검하라.

규모 5.8의 지진과 이어진 500여 회의 여진으로 영남권은 공포에 빠져있다. 지진 위험지대에 핵발전소가 가동 중이고, 원전부지 평가 과정에서 거짓 자료와 왜곡이 있었고, 사고 발생 시 대피시나리오도 없음이 드러났다. 더 큰 지진들이 경고되는 상황에서, 지진 지대의 원전들은 당장 멈추고 비상점검에 들어가야 한다. 내진 설계를 대폭 상향하고, 위험 요소를 줄이기 위해 노후 원전 폐쇄와 신규원전 건설 중단을 결단해야 한다. 또한 1,000명 이상의 아기들과 산모들을 죽음으로 내몬 최악의 환경 사고인 가습기 살균제 사태에 대한 국정조사를 재개하고, 피해자 배상을 서둘러야 한다.

비상시국회의는 국정중단 사태의 시급한 해소하기 위해서는 박근혜 대통령의 신속한 퇴진이 우선임을 거듭 밝힌다. 또한 대통령의 퇴진과 새로운 정부의 수립 과정에서 발생하는 국가적 위험과 국민들의 고통을 최소화하기 위해서 시급한 현안에 대한 별도의 대책을 마련해야 한다고 주장한다. 이를 위해 정부의 각 부처, 국회 그리고 시민사회가 함께 나서야 한다. 부정의하고 무능한 대통령을 넘어서기 위한 대책이 저절로 떨어지지 않을 것이기 때문이다.

2016년 11월 2일
비상시국회의 참가자 일동

자료28. 박근혜 정권 퇴진 비상국민행동 연대사

이게 나라인가!

국민의 탄식과 분노가 하늘을 찌르고 있다. 5만이었던 촛불집회는 순식간에 20
만으로 불어났다. 그러나 물러나야 할 대통령이 물러나길 거부하면서, 나라의 혼란이
수습되지 않고 있다. '박근혜-최순실'국정농단 사태의 진실이 드러나면서, 박근혜 대
통령이 국정 수행의 능력도, 자격도 없음이 이미 증명되었다. 이에 따라, 5천만 국민
의 안위에 중대한 영향을 주는 대통령이 무능력자이자 무자격자였음이 드러난 이상,
빨리 물러나라는 것이 국민의 명령임이 점점 더 확실해지고 있다.

그러나 대통령은, 이러한 국민의 명령을 무시한 채 퇴진을 거부하고, 제멋대로
총리 인선을 강행하였으며, 국민 대다수가 반대하는 한일 군사정보협정을 강행하고
있다. 5일 진행된 20만 촛불 항쟁에도 불구하고 그는 여전히 퇴진을 거부한 채, '야당
의 총리 추천 시 수용'이라는 되지도 않을 꼼수로 국민을 기만하려 안간힘을 쓰고 있
다. 말로 할 때 내려오지 않겠다면, 이제는 행동으로 끌어내리는 수밖에 없으며, 박근
혜 퇴진이라는 국민의 명령을 수행하기 위해 오늘 우리 1,500여 개 단체는 〈박근혜정
권 퇴진 비상국민행동〉의 발족을 선언한다.

박근혜 정권은 즉각 퇴진해야 한다. 대통령은 자신이 임명한 각료들과 함께 즉
시 물러나야 한다. 그가 대통령직을 수행할 능력과 자격이 없음을 오래전부터 알고
있었음에도 그를 대통령으로 세워 이 사태를 방치, 조장해 국민을 모욕한 새누리당
은 해체해야 한다.

철저한 진상규명을 위해 독립특검을 도입하라. 최순실 씨가 한국에 입국해도
건강상의 이유를 검찰은 소환을 미뤘다. 31시간 동안 아프다는 최순실 씨는 시내를
활보했고 무려 5억 원을 출금했다고 한다. 이 시간에 피의자 범죄자들과 입을 맞추고
범죄 사실을 은폐하려 했을 것이다. 우병우 전 민정수석 또한 검찰에 소환되면서도
국민들을 날카롭게 째려보기도 했고, 검사 앞에서 거만하게 팔짱을 끼고 있는 모습
도 언론에 드러났다. 깃털을 수사하면서도 이럴진대 몸통인 박근혜 대통령을 제대로

수사할 수 있겠는가! 독립특검을 통해 박근혜-최순실 국정농단 사태의 진상을 철저히 규명하라.

언론은 공정보도를 통해 진실의 목소리를 전하라. 국민들은 더 이상 공영방송을 보지도 듣지도 않고 있다. 공영방송들에게 경고한다. 국민들의 목소리 제대로 보도하라.

야당은 국민의 요구에 화답해야 한다. 너무나 명백한 퇴진 사유에, 국민의 분노가 폭발하고 있음에도, 야당은 서푼어치 이해득실만 따지며 대의를 방기하고 있다. 국민은 루비콘 강을 건넜는데, 국민을 선도해야 할 야당이 오히려 국민 뒤에서 눈치나 보며 강가에 서성이고 있는 것이다. 거국 중립내각은 환상에 불과하다. 책임을 지고 해체해야 할 새누리당과 거국내각을 꾸린다는 것 자체가 어불성설이며, 무자격-무능력으로 대북 적대정책과 전쟁불사를 고집하며 국민을 불안하게 만들고, 사드배치와 위안부 야합, 한일군사정보협정을 강행하며 외교 재앙을 초래한 장본인에게 외교와 국방을 그대로 맡길 수 없음은 자명하다.

또한 박근혜 대통령이 직을 수행하는 한, 총리에게 내치의 전권을 넘겨준다는 말과 문서는 언제든 번복될 수 있으며, 외교와 국방을 총리에게 넘겨주는 것은 헌법과 충돌한다. 오직 박근혜 퇴진만이 헌정 중단도, 국정 공백도 막을 수 있는 유일한 길이다. 야당이 하지 않겠다면, 국민이 할 것이며, 우리가 할 것이다! 야당이 지금처럼 국민의 요구를 방기한 채, 국민이 만들어놓은 이 국면에 열매나 따먹겠다고 달려든다면 국민이 용서치 않을 것이다.

국민 여러분께 호소한다.

모이자, 11월 12일, 100만 민중총궐기로! 범국민행동으로!

국민의 힘으로 박근혜 정권을 몰아내자!

박근혜 정권을 퇴진시키고, 지난 4년간 벌어진 이 정권의 적폐를 일소해 나가자!

박근혜를 몰아내고, 세월호의 진실을 인양하자!

박근혜를 몰아내고, 백남기 농민에 가해진 국가폭력의 책임자를 처벌하자!

박근혜를 몰아내고, 친재벌 반민중 노동개악, 공공부문 성과퇴출제를 막아내자!

박근혜를 몰아내고, 사드 배치와 위안부야합, 한일군사정보협정 분쇄하자!

박근혜를 몰아내고, 전쟁위기 막아내고, 대화와 협력으로 한반도 평화를 실현하자!

박근혜를 몰아내고, 친일독재미화 역사교과서 국정화를 막아내자!

박근혜를 몰아내고, 지진지역 원전 가동을 멈추고, 가습기살균제 사태를 해결하자!

박근혜를 몰아내고, 개방농정, 살농정책을 농업 살리기 정책으로 전환하자!

박근혜를 몰아내고, 노점탄압, 정책, 여성과 소수자에 대한 차별을 중지시키자!

박근혜를 몰아내고, 장애등급제 부양의무제 폐지하라!

박근혜 정권 몰아내고, 중소상인 살려내라!

박근혜 정권 몰아내고, 물 전기 가스 교육 의료 민영화, 기업규제완화 저지하자!

박근혜 정권을 몰아내고, 민주, 민생 평화가 숨쉬는 새로운 나라를 건설하자!

2016년 11월 9일
박근혜정권퇴진 비상국민행동

자료29. 박근혜 하야 촉구 평화통일인사 시국선언

박근혜 대통령에게는 내치는 물론 외치도 절대 맡길 수 없다.
-외교통일국방 분야 국정실패에 책임을 지고 즉각 물러나라!

　박근혜-최순실게이트가 나라를 뒤흔들고 있다. 박근혜 대통령은 숱한 거짓말로 국정농단의 의혹제기를 무시하거나 은폐하다가 마침내 '사과'를 거론하였지만, 자신이 한 모든 잘못은 선의에 의한 것이고, 국정농단은 모두 최순실이 한 것이라고 주장하는가 하면, 일방적인 총리 인선과 국회방문, '흔들림 없는 국정 추진' 운운하며 오히려 국민적 공분을 더욱 폭발시키고 있다. 박근혜-최순실 게이트는 일부 개인과 집단의 사리사욕에 따른 부정부패만 문제가 된 것이 결코 아니다. 국가의 중요 정책을 사적 이해관계에 따라 농단하였다는 것이 폭로되면서 사람들의 분노가 걷잡을 수 없이 확산되고 역대 최악인 대통령 지지율 5%로 이어졌던 것이다.

　박근혜 정권의 '국정'이 특정 세력의 사익을 위한 정책이었다는 것이 만천하에 드러난 지금, '국정의 흔들림 없는 추진'은 곧 소수를 위한 국정농단을 지속하겠다는 선언에 다름 아니다. 우리는 국민의 의사를 무시한 채 국정농단을 계속 이어가겠다는 박근혜 대통령의 선언에 더 큰 절망과 분노를 금할 수 없다.

　박근혜 정권하 국정 농단 중 가장 심각한 것은 단연 외교통일 분야이다. 온 국민의 삶을 파괴할 전쟁과 대결의 위험을 해결하는 것, 즉 분단된 한반도의 긴장을 완화시키고 평화를 실현하며, 남북관계를 개선하여 통일의 토대를 만드는 것이야 말로 정부에게 부여된 중요한 의무이나, 통일부나 국방부의 입장이 불과 몇 시간 사이에 이해할 수 없게 바뀐 것도 헤아릴 수 없고, 갈등과 대결을 불러오는 자해적 정책, 이해할 수 없는 막장 정책도 계속되었다. 통일부 장관이 반대의사를 밝혔지만 개성공단은 군사작전 하듯이 전격적으로 폐쇄되었고, 외교부 장관이 바지수선으로 무언의 항의를 표시한 사드 배치 결정도 록히드사와 결탁된 최순실 게이트의 일부라는 일각의 의혹에는 기가 막힐 따름이다. 일본과 미국조차도 북한과의 대화를 진행하고 있는 마당에 정작 한반도문제의 당사자인 우리 정부는 '2년 안에 북한이 망한다'는 주술에 현혹되어 민간의 교류조차 철저히 차단해왔다. 전작권 전환을 사실상 무기 연기한 것도 외교적으로는 한반도 문제에서 한국의 입지를 사실상 없애버린 자해행위의 하나였다. 더구나 일본군 '위안부' 피해자들이 수십 년간 공식 사죄배상을 요구하며 거리에서 싸운 그 피어린 요구를 불과 10억 엔의 푼돈으로 불가역적이고 최종적인 해결을 선언한 것은 파렴치의 극치라 해도 과언이 아닐 것이다.

박근혜 대통령의 '흔들림 없는 국정운영' 주장의 결과가 당장 한일군사정보보호협정 체결 추진과 신속한 사드 배치 완료 입장 등으로 나타나고 있지 않은가? 온 국민이 대통령과 정부를 강하게 성토하고 대통령 지지율이 5%로 떨어진 지금 이 시점에도 불통독재의 습성을 버리지 못한 채 국회와 국민이 저지했던 한일군사정보보호협정을 11월 안에 체결하겠다며 일본과의 논의를 강행하고 있다. 또 사드 배치 결정과정에 대한 숱한 의혹 제기에도 이를 엄정히 조사하고 재검토하기는커녕 속전속결로 끝내겠다는 것은 성주와 김천군민의 반대를 군사력을 동원해서라도 진압하고 강행하겠다는 뜻이 아닐 수 없다.

대통령의 립서비스에 불과한 사과, 일방적인 총리 임명 등을 통해 무엇을 하고자 하는지는 너무나 명확하다. 일본 재무장과 한반도 개입을 뒷받침하겠다는 것이다. 사드 배치로 한반도를 핵군비경쟁의 화약고로 만들겠다는 것이다. 북한과의 대화와 교류를 계속 거부한 채 갈등과 군사적 위기를 증폭시키겠다는 것이다. 온 국민의 비탄과 분노를 외면한 채 불통 독재를 이어가겠다는 것이다.

개성공단 폐쇄, 사드 배치, 전시작전권 무기연기, 한일 일본군 '위안부' 합의, 한일군사정보보호협정 추진 방침은 아무런 정당성도 없는 것으로, 전면 무효이다. 정부는 관련한 일체의 논의와 집행을 당장, 전면적으로 중단해야 한다. 더 이상 자격 없는 대통령의 손에 현재와 미래의 삶을 좌우할 중대한 외교통일안보정책을 맡겨둘 수 없다. 박근혜 대통령은 대한민국 모든 권력의 근원인 국민들의 분노에 찬 명령을 더 이상 거부하지 말고 당장 물러나야 한다.

2016년 11월 10일

강만길(전 친일반민족행위진상규명위원회 위원장), 강선순(전국민족민주유가족협의회), 강영식(시민평화포럼 공동대표, 우리민족서로돕기운동), 강영철(전국민족민주유가족협의회), 고승우(민언련 이사장), 고진형(6.15전남본부 상임대표), 권낙기(통일광장 대표), 권오헌(민가협양심수후원회 명예회장), 권오희(한국천주교여자수도회장상연합회 민족화해분과위원장), 김경자(전국민주노동조합총연맹 부위원장), 김경호(예수살기 상임대표), 김규철(6.15서울본부 상임대표), 김금옥(한국여성단체연합 상임대표), 김기준(평화재향군인회 공동대표), 김동만(한국노동조합총연맹 위원장), 김동식(사월혁명회 공동의장), 김동주(배달청년연합 대표), 김동한(6.15학술본부 집행위원장), 김명운(민족민주열사·희생자추모(기념)단체연대회의 의장), 김민웅(우리겨레하나되기운동본부 서울대표), 김병상(전 민족문제연구소 이사장), 김병오(민족민주열사·희생자추모(기념)단체연대회의 고문), 김병오(전 6월민주항쟁기념사업회 이사장), 김병태(전 건국대학교 교수), 김삼열(독립유공자유족회 회장), 김삼웅(전 독립기념관 관장), 김상근(6.15공동선언실천남측위원회 명예대표), 김선택(전 강기훈쾌유와명예회복을위한시민모임 집행위원장), 김성복(인천샘터교회 목사), 김순애(전국여성농민회총연합 회장), 김식(한국청년연대 공동상임대표), 김영래(한민족운동단체연합 학술위원장), 김영만(6.15경남본부 상임대표), 김영옥(민족민주열사회생자추모(기념)단체연대회의 고문), 김영표(빈민해방실천연대 공동대표), 김영호(전국농민회총연맹 의장), 김용우(6.15대전본부 상임대표), 김욱동(전국민주노동조합총연맹 부위원장), 김윤수(전 한국예술단체총연합 이사장), 김은진(한국진보연대 집행위원장), 김자동(대한민국임시정부기념사업회장), 김재열(성공회 신부), 김재유(불교평화연대 상임공동대표), 김종인(전국민주노동조합총연맹 부위원장), 김종일(평화와통일을여는사람들 서울대표), 김종철(자유언론실천재단 이사장), 김주언(6.15언론본부 고문), 김중배(전 참여연대 상임대표), 김철관(한국인터넷기자협회장), 김태진(전 동아자유언론수호투쟁위원회 위원장), 김하범(민주주의국민행동 운영위원장), 김한성(6.15학술본부 상임대표), 김한성(6.15청학본부 상임부대표), 김혜순(민가협양심수후원회 부회장), 김호(6.15청학본부 상임부대표), 김환균(전국언론노동조합 위원장), 나창순(조국통일범민족연합남측본부 명예의장), 남경남(빈민해방실천연대 공동대표), 남상헌(민족민주열사·희생자추모(기념)단체연대회의 고문), 남주성(6.15대구경북본부 상임대표), 노수희(조국통일범민족연합남측본부 부의장), 노영우(6.15충북본부 상임대표), 류경환(민가협양심수후원회 부회장), 문경식(한국진보연대 상임대표), 문국주(민주주의국민행동 조직위원장), 문규현(평화와통일을여는사람들 상임대표),

문수곤(민족정기수호협의회 대표), 문아영(평화교육프로젝트 모모 대표), 문영희(전 동아자유언론수호투쟁위원회 위원장), 문재원(한민족운동단체연합 진도지부장),

박경조(녹색연합 이사장), 박대수(한국노동조합총연맹 부위원장), 박덕신(6.15서울본부 상임대표), 박병규(한민족운동단체연합 공동대표), 박석무(다산연구소 이사장),

박석민(전국민주노동조합총연맹 통일위원장), 박석운(한국진보연대 상임대표),

박순성(시민평화포럼 공동대표), 박순희(천주교정의구현전국연합 지도위원장),

박재승(전 대한변호사협회 회장), 박중기(민족민주열사·회생자추모(기념)단체연대회의 명예의장), 박창일(시민평화포럼 공동대표, 평화3000), 박해전(6.15 10.4국민연대 상임대표), 방국진(사월혁명회 공동의장), 배은심(전국민족민주유가족협의회), 배종렬(전국농민회총연맹 고문), 백기완(통일문제연구소 소장), 백세봉(단군교 교무원장), 법안(불교사회연구소 소장), 서재일(6.15강원본부 상임대표),

서형석(6.15서울본부 상임대표), 성대경(전 친일반민족행위진상규명위원회 위원), 손동대(6.15청학본부 집행위원장), 손미희(전국여성연대 상임대표),

송무호(사월혁명회 공동의장), 송영배(사월혁명회 공동의장), 신경림(시인),

신용관(조국통일범민족연합남측본부 부의장), 심재환(통일의길 이사),

안김정애(평화를만드는여성회 대표), 안병길(민가협양심수후원회 회장), 양길승(6월포럼 대표), 양동규(전국민주노동조합총연맹 정치위원장), 양춘승(민주주의국민행동 전략위원장), 영담(우리민족서로돕기운동 상임대표), 오기현(한국PD연합회장),

오종렬(한국진보연대 총회의장), 원진욱(조국통일범민족연합남측본부 사무처장),

유선희(6.15서울본부 상임대표), 유영철(한국노동조합총연맹 부위원장),

유영표(민주화운동공제회 이사장), 윤경로(신흥무관학교기념사업회 상임대표),

윤승길(단군민족평화통일협의회 사무총장), 윤택근(민주노동자전국회의 의장),

윤한탁(민주민생평화통일주권연대 고문), 윤현종(한민족운동단체연합 운영이사),

윤회숙(한국청년연대 공동대표), 이강산(대종교 공동대표), 이강산(한민족운동단체연합 공동대표), 이강일(6.15인천본부 상임대표), 이광석(전국농민회총연맹 고문), 이규재(조국통일범민족연합 남측본부 의장), 이길재((사)통일농수산 상임대표), 이만열(전 국사편찬위원회 위원장), 이상진(전국민주노동조합총연맹 부위원장), 이수호(전태일재단 이사장), 이승환(시민평화포럼 공동대표),

이연희(우리겨레하나되기운동본부 사무총장), 이영주(전국민주노동조합총연맹 사무총장), 이오영(남북경제협력포럼 대표), 이우재((사)매헌윤봉길월진회 회장), 이이화(역사학자), 이장희(불평등한미소파개정국민연대 상임대표), 이정이(6.15부산본부 상임대표),

이정호(배달공동체 대표), 이종수(사월혁명회 이사장), 이종철(6.15경기본부 상임대표), 이준희(한국인터넷기자협회 수석부의장), 이진호(평화통일시민행동 대표),

이창복(6.15공동선언실천남측위원회 상임대표의장), 이채언(6.15학술본부 기획위원장),

이철(민청학련계승사업회 상임대표), 이태호(참여연대 정책위원장), 이판암(백두산국선도 대표), 이해동(원로목사), 이호윤(6.15서울본부 상임대표), 이효신(전국농민회총연맹

부의장), 임기란(전 민주화실천가족운동협의회 상임의장), 임문철(6.15제주본부
상임대표), 임상호(6.15울산본부 상임대표), 임장기(한민족운동단체연합 운영이사),
임재경(전 한겨레신문사 부사장), 임진택(연출가), 임헌영(민족문제연구소
소장), 장남수(전국민족민주유가족협의회 회장), 장명진(6.15충남본부 상임대표),
장임원(전 민교협 의장), 전기호(사월혁명회 감사), 전기호(전 일제강점하
강제동원피해 진상규명위원회 위원장), 전종훈(천주교정의구현전국사제단 대표신부),
전준호(6.15청학본부 상임대표), 전지윤(다른세상을향한연대 실행위원), 정강자(참여연대
공동대표), 정대영(민주주의국민행동 정책위원장), 정덕수(민주주의국민행동
운영위원), 정동소(기천문 문주), 정동익(사월혁명회 상임의장), 정욱식(평화네트워크
대표), 정일용(한국기자협회 고문), 정정원(전국민족민주유가족협의회),
정종성(6.15청학본부 상임부대표), 정진우(한국기독교교회협의회 인권센터
소장/서울제일교회), 정현백(시민평화포럼 공동대표), 정현찬(가톨릭농민회
회장), 정혜경(전국민주노동조합총연맹 부위원장), 정혜열(사월혁명회
공동의장), 조덕휘(전국빈민연합 의장), 조대근(6.15언론본부 집행위원),
조대회(조국통일범민족연합남측본부 부의장), 조민근(한국노동조합총연맹 부위원장),
조성우(우리겨레하나되기운동본부 이사장), 조순덕(민주화실천가족운동협의회
상임의장), 조헌정(6.15서울본부 상임대표), 진민자(민족화해협력범국민협의회
여성위원장), 청화(실천불교전국승가회 상임고문), 최병모(우리겨레하나되기운동본부
이사장), 최병헌(민주주의국민행동 사무처장), 최사묵(평화재향군인회
상임대표), 최상은(전국농민회총연맹 부의장), 최연(민주주의국민행동
기획위원장), 최영민(대전평화여성회 대표), 최정순(이화여대민주동문회 회장),
최종진(전국민주노동조합총연맹 수석부위원장(위원장 직무대행)), 최천택(사월혁명회
공동의장), 최헌국(예수살기) 하성원(조국통일범민족연합남측본 부부의장),
한기명(조국통일범민족연합남측본부 부의장), 한도숙(전국농민회총연맹 고문),
한석호(전국민주노동조합총연맹 사회연대위원장), 한충목(6.15서울본부 상임대표),
함세웅(안중근기념사업회 이사장), 현지(6.15광주본부 상임대표), 홍희덕(새로하나 대표),
황건(사월혁명회 감사), 황민주(6.15전북본부 상임대표) / 207명, 가나다순

자료30. 비상국민행동 기자회견문
추미애 대표는 박근혜 살려주기 양자회담 중단하라

추미애 민주당 대표가 청와대에 소위 '영수회담'을 요청해 내일 박근혜 대통령
과 추 대표 간의 양자회담이 열린다고 한다. 지금 무엇을 하자는 것인가! 이미 국민은
이미 지난 토요일 6월 항쟁 이후 사상 최대인 100만 항쟁을 통해 '퇴진'을 사실상 확

정 지었고, 그럼에도 청와대는 "대통령으로서 책임을 다하고 국정 정상화를 위해 고심하고 있다"며 국민의 명령을 정면으로 거부하였다.

한편, 난파한 박근혜 정권 호에서 탈출하기 위해 공범인 새누리당의 비주류에서조차 '탄핵'과 '새누리당 해체' 입장이 운위되고 있는 상황이다. 이런 상황에서, 지금까지 대통령의 퇴진 입장조차 정하지 못한 채, 국민을 선도해야 함에도 국민 눈치나 보며 우왕좌왕하고 있는 민주당이, "김병준 총리 내정 철회 없이 영수회담이 없다"던 민주당이 단독으로 급히 요청해 양자회담이 진행된다고 한다.

이유가 무엇인가? 이미 대통령임을 부정당한 자를 왜 대통령으로 인정하고 만나는 것인가? 퇴진 민의를 전달하겠다는 것인가? 민주당이 우왕좌왕하고 있는 사이 민의는 이미 지난 토요일 100만 촛불이 전달하지 않았는가! 퇴진 당론의 명분을 얻기 위함인가? 명분을 왜 국민이 아닌 청와대에서 찾는 것인가!

정권을 퇴진시키는 작업을 준비할 시간도 모자랄 판에, 왜 지금 박근혜 정권에 시간이나 벌어주는 일을 하고 있는가? 해야 할 일은 안하고 뜬금없는 일이나 하고 있는 민주당에 대해 국민은 분노하고 있다. 지금 민주당은 '박근혜 퇴진'이라는 국민의 요구와 명령을 대표하지 못하고 있으며, 이러한 상황에서 진행되는 양자 회담은 국민을 대표하는 회담이 아니다.

우리는 민주당의 소위 '영수회담' 개최 요구와 그 취지에 대해 이해할 수 없으며, 이 의미 없는 회담의 중단을 요구한다. 또한 회담을 중단하지 않고 추 대표가 국민의 명령을 왜곡하는 합의를 하고 올 경우 박근혜 정권뿐 아니라 민주당 역시 동반 퇴진의 대상이 될 것임을 엄중히 경고하는 바이다. 지금 민주당이 해야 할 일은 눈치보기나 이해타산이 아니라 국민의 정권 퇴진 요구를 받들어 퇴진 당론을 확정하고, 퇴진을 위한 실질적 조치를 취하는 것이다.

2016년 11월 14일
박근혜정권 퇴진 비상국민행동

자료31. 2016년 전국노동자대회 및 제6차 민중총궐기 대회사

박근혜 퇴진 투쟁결의로 전국에서 한 걸음에 달려오신 자랑스러운 동지들! 반갑습니다. 위원장 직무대행 최종진입니다. 투쟁!

동지들!

2015년 민주노총은 박근혜 정권에 맞서 모든 걸 걸고 쉼 없이 투쟁해왔습니다. 작년 4·24 노동개악 저지 선제 총파업부터 민중총궐기까지 달려왔고, 4·13 총선에서 기어이 박근혜와 새누리 권력을 심판했습니다. 동지들의 투쟁으로 지금 박근혜 퇴진이 전 국민의 요구가 되었고 국민의 명령이 되었습니다. 민주노총의 투쟁이 박근혜 정권 퇴진을 위한 민중항쟁을 만들어 냈습니다. 투쟁!

동지들,

현장과 거리에서 선봉투쟁을 하고 있는 동지들이 이 자리에 함께 하고 있습니다. 불법 성과연봉제 폐기를 요구하며 47일 역사적인 최장기 파업투쟁을 하는 철도 동지들, 한광호 열사의 영정을 부여안고 투쟁하고 있는 유성동지들, 민주노조 사수를 위해 128일째 공장 안에서 투쟁하고 있는 갑을 오토텍 동지들! 정리해고에 맞선 하이디스, 비정규직 철폐를 위해 투쟁하는 동양시멘트, 아사히 동지들을 기억하고 연대합시다. 구조조정 정리해고에 맞서 투쟁하는 조선업종 동지, 하청노동자들도 있습니다. 우리 모두의 승리를 위해 연대의 박수와 함성을 모아 봅시다. 고맙습니다.

그러나, 동지들!

박근혜 정권 퇴진투쟁은 끝날 때까지 끝난 것이 아닙니다. 5% 지지율 식물대통령이 되었지만 퇴진과 구속을 피하기 위해 끝까지 버티고 있습니다. 식물정권이 한일 군사협정 정보교환을 추진하고 국정교과서 강행을 밀어 붙이고 있습니다. 야당은 거리로 쏟아져 나오는 박근혜 퇴진 투쟁에 모든 것을 던지지 않고 있습니다. 박근혜가 2선으로 물러나면 퇴진요구를 하지 않겠다는 망발을 합니다. 나라가 이 모양으로 되기까지 자기 역할을 하지 못한 야당, 믿을 수 없습니다. 민주노총은 박근혜 퇴진이 전제되지 않는 현 시국에 대한 어떤 해법도 국민기만에 불과함을 분명히 밝힙니다. 그렇지 않습니까?

70만 조합원 동지들!

박근혜 퇴진 민중항쟁의 승리를 위해 민주노총은 역사와 민중 앞에 책임을 다할 것입니다. 87년 민주항쟁에는 민주노총이 없었습니다. 조직된 노동자계급이 없었습니다. 그 결과 수백 만 명이 참여한 민주항쟁에도 불구하고 전두환이 노태우로 바뀌고 말았습니다. 2016년, 11월 민중항쟁은 달라야 합니다.

동지들, 오늘 우리의 투쟁이 대통령 얼굴 바꾸고 집권당 색깔을 바꾸는 항쟁입니까? 재벌과 새누리당 권력이 망쳐놓은 모든 것을 원상회복해야 합니다. 재벌과 짜고 최순실을 위해 노동자를 노예로 만들고 전 국민을 비정규직으로 만드는 대재앙을 노동개혁이라 거짓말하며 노동자 민중을 우롱하고 능멸했습니다. 노동개악은 폐기되어야 하고 재벌체제를 해체해야 합니다. 광장으로 나온 민중들이 1% 권력자들이 농단한 나라에 분노하고 있습니다. 미래가 없는 헬 조선을 뒤집자는 절절한 분노가 끓어오르고 있습니다. 박근혜 정권 퇴진투쟁은 한국사회를 뿌리부터 뜯어고치는 투쟁의 시작입니다.

동지들,

오늘 민중총궐기는 박근혜 정권과 물러설 수 없는 판갈이 투쟁입니다. 불법권력이 이기느냐, 민중이 이기느냐의 싸움입니다. 재벌과 부패한 정치권력이 이기느냐 99% 노동자 민중이 이기느냐의 투쟁입니다. 박근혜 정권은 지금 고립되어있고 두려워하고 있습니다. 동지들, 민주노총이 합시다. 민주노총이 나서면 농민, 빈민, 청년학생들이 함께 나서겠다 합니다. 정치적 야합으로 살 길을 찾는 박근혜 정권에게 마지막 일격을 가합시다.

박근혜 정권에 요구한다. 꼼수와 야합으로 살길 찾지 말고 즉각 퇴진하라. 노동개악, 성과연봉제를 폐기하라. 한상균 위원장을 비롯한 모든 구속자를 석방하고 수배를 해제하라. 박근혜-최순실이 자행한 불법정책을 전면폐기하고 원상회복하라. 박근혜가 퇴진을 하지 않는다면 민주노총 전 조직은 총파업으로 끝장을 보겠다는 결의로 힘차게 외쳐봅시다. 민주노총 총파업으로 박근혜 정권 끝장내자!

감사합니다.

2016년 11월 12일
민주노총 위원장 직무대행 최종진

자료32. 2016 민중총궐기 투쟁 선언문

오늘 우리는 민중의 새 세상을 만들기 위한 2016년 민중 총궐기 투쟁으로 이 자리에 섰다.

온 국민을 충격에 빠트렸던 박근혜 게이트의 본질은 국가시스템 붕괴를 가져온 무능과 부패의 결정체이며, 거리에 나선 민중들의 분노는 비정상적인 사회를 더 이상 두고 볼 수 없다는 의지의 표현이다. 분노하는 민중들은 국정농단에 의한 민주주의 파괴뿐 아니라 그동안 벌어진 민생 파탄과 평화 위협을 규탄하고 새로운 사회로 가고자 하는 열망을 담아 투쟁하고 있다.

박근혜 정권의 4년은 재벌을 살리고 민중을 죽이는 시간이었다. 2013년 박근혜 정권은 철도민영화를 밀어붙이며 재벌들 배불리는 정책에 착수했고, 2014년 총체적 부실을 보여줬던 세월호 참사가 벌어졌지만 진실을 규명하고 침몰하는 대한민국을 인양하기 위한 국가는 없었다. 2015년 쉬운 해고와 평생비정규직을 강요하는 노동개악과 쌀값 폭락, 역사교과서 국정화로 노동자 민중의 삶을 옥죄어 왔다. 송파 세 모녀의 죽음에서도 알 수 있듯이 결국 가난한 사람들을 넘쳐나게 하고 이들을 죽음으로 내몰았다.

이에 저항하는 노동자 한상균은 차디찬 감옥에 갇혔고, 농민 백남기는 살인적인 물대포에 목숨을 잃었다. 또한 민주주의를 파괴하는 시간도 계속되었다. 선거 전부터 국정원 대선개입을 자행했고, 정당해산이라는 헌정사상 초유의 사태로 민주주의의 근간을 흔들어 놓았다. 이러한 파탄과 농단에 침묵할 수 없어 2016년 우리는 거리에 나섰다.

근로기준법을 준수하라고, 농민의 생존권을 보장하라고, 전쟁이 아닌 평화를 보장하라고 외친 역사 속의 수많은 노동자 농민 민중들에게 2016년의 우리는 투쟁으로 화답해야 한다. 일반해고와 평생 비정규직을 강요하는 노동개악과 국민안전 위협하는 공공기관 성과연봉제, 노동자들에게 책임을 넘기며 자행되고 있는 조선업종 구조조정을 멈추어 노조할 권리와 안정된 일자리를 만들어야 한다. 쌀 수입 중단과 쌀값보장, 대기업의 농업 진출을 금지하며 농민들의 생존권을 쟁취해야 한다. 평화를 위협한 사드배치 결정을 철회하고, 개성공단 폐쇄 등 남북관계 파탄을 규탄하고, 졸속적인 한-일위안부 합의를 폐기해야 한다. 이것이 우리의 과제이다.

혜안을 가지고 미래를 살펴보자. 더 이상 반복되는 보수정권의 교체가 아니라 민중의 새 세상을 만들어야 한다고 외쳐야 한다. 노동자, 농민, 빈민, 청년, 여성, 장애인, 성소수자 등 차별받고 억압받는 민중들이 억압의 사슬을 끊고 새 세상의 주인이 될 수 있도록 우리는 행동해야 한다. 재벌은 배불리고 노동자 민중은 도탄에 빠지고 있는 비정상적인 사회를 민중 중심의 사회로 만들기 위해 다가오는 권력 교체시기에 투쟁하는 민중들이 나서야 한다.

정권을 유지하려는 자들은 벌써부터 공포를 조장한다. 들불처럼 타오르는 민심을 누르고 사태를 수습하기 위해 보수층은 안보논리를 들이밀며 위협하고 있다. 전

국민을 더욱 분노하게 했던 대국민사과에서도 우리 경제가 어렵고 안보가 매우 큰 위기에 직면해있음을 강조했다. 우리는 사드배치가 여전히 추진 중이며 중단되었던 한일 군사정보보호협정이 재개되고 체결을 앞두고 있다는 사실을 잊지 말아야 한다. 한미일 동맹을 강화시키는 전쟁위협을 심화시킨 것은 그들이다. 평화에 대한 열망을 막고 평화를 위협하는 것은 투쟁하는 민중들이 아니라 보수정권과 보수언론이다. 민중을 위협하고 평화를 파괴하려는 모든 시도를 중단해야 한다.

권리를 되찾기 위한 민중의 반격은 시작되었다. 퇴진의 한목소리로 거리에 나서는 민중들이 점점 늘어나고 있다. 이 열망이 제대로 꽃피우기 위해서는 반드시 박근혜 정권의 퇴진과 책임자들의 처벌이 필요하다. 그러나 국정농단의 범죄를 집행해야 할 검찰은 여전히 늑장 수사와 봐주기 수사로 청와대를 비호하고 국민을 우롱하고 있다. 국정 파탄이라는 엄청난 범죄를 제대로 수사하지 않는 검찰도 국정농단의 공범일 수밖에 없다.

퇴진만으로 끝나는 것은 아니다. 박근혜게이트는 본질적으로 재벌게이트이다. 따라서 우리는 경제파탄을 만들고도 책임지지 않는 재벌들에 대해서도 경고를 해야 한다. 미르-K 스포츠재단에 기부금을 거둬주었던 전경련은 물론 기부금을 내고 그 대가로 노동자들의 고혈을 빨아먹고 손쉽게 경영승계를 진행했던 탐욕스러운 재벌들에게도 잘못을 물어야 한다. 정권이 바뀌어도 노동자를 착취하고 정권에 탐욕의 땔감을 안겨주는 재벌이 여전히 남아있다면, 또 다른 인형을 조종하는 검은 손은 여전히 사라지지 않고 비극은 반복될 것이다. 정국이 혼란한 틈을 타 삼성의 이재용은 등기이사 선임을 무사히 마쳤지만, 이 땅 노동자들은 아직도 일하다 시력을 잃고 에어컨을 수리하다 목숨을 잃고 일자리를 얻지 못하고 있는 것은 여전히 계속되는 현실이다.

진짜 주인은 이 나라의 민중이다. 우리는 박근혜 정권 퇴진을 넘어 무능한 부패정권을 비호했고 자신들은 끝내 책임 없다고 꼬리 자르기 하는 모든 세력에게 책임을 물어야 한다. 해고되어야 할 것은 노동자가 아니라 박근혜 정권이고, 진압당해야 할 것은 박근혜 정권을 비호하는 새누리당이며, 경계해야 할 것은 무능한 보수야당이다. 국정농단 그 파탄의 중심에 선 박근혜를 퇴진시키고 민중이 승리하는 내일을 만들자. "즉각 퇴진, 구속 수사, 책임자 처벌"을 통해, 유야무야 넘어가려는 박근혜 게이트의 모든 연루자들을 확실히 처벌해야 한다. 오늘부터 민중의 새 세상을 만들기 위한 우리의 결의는 시작되었다. 민중총궐기로 박근혜 정권 퇴진시키고 모든 노동자 민중이 이 땅의 주인이 되자.

2016년 11월 12일
민중총궐기 투쟁본부

자료33. 제7차 범국민대회 전봉준투쟁단 총대장 연설문

썩은 나라를 바로 세우기 위해 농민들이 일어났습니다. 전봉준이라는 이름을 내걸었습니다. 불의 앞에 무릎 꿇지 않고 목숨도 버리면서 싸웠던 전봉준이 되고자 했습니다. 11월 15일 해남을 시작으로 트랙터를 앞세우고 청와대로 진격했습니다.

11월 25일은 평택에서 막혀 서울 입성에 실패했고, 12월 8일 평택에서 2차 궐기를 선포하고 서울진입을 시작했습니다. 1박2일 동안 경찰의 폭력적인 저지선에 농민들은 온 몸을 던져 뚫었고, 마침내 12월 9일 여의도 국회의사당 앞에 트랙터가 도착했습니다.

우리가 불가능이라 했던 트랙터 서울 입성이 가능했던 것은 그야말로 수백의 전봉준이 있었기 때문이며, 국민들의 열화와 같은 응원과 격려가 있었기 때문입니다. 우리가 서울에 입성하고자 한 것은 박근혜의 퇴진이 전부가 아닙니다. 박근혜 정권을 확실히 몰아내고 자주적인 통일국가를 세우기 위해서입니다. 민중이 주인이 되는 세상을 만날 때까지 전봉준 투쟁단은 멈추지 않을 것입니다.

서울 입성에 맞춰 전봉준 투쟁단이 발표한 폐정개혁안을 발표합니다.

1. 박근혜와 그 일당을 구속 처벌할 것
2. 새누리당은 해체하고 그 당의 국회의원은 전원 사퇴할 것
3. 재벌, 언론, 법조계의 부역자를 색출, 처벌할 것
4. 비정규직을 철폐하고 노동중심의 사회를 만들 것
5. 농산물 최저가격을 보장하고 농민의 생존과 존엄을 보장할 것
6. 선거연령을 낮추고 청년정책을 우선할 것
7. 국정원 등의 국민감시 기구를 설치할 것
8. 사드배치를 중단하고 한일군사정보보호협정을 폐기하며 외세와 결탁을 끊을 것

9. 세월호 참사, 백남기 농민 등 억울한 죽음에 대한 진실을 철저히 규명할 것

10. 국정교과서를 폐기하고 민족정기를 바로 세울 것

11. 통합진보당 해산을 취소하고 정치적 박해를 받은 모든 양심수를 석방할 것

12. 개성공단을 원상복구하고 민족공조와 평화통일로 나아갈 것

    2016. 12. 10.
    전봉준투쟁단 총대장(전농의장) 김영호

□ **정기간행물**

〈가톨릭뉴스〉

〈경향신문〉

〈기독일보〉

〈노동과 세계〉

〈노동자 연대〉

〈뉴스타파〉

〈더뉴스21〉

〈동아일보〉

〈레디앙〉

〈미디어오늘〉

〈불교닷컴〉

〈세계일보〉

〈연합뉴스〉

〈오마이뉴스〉

〈채널 A〉

〈한겨레〉

〈한국일보〉

〈헤럴드경제〉

〈JTBC〉

〈SBS〉

〈TV조선〉

□ **정부자료**

감사원, '청와대 세월호 침몰 감사 결과', 2014.

국가정보원, '국정원 개혁위, 적폐청산 T/F의 주요사건 조사결과에 대한 자문 심의
　　　　내용', 2017. 10. 30.

국군기무사령부, '현안보고-좌파단체 민주주의국민행동 하반기 투쟁 계획', 2016. 9.
　　　　23.

국군기무사령부, '전시계엄 및 합수업무 수행방안', 2017. 3.

경찰청, '백남기 청문감사 보고서', 2015.

김영한 전 민정수석 업무수첩, 2014. 6~2015. 1.

대검찰청 공안부 보도자료, 2015. 11. 13.

법무부, '통합진보당 정당해산 심판청구' 보도자료, 2013. 11. 5.

법원 블랙리스트 추가조사위원회, '조사보고서 별지 8', 2018. 1. 22.

사법행정권 남용의혹 관련 특별조사단, '조사보고서', 2018. 5. 25.

-법원행정처 기획조정실, '현안말씀자료'(대외비) 2015. 7

-법원행정처 사법정책실, '통진당 행정소송 검토보고'(대외비) 2015. 1. 7

-법원행정처 사법정책실, '통진당 지역구 지방의원 대책검토(내부용·대외비) 2015. 2. 12.

-법원행정처 사법정책실, '통진당 비례대표지방의원 행정소송 예상 및 파장분석'
　　　　2015. 9. 15.

서울중앙지검, '2013년 국정원 사이버 정치관여·대선개입 사건 수사 및 공판 시 국
　　　　정원의 조직적 사법방해 공작활동 중간 수사결과', 2017. 10 .28.

서울중앙지검, '세월호 사고보고 시각 조작 및 대통령 훈령 불법 변개 등 사건' 수사
　　　　결과 발표, 2018. 3. 28.

서울중앙지법 형사합의 29부 판결문, 2017. 6. 23.

역사교과서 국정화진상조사위원회, '역사교과서 국정화 진상조사 결과 발표', 2018.
　　　　3. 28.

청와대, '국가안보실 상황일지', 2014. 4. 16.

청와대, '수석비서관회의 비서실장 지시사항 이행 및 대책(안)' 2015. 3.~2016. 10.

헌법재판소, '2013헌다1, 통합진보당 해산심사 결정문', 2014. 12. 19.

□ **기관자료**

내란음모사건 피해자 인권침해 보고회, '아무도 우리 목소리를 듣지 않았다', 2014. 2. 12.

민변, '박근혜 정권 1년 실정(失政) 보고서', 2014. 2. 25.

민변, '공작정치 사례발표 및 대응·방안 모색 토론회 자료집', 2016. 12. 27.

민주노총 홈페이지

민주언론실천연합 홈페이지

민주주의 국민행동, '경과보고서', 2015. 6. 10.

민주주의 국민행동 홈페이지

민중총궐기투쟁본부 홈페이지(페이스북)

박근혜정권퇴진 비상국민행동 보도자료, 2016. 11. 9.

백남기농민투쟁본부 홈페이지(페이스북)

인권운동사랑방, '종북논란의 실체를 밝힌다 토론회', 2013. 8. 27.

전국교직원노동조합 홈페이지

통합진보당 홈페이지

한국교과서 국정화저지 네트워크 홈페이지(페이스북)

416연대 홈페이지

18대 대선무효선거인단 홈페이지

□ 단행본

원희복, '르포히스토리아'-서대문형무소에서 팽목항까지, 한울, 2016.

김선수, '통합진보당 해산결정 무엇이 문제인가', 도서출판 말, 2015.

이재화, '기획된 해산 의도된 오판'-통합진보당 해산심판 변론기, 글과 생각, 2015.

이대종, '전봉준투쟁단의 기록'-역사를 잇는 농민들, 전봉준투쟁단, 도서출판 한국
　　　　농정, 2017.

학술단체협의회, '한국인문사회과학의 현재와 미래', 푸른 숲, 1998.

□ 논문·기고

강규형, '교학사 한국사교과서 파동의 전개과정과 문제점들' 한국선진화포럼,
　　　　〈선진화포커스 제170호〉 2013. 10. 2.

박원석, "나는 왜 이석기 체포동의안에 찬성했나", 〈프레시안〉, 2013. 9. 6.

송아람 '법조계와 민변에 대한 공작정치 사례 발표', 2016. 12. 27. 민주사회를 위한
　　　　변호사모임, 청와대 공작정치 사례를 통해 본 국정농단, 어떻게 대응할 것인
　　　　가? 토론회. 2014. 12.

정선영, '이화여대 본관 점거 농성 조직자들의 외부세력, 운동권 배제를 어떻게 볼
　　　　것인가?' 〈노동자 연대〉, 2016. 9. 10.

정종권, '시민연대와 민중연대의 간극에 대하여', 〈문화과학〉 통권 제26호, 2001. 6.

허영구, '민주노총 첫 직선제, 제8기 임원선거를 선거를 마치며' 기고문.

박근혜 정부 4년, 전교조의 잔혹한 타임라인', 〈교육희망〉, 2017. 3. 17.

한국갤럽, '박근혜 대통령 11월 첫 주 정례조사', 2016. 11. 4.

□ **증언(촛불혁명 당시 직책)-저자가 만나 인터뷰한 사람들**

강성남(언론노동조합 위원장)

고승우(민주언론시민연합 이사장)

고계현(경실련 사무총장)

권영국(민주노총 변호사)

권영길(전 민주노총 위원장·전 민주노동당 대표)

권오헌(민가협 양심수후원회 명예회장·민주주의 국민행동 공동대표)

김명환(철도노조위원장·민주노총 위원장)

김삼웅(전 독립기념관장·민주주의국민행동 공동대표)

김영호(전국농민회총연맹 의장)

김주온(녹색당 운영위원장·백남기농민대책위 공동위원장)

김중배(전 KBS사장·통합진보당 강제해산 반대, 민주수호를 위한 원탁회의 제안자)

김자동(임시정부기념사업회 이사장·민주주의국민행동 고문)

김종철(전 연합뉴스 사장·민주주의국민행동 공동대표)

김희선(여성독립운동기념사업회장)

박래군(인권재단 사람 소장·416연대 공동대표)

박석무(다산연구소 이사장·민주주의국민행동 공동대표)

박석운(한국진보연대 공동대표, 민주언론시민연합 공동대표)

박원순(서울시장)

박중기(민족민주열사희생자 명예회장, 민주주의 국민행동 고문)

백기완(통일문제연구소장·민주주의국민행동 고문)

양길승(녹색병원 이사장·6월 민주포럼 대표, 민주주의 국민행동 공동대표)

윤민석(민중음악가)

윤종오(민중당 국회의원)

이석태(전 민변 회장·4·16세월호참사특별조사위원회 위원장)

이요상(언론소비자주권국민캠페인 사무총장)

이이화(민족문제연구소 이사장·민주주의국민행동 고문)

이상규(통합진보당 의원)

이영주(전교조 수석부위원장·민주노총 사무총장)

이재정(통합진보당 해산 변호사·국회의원·민주당 적폐청산위원회 위원)

이정희(통합진보당 대표)

이준익(영화감독·한국영화감독조합 대표)

이창복(6·15공동선언실천남측위원회 상임대표의장·민주주의국민행동 공동대표)

임헌영(민족문제연구소장·민주주의국민행동 공동대표)

송경동(시인·광화문 캠핑촌 촌장)

장경욱(유우성 간첩조작사건 변호사)

장완익(민변 변호사·세월호 특별조사위 1기 위원, 2기 특조위원장)

정성헌(6월 항쟁기념사업회 대표)

조병옥(전국농민회총연맹 사무총장)

조성우(우리겨레 이사장·민주주의국민행동 공동대표)

조헌정(향린교회 목사, 민주수호 통합진보당 강제해산 반대 범국민운동본부 상임공동대표)

주진오(상명대 역사학과 교수·대한민국역사박물관장)

최종진(민주노총 위원장 직무대행)

하승수(비례민주주의연대 공동대표)

한찬욱(사월혁명회 사무총장)

한충목(한국진보연대 공동대표·민주주의국민행동 운영위원장)

현직 기자의 광장 기록

촛불
민중혁명사

발행일 2018년 7월 17일

지은이 원희복
펴낸이 최진섭
펴낸곳 도서출판 말
디자인 은희주

출판신고 2012년 3월 22일 제2013-000403호
주소 서울시 마포구 토정로 222(신수동 448-6) 한국출판콘텐츠센터 316호
전화 070-7165-7510
이메일 dream4star@hanmail.net

ISBN 979-11-87342-11-3
값 20,000원

• 이 도서는 한국출판문화산업진흥원 2018년 우수출판콘텐츠 제작 지원 사업 선정작입니다.